Luise und Willy Schottroff (Hg.), Wer ist unser Gott?

LUISE UND WILLY SCHOTTROFF (HG.)

Wer ist unser Gott?

Beiträge zu einer Befreiungstheologie im Kontext der »ersten« Welt

CHR. KAISER VERLAG MÜNCHEN

CIP-Kurztitelaufnahme der Deutschen Bibliothek

Wer ist unser Gott? : Beitr. zu e. Befreiungstheologie
im Kontext d. »ersten« Welt / Luise u. Willy Schottroff (Hg.).
   München: Kaiser 1986
   ISBN 3-459-01659-0
NE: Schottroff, Luise [Hrsg.]

© 1986 Chr. Kaiser Verlag München
Alle Rechte vorbehalten, auch die des auszugsweisen Nachdrucks,
der fotomechanischen Wiedergabe und der Übersetzung;
Fotokopieren nicht gestattet.
Umschlag: Ingeborg Geith, München
Gesamtherstellung: Buch- und Offsetdruckerei Sommer, Feuchtwangen
Printed in Germany

INHALT

Luise und Willy Schottroff
Zur Einführung 7

I. Zum theologischen Ansatz 11
1. *Der Traditionshorizont einer Befreiungstheologie heute* 11
Dorothee Sölle
Die drei Theologien 12
Helmut Gollwitzer
Karl Barths Theologie der Freiheit und die Theologie der Befreiung 25
George Hunsinger
Karl Barth und die Befreiungstheologie 43
Karlheinz Lipp
Das Erbe des religiösen Sozialismus.
Zur historischen Tradition einer europäischen Befreiungstheologie 64
Leonore Siegele-Wenschkewitz
Theologie nach Auschwitz als Theologie der Befreiung 78

2. *Bibelauslegung im Zusammenhang von Befreiungstheologie* . . . 87
Norman K. Gottwald
Sozialgeschichtliche Präzision in der biblischen Verankerung
der Befreiungstheologie 88
Samuel P. Abrahams
Lassen sich die Propheten zum Schweigen bringen?
Einige theologische Perspektiven aus dem Alten Testament 108
Willy Schottroff
Das Jahr der Gnade Jahwes (Jes 61, 1–11) 122
Luise Schottroff
Die Befreiung vom Götzendienst der Habgier 137
Michael Bünker
»Gebt dem Kaiser, was des Kaisers ist!« – aber: was ist des Kaisers?
Überlegungen zur Perikope von der Kaisersteuer 153
Renate Wind
Widerstand ist möglich! – Fünf Frauengeschichten aus der Bibel . . 173

II. Aspekte befreiender Praxis 185

1. Befreiungserfahrungen im Alltag der »ersten« Welt 185

Fulbert Steffensky
   Die Religion der kleinen Leute 186

Reinhold Schwerdt
   Schritte zur Befreiung von Arbeitslosigkeit und entfremdeter Arbeit –
   Konsequenzen für die Wirtschaftsstrukturen 195

Karl-Heinz Dejung
   Wider die depressive Versuchung der Resignation 208

Catharina J. M. Halkes
   Feministische Theologie als Gestalt von Befreiungstheologie ... 213

Bärbel von Wartenberg-Potter
   Die Geschichte vom steinigen Königreich 224

2. Handeln in Solidarität mit der »dritten« Welt 229

Georges Casalis
   Elemente antiimperialistischen Denkens in einem
   subimperialistischen Kontext 230

Bernd Päschke
   Solidarität mit den Vergessenen 242

Hanna Habermann
   Erfahrungen mit der Südafrika-Aktion der
   Evangelischen Frauenarbeit 251

Bibelstellenregister 267

Luise und Willy Schottroff

ZUR EINFÜHRUNG

Wer ist unser Gott? Die wichtigste theologische Stellungnahme des Jahres 1985, das KAIROS Dokument[1], stellt die Christen und Christinnen Südafrikas vor die Frage, ob sie den Gott des Staates anbeten oder den Gott, der auf der Seite der Unterdrückten steht. Der Gott des Staates »ist ein Götze... Es ist der Gott der überlegenen Waffen, der jene besiegte, die mit nichts als Speeren bewaffnet waren... der Gott von Tränengas, Gummigeschossen, Nilpferdpeitschen, Gefängniszellen und Todesurteilen... Der Gott des südafrikanischen Staates ist nicht nur ein Götze oder falscher Gott, es ist der Teufel in der Maske des Allmächtigen Gottes – der Antichrist«.[2] Die Christen Südafrikas, die das KAIROS Dokument erarbeitet haben, stellen uns ebenso vor die klare Frage: Wer ist euer Gott? »Die Herausforderung des Glaubens und des KAIROS unserer Zeit ist an alle gerichtet, die sich Christen nennen.«[3] Die Christen der Basisgemeinden Lateinamerikas, die Christen der Schwarzen Kirche Südafrikas und viele Christen in anderen Ländern der 3. Welt, sie alle stellen uns vor die Frage: »Wer ist euer Gott?«

Wer ist unser Gott? Hier in der Bundesrepublik gibt es nur ansatzweise eine Staatstheologie im Sinne der weißen Regierung Südafrikas. Und doch gibt es den Gott, der in Wahrheit ein Götze ist und in der Maske des Gottes Jesu auftritt. Es ist der Gott, der beschworen wird, wenn es um christliche Werte und christliche Freiheit geht, die mit Atomwaffen verteidigt werden müssen. In Wahrheit soll hier nicht Gott verteidigt werden, sondern der Wohlstand, der auf Ungerechtigkeit beruht. Es gibt tatsächlich kein Ausweichen mehr. Christen, die die Rüstung (und sei es »noch«) rechtfertigen, dienen einem Götzen. Dieser Götze fordert täglich Menschenopfer. Es sterben hungernde Kinder, weil unser Reichtum, der diese Rüstung möglich macht, auf ungerechten

---

[1] Eine Herausforderung an die Kirchen. Das KAIROS Dokument. Ein theologischer Kommentar zur politischen Krise in Südafrika, Junge Kirche 47 (1986), 34–39. 95–100. 164–171.
[2] A.a.O., 38 (Abschnitt 2.4).
[3] A.a.O., 171 (Schlußfolgerung).

Weltmarktpreisen beruht. Niemand braucht sich direkt die Hände schmutzig zu machen, und doch sind alle Hände in der ersten Welt blutig, auch unsere Christenhände, selbst wenn wir uns am Kampf für Gerechtigkeit, Frieden und die Bewahrung der Schöpfung beteiligen. Der Götze hat seinen Kult: den Antikommunismus, der in unserem Land alle Institutionen beherrscht. Das Ende des Krieges hat 1945 zwar die faschistische Herrschaft beendet, doch der Antikommunismus, der wesentlich zu ihr gehörte, ist immer noch eine Voraussetzung der Teilhabe an der Macht in dieser Gesellschaft. Dieser Antikommunismus verhindert, daß Christen eine klare soziale Analyse der Situation im eigenen Land und in der Welt betreiben. Denn das einzige wirksame Instrument zur Analyse der Situation sind immer noch die Erkenntnisse von K. Marx, die die Ökonomie des Kapitalismus betreffen. Er hat recht gehabt: Wir befinden uns in einem zunehmenden Klassenkampf von oben, der die dritte Welt unterdrückt, ganze Völker verarmen läßt, auch bei uns zu einer Aufspaltung der Gesellschaft führt, zunehmend Armut produziert und die Schöpfung zerstört.

»Wer ist unser Gott?« – diese Frage zieht sich durch alle Aufsätze dieses Bandes hindurch wie ein (nicht verabredeter) roter Faden. Befreiungstheologie im Kontext der ersten Welt ist ein Versuch, auf die Anfragen zu antworten, die uns die Befreiungstheologien der Länder der dritten Welt stellen – und es ist ein Versuch, auch unsere eigene theologische Tradition zu befragen, ob sie uns in unserer Situation helfen kann. Es gibt wichtige Bezugspunkte in der Tradition, die alle eng mit der Geschichte des religiösen Sozialismus in Europa zusammenhängen. Die Befreiungstheologien der dritten Welt wie der ersten Welt konzentrieren sich auf zwei theologische Aufgaben: die soziale Analyse und die Besinnung auf die biblische Tradition. Die Methode der Bibellektüre ist eine sozialgeschichtliche, die nach dem gesellschaftlichen Kontext der biblischen Texte (und dem eigenen) fragt.[4] Befreiungstheologie entsteht dort, wo Christen und Christinnen am Widerstand gegen den Götzen teilnehmen, vor den Zäunen der Raketenlager, bei den Gesprächen über blutige Apfelsinen aus Südafrika in Gemüsegeschäften. *Wir* müssen *hier* darum kämpfen, daß der Krieg der reichen Länder gegen die Freiheit der dritten Welt, der längst geführt wird, nicht verschärft, sondern als Krieg erkannt, geächtet und beendet wird. Die Teilhabe an befreiender Praxis und an Befreiungstheologie darf auch für Theologiestudenten(/innen) und ihre Prüfer(innen) nicht nur ein

---

[4] S. dazu die methodischen Bemerkungen in: L. und W. Schottroff, Die Parteilichkeit Gottes. Biblische Orientierungen auf der Suche nach Frieden und Gerechtigkeit (Kaiser Traktate 80), München 1984, 7–13.

exotisches Beiwerk sein, das allenfalls am Rande neben der »richtigen« Theologie steht. Denn auch die akademische Welt kann sich der Frage nicht entziehen, wer denn nun unser Gott ist. Das Ausweichen, Sich-entziehen hat eine breite kirchliche Basis bei uns. Im KAIROS Dokument wird »Kirchentheologie« in diesem Sinne schonungslos angegriffen. Die »Kirchentheologie« sagt »Versöhnung«, sie will beide Seiten hören und unterstützt damit die Mächtigen. Sie sagt »Gerechtigkeit« und meint die Gerechtigkeit, die die Mächtigen den Opfern als Reformen anbieten. Sie sagt Gewaltlosigkeit und nennt Steine, die gegen Panzer fliegen, »Gewalt«, von der Gewalt der Panzer und Bomben wird aber geschwiegen. Wir sind in unserer Kirche in einem Prozeß der harten Auseinandersetzung. Es herrscht durchaus keine Einigkeit und Harmonie. Der Streit ist ernst, es geht tatsächlich um folgenreiche Entscheidungen, um die Frage, wer unser Gott ist, wen wir lieben, wem wir vertrauen, worauf wir uns verlassen: auf den Mammon oder den Gott Israels und Jesu Christi.

Die Beiträge des folgenden Bandes gehören verschiedenen Gattungen an; das ergibt sich aus dem Charakter von Befreiungstheologie. Befreiungstheologie hat ihren Lebenszusammenhang an konkreten Plätzen, in der Bundesrepublik z. B. in den Gottesdiensten an den Zäunen der Raketenlager. Die Predigt von K.-H. Dejung (S. 208ff) soll hier repräsentativ sein für das befreiende Evangelium an diesem Ort des Todes. Die Prophetendarstellung von S. Abrahams (S. 108ff) stammt aus dem Befreiungskampf von schwarzen Christen in Südafrika, sie redet über Propheten und ist selbst prophetische Theologie. Sie soll hier repräsentativ sein für die Belehrung, die Christen der ersten Welt von Christen der dritten Welt empfangen. Denn ohne den befreienden Aufbruch der Christen in der dritten Welt wäre eine Befreiungstheologie bei uns nicht entstanden. Mit diesem Beitrag soll diese grundlegende Verbindung dokumentiert werden. Der Verfasser ist Pfarrer der reformierten Kirche Südafrikas.

Bei anderen Beiträgen ergibt sich der »Sitz im Leben«, der Lebenszusammenhang, aus dem die Texte stammen, aus den Texten selbst. Ein großer Teil der Beiträge bearbeitet Inhalte der Befreiungstheologie mit wissenschaftlichen Methoden in allgemeinverständlicher Darstellung. Die Notwendigkeit, Befreiungstheologie auch wissenschaftlich zu betreiben, sollte nicht bestritten werden und wird in diesen Arbeiten auch begründet.

I. Zum theologischen Ansatz

1. Der Traditionshorizont einer Befreiungstheologie heute

Dorothee Sölle

DIE DREI THEOLOGIEN

Als ich in den 50er Jahren in Göttingen Theologie studierte, gab es – von den Fundamentalisten, die niemand ernst nahm, abgesehen – zwei relevante Positionen, die von Karl Barth und von Rudolf Bultmann bestimmt waren. Mit dem Anfang der 60er Jahre – und vor allem mit der Studentenbewegung – verblaßten diese Positionen und ihre Kontroversen. Eine lange Zeit der Unübersichtlichkeit der theologischen Landschaft folgte: keine Berge ragten empor, keine bestimmten schulbildenden Werke, keine an die Wurzel gehenden Auseinandersetzungen, so konnte es jedenfalls scheinen. Statt dessen gab es Wiederentdeckungen, vorsichtige Annäherungen an die empirische Realität, Aufarbeitung der Humanwissenschaften wie Psychologie, Soziologie, Sozialpsychologie und Psychoanalyse. Die in dieser Zeit gefeierte These von der Säkularisation des christlichen Glaubens schien sich innertheologisch ganz von selbst zu bestätigen.

Diese diffuse Lage hat sich mit dem Beginn der 80er Jahre verändert. Heute gibt es *drei* erkennbare theologische Tendenzen, die ich *konservativ, liberal* und *radikal* nennen will; ich könnte auch orthodox, liberal und befreiungstheologisch sagen. Es kommt bei all diesen »Schubladen« darauf an, die Bindestriche zwischen »theologisch« und »politisch« im Auge zu behalten. Die drei Theologien sind theologisch-politische Grundmodelle, die jeweils Theologie *und* Politik betreffen. Es sind nicht theologische Grundüberzeugungen, die dann auch eine politische Anwendung (applicatio) finden können, aber nicht müssen. Es sind auch nicht, wie von Konservativen gern unterstellt, politische Optionen, die sich ein theologisches Mäntelchen umhängen. Den politischen Gegensätzen liegen vielmehr theologische Grundentscheidungen zugrunde: Sag mir, wie du politisch denkst und handelst, und ich sage dir, an welchen Gott du glaubst.

Dazu eine Anekdote aus den 60er Jahren. Ein in der Industrie arbeitender Pfarrer hatte zur Mitbestimmung in einem Fernsehinterview – vor dem Fabriktor stehend – gesagt: »Es müßte ein Schild hier sein, auf dem steht: Hier verlassen Sie den demokratischen Sektor.« Am Tage darauf wurde er von seinem Superintendenten zur Rede gestellt. Es sei Einspruch von höchster Stelle

gekommen. »Von höchster Stelle? Meinen Sie Gott? Oder den Bischof?« Antwort: »Nein, den Aufsichtsrat...«
Der Dissens der Positionen ist tatsächlich theologisch-politisch. Jeder ernsthafte theologische Satz hat eine politische, auf die Gestaltung der Welt bezogene Spitze. In dem Satz »Die Erde ist des Herrn« (Ps 24,1) wird den multinationalen Konzernherren die Herrschaft bestritten. Im Tode Jesu, wie theologisiert und spiritualisiert er auch immer gedeutet wird, sind Pontius Pilatus und die Staatsmacht gegenwärtig.

Ich habe hin und her überlegt, ob ich von *zwei* gegenwärtigen Theologien sprechen sollte, die ich dann Theologie der Befreiung und Theologie der Bourgeoisie nennen müßte; oder ob ich, differenzierter, die beiden sehr verschiedenen Ausprägungen der bürgerlichen Theologie in das konservative und das liberale Lager in das Bild einbeziehen sollte. Im Rahmen einer Bibelarbeit für den Kirchentag, Düsseldorf 1985, habe ich das reduzierte Modell gewählt und die zwei gegenwärtigen Haupttheologien als zwei Konfessionen beschrieben, die sich nicht mehr mit den Konfessionen des 16. Jahrhunderts decken, als Christen sich als »katholisch« oder »evangelisch« definierten. Für die Leser des hier vorliegenden Buches scheint mir aber die differenziertere Analyse nützlich; ich stelle mir Leserinnen und Leser vor, die praktisch in ihrem Alltag mit den beiden Spielarten bürgerlicher Theologie konfrontiert sind, oft sogar in ihrem Gegensatz zerrieben werden, obwohl sie eigentlich von einer Überwindung bürgerlicher Theologie in die Befreiungstheologie hinein träumen.

1. Die neokonservative Staatsreligion

Die konservative oder orthodoxe Theologie nimmt Bibel und dogmatische Tradition zum Ausgangspunkt. Glauben bedeutet die gläubige Annahme der in der Tradition geoffenbarten Wahrheit; in den Worten der ersten These der Barmer Theologischen Erklärung von 1934 »Jesus Christus, wie er uns in der Heiligen Schrift bezeugt wird, ist das eine Wort Gottes, das wir zu hören, dem wir im Leben und im Sterben zu vertrauen und zu gehorchen haben.« So spricht eine im Konservativismus verankerte, von der Neo-Orthodoxie Karl Barths geprägte Theologie von oben. Die Menschen werden der »Offenbarung« unterstellt, sie sollen »hören«, »vertrauen« und »gehorchen«. Alle anderen »Ereignisse und Mächte, Gestalten und Wahrheiten« können, wie es in der erklärenden Verwerfung zu dieser These heißt, *nicht* als Offenbarung anerkannt werden. Im Kontext der Auseinandersetzung mit dem Nationalsozialismus und seinen deutschen Christen war es klar, welche »Wahrheiten«, z. B. die Überlegenheit der arischen Rasse, welche »anderen Mächte«, etwa Blut und Boden, und welche »Gestalten«, der Führer Adolf Hitler, da gemeint waren.

Aber außerhalb dieser historischen Situation ist diese These theologisch mehrdeutig. Was bedeutet es, Christus als das eine Wort Gottes zu hören, wenn manche Christen behaupten, nur die heterosexuelle Liebe sei Gehorsam Christus gegenüber, es sei Sünde, einen Menschen gleichen Geschlechts zu lieben?! Die Orthodoxie reflektiert ihre eigenen kulturellen Vorbehalte nicht, sie verklärt sie. Sie denkt nicht wissenssoziologisch, es mangelt ihr an Ideologieverdacht gegen sich selber, sie reflektiert kontextlos, und deswegen ist es möglich, daß die These, die gegen die deutschen Christen gerichtet war, heute neo-orthodox und konservativ etwa so ausgelegt wird:

Jedes politische Engagement von seiten der Kirche ist zu verurteilen. Jesus Christus steht über allen weltlichen Systemen; seine Partei zu ergreifen heißt Nichteinmischung in die Kämpfe dieser Welt; Christsein schafft eine bestimmte Distanz von jeder praktischen Einmischung in eine politische Frage. Da Christus das eine Wort Gottes ist – so die neo-orthodoxe Lesart –, können alle Systeme, seien sie sozialistisch oder kapitalistisch in ihrer Wirtschaftstheorie, emanzipiert in bezug auf die Rolle von Frauen oder versessen auf die Erhaltung des status quo in ihrer Familienpolitik, niemals mit Christus identifiziert werden. Ob wir glauben, daß unsere Sicherheit durch mehr Atombomben garantiert wird, oder durch weniger oder gar keine, die Neo-Orthodoxie belehrt uns, daß Jesus Christus über alldem steht. Die Kirche muß sich von der Welt distanzieren und den sogenannten »eschatologischen Vorbehalt« wahren. Die zweite Barmer These verkündet die »frohe Befreiung aus den gottlosen Bindungen dieser Welt«, und die konservative Auslegung dieses Bekenntnisses nimmt an, daß *alle* Bindungen dieser Welt in sich selbst gottlos sind, nicht nur einige, wie der historische Kontext von Barmen nahelegt.

Ich möchte zwei Beispiele von gegenwärtigen Kirchenverlautbarungen geben, die ich für ein Produkt der neo-orthodoxen Auslegung des christlichen Glaubens halte. Vor kurzem sah ich einen protestantischen Kirchenmann im Fernsehen Stellung nehmen zu der Frage: »Aufrüstung oder Abrüstung: Wo steht die Kirche?« Er sprach ziemlich lange über militärische Notwendigkeiten, bis er von dem Reporter dringend gebeten wurde, doch endlich theologisch Stellung zu nehmen. Darauf antwortet er, theologisch gesprochen stünden wir alle im gleichen Verhältnis zur Schuld, wir alle seien sündig, mit und ohne Waffen. Das eine Wort, das er Jesus Christus sagen hörte, war offensichtlich: Halte Dich raus aus dem ganzen Schlamassel. Nimm nicht Gott in

Anspruch für irgend etwas, was Du tust, sei es mit oder ohne Waffen. Gott ist im Himmel, und wir auf der Erde sind allzumal Sünder.

Das andere Beispiel war eine Predigt, in der die Predigerin Barth, Bonhoeffer und die Bekennende Kirche erwähnte, um die These zu unterstützen, daß – welche weltliche Bindungen auch immer jemand habe, sei es zu einem bestimmten Fußballteam oder für die Sache der Armen – es keine Legitimation dafür gäbe, unsere Sache mit Jesus Christus, dem Einen Wort Gottes, zu identifizieren. Diese amerikanische Pfarrerin benutzte das Vermächtnis der Bekennenden Kirche zu einem Frontalangriff auf die Befreiungstheologie. Glaube habe nichts mit irdischem Engagement zu tun, weil er sich nur auf Christus beziehen dürfe, auf Christus allein, auf den völlig anderen Christus.

Andere Konservative haben die Christozentrik der Neo-Orthodoxie dazu benutzt, sich dem hermeneutischen Ansatz der ökumenischen Bewegung und ihrer Behauptung, daß »die Welt die Tagesordnung für die Kirche« bestimmt, zu widersetzen. Sie haben sogar Vertreter der Befreiungstheologie als eine neue Art von deutschen Christen dargestellt. Für sie ist Christus jenseits von Kultur und Geschichte, ein unveränderbares, autonomes, göttliches Wesen, jenseits all unserer Hoffnungen und Visionen, die konsequenterweise dann als rein ideologische Behauptungen angesehen werden, die alle genauso weit weg von dem einen Wort Gottes sind.

Die Kontextlosigkeit dieser orthodoxen und neo-orthodoxen Theologie ist gefährlich, auch in ihrem Wortfetischismus. Damit meine ich die Unfähigkeit, im anders Gesagten das ursprüngliche z. B. in der Bibel Gemeinte zu erkennen. Es gibt eine bestimmte traditionsverhaftete Inflexibilität, die bestimmte Begriffe, z. B. Christus, Erlösung, Gerechtigkeit allein aus Glauben usw. verdinglicht, als brauchten sie nicht mehr Fleisch zu werden; als sei mit ihrer bloßen Rezitation der Glaube eindeutig genug ausgedrückt. Geistige Erstarrung und die Sucht zu wiederholen, was einmal klar gesagt wurde, sind kennzeichnend. Wenn ein neutestamentlicher Begriff, z. B. *agape*, heute mit Solidarität übersetzt wird, weil die traditionelle Übersetzung mit »Liebe« den Inhalt des Wortes nicht deutlich genug wiedergibt, so entstehen bei theologisch Konservativen Ängste, die theologisch-politische Gründe haben.

Der Biblizismus ist buchstabengläubig und literalistisch im Rahmen einer bestimmten kulturellen Situation in der unteren Mittelschicht, die sich von wirtschaftlichem und sozialem Abstieg, Isolierung, Auflösung der Werte, z. B. in der Sexualmoral, bedroht sieht. Die konservative Theologie reagiert auf diese Bedrohung mit wortfetischistischer Wiederholung, die die ideologischen Inhalte (wie Herrschaft von Eltern über Jugendliche, Zwangseinordnung der Frauen an ihren Platz, Distanz und Feindseligkeit allen politischen

Äußerungsformen gegenüber, vom Protestbrief bis zum Schweigekreis) eher schweigend voraussetzt als benennt. Die Sünde wird im eigenen Herzen lokalisiert, nicht in wirtschaftlichen Strukturen. Der Friede soll in den Familien und in der Erziehung realisiert werden. Alles, was über den engsten Umkreis des individuellen und familiären Lebens hinausgeht, gilt schon als »Politisierung« des Glaubens und wird abgewehrt. Daß die Individualisierung selbst die gefährlichste Ideologisierung des Glaubens ist, wird verleugnet.

Doch ist die konservative Position heute nicht nur defensiv, abwehrend, abgrenzend; zumindest in den USA ist sich die religiöse Rechte ihrer wirtschaftlichen und politischen Macht neu bewußt geworden. Seit Beginn der achtziger Jahre hat die religiöse Rechte in den Vereinigten Staaten eine neue offensive politische Rolle gefunden durch ihr Bündnis mit der extremen politischen Rechten. Während früher, zur Zeit des Pietismus des 18. Jahrhunderts, die frommen Fundamentalisten als die »Stillen im Lande« bekannt waren, ist ihre Frömmigkeit heute ausgesprochen laut, herausfordernd, öffentlich sichtbar und Macht beanspruchend.

Der amerikanische Präsident propagiert unter dem Druck dieser Gruppen, deren ultrakonservatives Kapital ihm 1980 zur Macht verhalf, immer deutlicher die neokonservative Ideologie und ihre Religion. In seiner Rede an die Nationale Vereinigung der Evangelikalen (National Association of Evangelicals) stellte Ronald Reagan fest: »Ich glaube, daß ER begonnen hat, unser gesegnetes Land zu heilen.« Damit meinte er nicht nur wirtschaftlichen Aufschwung als Belohnung der wahren Gläubigen (eine populäre Form der Max Weber-These!), sondern auch die »geistige Erweckung« Amerikas. Er sagte in Columbus, Ohio: »Die Amerikaner wenden sich wieder Gott zu. Der Kirchenbesuch ist gestiegen. Die Leserschaft für religiöse Bücher und die Zuhörerzahl für Rundfunksendungen wachsen...« Dieser Heilungsprozeß hat mit Reagans Präsidentschaft begonnen. Die Zeit davor war düster und verloren. Amerika, so sagte Reagan, »schien seine religiösen und moralischen Stärken zu verlieren und den Glauben an die Werte zu vergessen, die uns gut und groß gemacht haben.« »Aber der Allmächtige (ein Wort, das Hitler in seinen letzten Jahren nach Stalingrad mehr und mehr benutzte), der uns dieses große Land gab, gab uns auch freien Willen – die Macht, unseren Gott, unser Schicksal zu wählen.« »Die Amerikaner haben sich entschieden, einen langen Niedergang zu stoppen, und heute sieht unser Land eine Wiedergeburt von Freiheit und Glauben – eine große nationale Erneuerung« (New York Times, 7. März 1984).

Die historische Perspektive des Neokonservatismus ist eine umfassende Kritik derjenigen Liberalen, die vor zwanzig Jahren noch die säkulare optimistische Annahme vertraten, daß der Kapitalismus schließlich die Welt von Mangel und Elend befreien würde. Nachdem diese Illusion in den sechziger Jahren zusammenbrach, in der dritten Welt genauso wie in den Armutsghettos Nordamerikas, kamen die Konservativen schließlich in den späten siebziger Jahren überein, der Liberalismus sei schuld an den Problemen, die er nicht lösen konnte oder wollte. Die Konservativen beschuldigten nun den Wohlfahrtsstaat wegen des Zusammenbruchs der protestantischen Arbeitsethik. Sie behaupteten, daß ein allzu schwaches Verteidigungsprogramm der Sowjetunion erlaubt hätte, den Rüstungswettlauf zu »gewinnen«. Und zu allem habe die Frauenbewegung die amerikanische Familie zerstört. George Gilder hat den Neokonservativen eine Wirtschaftsfibel mit dem Titel »Wohlstand und Armut« fabriziert, die ausdrücklich feststellt, daß ein gewisser Glauben notwendig sei, um das System zu stabilisieren; Glauben, daß es es wert sei, hart zu arbeiten und zu investieren und ein Glauben an die Notwendigkeit, Frauen und andere Unruhestifter unter Kontrolle zu halten. Als Symptome des moralischen Niedergangs der Vereinigten Staaten nennt Reagan Pornographie, Drogenabhängigkeit und den Zusammenbruch der Familie, die einmal »der Grundbaustein unserer Gesellschaft« war. Seine Sicht der Geschichte ist folgende: »All unser materieller Wohlstand und all unser Einfluß ist auf unseren Glauben an Gott und die Grundwerte, die aus diesem Glauben folgen, gegründet (s. o.).«

Was sind diese Werte, die die neue Staatsreligion ausmachen? Es sind die traditionellen Werte Nation, Arbeit und Familie. In diesem Kontext fällt mir eine historische Parallele ein, die auf Frankreich während der Zeit der deutschen Besetzung bezogen ist. Zwischen 1940 und 1944 mußte Frankreich neue Münzen prägen, auf denen nicht mehr das Motto »Freiheit, Gleichheit, Brüderlichkeit« eingeschrieben war, sondern die konservative Triade »patrie, travail, famille« (Vaterland, Arbeit, Familie).

Das sind die religiösen Werte des Neokonservatismus. »Amerika ist groß, weil Amerika gut ist«, wie der Präsident zu den evangelikalen Führern sagte. Das Land dieser guten und gerechten Menschen, das den Weltfrieden sichert, muß durch die größte Aufrüstung aller Zeiten stark gemacht werden. Die Amerikaner werden dazu gebracht, an die moralische Überlegenheit der Vereinigten Staaten zu glauben. Die Ausdrucksmittel der christlichen Religion werden in diesem Zusammenhang instrumentalisiert.

Die militärpolitische Doktrin der nationalen Sicherheit hat die älteren politischen Werte und Überzeugungen von Demokratie, Pressefreiheit und Menschenrechten ersetzt; statt dessen ist »nationale Sicherheit« die Grundlage der Politik geworden. Die Bedrohung der nationalen Sicherheit ist das größte Risiko, die Verschwörung gegen sie ist das Kapitalverbrechen. Wir müssen aber im Auge behalten, daß das Verschwinden von Menschen, die Folter und die Morde in Lateinamerika und anderen Drittweltländern im Namen der »nationalen Sicherheit« angeordnet und gerechtfertigt werden. Das Blut hunderttausender Opfer klebt am Konzept der »nationalen Sicherheit«. Die Verbrechen von Polizei und Terrorstaaten und die Verbrechen der sogenannten Demokratien, nämlich sich selbst und andere zu Tode zu rüsten, werden im Namen der nationalen Sicherheit begangen. Das Streben nach nationaler Sicherheit ist Teil der neuen konservativen Ideologie mit ihrer Rhetorik der Stärke, ihren offenen oder versteckten Drohungen gegen Andersdenkende, ihrer Reduktion aller Konflikte in der Welt auf den Ost-West-Konflikt etc.

Das Programm hat eine militaristische Außenseite, aber es hat genauso eine religiöse und kulturelle Innenseite. In seinen Kontext gehört die mit massivem Geld der extremen Rechten gestützte fundamentalistische Bewegung, die sich auch die ihrem eigenen Selbstverständnis nach »unpolitischen« traditionell Konservativen einverleibt. So wird die Christozentrik der Neo-Orthodoxie ein wirksames Instrument gegen die befreiungstheologischen Gruppen, die Rassismus und Sexismus als Sünde bekämpfen. Der Friede Gottes wird dann soweit wie möglich von der Frage weiterer Aufrüstung distanziert und die Rechtfertigungslehre »allein aus Glauben« soll mit der realen Sicherungsideologie, der nuklearen Abschreckung, auf die wir doch unser Vertrauen im Leben und Sterben setzen, nichts zu tun haben. Verleugnung der Realität und Verdrängung der eigenen Anteile an ihrem Aufbau sind notwendige Vorarbeiten, wenn das Haus der neokonservativen Staatsreligion gebaut werden soll. Die orthodoxe Theologie (mit ihrer Christozentrik, ihrer Weltdistanz, ihrer Verwechslung von Sünde und Ohnmacht, ihrem anthropologischen Pessimismus, ihrem Sexismus) leistet diese Vorarbeiten, auch dann, wenn sie selber am Aufbau des Ideologiehauses nicht mitarbeitet.

In der fortgeschrittenen neokonservativen Staatsreligion wird neben der nationalen Sicherheit als dem obersten Wert die Arbeit eingeplant, harte Arbeit. Keine Sympathie für diejenigen, die nicht arbeiten. Im Kontext von Reaganomics heißt das wirtschaftspolitisch: keine Gesundheitsversorgung für die Massen der Alten, der Kranken und der sogenannten Nichtbeschäftigungsfähigen. Keine Essensmarken mehr, weil – wie der Mitarbeiter im Weißen Haus, Meese, behauptete – es keinen Hunger in den Vereinigten Staaten gibt – sogar wenn Leute Katzenfutter kaufen, um wenigstens etwas Eiweiß zu bekommen. Die Verleugnung der Realität, die Weigerung, bestimmte Dinge, die nicht mit der Ideologie übereinstimmen, in Betracht zu ziehen, ist meiner Meinung nach charakteristisch für den aggressiven Neokonservatismus und unterschieden von älteren Formen des Konservatismus, der immerhin einen bestimmten, wenn auch beschränkten Realitätssinn wahrte. In Westdeutschland stellen z. B. die Forderungen des CDU-Generalsekretärs Geißler, zwischen guten Arbeitslosen und schlechten Arbeitsunwilligen zu unterscheiden, einen Schritt in dieselbe Richtung dar.

Der dritte Wert in der neokonservativen Staatsreligion ist die Familie und in ihr die Rolle der Frau. Religiös zu sein heißt, Frauen an ihrem von Gott verordneten Platz zu halten. Reagan ist ein Meister im Spiel mit den tiefsitzenden Ängsten der Menschen, die massiven technischen Wandel erfahren. Er beutet die Angst vor Inflation und Arbeitsplatzverlust aus und dreht sie herum auf einen Punkt hin, nämlich Sexualität. Es ist nicht die Atombombe, die unser Überleben bedroht, sondern die Liebe zwischen zwei Männern oder zwei Frauen gefährdet alles, was wir erreicht haben! Der moralische Skandal unserer Zeit ist nicht das Verhungern von Millionen Kindern in der dritten Welt dank unserer wirtschaftlichen Meisterplanung, sondern die Abtreibung ungeborenen Lebens! Arbeitslosigkeit ist nicht das Problem, sondern Pornographie! Der Neokonservatismus und die neue Staatsreligion versprechen Sicherheit durch Nationalismus, Arbeit und Familie. Es ist eine Vision der Habenden, nicht der Habenichtse. Sie will sicherstellen, daß wir behalten, was wir haben.

2. Der hilflose Liberalismus

Die liberale Theologie verfolgt mit Entsetzen die neue Annäherung von orthodoxem fundamentalistischem Christentum und Staatsmacht. Sie ist vom kritischen Geist der Aufklärung geprägt: Bibelkritik, Herrschaftskritik und Institutionskritik sind ihr unverzichtbar. Deswegen bejaht die liberale Theologie die Trennung von Kirche und Staat als ein Grundprinzip. Und in der Tat war es für ein wirtschafts- und sozial-politisches System, das nach dem Prinzip der freien Marktwirtschaft funktioniert, absolut notwendig, sich von moralischen, religiösen und transzendenten Dimensionen menschlicher Existenz zu distanzieren. Im Frühstadium des Liberalismus war die aufsteigende Klasse des Bürgertums Trägerin einer aufgeklärten Vision von einer autonomen Gesellschaft, die nicht länger von der Kirche bzw. der seltsamen Allianz von Adel und Geistlichkeit beherrscht wurde. Der liberale Staat hatte ein Interesse, sich vor einer als machthungrig angesehenen Kirche zu schützen; er wollte die Kirche Kirche sein lassen, in sicherem Abstand von der Welt der Politik. Heute, da wir uns (wie gerade jetzt in den USA deutlich wird) dem Ende der liberalen Epoche nähern, ist es gerade umgekehrt: Die Kirche als eine

Institution der bürgerlichen Klasse hat ein Interesse daran, sich aus den politischen und wirtschaftlichen Entscheidungen des modernen Staates herauszuhalten. Der offizielle Protestantismus, den wir als die bürgerliche Religion ansehen müssen, hat sich auf die moralischen und transzendenten Aspekte des christlichen Glaubens zurückgezogen; er hat seine sozio-ökonomischen Forderungen für das ganze Leben der Menschen und ihrer Gesellschaft zum Schweigen gebracht. Während der Französischen Revolution und der Anfänge der Jeffersonschen Demokratie war es der Staat, der Freiheit von unaufgeklärtem und unwissenschaftlichem Klerikalismus wollte und brauchte. Die Kirche in ihrer bürgerlich-protestantischen Form paßte sich den Forderungen der Modernität, der Aufklärung und der Wissenschaft an. Aber in diesem Prozeß verlor die Kirche ihre kritische und prophetische Stimme, weil sie die Trennung in zwei Welten anerkannte, einen Bereich der Wirtschaft und der Politik und einen anderen des Privaten, in den die religiösen Angelegenheiten fielen. Beide Bereiche hatten eine bestimmte autonome Identität; zusammengenommen repräsentierten sie die historische Wirklichkeit der bürgerlichen Ära. Aber diese prästabilisierte Harmonie war trügerisch. Sie gab nichts her für die Menschenrechte rassischer Minderheiten wie z. B. der Juden in Europa oder der Schwarzen in den USA. Sie hat nichts geleistet für die Armen; weder für die landlosen Kleinbauern, noch für das industrielle Proletariat funktionierte die Trennung von Kirche und Staat positiv-emanzipatorisch oder auch nur konservativ-beschützend, von den marginalisierten Massen, die wir heute in der dritten Welt finden, ganz zu schweigen. Die bürgerlich-liberale Ideologie behauptet, daß die weltlichen und die geistlichen Dimensionen der modernen Welt eine historische Situation geschaffen haben, in der der Staat für Wirtschaft und Politik sorgt, während die Kirche die Seele des Privatmenschen schützt und rettet. Aber dieser liberale Mythos hat für die Unterdrückten niemals wirklich funktioniert. Als die staatliche Unterdrückung im 20. Jahrhundert neue Formen annahm, wie z. B. Konzentrationslager, als Folter die Regel im Verfahren wurde, brach der Mythos der Trennung von Kirche und Staat zusammen, und zumindest einige Teile der Christenheit entdeckten ihren eigenen visionären Anspruch wieder, nicht nur das private Individuum, sondern auch die Machenschaften der Gesellschaft zu verändern. Der Zusammenbruch des Liberalismus, den der Faschismus im 20. Jahrhundert hervorrief, forderte die Kirche heraus und polarisierte sie – in Nazi-Deutschland, in Francos Spanien und heute in Südafrika und Lateinamerika. Die wunderschöne Harmonie der Trennung von Kirche und Staat konnte nicht standhalten im Licht von zunehmend totalitären Staaten. Und die Kirche unter Hitler, Franco, Pinochet, Somoza und zunehmend der CIA, sah sich herausgefordert

Die drei Theologien

durch die Verletzung der Menschenrechte. Ein Staatsapparat, der absoluten Gehorsam und totale Auslieferung an seine Ideologie fordert, zwingt die Kirche dazu, heute ihre eigene Geschichte des Liberalismus zu überdenken; die politische Debatte in den USA wird nach meiner Beobachtung mehr und mehr theologisiert.

Wir leben in einer Zeit, in der zwei Religionen, die des Staates und die des Widerstandes, gegeneinander kämpfen. Dies bedeutet das Ende der liberalen Ära und spezifischer die Falsifikation ihrer These von der Säkularisierung der Gesellschaft. Die Geschichte hat diejenigen widerlegt, die glaubten, daß Religion von selbst aussterbe, daß sie irrelevant sei für Politik und individuelle Entscheidungen und daß die Aufklärung, wie eine heißgeliebte These der Intellektuellen behauptet, die Religion schließlich überflüssig machen würde. In diesem Sinn stimmen die Voraussetzungen der liberalen Ära nicht mehr. Wir müssen fragen: Kann eine Theologie ihre Integrität innerhalb einer schiedlich-friedlichen Trennung von Kirche und Staat wahren? Das hat sie 1933 nicht gekonnt; der Liberalismus hat in dieser Situation mehr oder weniger versagt, ganz ähnlich wie die liberale Theologie schon 1914 beim Ausbruch des ersten Weltkrieges (zum Entsetzen von Karl Barth!) versagte. Heute wird die Theologie massiv unter Druck gesetzt, sich doch auf die Einzelseele des einzelnen Menschen zu beschränken. Die Kirche soll den Arbeitslosen den Sinn des Lebens deutlich machen und auf keinen Fall die Frage nach den Ursachen der Arbeitslosigkeit stellen.

Der zweite springende Punkt innerhalb der liberalen Theologie ist ihr Individualismus, an dem man sie vor allem erkennt. Sie betrachtet den Menschen als ein einzelnes Wesen, das im Glauben Trost und seelischen Frieden findet. Das moderne Leben spielt uns allen hart genug mit, der Streß, der Konkurrenzkampf und die Einsamkeit der Menschen sind ungeheuer groß – und genau in diesem Feld soll die christliche Religion Trost und Heilung bringen, als Erlösung von dem Übel. Das Reich Gottes wird unter dieser Perspektive der Erlösung des einzelnen ganz zurückgedrängt. »Erlöse uns von dem Übel« ist wichtiger als »Dein Reich komme«, obwohl doch beide Bitten zusammengehören. Die Theologie der Bourgeoisie ist das Werk der weißen, relativ wohlhabenden, von Männern bestimmten, also der androzentrisch denkenden Mittelklasse. Von den verelendeten Massen dieser Erde sieht sie ab: Höchstens als Objekte von Wohltätigkeit tauchen die Verhungernden auf. Ansonsten sind Probleme der Sexualethik oder des Sterbens dieser Theologie viel wichtiger als soziale, politische oder ökonomische.

3. Theologie der Befreiung

Es gibt daneben seit etwa zwanzig Jahren eine Theologie, die von Menschen betrieben wird, die nicht weiß, relativ wohlhabend und männlichen Geschlechts sind: die Theologie der Befreiung. In ihr wird der Glaube nicht in erster Linie als Trost im gewöhnlichen und oft miesen Leben empfunden, sondern als eine Art zu leben, zu hoffen und zu handeln. Er bedeutet eine Revolution in den Herzen der Menschen, die dem Wort Jesu entspricht, das er einem seit vielen Jahren Gelähmten sagt: »Steh auf! Nimm dein Bett und geh!« (Mk 2,9). Christus tröstet nicht nur, er verändert unser Leben; und wie bei den ersten Jüngern Jesu, die arme und unwissende Leute waren, in der Mehrzahl auch noch Frauen, so entsteht auch heute in den an der Basis wachsenden Gemeinschaften des Glaubens eine Art miteinander zu leben, miteinander zu teilen, sich zu organisieren, miteinander zu feiern und zu kämpfen. In sehr vielen Fällen führt diese Art eines neuen Lebens dazu, daß die Christen verachtet und gemieden, in vielen Berufen nicht mehr geduldet werden; in der dritten Welt werden die Verfolgung, die Folter und der Tod um des Glaubens willen immer häufiger.

Die Theologie der Befreiung entsteht bei den Armen, in den südafrikanischen Townships, im Flüchtlingslager in El Salvador, unter den Textilarbeiterinnen auf Sri Lanka. Das bedeutet aber keineswegs, daß sie für uns hier nicht wichtig wäre. Wir sind ja nicht unbeteiligt an dem Elend, unter dem die Menschen in den zwei Dritteln der Welt heute leiden, wir sind ja ein Teil des Problems. Die Vertreter unseres Landes in internationalen Konferenzen, wie z. B. der UNCTAD, stimmen in der Regel mit den Vertretern der USA gegen alle Vorschläge, die die armen Länder zur Änderung der wirtschaftspolitischen Lage machen. Wir sind nicht Zuschauer, wir sind nicht Opfer, wir sind Täter, die das Elend verursachen. Darum ist die Theologie der Befreiung nicht irgendeine theologische Mode, die wir mitmachen oder lassen können, sondern der heute uns von Gott angebotene Ausdruck des Glaubens auch der Menschen in der ersten Welt, die auf Befreiung hin leben, Befreiung von der furchtbaren Rolle, Unschuldige ins Elend zu stürzen, Kinder zum Tode zu verurteilen und die Hoffnungen der Armen durch Polizeiregime, Militärdiktaturen und offenen Krieg zu unterdrücken. Auch die Befreiungstheologie orientiert sich an dem einen Wort Gottes, an Jesus Christus. Sie läßt dieses Wort aber nicht kontextlos, überzeitlich oder auf die einzelnen Seelen in ihrer Tiefe bezogen stehen. Das eine Wort Gottes im Sinne der Befreiungstheologie ist die messianische Praxis Jesu und seiner Nachfolger. Christus ist nicht deswegen das Eine Wort Gottes, weil er allen anderen ideologischen oder religiösen Herausforderungen formal überlegen ist, weil er, im Gegensatz zu allen anderen, eben von Gott spricht. Der Grund des Glaubens ist nicht, daß es Christus war, der mit göttlicher Vollmacht redete; der Grund des Glaubens ist die Praxis dieses armen Mannes aus Nazareth, der den Hungrigen sein Brot teilte und die Blinden sehen machte und der für die Gerechtigkeit lebte und starb. Autoritätshörigkeit hilft uns nicht weiter, Praxis dagegen ja. In der Theologie der Befreiung gilt der Grundsatz, daß die Armen die Lehrer sind, und so lernen wir heute am meisten von den Armen und durch die Armen: nicht Technologie, nicht Wissen, aber Glauben und Hoffen.

In einem Gespräch über die Lage der von den westlichen Ländern unterdrückten Völker fragte mich kürzlich ein junger Schweizer Lehrer, woher ich denn Hoffnung nehmen könne. Erst wollte ich ihm antworten: »Aus meinem Glauben an den Gott, der schon einmal ein unterdrücktes Volk aus der Sklaverei unter einer Militärgroßmacht gerettet hat!« Aber dann fiel mir ein, daß es eigentlich gar nicht »mein« Glaube ist, der mich trägt. Es ist eigentlich der Glaube und die Hoffnung der Armen, die nicht aufgeben. Solange sie nicht verzweifeln und sich selber aufgeben, solange sie weitermachen, haben wir nicht das geringste Recht, weinerlich und resigniert mit unserer Analyse, die Geld und Waffen zählt, aber nicht den Stolz und die Kampfbereitschaft der Geschundenen wahrnimmt, zu sagen: Man kann nichts machen!

Radikale Theologie geht an die Wurzeln dieser unserer Ohnmachtsangst und vergewissert uns dessen, daß »alles möglich« ist, wie eine der Befreiungsgeschichten des Neuen Testaments sagt.

Diese Beschreibung der gegenwärtigen theologischen Situation wäre unvollständig ohne die praktisch-missionarische Dimension. Wie kommen Menschen von einem in das andere Lager? Wir müssen nach den Querverbindungen, den Übergängen, den Konversionen fragen. Christian Beyers-Naudé z. B. war ein südafrikanischer Theologe konservativer Prägung, aus einer alten burischen Familie, ehe er mit über fünfzig zu einem Befreiungstheologen im Kampf gegen die Apartheid wurde. Gibt es innerhalb der orthodoxen Theologie widerständige Züge, die ihre Eingemeindung in die westlich-antikommunistische Ideologie verhindern? Wo sind die Übergänge von kritischen linksliberalen Positionen zur Praxis der Befreiung? Welche Anteile der verschiedenen Positionen finden wir in uns selber?

Ein Kennzeichen der falschen Religion ist, daß in ihr Gott und Satan ununterscheidbar werden. Das trifft auch für die Fundamentalisten zu, die das Ende der Welt als gottgewollt voraussagen und es durch ihre Politik befördern. Gott ist für sie weder Liebe noch Gerechtigkeit, sondern schiere Macht. Die Militarisierung der ganzen Welt ist die Durchsetzung dieses Gottes;

Stärke ist sein höchstes Ideal, Gewalt seine Methode, Sicherheit sein Versprechen.

Die Bewegung für mehr Frieden und Gerechtigkeit, die bei uns eine Art Theologie der Befreiung betreibt, hat sich von diesem Gott losgesagt. Diese Lossagung bedeutet Abkehr vom falschen Leben, Hinwendung zu einer anderen Form des Lebens.

Es handelt sich um eine lebenslange Konversion.

Literatur:

Franz J. Hinkelammert, Die ideologischen Waffen des Todes. Zur Metaphysik des Kapitalismus, edition liberación/Edition Exodus, Freiburg (Schweiz)-Münster 1985;
Ruben Alves, Protestantism and Repression. A Brazilian Case Study, Orbis Books, Maryknoll, N. Y. 1985.
D. Sölle/L. Schottroff, Die Erde gehört Gott. Texte zur Bibelarbeit von Frauen, ro-ro-ro aktuell 5634, Reinbek 1985.

Helmut Gollwitzer

KARL BARTHS THEOLOGIE DER FREIHEIT UND DIE THEOLOGIE DER BEFREIUNG

Für Wolfgang Schweitzer zum 70. Geburtstag

Die Befreiungstheologien zu unserer Zeit – die lateinamerikanische »Theologie der Befreiung«, die Min-jung-Theologie in Südkorea, die »Schwarze Theologie« in den USA und im südlichen Afrika – sind, oberflächlich gesehen, ohne Bezug zur Theologie Karl Barths entstanden. Am ehesten kann man noch bei der südafrikanischen »Schwarzen Theologie« einen bewußten Bezug vermuten; darauf weist ihre Anknüpfung an den deutschen Kirchenkampf, an die Bekennende Kirche und an die »Barmer Theologische Erklärung«.[1] Als Verbindungsglieder können Jürgen Moltmanns »Theologie der Hoffnung« und Richard Shaulls »Theologie der Revolution« angesehen werden[2], beide aus dem Wirkungskreise Barths stammend. Mit jenen Theologien ist die kontinental-europäische Theologie, besonders die deutsche, als bisherige Lehrmeisterin der Kirchen der Welt abgesetzt; oft genug wird ihr das ausdrücklich bescheinigt. Dies könnte auch für die Barthsche Theologie gelten, die sich – ungeachtet mancher von ihr eingeschlagenen neuen Wege – darum bemüht hat, die klassische Theologie, sowohl die der protestantischen Orthodoxie wie die der Scholastik, aufzuarbeiten. Dies aber ist eben jene europäische Theologie, von der die Kirchen der Länder der sogenannten »Dritten Welt« bisher versorgt wurden und von der sie sich für ihre jetzigen Probleme und Aufgaben zunehmend schlecht versorgt fühlen. Es war »weiße Theologie«, die ihren Charakter als Produkt der weißen europäischen Herrenrasse kaum reflektiert hat.

Auch Barth hat das nicht getan. Seine Arbeit liegt noch vor der Zeit, in der die Wirklichkeit der »Dritten Welt« sich endlich kräftig ins Bewußtsein der Bewohner der »Ersten Welt« geschoben hat. Wir finden sie bei ihm kaum er-

---

[1] Vgl. Allan A. Boesak, Unschuld, die schuldig macht, Hamburg 1977, 101. Ders., Ein Fingerzeig Gottes, Hamburg 1980.
[2] Jürgen Moltmann, Theologie der Hoffnung, München 1964; R. Shaull, Befreiung durch Veränderung, München/Mainz 1970. Vgl. auch Anm. 30.

währt. Kommt er auf soziale Konflikte oder politische Probleme zu sprechen, so handelt es sich dabei immer um europäische. Das hat Barths ökumenische Wirkung nicht verhindert. Doch außereuropäische Barth-Rezeption ist eher in den USA und Japan geschehen, in den Ländern der Befreiungsbewegungen aber nur wenig zu verzeichnen. Es gibt darum Barth-Interpreten, die eine positive Beziehung zwischen diesen beiden Weisen von heutiger Theologie meinen bestreiten zu müssen, ebenso wie eine Möglichkeit, Barth wenigstens als Wegbereiter einer politischen Theologie, wie sie in den Befreiungstheologien entwickelt wird, verstehen zu können.

Unzweifelhaft aber ist, daß für Barth Freiheit ein zentraler Begriff ist und daß er zunehmend seine Theologie als eine Theologie der Freiheit ausgearbeitet hat. Das ist nicht eine selbstverständliche These. Trat Barth doch gegen die liberale Theologie seiner Lehrer an mit dem Bemühen, die Verbindlichkeit der Theologie festzustellen, ihre Bindung an Schrift, Dogma und Bekenntnis. Richtete er doch wieder Autorität für theologisches Denken auf und verstand er dieses doch vor allem anderen als ein gehorsames Denken: »Es ist also ein in aller Freiheit – ohne die es Denken nicht wäre – nicht zufälliges, nicht willkürliches, sondern bestimmtes und gebundenes, und zwar von außen durch seinen Gegenstand bestimmtes und gebundenes Denken«[3]; denn: »Wo die Schrift redet ... und der Mensch hört, ... da entsteht und besteht die Kirche.«[4] Barth war mit Paul Tillichs Sorge einer Unterwerfung der Theologie unter eine heteronome Autorität nicht beschäftigt. Im Gegenteil, bei aller Betonung der Relativität der irdischen Autoritätsinstanzen für die christliche Theologie – Schrift, Kanon, Dogma, Bekenntnis – hören wir Barth, dessen dogmatische Ausführungen zum Autoritätsproblem wir jetzt von 1924 über 1927 bis 1935[5] verfolgen können, doch in deutlicher Front gegen den »Massenansturm« von »aufklärerischen, liberalen, pfaffenfresserischen, lichtfreundlichen Motiven« und mit deutlich erwärmtem Pathos für die Bindung an diese Instanzen sprechen, wie wir es sonst nur noch bei den ausgesprochen konservativen Zeitgenossen finden, mit denen Barth sonst wenig zu tun haben wollte. Denn »indem die Schrift als Wort Gottes zu uns kommt, ... wird Kir-

[3] Die Grundformen des theologischen Denkens (1936), in: Theologische Fragen und Antworten, Zürich 1957, 283f.
[4] Offenbarung, Kirche, Theologie, Theologische Existenz heute, H. 9, 1934, 29 (von Barth gesperrt wiedergegeben).
[5] 1924: Unterricht in der christlichen Religion (K. Barth-Gesamtausgabe, II, 1. Bd., Zürich 1980); 1927: Die Lehre vom Wort Gottes. Prolegomena zur Christlichen Dogmatik; ab 1932: Kirchliche Dogmatik, bes. I/2 (1938), § 20: »Die Autorität in der Kirche«.

chenautorität tatsächlich *aufgerichtet*. Sie kann nicht zu uns kommen, ohne daß es einen autoritativen Kanon und Text, Väter und Dogma und Lehramt gibt.«[6] Katholische Theologie fand sich hier bestätigt und entdeckte in Barth eben deswegen einen Gesprächspartner, mit dem sich die Diskussion wieder lohnte[7]; jüngere protestantische Theologen wie Erik Peterson und Oskar Bauhofer machten sich von hier aus auf den Weg nach Rom, und Georg Wobbermin war nicht der einzige, der darin die Folge von Barths katholisierenden Tendenzen meinte erkennen zu können.[8] So konnte Barth mit dem Konservatismus seiner Weggenossen in der »dialektischen Theologie«, Friedrich Gogarten, zusammengesehen werden als mitverantwortlich für die Zerstörung des liberalen Denkens und damit auch der liberalen Weimarer Republik[9], und von Bonhoeffers Klage über solchen »Offenbarungspositivismus« (»Vogel, friß oder stirb!«) bis zu jüngeren Theologen heute verstummte nicht die Etikettierung Barthschen Denkens als autoritär.[10]

Spätestens aber seit Erscheinen der Schöpfungs-Ethik Barths (KD III/4, 1951) konnte auch einem Leser mit großen Vorbehalten gegen Barths theologische Arbeit deutlich sein, daß es sich hier von Anfang bis Ende um nichts anderes als um eine Theologie der Freiheit handle. »Freiheit« und »Gehorsam« sind die am meisten vorkommenden Stichworte in diesem Bande, und immer neu gelten die Überlegungen dem Bemühen, den scheinbaren und durch lange Traditionen festgemachten Gegensatz zwischen ihnen zu überwinden. Sofort beim ersten Vorkommen des Freiheitsbegriffs heißt es (S. 12):

[6] Offenbarung..., a.a.O. (s. Anm. 4).
[7] So Robert Grosche in: Catholica, 1. Jg., H. 1, 1932.
[8] K. Barth, Offener Brief an Prof. Dr. Wobbermin, Theologische Blätter, 1932, 186f.
[9] Klaus Scholder, Neuere deutsche Geschichte und protestantische Theologie, Ev. Th. 1963, 510–536. – Zu diesen mehr den frühen Barthianismus als Barth treffenden Vorwürfen ist mit Nutzen Barths Exkurs über Autoritarismus und Liberalismus in KD I/2 (1938), 743ff, zu lesen, in dem Barth gegen die antiaufklärerische Tendenz des politischen und theologischen Autoritarismus den »Widerspruch des Evangeliums« aufrichtet und fordert, »daß die Kirche in ihrem Verhalten und Reden der Welt gegenüber sich heute des im Raum der Welt unterdrückten und verfolgten *Freiheits*gedankens anzunehmen« habe und »sich an der säkularen Hetze gegen den säkularen Liberalismus gerade nicht beteiligt«, sondern wegen dessen »relativem Recht« heute ja nicht versäumen soll, »die Freistätte der heute in der Welt zu kurz kommenden Wahrheit – und das ist eben: der Wahrheit des Freiheitsgedankens – zu sein«.
[10] Z. B. F. Wagner, Theologische Gleichschaltung, in: T. Rendtorff (Hg.), Die Realisierung der Freiheit. Beiträge zur Kritik der Theologie K. Barths, Gütersloh 1975, 10–43. – Vgl. dazu P. Winzeler, Widerstehende Theologie. Karl Barth 1920–35, Stuttgart 1982.

»Gottes Gebot ist nämlich in der ganzen konkreten Fülle und Zuspitzung, in der es je und je auf den Menschen zukommt, ein Appell an dessen Freiheit. Natürlich nicht an eine Freiheit seines Beliebens, Gutfindens, Auswählens, wohl aber an die wirkliche Freiheit des Menschen, die in seiner Freiheit für Gott, in seiner Freiheit zum Gehorsam gegen ihn besteht.«

Zum Verständnis dieser dann im ganzen Bande weiter ausgeführten Worte sind einige Grundanschauungen Barths zu skizzieren, die dafür richtungweisend sind.

1. Barth denkt die menschliche Freiheit als Entsprechung zur Freiheit Gottes. Was unter dieser zu verstehen sei, liest er aber am Grundereignis des christlichen Glaubens ab: am Christusereignis. Dieses ist für ihn die Entscheidung Gottes für die Menschen, Gottes Entscheidung, uns Menschen nicht in unserm Elend zu lassen, sondern uns aus ihm zu befreien zum Leben im Bunde mit ihm, in dem Bunde, den er schon in der Schöpfung mit seiner ganzen Kreatur und in der Erschaffung des Menschen mit diesen Menschen geschlossen hat. Er denkt also Gottes Freiheit nicht von einem abstrakten Gottesbegriff und von einem abstrakten Allmachtsbegriff her, sondern läßt sich über sie belehren durch die Freiheit, die Gott sich laut seiner Offenbarung in Jesus Christus faktisch genommen hat, für den Menschen zu sein – ohne es zu müssen, durch keinen Zwang dazu genötigt (sonst wäre es ja ein über Gott verfügtes Schicksal oder eine naturhafte Emanation, nicht aber Gnade), aber auch durch kein menschliches Verdienst dadurch verpflichtet. Barth benützt dafür von früh an das Begriffspaar Freiheit und Liebe. Es ist eine Liebe, auf die der Geliebte sich berufen kann und bei der er Gott behaften kann, weil Gott – eben gerade in seiner Hingabe in Jesus Christus – sich für seine Liebe zu den Menschen nicht nur vorübergehend, sondern bleibend entschieden hat. Barth denkt Gottes Freiheit von Gottes Treue her.

2. Der Mensch ist, was er ist, mit all seinen geschöpflichen Möglichkeiten, durch Gottes Gnade. Alles, was der Mensch kann, verkündigt ihm Gottes Liebe. So besteht kein Gegensatz zwischen Gnade und Freiheit. Gnade ist vielmehr die Ermöglichung der menschlichen Freiheit. Diese Freiheit ist nicht unser Besitz, sondern ständig neues Geschenk der Gnade. So haben wir alles, was wir können, ebenso aber auch die jeweiligen Grenzen unseres Könnens als stets neues Gottesgeschenk anzunehmen, und Danksagung dafür ist der rechte Gebrauch unserer Freiheit.

3. Von daher erfolgt bei Barth eine weitreichende Umkehrung des gängigen Begriffs der menschlichen Freiheit. Ist die göttliche Freiheit identisch mit Gottes Entscheidung für seine Liebe zum Menschen und für sein treues Festhalten an dieser Entscheidung, nicht aber mit der Freiheit, »auch anders zu

können« und sich von seiner Treue wieder loszusagen, so hat Gott sich in seiner freien Entscheidung gebunden. Dann kann auch des Menschen Freiheit nicht recht verstanden sein, solange wir sie auffassen als die Freiheit, Gott gegenüber – und dann auch den Mitmenschen gegenüber – so oder auch anders zu können, ja oder nein zu sagen, auf Gottes Liebe mit Gegenliebe (und also mit Gehorsam) oder mit Feindschaft zu antworten. Eine negative Antwort wäre vielmehr sofort der Sturz in die Unfreiheit, aus der es keine Selbstbefreiung mehr geben kann. Diese Möglichkeit ist mit der menschlichen Freiheit nur abstrakt gegeben, sofern es sich nicht um einen Zwang handelt, aber sie ist, wie Barth sich gerne ausdrückt, die »unmögliche Möglichkeit«, der Abfall und Rausfall aus der Freiheit. Denn Gottes Freiheit ist »nicht in erster Linie irgend eine ›Freiheit *von*‹, sondern seine ›Freiheit *zu* und *für*‹ den Menschen, zur Koexistenz mit ihm«[11], und so ist auch des Menschen Freiheit die Freiheit für Gott und für die Mitmenschen. Wie durchgehend Barth so denkt, zeigt seine jetzt veröffentlichte Ethik-Vorlesung von 1928/29. Schon in ihr heißt es bündig: »Es gibt nur *einen* möglichen Gebrauch der uns gegebenen menschlichen Freiheit. Sie ist keine Wahlfreiheit. Sie ist die Freiheit, Gottes Willen zu tun.« Und (unter Berufung auf Röm 2,14f): »Die geschöpfliche Freiheit des Menschen ist die Freiheit zum Gehorsam gegen dieses Gesetz. Die Möglichkeit des geschöpflichen Eigenwillens im *Gegensatz* zu dem des Schöpfers ist keine mit der Schöpfung, d. h. mit der durch den Willen Gottes gesetzten Existenz des Menschen gegebene Möglichkeit. Indem diese Möglichkeit Wirklichkeit wird, verneinen wir mit dem Willen Gottes auch unsere eigene Existenz. Wir können das Wirklichwerden dieser Möglichkeit nur schaudernd als einen Schritt in die völlige Unmöglichkeit und Unwirklichkeit verstehen.«[12] Deshalb widerspricht Barth heftig Emil Brunners Vorstellung von der geschöpflichen Freiheit als einer neutralen Möglichkeit zum Guten oder zum Bösen; Brunner müßte vielmehr, wenn er wirklich den Menschen als Gottes Geschöpf meint, ihn »eindeutig als den Menschen im Bunde mit Gott beschreiben«, so daß »er also die Möglichkeit der Sünde auf keinen Fall zu den dem Menschen in und mit seiner Geschöpflichkeit gegebenen Möglichkeiten rechnen könnte«.[13]

Man wird Barths Abweichen von einer großen philosophischen und theologischen Tradition, in der die Freiheit Gottes wie auch des Menschen beharr-

---

[11] Das Geschenk der Freiheit, Theol. Studien Nr. 39, Zürich 1953, 5. – Vgl. Ulrich Hedinger, Der Freiheitsbegriff in der Kirchlichen Dogmatik Karl Barths, Zürich 1962.
[12] Ethik II, (Karl Barth-Gesamtausgabe) 1978, 16. 12.
[13] KD III/2, 155.

lich als die Freiheit des Herakles zur Wahl zwischen zwei ihm offenstehenden Wegen verstanden wurde und wird, dann verstehen können, wenn man sich klar macht, daß Barth erstens nicht einen isolierten Menschen im Auge hat, der über seine Möglichkeiten, am Nullpunkt zu stehen, »frei« verfügt, sondern ständig den »wirklichen Menschen«, d. h. den, der von Anfang an in sozialen Beziehungen steht, und ebenso nicht einen isolierten Gott, sondern den Gott, der sich für seinen Bund mit den Menschen entschieden hat, – und zweitens daß Barth konzentriert von der Liebe Gottes in Jesus Christus her denkt, der mit der Schöpfung auch der Mensch seine Existenz verdankt. Daraus folgt: Es ist zu unterscheiden zwischen der Freiheit, die der Mensch gegenüber Sachen hat, und der Freiheit, die ihm zukommt durch die seine Existenz konstituierenden sozialen Beziehungen, die Beziehung zu Gott und die Beziehung zu den Mitmenschen. Im Verhältnis zu den Sachen und allen primär sachlichen und zweckhaften Beziehungen kann ich wählen: so oder so. Im Liebesverhältnis aber, das immer ein mir vom anderen, von Gott wie vom Mitmenschen, geschenktes Verhältnis ist, kann ich nicht mehr wählen, ob ich der Liebe mit Liebe oder mit Lieblosigkeit und Verrat antworten solle. Wo ich meine, wählen zu können, bin ich schon aus dem Liebesverhältnis herausgefallen und untreu geworden. Die Freiheit zur lieblosen Antwort entsteht erst durch diesen Herausfall aus der Liebesbeziehung; sie ist nicht eine schon vorher mit der Freiheit zur Liebe mitgegebene Freiheit, sie ist vielmehr der Verrat an dieser Freiheit. Man könnte sagen: die faktische Untreue ist dann nur noch die Folge der vorausgehenden existentiellen Untreue, des vorausgehenden und selbstverschuldeten Verlustes der Freiheit zur Liebe. Es kommt also alles darauf an, das menschliche Leben von seinem positivsten Verhältnis her zu sehen, vom personalen Verhältnis her und nicht von seinen untermenschlichen Beziehungen her, und darum die eigentlich menschlichen, die personalen Beziehungen nicht mit Kategorien zu beschreiben, die nur für die untermenschlichen Beziehungen zutreffen. Sonst wird man bald Mensch und Sache nicht mehr unterscheiden können. Liebe ist die Befreiung eines Ichs für ein Du durch das Du, und erst in solcher Liebesbeziehung ist der Mensch der wirkliche Mensch.

Es ist hier nicht der Ort, in eine Diskussion über die Problematik wie über die Reichweite dieses Verständnisses von Freiheit einzusteigen, das im Kern von Barths Auffassung des Evangeliums steht. Nur auf einige Momente sei noch hingewiesen: Die Beziehung des Menschen zu Gott und die Beziehung des Menschen zu den Mitmenschen müssen also nach Barth in der gleichen Struktur gedacht werden. Es gibt keine Gottesbeziehung, die nicht abbildlich in der Beziehung von Mensch und Mitmensch wiederkehre. Darum: wo die eine Beziehung verdirbt, muß auch die andere verderben. Wo zum Beispiel in der einen Richtung statt des personalen Charakters der sachliche, verdinglichte dominiert, da wird er auch in der anderen Richtung dominieren.[14]

Ein zweiter Hinweis: Daß die menschliche Existenz durch durchgängiges Mitsein konstituiert ist und nicht erst nachträglich aus der Isolation in das Mitsein eintritt, wird daran deutlich, daß es Menschen nur gibt als geschlechtsbestimmte Wesen, als Mann und/oder Frau. Nicht der einzelne Mensch ist zum Ebenbilde Gottes bestimmt, sondern Adam und Eva zusammen, gemäß Gen 1,26f. Das bedeutet aber sofort: Das Mitsein jedes Menschen ist Mitsein mit andersartigem Menschsein, nicht mit gleichartigem, ebenso wie des Menschen Mitsein mit Gott nicht Mitsein mit einem gleichartigen Gott (vgl. etwa die Götter des Olymps und der Walhall), sondern mit Gott als dem »Ganz Anderen« (wie der frühe Barth sagte) ist. Mann und Frau sind tiefer unterschieden als Menschen, die durch andere Momente unterschieden sind, und zugleich aber eben durch diese Unterschiedenheit ganz aufeinander bezogen und angewiesen. Damit ist die Geschlechtsdifferenz das Urbild von mitmenschlicher Gemeinschaft als Gemeinschaft von zugleich gleichartigen und tief verschiedenartigen Geschöpfen. Verschiedenartigkeit trennt nicht, sondern macht aufeinander angewiesen.[15]

Schließlich ein weiterer Hinweis: Was hier vom Grund-Sein des Menschen in personaler Begegnung gesagt wurde, darf bei Barth – so wenig wie bei Martin Buber – nicht als Reduktion des Menschseins auf individuelles Mitsein mißverstanden werden, so daß die gesellschaftlichen Beziehungen demgegenüber als sekundär und als bloße Sachbeziehungen anzusehen wären, oder auch so, daß die personale Begegnung nur ein individuelles und privates Ereignis ohne Bedeutung für die gesellschaftlichen Beziehungen wäre.[16] Vielmehr er-

---

[14] Hier gibt es eine starke Konvergenz des Denkens von Karl Barth und Martin Buber.
[15] Zu Barths Lehre von Mann und Frau vgl. die grundlegenden Bestimmungen KD III/2, 344ff. Barth hat daraus in KD III/4, 185f., eine negative Beurteilung der Homosexualität gefolgert, deren Schlüssigkeit aufgrund heutiger sexualwissenschaftlicher Kenntnisse zu bestreiten ist. Ich vermute, daß Barth, der mit dieser Frage durch Ereignisse in seinem persönlichen Umkreis immer wieder beschäftigt war, diese Beurteilung, bei der er besonders durch Viktor von Weizsäckers Thesen zur Homosexualität beeinflußt war, später nicht mehr aufrecht erhalten hätte.
[16] Kritisch mit Recht gegen solche Folgerungen J. Moltmann, a. a. O., 290: Bei der existentialistischen Reduktion auf die personale Begegnung reduziert sich die christliche Ethik »auf die ethische Forderung zur Übernahme des Selbst und zur Verantwortung der Welt überhaupt. Sie vermag aber keine sachbezogenen ethischen Weisungen mehr für das politische und soziale Leben zu erteilen. Die christliche Liebe wandert damit

gibt sich hier ein Kriterium für die Gestaltung der gesellschaftlichen Beziehungen. Dazu muß man bedenken, daß Barth, weil er immer die Sozialität des Menschen im Auge hat, auch bei den grundlegenden anthropologischen Bestimmungen nie allein an die individuellen Beziehungen, Entartungen und Erneuerungen denkt, sondern immer zugleich, ja zuvorderst an die Gründung, Entartung und Erneuerung der menschlichen Gemeinschaft, der Kollektive. Deshalb erörtert er in den Bänden seiner Versöhnungslehre – entgegen der individualistischen Tradition besonders der reformatorischen Theologie – bei der Besprechung der Wirkungen des Heiligen Geistes jeweils zuerst dessen Sammlung und Erbauung der christlichen Gemeinde und dann erst dessen Erneuerung des Individuums. Die christliche Gemeinde aber ist nicht eine Arche Noah zur Rettung einzelner aus der allgemeinen Sintflut, sondern die »vorläufige Darstellung der ganzen in ihm (in Jesus Christus) gerechtfertigten Menschenwelt«[17], und als solche hat sie sich offen zur Welt hin, in Verantwortung für die Welt, solidarisch mit ihr und zum »Dasein für die Welt befreit«[18] zu verhalten.

Barths entscheidender Begriff für »Richtung und Linie« des damit der christlichen Gemeinde aufgetragenen Handelns in Gesellschaft und Politik ebenso wie im Einzelleben ist »Entsprechung«; dazu kommt schon von früh an der Begriff »Gleichnis«, nämlich für das Reich Gottes.

Weder soll die christliche Gemeinde das Reich Gottes schon auf Erden wiederherstellen noch soll sie auf das Reich Gottes nur für eine jenseitige Zukunft hoffen. Sie soll sich vielmehr mit ihrem weltlichen Handeln in einer dem Reiche Gottes entsprechenden »Richtung und Linie« bewegen und betätigen.

So ist das gesellschaftliche Kriterium für das Handeln der Gemeinde und ihrer Glieder die Humanität – in dem Sinne, wie sie von der Geschöpflichkeit des Menschen in seiner Beziehung zu Gott und zu den Mitmenschen zu verstehen ist, also in seiner Freiheit zum Antworten auf den Willen des für alle Menschen sich in Jesus Christus hingebenden Gottes. Ob eine gesellschaftliche Gestaltung diesem Willen entspricht, wird sich also daran zeigen, ob damit der Mensch als Subjekt anerkannt und in seiner Freiheit für die Mitmenschen gefördert wird. Von hieraus kann Barth den Leitsatz des antiken Huma-

---

aus dem Recht und der Gesellschaftsordnung aus. Sie wird in spontaner Mitmenschlichkeit, im unmittelbaren und nicht sachlich vermittelten Ich-Du-Verhältnis je und je Ereignis ... Der ›Nächste‹ kommt nur in personaler Begegnung, nicht aber in seiner gesellschaftlichen Realität zur Erscheinung.«

[17] Leitsatz zu § 62, KD IV/1, 718.
[18] KD IV/3, 886. 893.

nismus ohne Scheu aufnehmen: »Nachdem Gott selbst Mensch geworden ist, ist der Mensch das Maß aller Dinge, kann und darf der Mensch nur für den Menschen eingesetzt und u. U. geopfert, muß der Mensch, auch der elendeste Mensch – gewiß nicht des Menschen Egoismus, aber des Menschen Menschlichkeit – gegen die Autokratie jeder bloßen Sache resolut in Schutz genommen werden. Der Mensch hat nicht den Sachen, sondern die Sachen haben dem Menschen zu dienen.«[19]

Das durchzieht das ganze Denken von Barth, nicht nur seine politischen Stellungnahmen, sondern ebenso sein großes dogmatisches Werk. So heißt es zum Beispiel in seiner Lehre von Gottes Eigenschaften bei der Erörterung von Gottes Gerechtigkeit: »In der Tat folgt aus der Gerechtigkeit Gottes schnurgerade eine sehr bestimmte politische Problematik und Aufgabe, ... eine politische Haltung, die entscheidend dadurch bedingt ist, daß der Mensch allen denen gegenüber verantwortlich gemacht ist, die vor seinen Augen arm und elend sind, daß er seinerseits dazu aufgerufen ist, für das Recht, und zwar für das Recht derer einzutreten, die Unrecht leiden.«[20] Man hat Barth »religiös motivierten Dezisionismus« bei seinen vielen konkreten politischen Stellungnahmen vorgeworfen.[21] Davon kann aber keine Rede sein. Jede dieser Stellungnahmen läßt sich nachweisbar zurückführen auf jene Grundlinien. Freilich aber ist theologische Grundlegung politischen Handelns nicht so möglich, daß für den konkreten Fall im voraus festgelegt und aus Prinzipien mathematisch deduziert werden könnte, was je und je zu tun sei. Das Moment der Entscheidung darf nicht eliminiert werden, wie denn auch Freiheit als Wahlfreiheit von Barth nicht negiert ist, sondern nur reserviert für die Beziehung von Person und Sache und damit auch für die immer auch Sachfragen unterliegenden gesellschaftlichen Beziehungen. Ausgeschlossen ist die Wahlfreiheit nur aus der Beziehung der Liebe von Person zu Person. Immer geht es um das »christlich-politische Unterscheiden, Urteilen, Wählen, Wollen und Sicheinsetzen«, aber weder willkürlich noch aus vermeintlicher Neutralität heraus, sondern in der »Stetigkeit und Kontinuierlichkeit jener Richtung und Linie, also mit der Tendenz auf Demokratie, d. h. auf das zu garantierende Grundrecht der freien Teilnahme am öffentlichen Leben hin und mit der verantwortlichen »Wahl zwischen den verschiedenen sozialistischen Möglich-

---

[19] Christengemeinde und Bürgergemeinde, 1946, Theol. Studien Nr. 104, Zürich 1970, 68.
[20] KD II/1, 434f.
[21] W. D. Marsch, in: W. Dantine/K. Lüthi (Hg.): Theologie zwischen Gestern und Morgen, München 1968, 175.

keiten«.²² Auf diese Weise legt die Christengemeinde »auch mit ihrem politischen Unterscheiden, Urteilen, Wählen und Wollen ein implizites, ein indirektes, aber doch reales Zeugnis ab«.²³

Zur Unterstreichung sei hier noch nachgetragen: Wie schon erwähnt, basiert all das auf der Grundthese, daß das Verhältnis zwischen Gott und Mensch das Verhältnis zwischen zwei freien Subjekten ist. Es darf die Erneuerung, Weisung und Leitung des Menschen durch den Heiligen Geist ja nicht naturhaft-magisch vorgestellt werden, und von der reformatorischen Polemik gegen das liberum arbitrium, gegen die freie Entscheidungsfähigkeit des Menschen (Augustin gegen Pelagius, Luther gegen Erasmus) wollte Barth, der sie teilte, jeden Verdacht entfernen, es werde damit die Erneuerung des Menschen wie die Behandlung eines willenlosen Holzklotzes gedacht und der Gehorsam des Menschen als der eines Sklaven gegenüber einem Despoten. Wie zentral für Barth die Sorge ist, es möchte sich da ein Moment der Unfreiheit einschleichen, ein naturhafter Zwang oder auch eine die Berufung auf ein Verdienst benützende Pression, also ein Tauschverhältnis wie beim Austausch von Ware und Bezahlung, zeigt sich daran, wie er auch das Verhältnis zwischen Gott und dem Menschen Jesus als ein Verhältnis beschreibt, das ganz auf der Freiheit der gegenseitigen Liebe beruht. Es besteht »darin, daß auf beiden Seiten *Freiheit* die Form und der Charakter des Verkehrs zwischen dem wahren Gott und dem wahren Menschen ist«. »Sein Gehorsamsakt, seine Dienstleistung ist seine *freie* Tat. Sie ist nicht veranlaßt, nicht motiviert, nicht bedingt durch die Absicht auf einen von Gott zu empfangenden Lohn.« »Und genauso ist auch die der Zuwendung Gottes zu diesem Menschen entsprechende Auszeichnung, mit der er diesen Menschen krönt, Gottes freie Tat. Er verleiht sie ihm ungeschuldet ... sie ist keine Ware, die Gott diesem Men-

---

²² Christengemeinde und Bürgergemeinde, 65. 75. 76. 69.
²³ Ebd. 67. – Daß zu diesem »Unterscheiden« und »Wählen« die Arbeit rationaler und informierter Analyse gehört, wenn sie verantwortlich sein soll, ist für Barth selbstverständlich, auch wenn er selbst sie in seinen theologischen Schriften nicht geleistet hat, sondern dort nur die Postulate christlichen Handelns darstellt. In seinen politischen Äußerungen ist bei deren Begründung diese Analyse wohl erkennbar. In seiner Schrift: Politische Entscheidung in der Einheit des Glaubens, Theologische Existenz heute N.F. H. 34 (1952), führt er S. 8ff. die Prozedur der Überlegungen vor, die ein nach dem konkreten Gebot Gottes fragender Mensch anstellen muß, um zur rechten Entscheidung zu kommen: Klärung des Gebots mit Hilfe der biblischen Botschaft, Prüfung der Argumente pro et contra und der hinter diesen Argumenten stehenden »Geister«, also auch Klärung der geschichtlichen Situation, und dann, immer mit der Gehorsamsfrage vor Augen, die Entscheidung und ihr öffentliches Bekenntnis.

schen für den von ihm voraus bezahlten Preis seiner Darbringung, seines Gehorsams, seines Dienstes zu liefern hätte.«[24] Kein anderes Müssen waltet zwischen diesen beiden als das Müssen der gegenseitigen Liebe. Sie sind in ihrem Verhältnis zueinander freie Subjekte.

Eben dies gilt auch für den Verkehr zwischen Gott und dem in Jesus Christus durch den Geist Christi erneuerten Menschen. Entgegen einer gegen Barth manchmal vorgebrachten – freilich auch durch einseitige Äußerungen in seinen früheren Schriften von ihm veranlaßten – Unterstellung, bei ihm sei, im Interesse an der reformatorischen Lehre von der Alleinwirksamkeit Gottes, Gott alles und der Mensch nichts, unterstreicht nun der reife Barth: »Man sieht sofort, daß die Formel ›Gott Alles, der Mensch Nichts‹ als Beschreibung der Gnade nicht nur eine ›schreckliche Vereinfachung‹, sondern völliger Unsinn wäre. *Nichts*, d. h. dem Nichtigen verfallen, wäre und ist der Mensch *ohne* Gottes Gnade... Nun ist aber Gott in der Hingabe seines Sohnes... gerade darin in der Tat Alles, damit der Mensch *nicht* Nichts, sondern eben *sein* Mensch und als solcher an seinem Ort, auf seiner Ebene, in seinen Grenzen seinerseits Alles sei. Nun ist gerade das der Sinn der in Jesus Christus geschehenen Versöhnung, daß der Mensch Gott gegenüber als Subjekt nicht ausfalle, sondern als solches erhalten, vielmehr – weil er selbst sich als solches faktisch preisgegeben hat – als Subjekt ganz neu, von oben, geschaffen und begründet werde.«[25] Darum: »Wunder über Wunder, daß der Mensch in diesem Sinne wahrhaftig auch als *Subjekt* tätig dabei sein darf, wo Gott handelt und redet, daß Gott ihn und sein Tun in diesem Sinn wirklich brauchen und anfordern will!«[26]

Nun ist klar und im Innersten des Evangeliums begründet, weshalb Barths Herz für Demokratie und Sozialismus schlägt, für demokratischen Sozialismus – eine Tautologie, weil Demokratie ohne Sozialismus, Sozialismus ohne demokratische Freiheit und Mitbestimmung jedes Bürgers eine contradictio in adjecto ist. Barths Zielvorstellung für die »Richtung und Linie« des politischen Handelns der Christen und der christlichen Gemeinde ist eine gesellschaftliche Ordnung, die die Rahmenbedingung dafür herstellt, daß jeder Gesellschaftsangehörige verantwortlich mitarbeitendes Subjekt sein, in Freiheit

---

[24] KD IV/3, 439f.
[25] KD IV/1, 94f. Dazu auch IV/3, 760: Zur Bezeichnung für das in der göttliche Berufung zur »persönlichen Anteilnahme des Christen an dem der Welt in Jesus Christus zugewendeten Heil« will Barth »mit Bedacht nicht das Wort ›Freiheit‹, sondern das dynamische Wort ›Befreiung‹« wählen. – KD IV/2, 460ff. beschreibt Barth das vorzüglich durch unsere Dummheit geschehende Verspielen unserer Freiheit.
[26] KD III/4, 553.

Gottes Wort hören und ihm in allen Bereichen des Lebens gehorchen kann. So gehört es zur kritischen Aufgabe der Christen und der Kirche, in jeder der bestehenden Gesellschaften mit all ihren Unfreiheiten und Ungerechtigkeiten und Privilegien für die Annäherung an das Ziel einer solchen Gesellschaft freier und solidarischer Bürger hinzuwirken. Barths Theologie der Freiheit hat unmittelbar gesellschaftskritische und gesellschaftsverändernde Potenz.

Als Karl Barth in der Nacht vom 9. auf den 10. Dezember 1968 starb, ging durch die Welt der kapitalistischen Industriestaaten von Tokio über Berlin und Paris bis Berkeley der studentische Aufstand für Emanzipation aus bestehenden Unterdrückungs- und Gewaltverhältnissen, den Barth nur noch beobachtend miterleben konnte. Von dieser studentischen Unruhe aus entwickelte sich ein neues Drängen auf reale Demokratisierung der formalen bürgerlichen Demokratien bis zu den heutigen »Neuen sozialen Bewegungen«. Zugleich wurde – zuerst von der jungen Generation, dann zunehmend ins allgemeine Bewußtsein sich ausbreitend – das Verhältnis zwischen den Industriestaaten und den sog. Entwicklungsländern als ein unter dem Schein von Entkolonialisierung und Gleichberechtigung getarntes Ausbeutungs- und Unterdrückungsverhältnis erkannt. Neben der Frage der Atomrüstung, zu der Barth sofort und entschieden negativ Stellung genommen hatte, wurden Welthunger und Erdzerstörung zu Tagesthemen.

Der Protest der armen Länder und die Befreiungsbewegungen in ihnen beunruhigten endlich die saturierten Länder der sog. »Freien Welt«, deren Selbstbezeichnung Barth nie mitgemacht hat. Die Christenheit der reichen Länder stellte sich als der reiche Mann heraus, der die vom armen Lazarus an sie sich richtenden Anfragen an ihre Solidarität und an ihre Umkehr aus bisheriger Mitschuld am Weltelend nicht mehr überhören konnte.[27]

In welch erstaunlichem Maße in diesen weniger als zwanzig Jahren die politisch-gesellschaftliche und damit auch die kirchlich-theologische Landschaft sich verändert hat, läßt sich an wenig anderen Gelegenheiten so ermessen wie an der Frage nach dem Verhältnis von Barths Theologie zur Theologie der Befreiung. Da war, wie gesagt, 1968 zwar die Atomrüstung schon zehn Jahre in der kirchlichen Diskussion, aber ihre Gegner hatten sich eher zu mühen mit dem Verteidigungsargument, wie nützlich diese Rüstung zur Stabilisierung des Friedens sei, als sie zu bekämpfen mit dem Argument des durch sie ermöglichten Menschheitsuntergangs. Von der Umweltgefährdung und damit von der Notwendigkeit eines neuen Verhältnisses von Mensch und Natur – und dies auch in der Theologie! – sprachen nur einige hellsichtige Einzelgänger.

---

[27] Vgl. meine Schrift: Die reichen Christen und der arme Lazarus, München 1968.

Die heutige Welthungerkatastrophe skizzierte Georg Picht 1969 als eine erst drohende Gefahr.[28] Schon meldeten die Länder der sog. Dritten Welt ihre Forderungen an, und Christen in ihnen drängten auf eine »Theologie der Revolution«.[29] Das bis dahin noch unerschütterlich erscheinende kapitalistische Weltsystem mit seiner scheinbar weitgehenden materiellen Versorgung und seinem Versprechen, die noch vorhandenen Unversorgtheiten in absehbarer Zeit ausgleichen zu können, wurde nur vom Osten her in Frage gestellt, und das dortige, sich sozialistisch nennende System hatte zugleich längst seine Attraktivität verloren. Innerhalb des westlichen Systems bewegte sich auch die bisherige christliche Sozialethik und ebenso Barths gesellschaftskritisches Denken – ungeachtet aller bei ihm über sie hinausweisenden Momente.

Deshalb war Barths »politische Theologie« mehr dem Verhältnis von Kirche und Staat als dem Verhältnis von Kirche und Gesellschaft gewidmet und mehr den Problemen des Ost-West-Verhältnisses als denen des Nord-Süd-Verhältnisses. Und so vollzog sich sein Leben und Arbeiten auch ohne besonderes Unbehagen im akademischen Bereich und im Anschluß an die klassische theologische Tradition, die er in so großartiger Weise aufarbeitete, und mit der er sich, wie er gegen Ende seines Lebens einmal erfreut feststellte, zu seiner eigenen Überraschung, trotz aller tiefen Revisionen an ihr, als in grundsätzlicher Harmonie befindlich entdeckte. Jetzt aber zeigten sich tiefe Risse im Gebälk des westlichen Systems und in der bürgerlichen Gesellschaft, die in dieser heftige Kritik und das Bedürfnis nach einem anderen Lebensstil wach riefen, und die Bestreitung des bürgerlichen Systems von seiner Peripherie, den Ländern der Dritten Welt, her begegnete sich mit seiner Bestreitung in seinem Inneren, in den Metropolen, und die ließ auch die bisherige Theologie nach Form und Inhalt als überholt erscheinen. Barths Theologie wirkte deshalb auf die Jüngeren eher als der krönende Abschluß einer jetzt vergangenen Ära denn als deren Überwindung und Neuanfang.

Als charakteristisch für diesen Umbruch zitiere ich die Ausführungen eines amerikanischen Theologen, den man als eine Übergangsgestalt zwischen Barth und der Theologie der Befreiung ansehen kann. Es handelt sich um Richard Shaull. Seine »Theologie der Revolution« war ein zündendes und viel erregendes Stichwort in jenen erregten Jahren, von denen Barth nur noch den Anfang erlebte. In der Einführung zu seinem Sammelbande »Befreiung durch

---

[28] Mut zur Utopie, München 1969.
[29] Dafür besonders charakteristisch die ökumenische Welt-Konsultation »Kirche und Gesellschaft« in Genf 1966 mit ihren Nachwirkungen auf die Vollversammlung des ökumenischen Rates der Kirchen in Uppsala 1968.

Veränderung«[30] berichtet Shaull, wie ihm die »neoorthodoxe Theologie« (dies die amerikanische Fehl-Bezeichnung von Barths Theologie)» in intellektueller Hinsicht aufregender als alles andere, was mir in den Gesellschaftswissenschaften oder in der Philosophie begegnete«, erschienen war. Das aber kam ihm in die Krise, als er einige Jahre als theologischer Dozent in Kolumbien und Brasilien tätig war. »Das systematische Gebäude der neoorthodoxen Theologie ist erschüttert; ihre Sprache hat die Kraft verloren, die sie einst für mich hatte«. Seine Hoffnung, »mit einer ›Theologie des Wortes‹ ... bestimmte Grundprinzipien zu formulieren, die christliches Handeln im gesellschaftlichen Bereich im Widerspruch der Meinungen anleiten konnten«, scheiterten an seinen dortigen Studenten. Sie »überzeugten mich sehr bald, daß dies nicht der Fall war. Je mehr sie sich politisch engagierten, desto weniger kümmerten sie sich darum und mußten entdecken, daß sie (die Theologie) ihnen eher hinderlich als nützlich war.« Als Shaull mich in den 60iger Jahren einmal in Berlin besuchte, berichtete er mir von dieser Erfahrung, und er erwähnte, wie es für seine dortigen Kollegen noch die Frage war, ob in der Lage Lateinamerikas etwas anderes als eine Revolution helfen könne, wogegen für die Studenten schon entschieden sei, daß nur eine Revolution, und zwar eine marxistische, den Ausweg schaffen könne. In dieser Lage erkennt Shaull, »daß die bisherige Denkweise der christlichen Sozialethik, daß nämlich verantwortliches Handeln des Christen in der Kontinuität mit dem Bestehenden zu geschehen hat«, und »daß der Christ im Rahmen der bestehenden Ordnung für die Humanisierung der Gesellschaft tätig sein solle«, überholt sei. Um sich nicht in die Grenzen des traditionellen Marxismus einzubinden, befragt Shaull neu die biblische Tradition, und es hebt sich ihm die dort zu findende »eschatologische Sicht der Dinge« heraus, die Zukunftsbestimmtheit der Gegenwart. Nicht mehr »ahistorisch« darf die Transzendenz des Reiches Gottes verstanden werden, weil das nur den Status quo befestigt und »die Menschen nicht von der Herrschaft eines sterbenden Systems« befreit, »so daß sie auch nicht daran arbeiten können, dieses System zu überwinden«. Die alttestamentliche und paulinische Exodus-Erfahrung vielmehr gibt uns »die Chance, in dieser Situation ohne Kontinuität zu leben und schöpferisch in ihr zu wirken«, frei zu sein, frei nämlich »von der Zwangsjacke unserer theologischen Systeme und Begriffe« und frei für ein theologisches Denken im Kontext unserer zeitgeschichtlichen Erfahrungen und nicht mehr als isolierte aka-

---

[30] München 1970. Im folgenden wird aus Shaulls Einführung zitiert. – Vgl. E. Feil/R. Weth (Hg.) Diskussion zur ›Theologie der Revolution‹, München 1970; T. Rendtorff/ H. E. Tödt (Hg.), Theologie der Revolution, es 258, Frankfurt/M. 1968.

demische Denker, sondern in Gemeinschaften, in Gruppen mit »neuem Lebensstil« und im Austausch mit den Humanwissenschaften – »in der Erwartung, daß wir auf diesem Wege auf neue Ebenen des Bewußtseins und zu neuen Modellen der Integration gelangen.« Deutlich ist hier die Sprache des Übergangs zwischen Barth und der Theologie der Befreiung. Noch stehen nicht die Armen so im Mittelpunkt wie in der Theologie der Befreiung, auch nicht die Schwarzen in den USA wie in der Black Theology. Schon aber bestimmt der Horizont des Welthungers und der diesen immer weiter vergrößernden Pax Americana (S. 75) die theologische Entscheidung; schon wird die Tür zur Rezeption marxistischer Gedanken geöffnet und auch eine christliche Aufgabe gegenüber dem Marxismus sichtbar; schon ist an die Stelle des liberalen Reformismus die Erkenntnis der notwendigen revolutionären Umgestaltung getreten, und schon wird die Aufgabe der Christen in der Teilnahme an der revolutionären Weltbewegung gesehen, als eine kritische und befördernde Kraft innerhalb von dieser, nicht aber in kritischer Distanz zu ihr und damit de facto auf Seiten des Bestehenden.

Shaull reflektiert an einer Stelle seines Buches, was er nun, ungeachtet seines Neuanfangs in dieser »revolutionären Situation, in der wir nicht zwischen allmählicher Reform und radikalen Veränderungen der Struktur zu wählen haben, sondern nur zwischen den wirksamsten Mitteln, durch die wir das genannte Ziel erreichen« (S. 132), seiner »Barthianischen Vergangenheit« verdankt. Von ihr bekommt er »mindestens zwei Leitlinien« für eine Rede von Gottes zukunftschaffendem Handeln in der Weltwirklichkeit: Solche Zukunft muß »vertrauensvoll als eine ›gnädige‹ verstanden werden« können, und sie muß universal sein, also schlechthin alle Menschen umfassen und nicht nur Christen oder nur Glaubende (S. 126). Das ist nicht wenig, aber längst nicht alles. Vor allem: zu rasch sich enttäuschen lassend durch die Aufnahme-Unwilligkeit seiner politisch engagierten Studenten, hat Shaull nicht bedacht, daß auf längere Frist hinaus die Notwendigkeit der systematischen Durchdenkung (nicht, wie er immer meint und gleichsetzt, der Systembildung, die auch Barth nicht intendierte[31]) wiederkehrt, damit die theologische Beratung und

---

[31] Vgl. Barths kritische Worte zur Systembildung, KD I/2, 963ff. – wie denn überhaupt die Überlegungen dieses § 24 der KD all denen dringend zu empfehlen sind, die unter dem Andrang der Aufgaben der Zeit und um der Verarbeitung der zeitgenössischen Erfahrungen willen sich an theologische Entwürfe für heutige kirchliche Praxis machen, durch die dann wegen ihrer allzu rasch fertigen Reaktion auf augenblickliche Erfordernisse, wegen ihrer Ungenauigkeit und ihrem Verfallen an Bilder und Reizworte diese Praxis schlechter beraten sein wird als mit der soliden Denkarbeit klassi-

Begründung und Kritik der Praxis, die immer neu nötig ist und immer neu (darin hat Shaull recht) geschehen muß, nicht auf Sand gebaut ist und nicht auf Verachtung der Väter und der früheren Erfahrungen der Kirche. Dann ergäben sich nicht nur Kontinuitätsbrüche, wie sie immer wieder unvermeidlich sind, sondern es käme zu einer Geschichtslosigkeit und Augenblicksverhaftetheit, durch die die Theologie zu sich ablösenden Modeerscheinungen verkümmern würde. Eben weil die Befreiungstheologie vor diesem Schicksal bewahrt bleiben muß, muß sie in Beziehung zu einer so großen Gestalt von Theologie wie der Barthschen gesetzt werden.

Nicht mehr als deren besondere Beziehungsfähigkeit sollte hier gezeigt werden. Es dürfte in der Geschichte von Theologie und Kirche selten Zeiten gegeben haben, in denen binnen weniger Jahre das Klima und damit die Erwartungen an Theologie und Kirche sich so verändert haben wie in den Jahren seit Barths Tod. Daß heute eine systematische Leistung von der Größe und dem Rang des Barthschen Werkes möglich oder auch nur erforderlich sei, ist mir zweifelhaft. Wir haben in der Turbulenz unserer Jahrzehnte unmittelbarer, darum oft auch unabgesicherter zu reagieren. Wir können und dürfen Theologie nicht mehr nur im Gespräch der Zunft treiben, sondern müssen es mitten unter denen tun, denen die materielle Not wie die geistliche Not auf den Fingern brennt, und mit denen wir, nach Rat, Hilfe und Trost suchend, die Bibel lesen, mit den »Laien« also, die, wie Barth immer eingeschärft hat, ebenfalls nicht vom theologischen Denken und Prüfen entbunden sind. Von ihnen haben die Fachtheologen ebenso Mitsprache und Belehrung zu erwarten wie umgekehrt. Darum sind die Theologen der Befreiung aus theologischen Lehrern der Armen immer mehr zu Genossen der Armen geworden, mit ihnen lebend, weil die Phantasie nicht ausreicht, um vom theologischen Lehrstuhl aus solidarisch mit ihnen zu denken, weil vielmehr ihre Lebenserfahrung geteilt, die Bibel mit ihnen – wie in Solentiname – gelesen und der Mangel mit ihnen erfahren werden muß, damit auch die Sprache die gleiche werde, und damit ihnen zugänglich werde, was der, der mit dem Charisma des Denkens begabt ist, ihnen für ihr Leben zu vermitteln hat.

Theologie der Befreiung ist eine Theologie der Dringlichkeit genannt worden. Sie ist es längst auch in Europa und in den USA, in den Kirchen also, in denen die meisten ihrer Glieder noch täglich satt werden und mehr als satt. Wir teilen hier nicht so das Brot der Armen, wie es die Besten der Befreiungstheologen tun; wir stehen vielmehr in der Komplizenschaft derer, die ihnen

scher Theologie und ihrem langen Atem. Vermutlich ist auch deswegen R. Shaull so rasch wieder verstummt.

das Brot wegnehmen. Wir sind so satt, weil die dort so hungern, und für uns ist es nicht lebensgefährlich, eine befreiende Theologie zu entwerfen. Nicht unmöglich aber ist es für uns, ihre Verbündeten zu werden, in unseren Metropolen an ihrem Kampf teilzunehmen und unsere Denkarbeit auch für sie, ihnen zum Dienste, zu leisten. Nicht unmöglich ist es für uns hier, sowohl ihr Sprachrohr zu sein in den Metropolen der ausbeuterischen Macht, wie auch ihnen Denkhilfe zu leisten, was freilich nur dann geschehen wird, wenn wir zugleich von ihnen und ihrer Theologie der Befreiung lernen. Erst so wird auch bei uns der christliche Glaube zu einem »Skandal in einer technokratischen Welt«. Richard Shaull nennt zu Beginn seines so betitelten Aufsatzes Karl Barth als »Beweis für eine Theologie, die »die angenommenen Voraussetzungen einer Kultur in Frage stellt und die bisher selbstverständliche Normen des Denkens und Handelns durchbricht«.[32] Barth ist bei aller Zeitbedingtheit, der jeder von uns verhaftet ist und deren er sich sehr bewußt war, ein Vordenker gewesen auch für unsere Zeit. Er hat wie wenige seiner Zeit über seine Zeit hinausgewiesen, weil er tief daran zweifelte, daß Theologie und Kirche seiner Zeit den Aufgaben der christlichen Kirche im 20. Jahrhundert wirklich entsprechen. Er hat das ökumenische Erbe der Theologie für die Ökumene der Zukunft eingebracht, und er dachte deshalb über die Saturiertheit des bürgerlichen Christentums hinaus. Er war in der Kriegszeit solidarisch mit den Verfolgten, die in jener Zeit flüchteten, Mitarbeiter des »Nationalkomitees Freies Deutschland«, und nach dem Krieg kämpfte er mit seinen Freunden in vorderster Front gegen den kalten Krieg und dessen ideologische Motivation, den Antikommunismus, und für die Aussöhnung mit dem kommunistischen Osten. Er war ein treuer Berater der unter kommunistischer Herrschaft lebenden Kirchen. Ihnen und den Kirchen im Westen stellte er beharrlich die Frage, ob sie nicht im Blick auf den Kommunismus unterscheiden müßten »zwischen seinen totalitären Greueln als solchen und dem, was dabei positiv *gemeint* und *beabsichtigt* ist« – sehr im Unterschied zum Nazismus: nämlich die Lösung der »sozialen Frage«, »die auch für uns eine ernsthafte, eine brennende Frage ist.« »Ein *christliches* Nein könnte unser westliches Nein zur dortigen Lösung dieser Frage doch wohl nur dann sein, wenn wir ... gerade in dieser Hinsicht ein besseres Gewissen hätten, und wenn nicht der Osten uns ebenfalls der Unmenschlichkeit bezichtigen könnte, der Unmenschlichkeit: harter Taten nicht nur, sondern eines harten Herzens.« »*Wo* ist denn das christliche Abendland, das dem allerdings sehr handgreiflich un-

---

[32] Der christliche Glaube als Skandal in einer technokratischen Welt, 1969, abgedruckt in: Befreiung durch Veränderung, 135, und bei Rendtorff/Tödt, 29ff.

christlichen Osten auch nur mit einigermaßen gutem Gewissen in die Augen blicken könnte?«[33]

Die »soziale Frage«, die die bürgerliche Gesellschaft revolutionierte, war – darin hat Friedrich Wilhelm Marquardt entschieden recht[34] – für Barth nicht eine nebensächliche und nicht eine beliebig zu beantwortende Frage. Nach Barth konnte man nicht christlich glauben und zugleich der sozialen Frage gegenüber gleichgültig sein. Sie war ihm auch nicht eine Frage die nur mit besserer materieller Versorgung der unterprivilegierten Bevölkerungsteile zu lösen war. Sie betraf ebenso die bürgerlichen Rechte und Freiheiten, die Mitbestimmung im ganzen Ausmaß des gesellschaftlichen Lebens, den Abbau von Herrschaft von Menschen über Menschen, die gesellschaftliche Freiheit, die äußere »Freiheit von...« im Einklang mit der inneren »Freiheit für...«. Hatte Barth in seiner Zeitbedingtheit noch nicht einen genügend deutlichen Blick für die Knechtung und für das Aufbegehren der Völker der Dritten Welt, war er noch wie die meisten seiner Generation eurozentrisch befangen, so hat er doch vorgedacht für das, was rasch nach ihm so brennend werden sollte. Unbestreitbar geht darum eine direkte Linie von ihm zu den Befreiungsbewegungen und zur Theologie der Befreiung. Sicher hätte auch er zu manchen ihrer Ausstellungen sich kritisch und fragend geäußert[35]; dies alles aber sicher nicht in vornehmer Distanz zu ihr, sicher nicht seine Kritik zur Bedingung seiner Sympathie und Teilnahme machend, sondern *innerhalb* der Befreiungsbewegung, wenn auch von Basel aus, als ihr Genosse und nicht als ihr Widersacher.

---

[33] Die Kirche zwischen Ost und West (1949), in: Der Götze wackelt (hg. v. K. Kupisch), Berlin 1961, 137ff.
[34] Theologie und Sozialismus. Das Beispiel Karl Barths, München 1972, Neuauflage 1985. – Vgl. zum Thema dieses Aufsatzes auch F.-W. Marquardt, Martin Luther und Karl Barth: in tyrannos, Berliner theologische Zeitschrift, 1. Jg. 1984, H. 2, 275–296.
[35] Wie z. B. ich es zu J. Cones »Schwarzer Theologie« getan habe: Zur ›Schwarzen Theologie‹, in: Forderungen der Umkehr, 1976, 179–208.

George Hunsinger

KARL BARTH UND DIE BEFREIUNGSTHEOLOGIE*

Wenn die siebziger Jahre unseres Jahrhunderts für die Theologie das Jahrzehnt der Befreiung waren, so werden sich die achtziger Jahre möglicherweise umgekehrt als ein Jahrzehnt der Reaktion erweisen. Reaktion ist vielleicht nicht der aufregende neue Durchbruch, der gerade jetzt notwendig wäre. Doch diejenigen, denen das Leiden der Menschen und die Sache der Befreiungstheologie wichtig sind, sollten schon ihr Augenmerk darauf richten, daß Reaktionäre aus den Reihen der Theologen sich energisch anschicken, in die Offensive zu gehen und dabei von rechten »Denkfabriken« und Stiftungen massiv unterstützt werden. Diese reaktionären Theologen sind in Wirklichkeit nicht so sehr die Lakaien der sogenannten »Neuen Rechten« als vielmehr Pendants zu jenen selbsternannten Intellektuellen, die als Neokonservative bezeichnet werden. Irving Kristol, der eigentlich wissen sollte, daß er selbst zu den Neokonservativen gehört, sagt, ein Neokonservativer sei »ein Liberaler, der von der Realität überfallen wurde.« Die Neokonservativen unter den Theologen, die jetzt ihre Kräfte sammeln, wären zweifellos mit dieser Definition völlig einverstanden. Beim näheren Hinsehen scheint es aber, daß Kristol das Pferd von hinten aufzäumt. Neokonservatismus, ob nun auf theologischer oder auf anderer Ebene, ist eigentlich das, was von der Realität übrigbleibt, wenn sie von einem Liberalen überfallen wurde.

In unserer Kultur werden die Fäden für einen neuen geistigen kalten Krieg gezogen, und dieser kalte Krieg wird eine theologische Front haben. Ein Beleg dafür ist zum Beispiel das kürzlich veröffentlichte Dokument mit dem Titel »Christentum und Demokratie: Eine Erklärung des Instituts für Religion und Demokratie«.[1] Meiner Meinung nach verrät dieses Dokument nichts anderes als was Noam Chomsky »die unglaubliche Servilität der gebildeten Klassen in

---

* Der vorliegende Aufsatz ist zuerst englisch mit dem Titel: »Karl Barth and Liberation Theology« in: The Journal of Religion 63 (1983), 247–263, erschienen.
[1] R. J. Neuhaus, Christianity and Democracy: A Statement of the Institute on Religion and Democracy (Institute on Religion and Democracy, November 1981, hektographiert).

den kapitalistischen Ländern« genannt hat.[2] Das Papier wurde von Richard J. Neuhaus, einem ehemaligen Liberalen, verfaßt, der sich (wie andere in dieser Gruppe) früher einmal als Radikaler ansah. Es ist wenig mehr als ein Versuch, die müden Klischees der Rechten zu rehabilitieren. So wird uns ein schaler Aufguß aus rechtschaffenem Kapitalismus, aufgewärmtem Antikommunismus und gutem altem amerikanischem Nationalismus serviert, der mit dem Schaum eines Pseudo-Christentums gekrönt ist. Der Bericht hat die Unverfrorenheit, mit den Worten »Jesus Christus ist Herr« zu beginnen und zu schließen, während dreist erklärt wird: »... wir glauben, daß Amerika in Gottes Verheißungen und Absichten einen besonderen Platz einnimmt. Dies ist keine Erklärung aus nationaler Hybris.«[3] An anderer Stelle versucht das Dokument, dem Kapitalismus einen Glorienschein von Demokratie zu verleihen, während gleichzeitig impliziert wird, daß Theologen, die den Kapitalismus grundlegend in Frage stellen, eigentlich Sympathisanten des Kommunismus sind. In dieser Tonart werden wir belehrt, Christen hätten keine andere Wahl als »unapologetisch antikommunistisch« zu sein, und wir hören, daß der »Kapitalismus in dem Maße, wie er als notwendige Kontrolle gegenüber den monistischen (totalitären) Trieben der Gesellschaft funktioniert, mit Recht Anspruch auf unsere kritische Anerkennung erhebt.«[4]

Die Gedanken, die in diesem Papier zum Ausdruck gebracht werden, könnten als unbedeutend abgetan werden, wenn sie nicht so schädlich wären. Nach Informationen des Enthüllungsjournalisten John S. Friedman gibt es Beweise, daß die Stiftungen, die das Institut für Religion und Demokratie finanzieren, Verbindungen zur CIA haben.[5] Die gleichen Stiftungen haben

---

[2] N. Chomsky, The Cold War and the Superpowers, Monthly Review 33 (November 1981), 1–10, s. vor allem 7.

[3] Neuhaus, a.a.O., 8.

[4] Ebd. 3.5. Es ist offensichtlich, daß ich mich hier nicht um eine vollständige Analyse des Neuhaus-Statements bemühe. Ich arbeite nur die Kernideen heraus, um die herum das Papier meiner Ansicht nach strukturiert ist. Eine ausführlichere Diskussion des Statements, mit der ich in weiten Teilen übereinstimme, bietet Peter Steinfels in seinem Aufsatz: Neoconservative Theology, Democracy 2 (April 1982), 18–27. Der gleiche Beitrag wurde unter dem Titel: »›Christianity and Democracy‹: Baptizing Reaganism« in: Christianity and Crisis 42 (1982), 80–85, abgedruckt. Siehe auch R. Neuhaus/P. Steinfels, »Continuing the Discussion: ›Christianity and Democracy‹,« Christianity and Crisis 42 (1982), 135–136.

[5] Nach Angaben des National Catholic Reporter 18, Nr. 4 (20. November 1981), 7, erhielt das »Institute on Religion and Democracy« beträchtliche Zuschüsse von der Scaife Foundation und der Smith Richardson Foundation. Zu den Verbindungen zwi-

auch eine andere neue Gruppe subventioniert, die sich »Komitee für die Freie Welt« (Committee for the Free World) nennt. Dies ist eine Phalanx von 400 Intellektuellen, Gelehrten und Künstlern aus einem Dutzend Ländern, die am 6. April 1981 in der »New York Times« eine ganzseitige Anzeige veröffentlichen unter der Schlagzeile: »Wir – eine Gruppe von Intellektuellen und führenden Repräsentanten des religiösen Lebens – spenden der amerikanischen Politik in El Salvador Beifall.«[6] Nach einer Presseverlautbarung sind die Mitglieder dieses Komitees überzeugt, daß der »Kampf für Freiheit letzten Endes nicht auf Schlachtfeldern gewonnen oder verloren wird, sondern in Büchern, Zeitungen, Rundfunkprogrammen und Klassenzimmern.« Deshalb plant das Komitee für die freie Welt, »in der kulturellen Arena eine energische Schlacht zu schlagen.«[7] Das Neuhaus Statement über »Christentum und Demokratie« scheint Teil einer ähnlichen – wenn nicht tatsächlich derselben – intellektuellen gegenrevolutionären Kampagne zu sein. Als Neuhaus vom National Catholic Reporter gefragt wurde, wen er gemeint habe, als er in seinem Statement die »Verteidiger der Unterdrückung« verurteilte, wies er unter anderem auf die Arbeiten der Befreiungstheologen Gustavo Gutiérrez und Juan Luis Segundo hin.[8]

Wenn Neuhaus Kapitalismus mit Rechtschaffenheit und die Befreiungstheologie mit Unterdrückung verbindet, dann erfordert es der Anstand, daß

---

schen eben diesen Stiftungen und der CIA siehe J. S. Friedman, Culture War II, Nation 232, Nr. 15 (18. April 1981), 452–453. Friedman schreibt: »Die Smith Richardson Foundation, die unter ihren Beratern, die die Vergabe von Zuschüssen überwachen, CIA-Beamte hat, bietet über eine Zweigorganisation Angestellten der CIA und des Verteidigungsministeriums Möglichkeiten zum Management Training. Einem Artikel der Washington Post aus dem Jahr 1975 zufolge war Richard M. Scaife, ein Treuhänder der Scaife Family Charitable Trusts, als Eigentümer der »Forum World Features« registriert. Dies ist ein von der CIA finanzierter Nachrichtendienst. Informationen darüber, wie das »Institute on Religion and Democracy« neuere Angriffe auf den Nationalen Rat der Kirchen in den Massenmedien (Reader's Digest und die CBS-Fernsehsendung »60 Minutes«) beeinflußt hat, bietet der National Catholic Reporter 19, Nr. 15 (4. Februar 1983), 1. 6–7. 18–19.

[6] Zitiert von Friedman, Culture War II, 452.

[7] Ebd. 453.

[8] National Catholic Reporter (20. November 1981), 6. Neuhaus wies in seinem Interview mit dem »National Catholic Reporter« auch auf »das ganze Zeug« hin, das von dem Verlag Orbis Books veröffentlicht wird, und auf das »Material, das von einigen Teilen des Weltkirchenrates herausgegeben wird.« Auch diese Publikationen rechtfertigen seiner Ansicht nach die Unterdrückung.

die Tatsachen richtiggestellt werden. Das schlagartige Entstehen der Befreiungstheologie im vergangenen Jahrzehnt hat wesentlich dazu beigetragen, die Kirchenleute in diesem Land für die Erkenntnis wachzurütteln, daß unsere Regierung, soweit es Lateinamerika betrifft, direkt und indirekt in einen Zusammenhang systematischer Unterdrückung verstrickt ist. Viel zu oft haben die lateinamerikanischen Vasallenregierungen, die durch die Vereinigten Staaten an die Macht gekommen sind und von diesen unterstützt werden, regelrechte Verbrechen wie Folter und Entführungen begangen. Sie sind verstrickt in »Mord, Hungertod, die Zerstörung unabhängiger Gewerkschaften, faktische Sklaverei in großem Ausmaß, die Vergiftung von Plantagenarbeitern und deren Familien, um die winzige Gruppe von Gangstern weiter zu bereichern, die Getreide für den Export produzieren, während die Bevölkerung hungert, und die anderen üblichen Begleiterscheinungen einer US-Intervention.«[9] Die Befreiungstheologie enthüllt Zustände wie diese und betont deren Zusammenhang mit dem Kapitalismus. Deshalb haben gewisse politische Kräfte ein Interesse daran, daß die Befreiungstheologie diskreditiert und ihr Einfluß zum Stillstand gebracht wird.

Dieser Aufsatz hat das Thema »Karl Barth und die Befreiungstheologie«. Ich verweile aber zu Beginn meiner Ausführungen deshalb so ausführlich bei den aufgeführten düsteren Entwicklungen, weil ich denke, daß sie einen recht guten Hintergrund abgeben für die Erklärung einiger Punkte, die Karl Barth – trotz aller Unterschiede – mit Theologen wie Gutiérrez und Segundo *gemeinsam* hat. Vor einem solchen Hintergrund nämlich läßt sich erkennen, daß Barth als erstes mit diesen Theologen die Überzeugung teilt, *daß theologische Integrität bestimmten praktischen und elementaren politischen Prüfungsmaßstäben unterworfen ist.* Die Intellektuellen des Komitees für die Freie Welt, die es für angebracht hielten, der US-Unterstützung für eine Regierung zu applaudieren, die mit ihrem eigenen Volk im Krieg lag, erinnern an niemanden so sehr wie an die 93 deutschen Intellektuellen, die im August 1914 die eigenständige theologische Entwicklung von Karl Barth dadurch einleiteten, daß

---

[9] N. Chomsky, Resurgent America, Socialist Review 58 (Juli-August 1981), 152. Nachweise über die US-Beteiligung an der Unterdrückung in Lateinamerika sind in folgenden Publikationen zu finden: P. Lernoux, Cry of the People. United States Involvement in the Rise of Fascism, Torture and Murder, and the Persecution of the Catholic Church in Latin America, New York 1980; A. J. Langguth, Hidden Terrors. The Truth about U.S. Police Operations in Latin America, New York 1978. Es wäre interessant zu wissen, ob Neuhaus noch immer schreiben würde, daß »die USA heute der primäre Träger demokratischer Fähigkeiten in der Welt« sind, wenn er diese Bücher gelesen hätte (Neuhaus, a.a.O. 8).

sie öffentlich die aggressive Kriegspolitik des Kaisers gegenüber Belgien und Frankreich unterstützten. Wie allgemein bekannt ist, hat es Barth derart desillusioniert, die Unterschriften seiner verehrten Theologielehrer unter den berüchtigten 93 zu entdecken, daß er von da an mit seiner Suche nach einer völlig anderen theologischen Position begann. Von Anfang bis Ende seiner Tätigkeit[10] vertrat Barth die Ansicht, Theologen seien ihrer Berufung in dem Maße unwürdig, wie sie sich in der Praxis an die Kräfte politischer Reaktion oder – um genauer zu sein – an Kräfte wie messianischen Nationalismus, Antikommunismus und Kapitalismus anschlössen. Dies war für Barth der entscheidende Punkt, und er vertrat diese Auffassung, auch wenn die betreffenden Theologen dogmatisch noch so korrekt argumentierten.

Überdies hielt Barth stets manche Reaktionäre für gefährlicher als andere. Hans Frei weist darauf hin, daß es während des Dritten Reiches nicht so sehr die einfältigen und fanatischen Deutschen Christen waren, die in Barths Augen die große Gefahr für das Zeugnis der Kirche bildeten, sondern eher die intellektuell anspruchsvolleren Theologen (wie Friedrich Gogarten), die versuchten, zwischen Gottes Selbstoffenbarung in der Bibel und der »besonderen Berufung, der besonderen Kultur und den besonderen Gesetzen bestimmter Nationen zu bestimmten Zeiten« einen Kompromiß zu schließen.[11] Mit anderen Worten und um die Sachlage aktuell auszudrücken: Es waren nicht die Jerry Falwells jener Welt, an die Barth seine eindringlichste Kritik richtete, sondern eher Männer wie Richard Neuhaus. Denn es waren diese und

---

[10] Ich halte es für eine inzwischen erwiesene Tatsache, daß Barth während seiner gesamten Laufbahn politische Kriterien anlegte, um Theologie zu bewerten. Die Einheit (*nicht* Identität), die er zwischen Theologie und Ethik sah, implizierte unter anderem, daß es nicht legitim sei, theologische und politische Kriterien in einen fundamentalen Gegensatz zu stellen. Barth hatte auch nicht annähernd ein so abstraktes Verständnis vom Wort Gottes, wie es ihm manchmal zugeschrieben wird. Gerade weil das Wort Gottes als zentraler Maßstab konkret war, waren politische Kriterien – in einem relativen und streng untergeordneten, aber dennoch maßgeblichen Sinne – notwendig. Bezeichnenderweise standen Fehler in politischen Beurteilungen für Barth im Zusammenhang mit Fehlern in theologischen Beurteilungen (und manchmal auch umgekehrt). Die Ursache dafür sah er in folgendem Sachverhalt: »Wo theologisch geredet wird, da wird implizit oder explizit immer auch politisch geredet.« (Zitiert nach E. Busch, Karl Barths Lebenslauf. Nach seinen Briefen und autobiographischen Texten, München 1976², 305). Zur weiteren Diskussion siehe U. Dannemann, Theologie und Politik im Denken Karl Barths, München 1977, und: Karl Barth and Radical Politics (hg. v. G. Hunsinger), Philadelphia 1976.

[11] H. W. Frei, An Afterword, in: Karl Barth in Re-View (hg. v. H. M. Rumscheidt), Pittsburgh 1981, 106.

nicht die Falwells, deren Verrat am Evangelium in Barths Augen bei weitem verhängnisvoller war. Aber in beiden Fällen zögerte Barth nicht, elementare politische Prüfungskriterien anzulegen, um die Symptome eines grundlegenden theologischen Versagens aufzudecken.[12] Wie die heutigen Befreiungstheologen glaubte Barth, daß reaktionäre Politik ein Zeichen dafür sei, daß das Evangelium fallengelassen worden ist.

Ein zweiter Punkt, der Barth heute auf die gleiche Linie mit Theologen wie Gutiérrez und gegen jemanden wie Neuhaus stellen würde, war seine *Weigerung, den Kommunismus in Bausch und Bogen zu verdammen*, wie es so viele taten. Barth beharrte unerbittlich darauf, die Kirche solle es nicht zulassen, daß die Angst vor dem Kommunismus den Mangel an sozialer Gerechtigkeit verdeckt. Der westliche Antikommunismus kam ihm im großen und ganzen selbstgerecht, scheinheilig, verantwortungslos und irrelevant vor. Barth hielt ihn für *selbstgerecht*, soweit er dem Westen außergewöhnliche Rechtschaffenheit zuschrieb, dem Osten aber außergewöhnliches Unrecht.[13] Er hielt ihn für *scheinheilig*, weil er sich weigerte, die eigenen brutalen und unterdrückerischen Bündnispartner des Westens zu verurteilen.[14] Er war in Barths Augen *verantwortungslos*, wenn er die Entschuldigung dafür bot, daß man die soziale Ungerechtigkeit im eigenen Land ignorierte[15], und er war, was die Kirche betraf, *irrelevant*: Denn warum sollte die Kirche jemanden vor einer Gefahr warnen, die ohnehin so bekannt war?[16] Barth glaubte, daß jede der beiden Supermächte in ihrem Streben nach der Weltherrschaft ein Spiegelbild der anderen war[17], und daß der sogenannte totalitäre Aspekt des Sowjetkommunismus – der Gegenstand von soviel Hysterie und Beunruhigung – etwas war, das eher in kulturellem als in ideologischem Sinne erklärt werden sollte.[18] Als Ge-

---

[12] Ein sehr spätes Beispiel für dieses Vorgehen Barths (1966) wird bei Hunsinger (Hg.), Karl Barth and Radical Politics, 123, dargestellt. Dieses späte Beispiel unterscheidet sich im Prinzip nicht von Barths Anfängen im Jahr 1914.
[13] K. Barth, Christliche Gemeinde im Wechsel der Staatsordnungen. Dokumente einer Ungarnreise, Zollikon-Zürich 1948, 68–69; ferner: ders., Die Kirche zwischen Ost und West, in: Der Götze wackelt (hg. v. K. Kupisch), Berlin 1961, 142f.
[14] K. Barth, Christliche Gemeinde im Wechsel der Staatsordnungen, 69, und: Die Kirche zwischen Ost und West, 135f. 138f.
[15] K. Barth, Die Kirche zwischen Ost und West, 137, und: ders., Die christliche Verkündigung im heutigen Europa (Theologische Existenz heute. Neue Folge Heft 3), München 1946, 14.
[16] K. Barth, Christliche Gemeinde im Wechsel der Staatsordnungen; 68–70.
[17] K. Barth, Die Kirche zwischen Ost und West, 127.
[18] Ebd. 136f, sowie: ders., Die christliche Verkündigung im heutigen Europa, 14f.

genmittel zur exzessiven Angst vor dem Kommunismus schlug Barth zwei Lösungen vor: Die erste hieß *Friede*: »Er (der Gegensatz zwischen Ost und West) geht uns als Christen gar nichts an. Er ist kein echter, kein notwendiger, kein interessanter Gegensatz. Er ist ein bloßer Machtkonflikt. Wir können nur warnen vor dem noch größeren Frevel, diesen Konflikt in einem dritten Weltkrieg austragen zu wollen.«[19] Barths zweiter Vorschlag hieß *Gerechtigkeit*: »Wer den Kommunismus nicht will – und wir wollen ihn alle nicht –, der ... stehe für einen ernsthaften Sozialismus.«[20].

Schließlich steht Barth zusammen mit den Befreiungstheologen gegen die Neokonservativen *in der entscheidenden Frage der Bewertung des Kapitalismus*. Der springende Punkt beim Kapitalismus lag für Barth nicht darin, daß dieser die Macht dezentralisiert und deshalb ein Bollwerk gegen die totalitären »Triebe« der Gesellschaft bildet, wie Neokonservative wie Neuhaus behaupten würden. Im Gegenteil, Barth beharrte zu Recht darauf, daß der Kapitalismus im Hinblick auf Besitz und Macht enorme Ungleichheit erzeugt, indem er lebenswichtige Entscheidungen »in den Händen verhältnismäßig Weniger, die die Drähte ziehen, ... für die übergroße Mehrzahl der Übrigen völlig unkontrollierbar« konzentriert.[21] Auf der anderen Seite sah Barth wie die Befreiungstheologen, daß der Kapitalismus ungesunde kollektive Beziehungen fördert, die von Ausbeutung und Abhängigkeit geprägt sind. Dabei scheint Barth allerdings, anders als die Befreiungstheologen, vorwiegend nationale und weniger internationale Beziehungen im Auge gehabt zu haben.[22] Barth ging soweit, daß er den Kapitalismus als ein »fast unzweideutig dämonisches Geschehen«[23] beschrieb, vor allem wegen der Art und Weise, in der der Kapitalismus die schlechtesten Seiten der menschlichen Natur herausfordert, die menschliche Kultur verdirbt und nicht zuletzt seine eigenen Ungerechtigkeiten verschleiert.[24]

Zumindest, so argumentierte Barth, könne sich die christliche Gemeinde deshalb nicht erlauben, die »*große Selbsttäuschung*« des Kapitalismus im Hinblick auf seine vermeintlichen Vorteile, seine Notwendigkeit oder sogar seine Legitimität als System mitzumachen.[25] An diesem Punkt fangen aus seiner

---

[19] K. Barth, Die Kirche zwischen Ost und West, 129.
[20] Zitiert von Busch, Karl Barths Lebenslauf, 396.
[21] K. Barth, Die kirchliche Dogmatik III/4, Zollikon-Zürich 1957², 610.
[22] K. Barth, Dogmatik III/4, 620f. Zur internationalen Frage vgl. hier 515ff.
[23] Ebd. 610.
[24] Über die menschliche Natur s. ebd., 617–620; über die menschliche Kultur s. 610f.; über das Verschleiern der eigenen Ungerechtigkeiten s. 621f.
[25] Ebd. 620.

Sicht Intellektuelle wie Neuhaus an, falsch zu denken. Beispielsweise solle die christliche Gemeinde nicht der falschen Theorie aufsitzen, daß – obwohl der Reichtum im Kapitalismus ungleich verteilt ist – das Einkommen jedes Menschen widerspiegele, wie schwer oder wertvoll er oder sie gearbeitet habe. Denn Arbeitnehmer haben in Barths Worten »weiterhin gar keine andere Wahl . . . als die, zu hungern oder eben solche Arbeit zu tun, die der Sache der Menschheit nicht zugute kommt oder ihr geradezu Schaden tut oder aber gänzlich fremd, die im Grunde der Dienst eines dunklen, herzlosen, ewig zweideutigen Götzen ist« – des Götzen Mammon in seiner Verkleidung als »Kapital«.[26] Da der Kapitalismus Frauen und Männer beständig dazu zwingt, »für unsinnige Zwecke und also unehrlich« zu arbeiten[27], wird dieses System nur sich selbst dafür verantwortlich machen können, wenn der Kommunismus, den es so sehr fürchtet, über es triumphieren sollte. Angesichts der schrecklichen Unmenschlichkeit des kapitalistischen Systems fragt Barth im Hinblick auf den Sinn und Zweck menschlicher Arbeit: »Ob denn wirklich die marxistische Tyrannei über uns kommen müsse, um uns – nicht ohne den Hereinbruch neuen, anderweitigen Unrechts und Unheils – wenigstens in dieser Hinsicht *mores* (Ethik) zu lehren?«[28]

Ganz ähnlich wie die Befreiungstheologen zögert Barth deshalb nicht, den Kapitalismus als *System der Unordnung* zu bezeichnen, *dem die christliche Gemeinde Widerstand leisten muß*. Das Gebot Gottes, so schrieb er, wird »selbstverständlich auch hier unter allen Umständen grundsätzlich der Aufruf zur Gegenbewegung, zur Menschlichkeit und gegen deren Verleugnung in dieser oder jener Form – und also zur Parteinahme für die Schwachen gegen jede Gestalt des Übergriffes der Starken sein«.[29] Da die christliche Gemeinde so lange gebraucht hat, um die Bedeutung des Gebotes Gottes in einer kapitalistischen Gesellschaft zu erkennen, war Barth der Ansicht, sie sei kaum dazu berechtigt, mit dem Finger auf die Ungerechtigkeiten des Staatssozialismus zu zeigen. Stattdessen betonte er nachdrücklich, das Christentum im Westen habe genug damit zu tun, »die Unordnung in ihrer hier immer noch maßgebenden Gestalt wirklich als solche zu begreifen, das Gebot Gottes ihr gegenüber in Erinnerung zu rufen und geltend zu machen, sich ihren Vertretern gegenüber »links« zu halten, d. h. sich grundsätzlich zu den durch diese Unord-

---

[26] Ebd. 610.
[27] Ebd. 611.
[28] Ebd.
[29] Ebd. 624.

nung Benachteiligten zu bekennen, ihre Sache zu der ihrigen zu machen«.[30] Wer kann angesichts solcher Sätze daran zweifeln, wen Barth eher als einen »Verteidiger der Unterdrückung« ansehen würde, wenn er zwischen Neuhaus und Gutiérrez zu wählen hätte?

Wir wollen uns nun von der Frage der politischen Solidarität zwischen Barth und den Befreiungstheologen (die folglich auch eine theologische ist) abwenden und das viel schwierigere Problem der *theologischen Distanz* zwischen ihnen (die folglich auch eine politische Distanz ist) betrachten. An diesem Punkt besteht die größte Schwierigkeit darin, so scheint mir, einen Zugang oder einen Hebelpunkt zu finden, über den Barth und die lateinamerikanische Theologie in sinnvoller Weise verglichen werden können. Wenn wir zwei (sowohl auf logischer als auch auf inhaltlicher Ebene) so verschiedenen Gedankengebäuden gegenüberstehen, gibt es da irgendeinen Weg, um aus der Sackgasse herauszukommen, die sich so unmittelbar und ungestüm auftut? Oder müssen wir uns am Ende mit Barths Bild von dem Elefanten und dem Wal zufriedengeben, deren Existenzweisen so gänzlich verschieden sind, daß ihnen letztlich nichts anderes übrig bleibt, als sich für einen Augenblick anzustarren, verwundert, mißtrauisch und ohne einander zu verstehen, bevor jedes Tier sich abwendet und seinen eigenen Weg geht? Eines scheint sicher: In diesem Fall läßt sich keine brauchbare Parallele zu der geglückten Lösung von Dennis McCann finden, der in einer hervorragenden neueren Untersuchung die Befreiungstheologie und Reinhold Niebuhr gegenübergestellt hat.[31] McCann konzentrierte sich auf so konkrete Fragten wie die nach der Haltung Niebuhrs bzw. der Befreiungstheologen zur menschlichen Natur und zur menschlichen Geschichte. Dies war eine ausreichende Basis für seinen Vergleich. Aber wenn wir in einer solchen Untersuchung Karl Barth an die Stelle von Reinhold Niebuhr setzen, brauchen wir wohl einen in struktureller Hinsicht grundlegenderen Brennpunkt, wenn ein adäquater Rahmen für die Dis-

---

[30] Ebd. 625. Es sollte darauf hingewiesen werden, daß Barth natürlich der Ansicht war, einige Formen der kapitalistischen Gesellschaft seien anderen vorzuziehen. Er war schließlich ein demokratischer und kein doktrinärer Sozialist. In der Praxis erkannte er, daß man pragmatisch sein müßte, selbst wenn man den Kapitalismus im Prinzip bekämpfte. In anderen Worten, er hatte kein spezielles Rezept gegen das zentrale Dilemma, dem sich die undogmatische Linke in West-Europa gegenübersah: für die Frage nämlich, wie innerhalb des Kapitalismus für schrittweise Verbesserungen gearbeitet werden kann, während der Kapitalismus selbst bekämpft wird.

[31] D. P. McCann, Christian Realism and Liberation Theology, Maryknoll N. Y. 1981. Meine Zustimmung zu dieser Arbeit bedeutet natürlich nicht unbedingt, daß ich mit allen ihren Prämissen und Schlußfolgerungen übereinstimme.

kussion herauskommen soll. In dieser Hinsicht vermute ich, daß – aufs Ganze gesehen – zwei sehr unterschiedliche bestimmende Leidenschaften die Theologie Barths und die Befreiungstheologie trennen.

Es sollte uns nicht überraschen, daß die bestimmende Leidenschaft der Theologie Barths darin besteht, *dem souveränen Wort Gottes unbedingten Vorrang zu geben*. Im Gegensatz dazu liegt die bestimmende Leidenschaft der Befreiungstheologie ganz sicherlich darin, *den Unterdrückten Befreiung zu bringen*. Das Wort, auf das es bei dieser Unterscheidung ankommt und aus dem sich, wie wir sehen werden, wichtige Schlußfolgerungen ergeben, ist das Wort »bestimmend«. Natürlich wäre es falsch, würden wir damit andeuten, daß die Befreiungstheologen dem Wort Gottes keine Priorität gäben, ebenso wie es falsch wäre anzunehmen, daß Barth sich nicht um die Unterdrückten und ihre Bedürfnisse kümmerte. Aber dennoch unterscheiden sich diese beiden Theologien im geistigen Raum, ja in der Atmosphäre ihrer Anschauungen auf beeindruckende Weise, und dieser Unterschied kann zu einem großen Teil in den sie lenkenden theologischen Leidenschaften aufgespürt werden.

Wenn eine Theologie von der Leidenschaft bestimmt wird, dem Wort Gottes nicht nur Vorrang, sondern *unbedingten* Vorrang zu geben, wie es für Barth zutrifft, dann ergibt sich eine Gefahr, die entschieden verhindert werden muß, nämlich daß »das Evangelium zu einem Echo dessen wird, was in unserem Herzen schon gegenwärtig war, bevor wir zum Evangelium kamen, daß es zu einer Neu-Formulierung dessen wird, was wir bereits gedacht haben.«[32] Wenn aus keinem anderen Grund, so wird sich die Theologie doch aus der Erkenntnis, daß die sündige Menschheit den Hang zum Selbstbetrug hat, leidenschaftlich und ausschließlich an das Wort Gottes binden. Denn das Wort Gottes ist für sie das reiche und komplexe Ereignis, durch das Gott unseren Selbstbetrug zerschlägt und uns das enthüllt, was nur Gott enthüllen kann – Gottes wahre Identität. Diese wahre Identität wird nirgendwo sonst als in Jesus Christus gefunden werden, wie es die gesamte Bibel bestätigt. Denn er allein ist das eine Wort Gottes und die einzige Quelle unseres Wissens von Gott.

Solch eine glühende und ausschließliche Bindung an das Wort Gottes wird deshalb bedeuten, daß die Theologie die Bibel – und besonders ihre narrativen Teile – als organisches Ganzes liest. Die Bibel wird als ein Buch betrachtet werden, das trotz aller Vielgestaltigkeit seine eigene Integrität, seine eigene komplexe Logik und seine eigenen Maßstäbe von Sinn und Wahrheit besitzt.

---

[32] G. C. Berkouwer, The Voice of Karl Barth, in: A Half Century of Theology, Grand Rapids (Mich.) 1977, 73.

Diese Maßstäbe können nicht einfach schon deshalb verändert werden, weil sie vielleicht zu Zeiten im Konflikt mit den Maßstäben der Rationalität in anderen Bereichen zu stehen scheinen, und auch der theologische Gehalt, den sie bewahren sollen, wird keinen allgemeineren oder zugänglicheren begrifflichen Rahmen erfordern, um verstanden zu werden. Kein solches autonomes begriffliches Schema, was immer es auch sein mag, wird systematisch als die Vorbedingung für theologische Bedeutung der Wahrheit funktionieren dürfen.[33] Alle Korrelationen zwischen der Theologie und anderen Bereichen logischen Denkens werden zwangsläufig eklektisch und indirekt sein und aus dem Augenblick heraus entstehen. Die Berührungspunkte werden immer dialektisch ausgeglichen werden müssen, damit wir nicht den Blick für die viel größeren Distanzen verlieren. Wie könnte es anders sein, wenn das Wort, für das die Theologie Zeugnis ablegt, vollkommen einzigartig ist? Wie könnte es anders sein, wenn dieses Wort das immer wunderbare und geheimnisvolle Ereignis der freien und souveränen Gnade Gottes ist?

Wenn auf der anderen Seite eine Theologie von der Leidenschaft bestimmt wird, den Unterdrückten Befreiung zu bringen, wie es sicherlich für die Befreiungstheologie gilt, dann ergibt sich auch hier eine Gefahr, die unbedingt vermieden werden muß: Es dürfen keine Ideen aufgenommen werden, die auf irgendeine Weise dazu dienen könnten, die Interessen derer zu fördern oder zu stärken, die von der Unterdrückung profitieren. Im Laufe der Geschichte neigte die Kirche dazu, gerade diese ideologische Rolle bereitwillig zu übernehmen. Schon aus diesem Grund wird sich eine Theologie, die sich für die Befreiung engagiert, dazu gezwungen sehen, in ihrer Hermeneutik konsequent mißtrauisch zu sein. Ein Evangelium, von dem die Großen und Mächtigen dieser Welt wenig zu fürchten und viel zu gewinnen hätten, wird nicht länger akzeptabel sein. Armut wird nicht mehr als unentrinnbares historisches Schicksal toleriert, Hoffnung nicht mehr auf einen ätherischen Bereich jenseits des Grabes hinausgeschoben werden, und Spiritualität wird nicht länger innerhalb des im Grunde isolierten Individuums eingeschlossen sein. Stattdessen wird christliche Hoffnung für diese Welt zur Triebkraft einer neuen Gemeinschaft und eines authentischeren spirituellen Engagements werden, das darauf hinzielt, in Solidarität mit den Armen gegen die unnötigen Fesseln ihrer Unterdrückung zu kämpfen. Die Praxis der Befreiung wird deshalb zum unentbehrlichen Kontext, in dem die Theologie arbeitet. In einer Welt, in der Kinder aufgrund von Ausbeutung und Unterdrückung verhungern, wird theologische Neutralität unmöglich sein. Die Aufmerksamkeit wird auf die

---

[33] Frei, 108 (s. Anm. 11).

harte Realität ungerechter Entwicklung gerichtet sein, in der den vielen die Lebensgrundlagen verweigert werden, während den wenigen Luxusgüter geboten werden. Der Kapitalismus wird nicht zu Unrecht als der Mechanismus betrachtet werden, der dieses elende soziale Ergebnis produziert, und die Praxis wird dementsprechend gemäß denjenigen gesellschaftlichen Theorien organisiert werden, die am ehesten versprechen, die Ursachen der Unterdrückung abzuschaffen.

Eine Theologie, die in der Praxis verwurzelt ist, wird nach funktionalen Kriterien beurteilt werden, denn ein Evangelium ohne funktionalen Wert für die Befreiung wäre überhaupt kein Evangelium. Die begriffliche Integrität oder die erkenntnistheoretische Tauglichkeit der Theologie werden deshalb weniger wichtig sein als ihre praktischen Konsequenzen. Das wichtigste an ihr wird ihre Fähigkeit sein, den Kampf für eine humanere Zukunft abzuklären. Die Theologie wird die Wahrheit des Evangeliums als etwas darstellen, was vor allem getan werden muß. Die Bibel wird als die Geschichte von Gottes Befreiung der Unterdrückten gelesen werden, und ihre Exegese wird in Taten stattfinden. Die Tat wird das sein, was zählt, und so wird Orthodoxie durch Orthopraxis ersetzt werden. Wie könnte es anders sein, wenn Christus selbst der Befreier ist? Wie könnte es anders sein, wenn Gott einen Prozeß der Befreiung in Gang gesetzt hat, dessen Ziel die Schaffung einer neuen Menschheit ist und in dem die Theologie dazu aufgerufen ist, an der Solidarität mit den Unterdrückten teilzunehmen?

Bevor wir fortfahren und fragen, bis zu welchem Grad die Theologien, die von zwei so unterschiedlichen Leidenschaften gelenkt werden, miteinander zu versöhnen sind oder nicht, wollen wir sie zuerst anhand eines repräsentativen Testfalles näher untersuchen. Ich schlage vor, daß wir uns zu diesem Zweck ansehen, was Barth und Gutiérrez zum *Thema der Armut* zu sagen haben. Als Grundlage für diese kurze Untersuchung wollen wir folgende Texte heranziehen: Barths Essay *Armut* aus dem Jahr 1949, ergänzt durch einen kleinen Auszug aus seiner *Kirchlichen Dogmatik* über die politische Bedeutung des Glaubens an Gottes Gerechtigkeit[34], und das letzte Kapitel aus Gutiérrez' *Theologie der Befreiung*, das den Titel »Armut als Solidarität und Protest« trägt.[35] In beiden Fällen wird explizit der Anspruch erhoben, daß eine biblische Sicht der Armut geboten wird.

---

[34] K. Barth, Armut, Unterwegs 3 (1949), 322–324; ferner: ders., Die kirchliche Dogmatik II/1, Zollikon-Zürich 1946², 434f.
[35] G. Gutiérrez, Theologie der Befreiung, München/Mainz 1973, 269–286.

Wir haben gesehen, von welchen bestimmenden Leidenschaften die Theologie Barths bzw. der Befreiungstheologen geprägt wird. Wie von daher zu erwarten ist, betont Barths Diskussion der Armut diejenigen Themen, die am kennzeichnendsten für die biblische Tradition sind. Gutiérrez hebt in seiner Diskussion der Armut dagegen die Sachverhalte hervor, die am besten für die Praxis der Befreiung anwendbar sind. Jeder sieht in der Bibel Dinge, die der andere übergeht, und keiner wäre völlig zufrieden mit dem, was der andere zu sagen hat. Dennoch überschneiden sich die beiden Darstellungen nicht nur teilweise, sondern sie können sich letzten Endes gegenseitig korrigieren.

Die Entfernung zwischen den beiden verschiedenen Erklärungen zum Thema Armut läßt sich vielleicht aus der Tatsache abschätzen, daß Barth fast nichts über Unterdrückung sagt, während sich Gutiérrez kaum zum Thema Gnade äußert. Freilich würden beide Seiten in dieser Hinsicht einige scharfe Einwände erheben. Beispielsweise würde sich Gutiérrez zweifellos wundern, warum sich Barth entschloß, seinen Essay mit einer anscheinend so fatalistischen Beobachtung zu beginnen. Mußte Barth wirklich ausdrücklich erklären, daß die Existenz von Reichtum und Armut »in der Bibel durchweg als eine Art göttlicher Disposition« erscheint, mit der »sehr nüchtern und ohne Erweckung von Vorstellungen einer wesentlich ›besseren Zukunft‹ gerechnet wird«?[36] Ist dies wirklich eine so entscheidende biblische Beobachtung, daß man damit beginnen und dann im folgenden darauf beharren kann, daß das »der Ausgangspunkt [ist], ohne den man hier nichts verstehen kann«?[37] Und was meint Barth, wenn er soweit geht, von »Stand der seligen Armut« zu sprechen?[38] Meint er wirklich, daß Armut als solche »die Chiffre des Himmelreichs, ... der Spiegel des ewigen Heils« ist?[39]

Ist Barth, so könnte Gutiérrez fragen, mit Erklärungen wie diesen nicht sehr nahe daran, »der materiellen Armut einen positiven Sinn beizumessen, sie fast als ein menschliches und religiöses Ideal zu betrachten«?[40] Balanciert er nicht auf der Grenze dazu, »Elend und Ungerechtigkeit [zu sakralisieren] und folglich die Resignation in Anbetracht dieser Lage [zu predigen]«?[41] Sollte die Theologie nicht besonders vorsichtig sein und sich davor hüten, auf sentimentale Weise von der Armut als einem »seligen Stand« zu sprechen und

---

[36] K. Barth, Armut, 322.
[37] Ebd.
[38] Ebd. 323.
[39] Ebd. 324.
[40] G. Gutiérrez, 270.
[41] Ebd. 280.

damit »letztlich die bestehende Ordnung [zu] rechtfertigen«?[42] Zweifellos würde Gutiérrez anerkennen, daß solche Erklärungen nur ein Teil dessen sind, was Barth zu sagen hat, und daß Barth an anderen Punkten seines Essays energisch Stellung für die Gerechtigkeit für die Armen bezieht und es nicht versäumt, die biblisch korrekte Aussage zu machen, daß Armut dem Willen Gottes widerspricht. Aber er würde wohl weitergehen und feststellen, daß Barths Essay letzten Endes eine gewisse unglückliche Zweideutigkeit nicht abschütteln kann, denn die »Ordnung Gottes«, die Barth beschreibt, scheint die Armut irgendwie zu verzeihen und gleichzeitig doch nicht zu verzeihen.

Gutiérrez könnte leicht fortfahren und Barth zustimmen, Armut gehöre »nicht zum natürlichen Bestand, sondern zum Übel dieses unseres gegenwärtigen Lebens« und sie sei »die vielleicht eklatanteste Folge der menschlichen Sünde«.[43] Aber wiederum würde Gutiérrez diese Erklärungen unzureichend finden, wenn sie nicht darüber hinausgehen. Können wir es dabei belassen und wirklich der Kraft dessen, was die Bibel zu sagen hat, gerecht werden? Ist es nicht so, daß die Bibel die Armut nicht nur als unnatürlich, sondern als »untermenschlich« betrachtet?[44] Schildert sie die Armut nicht als »etwas Skandalöses, das die Würde des Menschen ruiniert und folglich dem Willen Gottes widerspricht«?[45]

Warum sollte Barth dann in seinem Aufsatz an der vernichtenden prophetischen Anklage vorübergehen, die Armut sei »nichts Fatales«, sondern sie werde durch »die Ungerechtigkeit von Seiten der Unterdrücker« verursacht?[46] Wird nicht in der Bibel selbst oft bestätigt, daß die Reichen nur auf Kosten der Armen reich sind, und daß die Armen gerade deshalb arm sind, weil sie Opfer der Unterdrückung sind? Zögern die Propheten denn, mit dem Finger auf die Verantwortlichen zu zeigen?[47] Aber die Bibel läßt es nicht einfach dabei, die Armut anzuprangern. Sie »spricht vielmehr auch von positiven und konkreten Maßnahmen, die verhindern sollen, daß Gruppen im Volk verarmen«.[48] Doch wieder hören wir von Barth darüber seltsamerweise nichts.

Schließlich könnte sich Gutiérrez wundern, warum Barth in seinem Essay soviel Mühe aufwendet, die Reichen zu guten Taten zu ermahnen, ohne auch

---

[42] Ebd. 272.
[43] K. Barth, Armut, 323.
[44] G. Gutiérrez, 271.
[45] Ebd. 273.
[46] Ebd. 274.
[47] Ebd.
[48] Ebd. 275.

nur einmal zu erwähnen, welch »enorme Ausmaße«[49] das Unrecht der Armut in unserer Zeit angenommen hat. Barth erwartet doch wohl nicht, daß die Reichen selbst die Verhältnisse korrigieren? Erkennt er nicht, daß die Armen ihren Kampf um Gerechtigkeit selbst in Gang setzen müssen und daß »für den Unterdrückten eintreten ... gegen den Unterdrücker sein«[50] bedeutet?

Umgekehrt hätte Barth seinerseits zweifellos einige ähnlich scharfe Fragen an Gutiérrez. Ich habe oben gesagt, daß Gutiérrez die einleitenden Bemerkungen von Barths Essay wahrscheinlich als fatalistisch ansehen würde. Vielleicht würde Barth zunächst darauf hinweisen, daß er hier erklärt, daß es »in der Bibel auch an Bildern von wirtschaftlichem Reichtum nicht fehlt, in dessen Besitzern und Genießern man auf den ersten Blick in Wirklichkeit doch sehr ›arme Leute‹ erkennt«.[51] Spricht die Bibel nicht eindringlich und mit Schärfe von der spirituellen Armut, die den materiellen Reichtum begleiten kann und eben oft auch damit einhergeht? Ist dies nicht etwas ganz anderes als die Art geistiger Armut, die Gutiérrez beschreibt und als vermeintlich religiöses Ideal ablehnt?[52] Zeigt die Bibel – und dies ist noch wichtiger – mit diesem Verständnis von der spirituellen Leere des Reichtums nicht auf eine weit tiefere und schwererwiegende Quelle menschlichen Elends als Gutiérrez es uns mit seiner unerschütterlichen Konzentration auf die Unterdrücker und die Unterdrückten dieser Welt erkennen läßt? Steht es wirklich in der Macht der Menschen, die Armut sowohl im materiellen als auch im spirituellen Sinn des Begriffs aufzuheben? Doch kann irgend etwas anderes als die Abschaffung der Armut in beiden Bedeutungen als eine grundlegend und qualitativ »bessere Zukunft« betrachtet werden? Überdies: auch wenn es möglich wäre, die materielle Armut hier und jetzt abzuschaffen, würde nicht die andere und sehr viel ernstere Art von Armut immer noch weiter bestehen? Warum hören wir von Gutiérrez so wenig über diese andere Art der Armut?

Ist Gutiérrez' Schweigen über das Elend der geistigen Armut, so würde Barth vielleicht weiterfragen, nicht ein Symptom des fundamentalen Problems, das sein gesamtes Werk beeinträchtigt? Denn ist es schließlich nicht wirklich einseitig, wenn Gutiérrez nahe daran ist, die Unterscheidung zwischen dem reichen Unterdrücker und den armen Unterdrückten in der Weise zu verabsolutieren, daß er eigentlich keinen göttlichen, sondern einen menschlichen Akt der Befreiung als Schlüssel ansieht, um das anscheinend hauptsächlich soteriologische Problem der Unterdrückung zu lösen? Ist es

---

[49] Ebd. 277.
[50] Ebd. 284.
[51] K. Barth, Armut, 322.
[52] G. Gutiérrez, 271f.

nicht ebenso bezeichnend, daß er deshalb die Hauptbedeutung des göttlichen Handelns, wie es in den Erzählungen der Bibel bezeugt wird, darin sieht, daß es ein gutes Beispiel gibt für das letztlich dringendere und entscheidendere Handeln von Menschen, deren Gewissen erwacht ist? Was können wir anderes folgern, wenn wir solch aufschlußreiche Bemerkungen von Gutiérrez hören wie etwa diejenige, daß unser christliches Handeln gegen die Armut bedeutet, »die Bedingungen des sündigen Menschen auf sich [zu nehmen], um ihn von der Sünde und all ihren Folgen zu befreien«.[53] Kurz, ist Gutiérrez' Schweigen über das Elend spiritueller Armut nicht ein Zeichen dafür, daß er die große und entscheidende Dialektik zwischen der Gnade Gottes und der Sünde der Menschen aus den Augen verloren hat? Aber ist es nicht gerade diese Dialektik, die in der Bibel allumfassend ist, so daß sie auch die schwächere Dialektik von Befreiung und Unterdrückung umfaßt? Dabei schließt sie letztere nicht aus, sie trivialisiert sie auch nicht, aber sie relativiert sie entschieden.

Endlich könnte Barth schließen, indem er noch einmal beschreibt, was es bedeutet zu behaupten – wie es die Bibel tatsächlich tut –, daß Gott auf Seiten der Armen steht: ». . . darum steht Gott«, so schreibt er, »innerhalb der Verhältnisse und des Geschehens in seinem Volk jederzeit unbedingt und leidenschaftlich auf dieser und nur dieser Seite: immer gegen die Hohen, immer für die Niedrigen, immer gegen die, die ihr Recht schon haben, immer für die, denen es geraubt und entzogen ist«.[54] Dies ist, und hier würde er mit Gutiérrez übereinstimmen, die konkrete politische Tendenz der biblischen Botschaft. Diese Botschaft können wir weder hören noch glauben, so fährt er fort, ohne daß sie in uns ein Verantwortungsgefühl wachrüttelt, ihr heute in diese Richtung zu folgen.

Anders als Gutiérrez geht Barth jedoch weiter und verankert diese Beobachtungen in einer größeren theologischen Wahrheit: Die Gerechtigkeit Gottes wird als Erbarmen mit allen enthüllt, die im Elend sind. Gottes Gnade – und dies ist entscheidend – triumphiert gerade dort, wo die Menschheit überhaupt keine Möglichkeit hat zu triumphieren.[55] Gerade weil Gott ein für alle Mal abgesehen von uns, gegen uns und für uns in Jesus Christus gehandelt hat – indem er für uns das tat, was wir am meisten brauchten, wozu wir aber nicht im mindesten selbst in der Lage waren – werden wir im Glauben für all jene verantwortlich gemacht, die arm und unterdrückt sind. Deshalb sind wir dazu

---

[53] Ebd. 284.
[54] K. Barth, Dogmatik II/1, 434.
[55] Ebd. 435.

aufgerufen, uns für die Sache derer einzusetzen, die Unrecht leiden. Denn in ihnen wird uns offenbar, was wir selbst vor Gott sind. Das lebendige, gnadenvolle und barmherzige Handeln Gottes an uns besteht darin, daß allein Gott in göttlicher Gerechtigkeit Recht für uns, die Armen und Elenden, schafft. Deshalb stehen wir und alle Männer und Frauen als diejenigen in der Gegenwart Gottes, für die Recht nur durch Gott selbst geschaffen werden kann und für die in der Tat auf diese Weise Recht geschaffen wurde.[56] Dies ist das Thema der Gnade Gottes, die Barth sogar in diesem Zusammenhang zum beherrschenden Element macht und von der wir von Gutiérrez in jeder Beziehung so wenig hören.

Wo stehen wir nun nach all dem? Stehen wir letzten Endes vor der Sackgasse zwischen einer Theologie der Gnade und einer Theologie der Befreiung, zwischen einer Theologie, die dem *göttlichen Indikativ* Priorität gibt, und einer Theologie, die sich stattdessen auf den *menschlichen Imperativ* konzentriert? Stehen wir vor einer Theologie, die zum Universalismus tendiert, und einer Theologie, die sich im Gegensatz dazu auf eine Art Sektierertum zubewegt? Kurz, stehen wir vor dem Elefanten und dem Wal?

Ich denke nicht. Barth und Gutiérrez haben zu viel gemeinsam und zu viel voneinander zu lernen, als daß jeder von ihnen unverändert seinen eigenen Weg gehen könnte. Die Leidenschaften, von denen ihre Theologien geprägt werden, weichen voneinander ab, und ihre Annäherungen an die biblische Lehre von der Armut sind gegensätzlich. Dabei geht es im Grunde, so glaube ich, um *zwei verschiedene Orientierungen der Liebe*.

Die bestimmende Leidenschaft der Theologie Barths können wir als eine Leidenschaft sehen, *Gott über alles andere zu lieben* und zu fürchten. Dagegen läßt sich in der Theologie von Gutiérrez die Leidenschaft erkennen, *den Nächsten wie sich selbst zu lieben*. Hinter Barths erhabener Verherrlichung der Gnade Gottes können wir die Leidenschaft spüren, Gott über alles andere zu lieben. Demgegenüber läßt sich hinter Gutiérrez' zwingender Aufforderung, für die Befreiung zu kämpfen, die Leidenschaft erkennen, unseren Nächsten wie uns selbst zu lieben. Aber es wäre letztlich zu einfach, wenn wir es zuließen, daß die beiden Theologien in dieser Weise schematisiert werden. Denn auf dem Spiel stehen eigentlich zwei verschiedene detaillierte Vorstellungen von dem Verhältnis zwischen der Liebe zu Gott und der Nächstenliebe. Diese unterschiedlichen Vorstellungen sind an sich unvereinbar; aber ich glaube, Barth hat *im Prinzip* recht, während die Befreiungstheologen *in der Praxis* recht haben.

---

[56] Ebd.

Wenn ich sage, daß die Befreiungstheologen mit ihrer Leidenschaft für die Nächstenliebe und deshalb für die Befreiung in der Praxis recht haben, dann meine ich, daß Barth etwas Wichtiges von ihnen zu lernen hätte. Es ist sicher wahr, daß wir in Barths Theologie Passagen finden können, in denen die radikalen politischen Imperative des Evangeliums deutlich herauszuhören sind. Aber es ist ebenso wahr, daß diese Imperative häufig dadurch gedämpft werden, daß er andere Themen in außergewöhnlicher Breite behandelt. Trotz aller guten Absichten resultiert daraus vielleicht *eine gewisse Unausgewogenheit* in seinem Werk. Denn wenn wir die Eine Schriftautorität ansehen, die Barth allein als primäre Quelle und primäres Kriterium der Theologie gelten ließ, dann stellen wir mit Ronald J. Sider fest: »Der bloße Umfang des biblischen Materials, das sich auf Fragen des Hungers, der Gerechtigkeit und der Armen bezieht, ist erstaunlich«.[57] Dasselbe können wir jedoch nicht von der Gewichtung dieses Materials in Barths Theologie sagen, und diese offensichtliche Fehlgewichtung des biblischen Materials mag vielleicht auf die »bürgerliche Affizierung auch einer in der Tendenz antibürgerlichen Theologie« (Helmut Gollwitzer über Barth) zurückzuführen sein.[58] Oder vielleicht hat es etwas mit der »nahezu aesthetischen Passion« zu tun, die Barth nach Ansicht von Hans Frei für die traditionellen Loci der christlichen Theologie empfand.[59] Aber wie wir es auch erklären, der Bruch ist offensichtlich da, und die Befreiungstheologen bieten zumindest einige nützliche und unentbehrliche Hinweise, wie er zu überwinden wäre.

Wenn ich auf der anderen Seite sage, daß Barth im Prinzip recht hat mit seiner Leidenschaft, dem Wort Gottes und damit der Gnade Gottes unbedingten Vorrang zu geben, so meine ich damit, daß auch die Befreiungstheologen etwas Wichtiges von ihm lernen können. Es gibt in der Befreiungstheologie eine starke Tendenz, die Liebe zu Gott fast ausschließlich im Sinne von Nächstenliebe zu definieren. Diese Tendenz ist typisch für das generelle Denkmuster der Befreiungstheologie. Barth hat jedoch mit Nachdruck geltend gemacht, daß Nächstenliebe die Liebe zu Gott nicht erschöpfend oder gar überwiegend definiert. Trotz der unauflösbaren Einheit dieser beiden Arten von Liebe bleiben diese auf nicht reduzierbare Weise verschiedenartig, und Nächstenliebe ist immer etwas, was relativ zur und untergeordnet unter die Liebe zu Gott ist. »Der Gott, den wir als den Nächsten lieben wollten«, so warnt Barth,

---

[57] R. J. Sider, Cry Justice, New York 1980, 3.
[58] H. Gollwitzer, Reich Gottes und Sozialismus bei Karl Barth (Theologische Existenz heute Heft 169), München 1972, 49.
[59] Frei, 110.

»wäre nicht der Gott, den zu lieben uns geboten ist. Und der Nächste, den wir als Gott lieben wollten, wäre nicht der Nächste, den zu lieben uns geboten ist. Wir können, wenn wir uns von Gottes Offenbarung nicht entfernen – wir können, gerade wenn wir dem einen Gebot Gottes gehorsam sein wollen, nur Gott und den Nächsten lieben«.[60]

Was haben diese Betrachtungen mit der Befreiungstheologie zu tun? José Miguez Bonino hat auf die Probleme hingewiesen, die durch etwas verursacht werden, was er »den radikalen ›Monismus‹ der neuen Befreiungstheologie«[61] nennt. Dieser Monismus entsteht beispielsweise dann, wenn die Liebe zu Gott in Nächstenliebe zusammenbricht, wenn es zunehmend schwieriger wird, Befreiung von Erlösung zu unterscheiden, oder wenn, in Boninos Worten, ». . . der Bezug auf die Geschichte der göttlichen Offenbarung sekundär, lediglich exemplarisch oder sogar entbehrlich ist«. Er fährt fort: »Wenn wir diese Tendenz bis zu ihrer letzten Schlußfolgerung fortführen, werden wir wissentlich oder unwissentlich damit enden, die Geschichte oder die Menschheit selbst zu vergöttlichen . . . Es kann keinen Zweifel daran geben, daß die zeitgenössische lateinamerikanische Theologie diese Absicht nicht hat. Aber wir müssen uns fragen, ob die Konzepte, die wir bis jetzt ausgearbeitet haben, genügen, um diese Möglichkeit auszuschalten.«[62] In diesem Zusammenhang drängt sich besonders der Gedanke an das neuere Werk von Rubem Alves auf, der der heutigen Welt offensichtlich nichts Besseres anzubieten hat als einige ausgewählte Zitate von Feuerbach und Nietzsche.[63] Die gefährliche Tendenz, die Bonino erkennt, läßt sich meiner Meinung nach nur dadurch aufhalten, daß wir eine ähnliche Haltung wie Karl Barth einnehmen und dem Wort Gottes unbedingten Vorrang geben. Diese Art von Priorität würde sehr dabei helfen, *die latente Zweideutigkeit, die Verwirrung und den Reduktionismus* in weiten Teilen der Befreiungstheologie aufzuheben.

Betrachten wir beispielsweise Luis Segundos nachdrückliche Behauptung, daß die Praxis der Befreiung in »einer kausalen Beziehung zum endgültigen Königreich« steht.[64] Segundo argumentiert also für eine Beziehung der »Kau-

---

[60] K. Barth, Die kirchliche Dogmatik I/2, Zollikon-Zürich 1945³, 452.
[61] J. M. Bonino, Historical Praxis and Christian Identity, in: Frontiers of Theology in Latin America (hg. v. R. Gibellini), Maryknoll N. Y. 1979, 263.
[62] Ebd. 272.
[63] R. Alves, From Paradise to the Desert. Autobiographical Musings, in: Frontiers of Theology, 284–303.
[64] J. L. Segundo, Capitalism versus Socialism. Crux Theologia, in: Frontiers of Theology, 257.

salität« zwischen dem Handeln und dem kommenden Königreich Gottes. Er tut dies aus dem rein funktionalen Grund, daß kein Mensch sein oder ihr Leben einer »Analogie« widmen oder für einen »Entwurf« sterben wird oder im Namen einer »Hoffnung auf die Zukunft« zum Handeln mobilisiert wird.[65] Dabei weist er glatt die Kategorien zurück, die im allgemeinen verwendet werden, um das Handeln Gottes auch vom noch so entschiedenen Handeln der Menschen zu unterscheiden. Im Blick auf diese Überschätzung der menschlichen Tat ist es vielleicht nicht überraschend, daß Segundo soweit geht, für etwas einzutreten, was sehr wie die autoritäre politische Gruppierung der sogenannten revolutionären Vorhut aussieht.[66] (Nebenbei gesagt, Neuhaus hat nicht Unrecht, wenn er solche äußerst störenden Tendenzen in einigen Strömungen der Befreiungstheologie bemerkt, aber er hat sträflich unrecht, wenn er solche Tendenzen als Rechtfertigung benutzt, um im Dienste der politischen Reaktion Verurteilungen auszusprechen.)

An solchen Punkten kann Barth, so scheint mir, der Befreiungstheologie einen Weg anbieten, die zugegeben notwendigen funktionalen Kriterien in bestimmten vorrangigen, maßgeblichen und auch grundlegenderen Kriterien zu begründen und zu verankern. Denn diese funktionalen Kriterien werden, wie Bonino erkennt, leicht zu dysfunktionalen Kriterien, wenn sie nicht theologisch verankert und fest begründet sind. So schreibt Barth zum Verhältnis von Gebet und Handeln, es könne nicht die Sache derer sein, die für das Kommen des Königreiches Gottes beten, »das, um was sie beten, durch ihr Tun herbeizuführen«.[67] Wenn wir es wagen, uns selbst als Subjekte zu betrachten, die die Autorität und die Macht haben, mit unseren eigenen Taten das zu vollbringen, wofür wir beten, werden wir in ein »Unternehmen« stolpern, »das als an sich undurchführbar zum vornherein zum Mißlingen verurteilt ist«. Dies kann nur »auf eine weitere Entheiligung des Namens Gottes hinauslaufen«. »Wer hier zuviel will«, warnt Barth, »will faktisch zu wenig – will eben nicht das, was uns im *Gehorsam* gegen Gott (nicht in einer ganz unangebrachten Identifizierung mit ihm!) zu tun geboten ist.« Wir dürfen nicht vergessen: »Es geht, da wir es nicht als Götter zu leisten haben, um ein zum vornherein – qualitativ wie quantitativ – *beschränktes* Tun.«[68]

---

[65] Ebd. 247.
[66] J. L. Segundo, The Liberation of Theology, Maryknoll, N. Y. 1976, 208–237, vor allem 226–237. Vgl. D. P. McCann, 216–217 (Anm. 31).
[67] K. Barth, Das christliche Leben: Gesamtausgabe II. Akademische Werke 1959–1961, Zürich 1976, 287.
[68] Ebd. 287–288.

Derjenige, der um das Kommen des Königreiches Gottes betet, erklärt dennoch gleichzeitig, »daß in der Sache, im Blick auf die er zu Gott betet, auch seinerseits ein Entsprechendes geschehe«. Ein solches Beten fordert »keine beiläufig, lau und lässig auszuführende Bewegung also, in der man dann wohl auch müde werden, Pausen eintreten lassen oder ganz und gar innehalten könnte, sondern eine solche, die derjenigen analog ist, die wir von Gott erwarten und erbitten«.[69] Es fordert nicht mehr, aber auch nicht weniger! Deshalb ist es unsinnig, wenn jemand wie Segundo annimmt, daß »die Begrenzung des uns als Menschen gebotenen Tuns« in irgendeiner Weise die »Dringlichkeit [verringert], in der es uns geboten ist«.[70] So sagt uns Barth: »Kategorisch verlangt ist von uns Christen, daß wir unsere Schritte in aller Bescheidenheit so setzen, daß sie Verantwortung angesichts der kommenden Verherrlichung des Namens Gottes durch Gott selber ... daß sie Schritte auf dem Weg diesem Ziel entgegen seien: dadurch von den Schritten anderer Menschen unterschieden, daß sie in deren Mitte jetzt und hier schon im Blick auf diese künftige Gottestat getan werden und so von ihr *Zeugnis* ablegen.«[71]

Hier dient die Priorität, die dem Handeln Gottes gegeben wird, dazu, menschliches Handeln zu mobilisieren, statt davon abzulenken. Dieses Beispiel mag als Hinweis und Vorschlag dafür stehen, *wie eine Theologie der Befreiung sicherer in einer Theologie der Gnade verankert werden könnte.* Auf diese Weise würde die notwendige Leidenschaft für die Befreiung letztlich begründet, ausgerichtet und gelenkt durch die entschieden und unentbehrlich christliche Leidenschaft, Gottes freier und souveräner Gnade in allen Dingen unbedingten Vorrang zu geben.

[Aus dem Amerikanischen übersetzt von Hilde Schneck.]

---

[69] Ebd. 283.
[70] Ebd. 289.
[71] Ebd. 290.

Karlheinz Lipp

DAS ERBE DES RELIGIÖSEN SOZIALISMUS

Zur historischen Tradition einer europäischen Befreiungstheologie

1. Einleitung

Zum Aufbau einer Theologie der Befreiung für Europa gehört auch die Herausarbeitung kritischer Traditionen progressiven Christentums, also jener Traditionen des Christentums, die sich dezidiert als Bergpredigt-Christentum verstanden und sich neuzeitlich als kapitalismuskritische Gruppen formierten. In der Kirchengeschichte gilt es, solche Spuren von Frauen und Männern freizulegen. Geschichtsforschung ist dann kein langweiliges museales Antiquitätenkabinett, sondern die Besinnung auf ein progressives Potential für unsere Arbeit in Gegenwart und Zukunft. Nicht irgendwo, sondern hier bei uns in Europa müssen zunehmend fortschrittliche Tendenzen des Christentums gefunden werden. Hierzu gehört die Gruppe der religiösen Sozialisten.

Die Wurzeln der internationalen religiös-sozialistischen Bewegung reichen ins 19. Jahrhundert zurück, als in Großbritannien (Maurice, Kingsley, Robertson), Frankreich (Saint-Simon, Lamennais), Rußland (Tolstoi) und Deutschland (Weitling, Heß) erste Vertreter an die Öffentlichkeit traten.

Mit der zunehmenden Industrialisierung begann in Europa der Aufstieg des Sozialismus. Offizielle Kirchenführer bekämpften, in ihrer Gebundenheit an konservative Gesellschaftsstrukturen, diese Ideen und standen der Sozialen Frage hilflos gegenüber. Im Jahre 1899 wurden Paul Göhre und Christoph Blumhardt Mitglieder der SPD. Sie hatten den Bann gebrochen und sich auf die Seite des Proletariats gestellt.

Während Göhre bald mit der Kirche brach, wurde Blumhardt der Begründer des religiösen Sozialismus:

»Schon frühe fand ich, daß für mich eine Religion keinen Wert hat, wenn sie nicht die Gesellschaft ändert, wenn sie mir nicht schon das Glück auf Erden schafft. So habe ich meine Bibel, so habe ich meinen Christus verstanden.«[1]

[1] Christoph Blumhardt, Ansprachen, Predigten, Reden, Briefe 1865–1917 (hg. von Johannes Harder) Bd. 2, Neukirchen-Vluyn 1980, 180f.

Auf katholischer Seite soll besonders auf Wilhelm Hohoff[2] hingewiesen werden, der mit seinem Motto: »Nicht Christentum und Sozialismus, sondern Christentum und Kapitalismus stehen einander gegenüber wie Feuer und Wasser«, Kritik an seiner Kirche und an August Bebel übte.

Blumhardts Reich-Gottes-Theologie beeinflußte die Schweizer Hermann Kutter und Leonhard Ragaz. Kutter beschreibt in seinem Buch »Sie müssen« (1903) die Macht des Mammons als Ursache der Verelendung und Entmenschlichung der Massen. Die Kirche steht ebenfalls auf der Seite des Kapitals und hat ihre eigentliche Aufgabe – Kampf für die Armen und Ausgebeuteten – verraten. Gott waltet nun in den Sozialisten, da sie für eine neue Welt kämpfen und damit Träger von Gottes Verheißungen wurden.

Ragaz[3] (1868–1945) war geprägt durch seine Bündner Herkunft, wo ein Gemeindeeigentum an Wäldern, Weiden und Wasserläufen bestand, der Zusammenhalt der Menschen einen Staat entbehrlich machte. Als Basler Münsterpfarrer unterstützte er den Maurerstreik 1903 und gründete 1906 die Zeitschrift »Neue Wege«, die heute noch erscheint. Ragaz beschäftigte sich intensiv mit der Bibel. So veröffentlichte er »Die Gleichnisse Jesu«, »Die Bergpredigt« und einen siebenbändigen Bibelkommentar.

In seiner Zürcher Antrittsvorlesung sagte der religiöse Sozialist:

»Es ist uns eindringlich deutlich geworden, daß nicht der Mann, der Glaubensbekenntnisse unterschreibt, der asketischen Übungen obliegt oder theologischen Spekulationen, der die Messe liest oder Kirchenbücher führt, dem Ideal des Jüngers Jesu entspricht, sondern der Mann, der Not und Elend angreift, für soziale Gerechtigkeit kämpft und im Glauben Berge des Bösen versetzt.«[4]

Seine Zürcher Professur gab er 1921 ohne Pensionsansprüche auf und übersiedelte ins Arbeiterviertel Zürich-Außersihl, wo er eine Arbeitervolkshochschule gründete. Bis zu seinem Tod kennzeichneten eine rege Vortragstätigkeit, zahlreiche Publikationen (Themen: Bibel, Soziale Frage, Frieden, Pädagogik) und ein intensiver Briefwechsel sein Leben. Leonhard Ragaz beeinflußte Theologen, Pädagogen, Pazifisten und die Abstinenzbewegung.

Im folgenden soll das religiös-sozialistische Engagement in der Weimarer Republik anhand dreier Praxisfelder konkretisiert werden: Soziale Gerechtigkeit, Pazifismus, Antifaschistischer Widerstand.

---

[2] Vgl. Klaus Kreppel, Entscheidung für den Sozialismus. Die politische Biographie Pastor Wilhelm Hohoffs 1848–1923, Bonn-Bad Godesberg 1974.
[3] Vgl. Markus Mattmüller, Leonhard Ragaz und der religiöse Sozialismus, 2 Bde., Zürich 1957/68.
[4] Neue Wege 3 (1909), 301.

2. Soziale Gerechtigkeit

Die sogenannte Revolution 1918/19 änderte die Strukturen in Politik und Gesellschaft nicht grundlegend. Der Kaiser befand sich zwar im Exil, aber viele Wirtschaftskapitäne, führende Politiker und Beamte des Kaiserreichs behielten ihre Funktionen bei, Personen also, die immer monarchistisch dachten, nie eine Beziehung zur Demokratie bekamen und sie alsbald bekämpften. Die alten Eliten hatten sich wieder etabliert, die Revolution war steckengeblieben.

Die enge Verbindung von Staat und Kirche wurde durch das Ende der Monarchie beseitigt. Diese Trennung wirkte wie ein Schock und mit großen Mißtrauen begegnete die evangelische Kirche der Revolution und den Parteien, die für den Versailler Vertrag verantwortlich gemacht wurden.

Die offizielle Haltung gegenüber den gesellschaftsrelevanten Kräften sollte durch Neutralität bestimmt sein. Tatsächlich jedoch ergriff die Kirche Partei für konservativ-nationalistische Gruppen. Dies zeigt sehr aufschlußreich eine Analyse der politischen Mentalität der Pfarrer. Dahm[5] unterscheidet innerhalb des Pfarrerstandes vier Typen: Konservativ-national (70–80% aller Pfarrer), völkisch-deutschgläubig, religiös-sozialistisch, demokratisch-liberal.

Besonders gravierend war das völlige Fehlen der Arbeiterschaft innerhalb der Pfarrerschaft. Hier kristallisierte sich eine doppelte Entfremdung heraus: das Desinteresse vieler Geistlicher an der Sozialen Frage und der Abschied des Proletariats von der Kirche.

Die skizzierte Situation in Gesellschaft und Kirche bildete den Hintergrund für das Auftreten des religiösen Sozialismus in der Weimarer Republik.

Schon das Programm der badischen religiösen Sozialisten von 1920, das Georg Wünsch maßgeblich verfaßte, enthielt grundlegende Ziele:

»Die Kirche muß ihren ganzen Einfluß aufbieten, daß die Güte, welche unser Heiland predigt, sich nicht wie bisher auf den Verkehr von Person zu Person beschränkt und durch soziale Fürsorge nur von obenher das Elend lindert, sondern auch das Wirtschafts- und Völkerleben durchdringe und nach ihrem Sinne umgestalte...
Es ist Aufgabe der Kirche, die Sache der Unterdrückten zu der ihrigen zu machen; denn die Sache der Unterdrückten ist stets auch die Sache Gottes. Sie muß diejenigen wirt-

---

[5] Vgl. Karl-Wilhelm Dahm, Pfarrer und Politik. Soziale Position und politische Mentalität des deutschen evangelischen Pfarrerstandes zwischen 1918 und 1933, Köln/Opladen 1965, 147; ferner: Friedrich-Martin Balzer, Klassengegensätze in der Kirche. Erwin Eckert und der Bund der religiösen Sozialisten Deutschlands, Köln ²1975, 24–39.

schaftlichen Zustände bekämpfen, welche dem Geiste des Glaubens zuwider sind: übermäßigen Reichtum und verelendende Armut. Dabei soll sie sich des sozialistischen Ideals bedienen, das in hohem Maße diesen Zielen vorgearbeitet hat. Die Kirche muß über ihren nur kirchlichen Wirkungskreis hinauswachsen in die Fülle des Lebens, auch den Kampf der Unterdrückten aller Stände um ein menschenwürdiges Dasein sittlich und religiös würdigen und ihn durch ihren Einfluß weihen und veredeln zur Vollendung der Menschheit.«[6]

In diesem Sinne engagierten sich religiöse Sozialisten für mehr soziale Gerechtigkeit. In Gottesdiensten zum 1. Mai, Reden und Aufrufen wurde auf die Not des Proletariats, die sich durch die Probleme der Nachkriegszeit und die beginnende Inflation verschärfte, hingewiesen. Dabei wurden die bereits im 19. Jahrhundert aufgetretenen Defizite der Amtskirche hinsichtlich der Lösung der Sozialen Frage aufgedeckt. Ein prägnantes Beispiel lieferte die Entscheidung für die Fürstenenteignung 1926.

Die Vermögen der Fürstenhäuser wurden 1918/19 lediglich beschlagnahmt, aber nicht enteignet. Nach der relativen Stabilisierung der Republik beanspruchten die Fürsten eine Entschädigung in Höhe von 2,5 Mrd. Reichsmark. Die KPD brachte im Reichstag einen Gesetzentwurf ein, der die entschädigungslose Enteignung vorsah. Dieser Antrag wurde abgelehnt, so daß KPD und (zögernd) SPD einen Volksentscheid in die Wege leiteten. Die religiösen Sozialisten unterstützten den Volksentscheid.

In der Presse erfolgten entsprechende Stellungnahmen der Pfarrer Emil Fuchs, August Bleier, Walter Heide, Hans Hartmann und Erwin Eckert. Das »Sonntagsblatt des arbeitenden Volkes«, das wöchentliche Organ der religiösen Sozialisten, veröffentlichte eine Sondernummer von mehreren 10 000 Exemplaren mit Beiträgen von Eckert, Fuchs, Wilhelm Küsell und Paul Piechowski.

Besondere Beachtung fand der zusammenfassende Aufruf zur entschädigungslosen Fürstenenteignung der Arbeitsgemeinschaft religiöser Sozialisten Deutschlands in Berlin, der im »Vorwärts« publiziert wurde.

»Gott, der Herr, kennt keine Fürsten, er hat alle Menschen gleich geschaffen. Wenn die Wehleidigen wimmern, die Fürsten werden nichts mehr besitzen, sie werden Bettler sein, habt kein Mitleid, wo es nichts mitzuleiden gibt, den Fürsten wird es nicht schlecht gehen.

---

[6] Heinrich Dietrich, Wie es zum Bund der religiösen Sozialisten kam, Karlsruhe-Rüppurr o. J., 24.

Denkt an die Kriegsbeschädigten, an die Alten und die Kleinrentner, die um ihr erarbeitetes Gut gekommen sind, an die Millionen Arbeitslosen, die nichts zu essen haben, an die unterernährten Kinder der Großstädte, an das Heer der Obdachlosen! Christus der Herr, der nichts hatte, wo er sein Haupt hinlegte, steht nicht auf der Seite der Reichen und Mächtigen, er verteidigt die Schlösser der Fürsten nicht. Christus der Herr, den des Volkes jammerte in seiner Not, steht nicht auf der Seite der Besitzenden und Satten, der Vornehmen und Eingebildeten ...«[7]

Am 20. 6. 1926 votierten 15,6 Millionen für die entschädigungslose Enteignung, 5 Millionen mehr als SPD und KPD bei der letzten Wahl von 1924 zusammen erhielten. Dennoch wurde das Quorum von 50 % aller Stimmberechtigten (= 20 Millionen) nicht gebrochen. Der Volksentscheid war somit abgelehnt.

Für die religiösen Sozialisten sollte ihr Engagement Folgen haben. Nun begannen kirchliche Disziplinarmaßnahmen: gegen Hermann Schafft und Carl Bachmann in Kurhessen, gegen Eckert und Heinz Kappes in Baden, gegen Hartmann und Georg Fritze im Rheinland, gegen Koetzschke in Sachsen, gegen Küsell, Heide und Hans Richter in Anhalt, gegen August Bleier in Berlin.[8]

Hier zeigten sich die konservativen Strukturen innerhalb der Kirche. Bereits 1925 bei der Wahl Hindenburgs zum Reichspräsidenten kam es zu Spannungen, als sich liberale Theologen (Rade, Baumgarten, Martin Dibelius) und religiöse Sozialisten gegen Hindenburg, der von Rechtsparteien und Kirchen unterstützt wurde, aussprachen.

Das Eintreten der religiösen Sozialisten für soziale Gerechtigkeit wirkte sich teilweise auf die Arbeiterschaft aus. Anfang August 1926 konstituierte sich der Bund der religiösen Sozialisten Deutschlands in Meersburg am Bodensee. Von den mehr als 100 Teilnehmern waren 14 Pfarrer und acht andere Akademiker, die Mehrheit aber Arbeiter/innen. Die religiös-sozialistischen Kongresse in Mannheim (1928) und Stuttgart (1930) bestätigten, bei Zunahme von Pfarrern und Lehrern, diese Zusammensetzung.

Die religiös-sozialistischen Wahllisten zeigten ebenso eine Dominanz von Arbeitern und Angestellten. Bei den Wahlen der Kirchenparlamente erreichten die religiösen Sozialisten hohe Gewinne in Industrievororten, Klein- und Mittelstädten, bei einer Arbeiterschaft, die noch nicht der Kirche entfremdet war. Sehr aktive Landesverbände waren: Baden, Thüringen, Württemberg,

---

[7] »Vorwärts« vom 14. 6. 1926.
[8] Vgl. F.-M. Balzer, Klassengegensätze, 129–139.

Pfalz, Lippe, Berlin. Die Ortsgruppen entstanden oft aus Lesergemeinden um das »Sonntagsblatt des arbeitenden Volkes.«[9]
Auf dem Stuttgarter Kongreß waren 157 Männer und 58 Frauen vertreten, mit ca. 27 % ein hoher Frauenanteil. Der Landesverband Lippe forderte von seiner Landeskirche das passive Wahlrecht für Frauen. In den religiös-sozialistischen Organen wurden die meisten Artikel jedoch von Männern verfaßt.
Paul Piechowskis Umfrageergebnisse unter Proletariern über Kirche und Christentum, die er unter dem Titel »Proletarischer Glaube« herausgab, offenbarten das soziale Defizit der Amtskirche. In religiös-sozialistischen Predigten und Kundgebungen wurde oft unter Berufung auf entsprechende Bibelzitate auf den antichristlichen Charakter der kapitalistischen Gesellschaft hingewiesen. So auch im Aufruf gegen die Aussperrung der Metallarbeiter in Mitteldeutschland 1920.

Der Bund »klagt die bestehende kapitalistische Ordnung an, die christliche Maßstäbe im Wirtschaftsleben unmöglich macht und um des Profites willen Leib und Seele von Millionen Brüdern und Schwestern, Kindern und Säuglingen verelendet und vernichtet. Der Bund der religiösen Sozialisten fordert die christlichen Kirchen auf, ihre Stimme zu erheben gegen die Aussperrung der Metallarbeiter, für eine ausreichende Erhöhung der Löhne. Sollte die Aussperrung Tatsache werden, so sollen die sonntäglichen Sammlungen und Kollekten der christlichen Kirchen ohne Ausnahme während der Dauer der Aussperrung den Kindern der Ausgesperrten zugute kommen...
Christliche Männer und Frauen! Vergeßt nicht, daß ihr Nachfolger dessen sein wollt, der einst gesagt hat: ›Ihr könnt nicht Gott dienen und dem Mammon!‹ Das aber ist rechter Gottesdienst: Den Unterdrückten helfen, in den Reihen der Mühseligen und Beladenen kämpfen und die Knechtschaft des Mammons brechen.«[10]

Die religiös-sozialistischen Konzepte der Erwachsenenbildung dienten der Verwirklichung einer sozialistischen Lebensweise. Um diese pädagogischen Ansätze haben sich besonders Emil Fuchs, Leonhard Ragaz, Emil Blum und Carl Mennicke verdient gemacht.[11]
Im Mittelpunkt stand das selbstbestimmte und selbstverantwortliche Lernen, das den Erwachsenen befähigt, sein Leben innerhalb der politisch-sozialen Umwelt zu reflektieren und zu gestalten. Der alltägliche Erfahrungsbe-

---

[9] Vgl. F.-M. Balzer, Klassengegensätze, 40–45.
[10] Wolfgang Deresch (Hg.), Der Glaube der religiösen Sozialisten, Hamburg 1972, 204f.
[11] Vgl. Wolfgang Deresch, Das religiös sozialistische Konzept der Erwachsenenbildung, Theologia Practica 8 (1973), 173–187.

reich des Menschen wurde aufgenommen, um die lebenspraktische Funktion von Bildung zu unterstreichen. Mit diesem Theorie-Praxis-Verhältnis wurde die Bewußtseinsbildung gefördert.

In Kursen und Seminaren wurden aktuelle Fragen aus Politik, Wirtschaft und Gesellschaft diskutiert, wobei das traditionelle Lehrer-Schüler-Verhältnis durchbrochen wurde: alle waren Lehrer und Schüler.

Im Rüsselsheimer Pfarrhaus fand 1905 die erste Volksakademie statt. Fuchs organisierte dieses 14 Tage dauernde Seminar, in dem besonderer Wert auf Aussprache untereinander und mit den eingeladenen Referenten gelegt wurde. Die Teilnehmerliste weist eine breite soziale Streuung auf.[12]

Die Heimvolkshochschule Habertshof lud Arbeiter und Angestellte zu Kursen ein. Der Habertshof wurde von Lehrern und Schülern gemeinsam verwaltet. Die Stoffgebiete wurden von Teilnehmern selbst zusammengestellt.

Pfarrer August Kopp (Rehborn), der erste Sozialpfarrer der Pfalz, veranstaltete Freizeiten mit Arbeitslosen.

Die zunehmende Arbeitslosigkeit und der Alkoholismus waren gravierende Ursachen für die ansteigende Zahl von Kriminaldelikten. Pfarrer Paul Kohlstock kümmerte sich als Gefängnisseelsorger um Reformen und analysierte gesellschaftliche Rahmenbedingungen der Kriminalität.[13]

3. Pazifismus

Führende Theologen unterstützten ideologisch den imperialistischen Drang des Deutschen Kaiserreichs nach Weltmacht und legitimierten die Politik, die zum Ausbruch des Ersten Weltkriegs führte. Nach Kriegsende vertraten gerade evangelische Geistliche vehement die These von der sogenannten Dolchstoßlegende und widersprachen jeglichem Pazifismus.

Im Programm der badischen religiösen Sozialisten von 1920 wurden erste pazifistische Äußerungen formuliert:

»Der Geist Christi aber zwingt sie (die Kirche – K. L.), unerschrocken allem enghersigen Nationalismus entgegenzutreten, auch in Kriegszeiten stets die Sprache der Menschlichkeit und weltumspannenden Brüderlichkeit zu reden und mit ganzer Kraft

---

[12] Vgl. Dieter Kramer, »Volksbildung« in der Industriegemeinde. Rüsselsheim 1975, 273–297.
[13] Vgl. Unschuldig verurteilt. Ein Notschrei aus dem Gefängnis. Erlebnisse und Ergebnisse von Paul Kohlstock, Karlsruhe-Rüppurr o. J.

für internationale Verständigung und Völkerversöhnung zu arbeiten. Ihr Ziel sei eine in Christus geeinte Menschheit.«[14]

Georg Fritze, der sozialdemokratische Pfarrer aus Köln, reiste 1927 zum Brüsseler ›Kongreß gegen koloniale Unterdrückung und Imperialismus‹. Da die SPD diese Tagung boykottierte, kritisierte Fritze seine Partei scharf und gründete die deutsche Sektion der internationalen »Liga antiimperialistischer Pfarrer.«[15]

August Bleier, der in Berlin das pazifistische Mitteilungsblatt »Weltfriede« herausgab, predigte:

»Für mich ist das Größte: denen die Hände zu reichen in allen Völkern, die tapfer und klar gegen die Blut- und Gewaltanbeter auftreten, auch wenn diese sich in nationale Phrasen hüllen, gegen die, die immer die Gerechtigkeit ans Kreuz nageln, wenn sie nur die Gewalt haben, wenn sie nur die Macht haben.«[16]

Der Quäker Emil Fuchs reflektierte den Imperialismus:

»Ist solch ein Volk wie dies deutsche Volk wirklich dazu da, daß es Kolonien habe, erobere und ausbeute und davon reich werde, daß es andere niederschlage, um selbst mächtiger zu werden?«[17]

Und im ›Christlichen Volksblatt‹, dem Vorgänger des ›Sonntagsblatts des arbeitenden Volkes‹, hieß es:

»Die evangelischen Sozialisten glauben an die Völkerverständigung und Völkerversöhnung; sie unterstützen alle internationalen Bestrebungen, die zum Völkerfrieden beitragen. Sie sind vor allem absolute Kriegsdienstverweigerer und Gegner jeder Vergewaltigung.«[18]

Besonders am Totensonntag wurde die Erinnerung an die Toten des Ersten Weltkriegs lebendig gehalten. Erwin Eckert, der sich 1914 freiwillig zum Kriegsdienst meldete, hielt eine Predigt über Offb 21,4:

---

[14] H. Dietrich, Wie es zum Bund..., 24.
[15] Vgl. Hans Prolingheuer, Der »Rote Pfarrer« von Köln. Georg Fritze (1874–1939). Christ-Sozialist-Antifaschist, Wuppertal 1981, 48f.
[16] Predigten sozialistischer Geistlicher Deutschlands, Karlsruhe-Rüppurr 1927, 52.
[17] Emil Fuchs, Predigten eines religiösen Sozialisten, Gotha 1928, 116.
[18] Zitiert nach: Wolfgang Deresch, Predigt und Agitation der religiösen Sozialisten, Hamburg 1971, 125.

»Aber bald erkannten wir, ... daß der Krieg nichts anderes sei, als ein Mittel, die Mächtigen der Völker noch mächtiger zu machen ... Wie Schuppen fiel es von unseren Augen, daß der Teufel der Machtsucht und des Profits die Völker gegeneinander gehetzt hatte, daß die auf der anderen Seite und wir selber geknechtet waren von Mächten, die nicht aus Gott stammten.
Die Toten, die wir in unserem Herzen tragen, rufen uns zu: sorgt ihr dafür, daß wir nicht umsonst gestorben sind, erkennt ihr an diesem furchtbaren Opfer, das durch uns gebracht werden mußte, daß ihr anders werden müßt, daß ihr nicht den Krieg und den Haß verherrlichen dürft und nicht nach Macht streben sollt ...
Wenn wir ihren Tod, ihr Opfer recht verstanden haben, dann müssen wir Front machen gegen Völkerverhetzung, Front machen gegen die heutige Art des Wirtschaftslebens, das immer wieder durch seinen Mammonsgeist und seine Profitsucht die Gefahr neuer Kriege heraufbeschwört, das die Stärkeren ausnützen und ausbeuten läßt, Front machen gegen den Kapitalismus ...
Ach, wenn in unseren Seelen eine neue Gesinnung Platz greifen würde, wenn aus dem Tode der Unseren ein neuer Wille, der Wille zu Frieden geboren würde, dann wäre wirklich das Erste vergangen, das Unvollkommene. Wenn wirklich der Geist des Friedens den Geist des Krieges verdrängen sollte, dann wird Gott abwischen die Tränen, dann werden wir nicht mehr vor Augen sehen Tod durch Massenmord, wird nicht mehr Schmerz und Trauer in unseren Herzen sein ...«[19]

Die SPD führte 1928 den Wahlkampf mit dem Slogan: »Kinderspeisung statt Panzerkreuzer« und errang beachtliche Gewinne. Es wurde eine Große Koalition von Sozialdemokraten und Bürgerlichen unter Reichskanzler Hermann Müller (SPD) gebildet.

Der Bund der religiösen Sozialisten verabschiedete auf dem Kongreß in Mannheim (1928) folgendes Papier:

»Der 4. Kongreß der religiösen Sozialisten protestiert gegen den Bau von Panzerkreuzern. Es ist nicht nur ein Gebot christlicher Friedensbereitschaft, sondern eine selbständige Forderung sozialistischer Versöhnungspolitik in allen Ländern, Kriegsaufrüstung zu verhindern.
Die religiösen Sozialisten können unmöglich zu dieser Verwendung öffentlicher Mittel für militärische Zwecke schweigen. Der Bund der religiösen Sozialisten spricht die Hoffnung und Erwartung aus, daß es der politischen Vertretung der Sozialdemokratischen Partei gelingen möge, die Absichten der bürgerlich-kapitalistischen Gruppen, Kriegswerkzeuge zu bauen, unmöglich zu machen.«[20]

---

[19] Predigten sozialistischer Geistlicher Deutschlands, S. 74–78.
[20] Sonntagsblatt des arbeitenden Volkes, Nr. 33, 1928, S. 175.

Diese Entschließung konnte allerdings nicht verhindern, daß Müller und die SPD-Minister nur wenige Tage später der ersten Rate (10 Mio. Reichsmark) des Panzerkreuzers A zustimmten. Viele religiöse Sozialisten protestierten energisch und wütend gegen diese Entscheidung der SPD-Spitze. Hier zeigte sich, daß der Bund der religiösen Sozialisten – bis heute – kein Wahlverein der Sozialdemokratie ist.

Auch nach der Katastrophe des Zweiten Weltkriegs verstummte der pazifistische Ruf der religiösen Sozialisten nicht. In seinen Ausführungen über Friede und Abrüstung (um 1960) wurden von Oswald Damian die atomaren Waffen besonders verurteilt:

»Es gibt nichts, absolut nichts, das heute noch einen Krieg rechtfertigen könnte, auch nicht die sogenannte, heute viel zitierte Freiheit. Denn die Freiheit, die wir haben, würde in einem kommenden Krieg nicht verteidigt, sondern gänzlich vernichtet. In einer Atomwüste könnte niemand mehr das Banner der Freiheit aufpflanzen, weil die wenigen Überlebenden als Sklaven des Entsetzens dahinvegetieren und elendig zugrundegehen müßten.«[21]

4. Antifaschistischer Widerstand

Der Machtantritt der Nationalsozialisten war kein Betriebsunfall der deutschen Geschichte, sondern vollzog sich kontinuierlich mit Unterstützung großer Teile der Gesellschaft und der Industrie.

Als einzige kirchliche Gruppe erkannten die religiösen Sozialisten früh die Barbarei des Nationalsozialismus und bekämpften bereits ab 1929 in vielen Versammlungen die Entmachtung der Demokratie und die drohende Kriegsgefahr. Die Amtskirche maßregelte religiös-sozialistische Pfarrer, die sich antifaschistisch betätigten. Die Kirche entschied sich nicht nur nicht für den religiösen Sozialismus, sondern auch nicht gegen den Faschismus.

Gottesdienste mit uniformierten Nationalsozialisten, SA-Gruppen und Hakenkreuzfahnen waren in der Zeit vor 1933 keine Seltenheit. So fanden u. a. von 1926–31 Stahlhelm- oder NS-Gottesdienste statt in: Essen, Bautzen, Berlin, Frankfurt/Main, Cuxhaven, Berleburg, Nürnberg, Heidelberg, Ludwigshafen, Mannheim, Waldwimmersbach, Horn/Lippe.[22]

---

[21] Oswald Damian, Friede und Abrüstung, Evangelischer Kirchenbote. Sonntagsblatt für die Pfalz, 6. Juni 1982, 362.
[22] Vgl. Renate Breipohl, Religiöser Sozialismus und bürgerliches Geschichtsbewußtsein zur Zeit der Weimarer Republik, Zürich 1971, 36f m. Anm. 101 und 102. Zum Gesamtkomplex: Detlef Döring, Christentum und Faschismus. Die Faschismusdeutung

Auf dem Stuttgarter Kongreß referierte Aurel von Jüchen über: »Der Faschismus, eine Gefahr für das Christentum.« Seine Ausführungen bestimmten die ›Erklärung des Bundes gegen den Faschismus‹ (1930):

»Der Kongreß der religiösen Sozialisten Deutschlands sieht mit großer Besorgnis die innere und äußere Haltlosigkeit der christlichen Kirchen gegenüber den gefährlichen Absichten des Faschismus. Die bürgerlichen, kirchlichen Kreise stimmen den Bestrebungen der Faschisten darum vor allem völlig kritiklos zu, weil sie eine Sicherung der für sie vorteilhaften wirtschaftlichen und gesellschaftlichen Machtverhältnisse schaffen.
Die religiösen Sozialisten fühlen sich verpflichtet, darauf hinzuweisen, daß durch die faschistisch-nationalsozialistische Propaganda der vorchristliche heidnische Machtstaat, die Vorherrschaft der Gewalttätigen und Selbstherrlichen wieder aufgerichtet werden soll...«[23]

Emil Fuchs schrieb:

»Was ist Christentum, wenn man die Würde der Menschheit im Volksfremden, im Juden, im Schwachen, in den von den heute Mächtigen ins Elend gedrückten Ständen unseres eigenen Volkes nicht mehr anerkennt?...
Wir brauchen nur das Neue Testament aufzuschlagen und seine großen Worte zu lesen, um zu sehen: Eine Kirche, die wirklich über den Parteien steht, unabhängig von den gesellschaftlichen Meinungen derer, die in der jetzigen Gesellschaftsordnung ihren Vorteil haben, eine solche Kirche wird in ihrer Wirksamkeit *die jetzige Gesellschaftsordnung bekämpfen, den Sozialismus fördern müssen*...«[24]

Paul Tillich, der seit 1929 als Professor in Frankfurt lehrte und als religiöser Sozialist im akademischen Rahmen (enger Kontakt mit dem Institut für Sozialforschung) wirkte, formulierte 1932 zehn Thesen zum Thema: »Die Kirche und das Dritte Reich« für einen Aufsatz-Band, in dem deutsche Theologen Stellung zum Nationalsozialismus bezogen:

»1. Ein Protestantismus, der sich dem Nationalsozialismus öffnet und den Sozialismus verwirft, ist im Begriff, wieder einmal seinen Auftrag an der Welt zu verraten.
2. Scheinbar gehorsam dem Satz, daß das Reich Gottes nicht von dieser Welt ist, zeigt er sich, wie schon häufig in seiner Geschichte, gehorsam den siegreichen Gewalten und ihrer Dämonie.

der religiösen Sozialisten, Stuttgart 1982. Dazu die Rezension von Aurel von Jüchen, Christ und Sozialist Nr. 1/1985, 38–48.
[23] Zeitschrift für Religion und Sozialismus 2 (1930), 311.
[24] »Vorwärts« vom 15. 5. 1932 (Hervorhebung im Original).

3. Sofern er den Nationalismus und die Blut- und Rassenideologie durch eine Lehre von der göttlichen Schöpfungsordnung rechtfertigt, gibt er seine prophetische Grundlage zugunsten eines neuen offenen oder verhüllten Heidentums preis und verrät seinen Auftrag, für den *einen* Gott und die *eine* Menschheit zu zeugen.
4. Sofern er der kapitalistisch-feudalen Herrschaftsform, deren Schutz der Nationalsozialismus tatsächlich dient, die Weihe gottesgewollter Autorität gibt, hilft er den Klassenkampf verewigen und verrät seinen Auftrag, gegen Vergewaltigung und für die Gerechtigkeit als Maßstab jeder Gesellschaftsordnung zu zeugen.
5. Offizielle Neutralitätserklärungen der kirchlichen Instanzen ändern nichts an der tatsächlichen Haltung weitester evangelischer Kreise, Theologen und Laien. Sie werden vollends wertlos, wenn gleichzeitig kirchliche Maßnahmen gegen sozialistische Pfarrer und Gemeinden getroffen werden und Theologen, die dem heidnischen Nationalsozialismus entgegentreten, bei der Kirche keinerlei Schutz finden.«[25]

Tillich wurde im April 1933 als erster Theologe von seiner Professur suspendiert und emigrierte in die USA.

Der Bund der religiösen Sozialisten Deutschlands wurde 1933 aufgelöst und die Zeitschriften wurden verboten. Daß trotz der neuen politischen Situation der antifaschistische Widerstand weiterging, soll folgendes Beispiel verdeutlichen.

Ein Vierteljahr nach der sogenannten ›Reichskristallnacht‹ erließ der mecklenburgische Landesbischof Walter Schultz ein diskriminierendes »Kirchengesetz über die kirchliche Stellung der Juden«. In einem offenen Brief an den Landesbischof vom 10. März 1939 wandte sich Pfarrer Karl Kleinschmidt gegen die Herabsetzung der jüdischen Bürger.

»Und wie können Sie an die Stelle des Evangeliums ein Gesetz setzen wollen, das Sie sich ausgedacht haben? – Meinen Sie wirklich, es wäre in Ihre Hand gegeben, darüber zu entscheiden, was ein Christ zu tun und zu lassen verpflichtet ist?...
... Ihnen offen und öffentlich zu erklären, daß ich dieses Gesetz nicht annehme und nicht halten werde, solange Sie es nicht vor der Heiligen Schrift und den Bekenntnisschriften unserer Kirche rechtfertigen können...«[26]

Daraufhin wurde gegen Kleinschmidt ein Disziplinarverfahren eingeleitet.

---

[25] Paul Tillich, Die Kirche und das Dritte Reich. Zehn Thesen, in ders., Impressionen und Reflexionen (Gesammelte Werke Bd. 13), Stuttgart 1972, 177f.
[26] Widerstand aus Glauben. Christen in der Auseinandersetzung mit dem Hitlerfaschismus, Berlin 1985, 198.

5. Ausblick

Der geschwächte religiöse Sozialismus hatte nach dem Zweiten Weltkrieg nicht die Energie, die ursprünglichen Ziele anzustreben. Die Adenauer-Ära und der Kalte Krieg erschwerten die Weiterentwicklung. Hinzu kam innerhalb des Bundes der religiösen Sozialisten eine revisionistische Tendenz. Mitte der siebziger Jahre wurde der Bund durch die Bochumer Gruppe neu belebt. Die Zeitschrift »Christ und Sozialist« erscheint vierteljährlich. Neben Regionaltagungen findet jährlich eine Bundestagung statt (Bundessprecher: Klaus Kreppel, Beuthener Str. 4, 4800 Bielefeld 17).

Die Probleme unserer Gesellschaft (Aufrüstung, Ökologie, Dritte Welt, Arbeitslosigkeit) haben Impulse zum Nachdenken gegeben. Die Ideen des religiösen Sozialismus, wiederentdeckt und weitergeführt, bieten Christen eine Möglichkeit zum Glauben und politischen Handeln angesichts derartiger Krisen.

Wichtig bleibt in diesem Zusammenhang die internationale Zusammenarbeit. Religiöse Sozialisten aus zehn europäischen Ländern trafen sich 1984 in Lindabrunn bei Wien und erörterten die Vereinigung der Organisationen der Mittelmeerländer (Azione Socialisti Christiani Europei) und der Länder Nord-West-Europas (International League of Religious Socialists). Der Name der neuen internationalen Körperschaft wird sein: *International Federation of Religious Socialists*. Der neue Bund beabsichtigt, eine internationale Zeitschrift herauszugeben.

Am 18. 12. 1984 wurde in Darmstadt das Leonhard-Ragaz-Institut e. V. gegründet. Das Institut »hat das Ziel, die Beziehungen zwischen Christentum und sozialen Bewegungen wissenschaftlich zu untersuchen und weiterführende Theorieelemente sowie Praxisformen zu sichten und auf ihre gesellschaftspolitische Bedeutung für die Gegenwart und Zukunft zu befragen...« (aus § 2 der Satzung des Instituts).

Historisch-systematisch besteht ein Interesse, die Elemente einer religiössozialistischen Option und Praxis herauszuarbeiten. Dabei geht es vor allem darum, die antikapitalistischen, basisdemokratischen und kulturkritischen Momente auf ihre Tragfähigkeit zu untersuchen, weiterzuentwickeln und in den Diskussionsprozeß progressiver christlicher Gruppen einzubringen.

Hier erscheint es interessant, die im religiösen Sozialismus oft betont dialektische Einheit von mittel- und langfristigen Umstrukturierungen *und* konkreter Lebenspraxis (Stichwort: Sozialistische Lebensweise) im Auge zu behalten und zu klären.

Um die Erstellung einer Bibliographie zur religiös-sozialistischen Bewegung zu beschleunigen, bittet das Institut um entsprechende Hinweise (auch: Diplom-, Magister-, Lizentiats- und Examensarbeiten). Für Nachlaßmaterialien, Schenkungen, Buch- und Geldspenden ist das Institut sehr dankbar, zumal es sich erst im Aufbau befindet (Kontaktadresse: Leonhard-Ragaz-Institut e.V. Darmstadt, Rathausstr. 7, 6100 Darmstadt 12).

Leonore Siegele-Wenschkewitz

THEOLOGIE NACH AUSCHWITZ ALS THEOLOGIE DER BEFREIUNG

Christliche Theologie als Theologie der Befreiung zielt darauf ab, die befreiende Botschaft des Evangeliums allen Menschen zu verkündigen. Will christliche Theologie tatsächlich als eine Theologie der Befreiung wirksam werden, kann sie nicht gleichsam ideell behaupten, sie entfalte die befreiende Kraft des Evangeliums und habe dies schon immer getan, sondern sie muß sich dessen bewußt sein und ein Bewußtsein dafür wecken, daß christliche Theologie, christliche Kirchen und christliche Tradition als befreiende und zugleich als zerstörende Kraft gewirkt haben. Befreiung als Programm würde demnach in sich schließen, nicht nur herauszufinden, wen christliche Theologie und Verkündigung im Hinblick worauf zu befreien hätten, sondern selbstkritisch sich zu befragen, wovon sie selbst sich zu befreien hätten angesichts einer Tradition, die nicht zu Befreiung, sondern zu Unterdrückung, ja Zerstörung und Vernichtung geführt hat. Angesichts solcher Wirkungen, die christliche Lehre und christliches Leben in Deutschland insbesondere gegenüber den Juden gezeitigt haben, muß christliche Theologie sich als überfällige Aufgabe stellen: wie sie sich vom Antijudaismus befreien könne – um der Juden und um ihrer selbst willen.

An diese Aufgabe gehe ich heran als eine Kirchenhistorikerin, und zwar als eine deutsche Historikerin, die sich mit dem Verhältnis von Christen und Juden in der Geschichte, vor allem jedoch mit der Kirchen- und Theologiegeschichte in der nationalsozialistischen Zeit beschäftigt hat. Die Ergebnisse meiner Forschungsarbeit legen mir nahe, mit den Worten der rheinischen Landessynode auszusprechen: »Wir bekennen betroffen die Mitverantwortung und Schuld der Christenheit in Deutschland am Holocaust«. Der rheinische Synodalbeschluß zur Erneuerung des Verhältnisses von Christen und Juden vom Januar 1980 hat in der Einleitung als Hauptgrund für die geschichtliche Notwendigkeit, daß die Kirche ein neues Verhältnis zum jüdischen Volk gewinnen muß, diesen genannt: »Die Erkenntnis christlicher Mitverantwortung und Schuld an dem Holocaust, der Verfemung, der Verfolgung und Ermordung der Juden im Dritten Reich«. Damit ist eine umfassende Forderung erhoben worden, die bisher kaum eingelöst worden ist. Was ist es, das der Erkenntnis christlicher Mitverantwortung und Schuld am Holocaust innerhalb der deutschen Theologie und Kirche entgegensteht?

Nach dem Ende des Zweiten Weltkrieges wurde die Bekennende Kirche in Deutschland von den Alliierten als Widerstandsorganisation anerkannt, und unter dieser Voraussetzung entstanden die ersten Arbeiten zur Geschichte der evangelischen Kirche im nationalsozialistischen Deutschland. Die Historiographen waren in der Regel selbst Mitglieder der Bekennenden Kirche gewesen, und sie beschrieben ihre eigene Geschichte in dem Sinn, daß es der Bekennenden Kirche trotz der Verfolgung durch das nationalsozialistische Regime gelungen sei, Gottes Wort treu zu bewahren und das prophetische Zeugnis der Kirche abzulegen. Wohl hatte der Rat der Evangelischen Kirche in Deutschland am 19. Oktober 1945 vor Vertretern der Ökumene im *Stuttgarter Schuldbekenntnis* ausgesprochen: »Wir klagen uns an, daß wir nicht mutiger bekannt, nicht treuer gebetet, nicht fröhlicher geglaubt und nicht brennender geliebt haben«. Zugleich wurde darin aber auch gesagt, daß »wir lange Jahre hindurch im Namen Jesu Christi gegen den Geist gekämpft haben, der im nationalsozialistischen Gewaltregiment seinen furchtbaren Ausdruck gefunden hat«. Die Bekennende Kirche lebte in dem Bewußtsein, daß zwischen Nationalsozialismus und Christentum eine klare Antithese bestanden habe; daß die Bekennende Kirche im Kirchenkampf zu den Opfern des nationalsozialistischen Regimes gehört habe.

Zu Beginn der 60er Jahre haben jüngere Historiker, die nicht mehr selbst aktiv am Kirchenkampf teilgenommen hatten, dann auch den Blick auf Gruppierungen innerhalb der evangelischen Kirche gelenkt, die mit dem Nationalsozialismus ideologisch und in der Praxis vorbehaltlos zusammenarbeiten wollten und zusammengearbeitet haben. Doch blieb auch vor dem Hintergrund der mit dem Nationalsozialismus kollaborierenden Deutschen Christen die Bekennende Kirche die wahre Kirche Jesu Christi, die die Stunde der Bewährung erkannt und ergriffen hatte.

In diesen kirchenhistorischen Untersuchungen war das Verhältnis und Verhalten zu den Juden kein eigenes Thema. Zwar wußte man, daß die Deutschen Christen zu weitgehenden Kompromissen gegenüber der nationalsozialistischen Weltanschauung, insbesondere auch gegenüber dem Rassismus bereit gewesen waren. Die Bekennende Kirche jedoch hielt man hinsichtlich ihres Eintretens für die Juden für integer.

Ende der 60er Jahre wurden drei Dissertationen vorgelegt, die die Haltung der evangelischen Kirche zur sogenannten Judenfrage während der Weimarer Republik und im Dritten Reich zum Thema hatten. Diese Arbeiten brachten zutage, wie groß das Versagen selbst der Bekenndenden Kirche gegenüber den Juden gewesen ist, wie traditionelle antijudaistische und antisemitische Denkmuster sogar die Christen der Bekennenden Kirche gehindert haben, sich kompromißlos und eindeutig für die verfolgten Juden in Wort und Tat einzusetzen. Obwohl diese Historiker das Schweigen zur Judenfrage brachen, obwohl ihre Arbeiten implizit die Notwendigkeit einer Befreiung vom Antijudaismus nahelegten, sind bezeichnenderweise ihre Dissertationen doch nicht gedruckt worden. Ihre Ansätze zu einer wissenschaftlichen Aufarbeitung und Durchdringung des Problems, die eine öffentliche Auseinandersetzung in Theologie und Kirche hätten anregen können, wurden also im Keim erstickt. Im Rahmen der akademischen Disziplin Kirchengeschichte blieb die Frage des Verhältnisses von Christen und Juden ein tabuisiertes Thema – und sie ist es noch immer.

Eine Theologie, eine Kirchengeschichte, die ökumenische Verantwortung für die Erneuerung des Verhältnisses von Christen und Juden zu übernehmen bereit ist, hätte als allererste Aufgabe, dieses Tabu zu durchbrechen. Sie hätte anhand der Quellen die Geschichte von Christen und Juden aufzuarbeiten, und zwar so, daß sie die Juden nicht länger zum Objekt ihrer Geschichte macht, sondern indem sie den Juden als eigenständig Glaubenden und eigenständig Handelnden in ihrer Geschichtsbetrachtung Raum gibt. Ferner wäre es wichtig, in der Geschichte der Beziehungen von Christen und Juden Ursache und Wirkung und die Täter-Opfer-Relation genau zu betrachten. Denn jahrhunderte-, beinahe jahrtausendelang ist das Christentum gegenüber den Juden als Staatsreligion aufgetreten; die christlichen Kirchen haben politisch und religiös die Mehrheitsposition, die Juden eine Minderheitenposition innegehabt. Aus dieser Mehrheitsposition hat die christliche Theologie ihr Verhältnis zu den Juden bestimmt, hat Kirchengeschichte die Geschichte dieser Beziehung beschrieben. Es hat sich in der Art und Weise, wie christliche Theologie betrieben worden ist, unmittelbar niedergeschlagen, daß den Juden so lange die politische und religiöse Gleichberechtigung und Eigenständigkeit verwehrt und aberkannt worden ist. Nun, da christliche Theologie ernst damit machen will, die Juden im christlich-jüdischen Gespräch als Partner anzunehmen, ist dafür die unabdingbare Voraussetzung, daß sie die Juden als eigenständig Glaubende und eigenständig Handelnde zu sehen lernt. Jüdische Menschen, jüdische Historiker haben ihre Geschichte in der Regel ganz anders erlebt und mit einem anderen Interesse dargestellt als christliche. Christen sollten sich dieser ganz anderen jüdischen Wahrnehmung und Beurteilung nicht länger verschließen; sie sollten, wenn sie über die Geschichte der christlich-jüdischen Beziehungen arbeiten, die Forschungen jüdischer Kollegen einbeziehen; sie sollten die christlich-deutsche Geschichte in der Wahrnehmung der jüdischen Zeugen sehen lernen. Dann würde sich ihnen zeigen, daß jüdische Wissenschaftler ein ganz anderes Bild des Lebens im Dritten Reich zeichnen als die christlichen Historiker. Was dem Großteil der deutschen Bevölkerung in dieser Zeit nur eine Randerscheinung war: die nationalsozialistische Judenpolitik mit ihrer anfänglichen sozialen Ausgrenzung und rechtlichen Diskriminierung, der folgenden räumlichen Trennung der Juden von den Deutschen und schließlich der Ausrottung des jüdischen Volkes, traf für die Juden ins Zentrum ihrer Existenz. Diese so unterschiedlichen Wahrnehmungen von Wirklichkeit, so unterschiedlichen Sichtweisen gilt es, in der Erfassung und Darstellung von Geschichte aufeinander zu beziehen. Es ist sehr wohl möglich, daß ein solches Vorgehen Selbstkritik und Schulderkenntnis bei uns Christen auslöst. Denn die Schuld so konkret wie möglich aufzuweisen und zu benennen, ist die Voraussetzung dafür, daß Schuldbekenntnisse nicht bloße Rituale bleiben, sondern, daß aus ihnen die Kraft zu Umkehr und Erneuerung hervorgeht, die Kraft, daß Christen sich vom Antijudaismus befreien und in ökumenischer Verbundenheit mit den Juden ihr Christentum leben können.

Dieser Rückgang in die Geschichte des Verhältnisses von Christen und Juden, von Kirche und Synagoge verfolgt ein zweifaches Interesse:
herauszufinden einerseits, *von welchen judenfeindlichen Traditionen,* die dem Christentum innewohnen und die den Juden so großen Schaden zugefügt haben, *sich Christen zu befreien hätten;*
herauszufinden andererseits, *an welche positiven Traditionen* im Verhältnis von Christen und Juden *wir anknüpfen können.* Denn wir wollen nicht bei der Analyse, beim Herausfinden der judenfeindlichen Elemente christlicher Theologie, bei der Schuldzuweisung stehenbleiben; sondern die Beschäftigung mit den dunklen Seiten unserer Tradition lehrt uns, als Christen für begangenes Unrecht Verantwortung zu übernehmen, und spornt uns zugleich an, neue Wege zu beschreiten, wenn wir unser Christsein im Hinblick auf die Juden beschreiben und wenn wir nach einem partnerschaftlichen Verhältnis mit den Juden suchen.

Ein solcher Neuansatz des Umgangs mit der christlichen Tradition wird durch die Stichworte »Theologie nach Auschwitz«, »Theologie nach dem Holocaust« charakterisiert. Ihnen liegt die Einsicht zugrunde, daß die Judenvernichtung, wie sie in der nationalsozialistischen Zeit geschehen konnte, eine Kontinuität in der Theologie unmöglich macht. Die Massenvernichtung der Juden, der Völkermord fordert den Abbruch einer bestimmten Art theologischen Denkens, den Abbruch nämlich jeglicher Judenfeindschaft, jeglichen

Rassismus im Christentum. Ich stimme Johann Baptist Metz zu, der schreibt: »Was christliche Theologie für die Ermordeten von Auschwitz und damit auch für eine künftige christlich-jüdische Ökumene ›tun‹ könne, ist in jedem Falle dies: ›*keine Theologie mehr zu treiben, die so angelegt ist, daß sie von Auschwitz unberührt bleibt, bzw. unberührt bleiben könnte*‹« (J. B. Metz, Ökumene nach Auschwitz – Zum Verhältnis von Christen und Juden in Deutschland, in: E. Kogon/J. B. Metz, Gott nach Auschwitz, Freiburg, Basel, Wien 1979, 138).

Von dieser Voraussetzung ausgehend erkennen wir in der Geschichte der christlich-jüdischen Beziehung zwei Traditionsströme: den viel breiteren der Abgrenzung der Christen vom Judentum und damit verbunden der theologischen Aneignung der alttestamentlichen jüdischen Tradition durch die Kirche als Gottes neuem Israel, der rechtlichen und sozialen Ausgrenzung der Juden aus dem christlichen Lebenszusammenhang, der Minderbewertung der jüdischen Religion, wie sie nach Jesus Christus fortexistierte, um das Christentum gegenüber dem Judentum aufzuwerten.

Es existiert aber zugleich auch, wiewohl viel schwächer ausgebildet, ein zweiter Traditionsstrom, wo einzelne Christen – und christliche Theologen – oft gegen die offizielle Linie der Kirchen – immer wieder »Versuche des Verstehens« auf die Juden hin unternommen, wo sie sich selbstkritisch mit der christlichen Judenfeindschaft auseinandergesetzt, wo sie sich für Gleichberechtigung und Gleichwertigkeit der Juden politisch eingesetzt und nach einer Erneuerung des Verhältnisses von Christen und Juden gesucht haben. Für die beiden Aufgaben, das Bearbeiten unserer theologischen und christlichen Tradition einerseits, um der darin enthaltenen Judenfeindschaft innezuwerden, und das Anknüpfen an neue Modelle andererseits, die auf die Erneuerung des Verhältnisses von Christen und Juden hin entwickelt worden sind, möchte ich einige Beispiele skizzieren und Fragen formulieren.

Antijudaismus in der Bibel. Wie gehen wir nach Auschwitz mit judenkritischen und judenfeindlichen Aussagen in der Bibel um? Wie tragen wir der veränderten Situation Rechnung, die zwischen den Jahrhunderten besteht, in denen die Bibel entstand und niedergeschrieben wurde, und der Gegenwart, in der wir die Bibel auslegen? Wie gehen wir damit um, daß die Autoren der Bibel Juden sind, daß die Bibel insofern eine innerjüdische Diskussion widerspiegelt, die aber erst durch ihre Wirkungsgeschichte im Christentum zu einer Diskussion zwischen Christen und Juden, ja zwischen Nichtjuden und Juden geworden ist?

Antijudaismus in der christlichen Theologie. Die Anfänge unserer christlichen Tradition liegen im Schoß des Judentums. Die Christen waren zunächst eine innerjüdische Sekte, bis sie Ende des ersten Jahrhunderts aus dem Synagogenverband ausgeschlossen wurden. So ist das Christentum als Tochterreligion mit dem Judentum verbunden; von Anfang an jedoch hat christliche Theologie, um sich gegenüber dem Judentum zu profilieren, ihr Eigenes *im Gegensatz* zum Judentum beschrieben. Christliche Theologen hoben hervor, daß sie anders als die Juden seien, um so ihre eigene Existenzberechtigung zu sichern. Zugleich begann die christliche Kirche, die im vierten Jahrhundert Staatsreligion war, das Judentum als etwas Überholtes zu betrachten, das nicht mehr sein soll. Die Kirche, die Staatsreligion geworden war, repräsentierte nicht nur die Mehrheit der Glaubenden, sondern wußte mit Macht die Wahrheitsfrage für sich zu entscheiden. Das Christentum, wie es christliche Dogmatik, insbesondere die Christologie entfaltete, war die wahre Religion; das Judentum wurde als minderwertige und unvollkommene Religion betrachtet. Die Lehrgegensätze wurden nun nicht in einem herrschaftsfreien Raum, sondern wurden innerhalb der politischen Machtstrukturen ausgetragen. So hat das Urteil von Theologen, die als christliche Theologen staatstragend waren, unmittelbare Wirkung auf die rechtliche und soziale Lage der Juden im christlichen Abendland gehabt.

Antijudaismus und Antisemitismus. Den religiösen Verurteilungen der Juden gesellten sich politische bei: die Juden wurden nicht nur als Träger einer minderwertigen Religion angesehen, sondern wurden als Angehörige eines fremden Volks, später dann als Angehörige einer fremden Rasse herabgesetzt und diskriminiert. Es gibt eine große Anzahl von Beispielen, die zeigen, daß nicht einmal die Taufe die Juden von diesem Stigma hat befreien können. Der Ausdruck »Taufjude«, der in der mittelalterlichen und neuzeitlichen theologischen Diskussion benutzt worden ist, enthält schon ein rassistische Komponente. Lange ehe es das 1879 von Wilhelm Marr kreierte Wort »Antisemitismus« gab, gab es schon als historische Tatsache das, was dieses Wort bezeichnet: Judenfeindschaft aus rassistischen Gründen. Historische Arbeit hat in den letzten Jahrzehnten aufgezeigt, daß der rassische Antisemitismus eine lange Vorgeschichte hat. Er hat sich nicht allein aus paganen und säkularen Quellen gespeist, sondern konnte zu einem erheblichen Teil auf der religiösen Judenfeindschaft aufbauen und mit ihr verschmelzen. So ist Antisemitismus auch säkularer Antijudaismus.

Für die dreißiger Jahre läßt sich unschwer zeigen, daß es gerade auch ein theologischer Grundkonsens in der Beurteilung der Judenfrage war, der die nationalsozialistische Judenpolitik in weiten kirchlichen und christlichen Kreisen akzeptabel und mit einem guten christlichen Gewissen vereinbar machte. Als der nationalsozialistische Staat gemäß den Forderungen des Parteiprogramms der NSDAP von 1920 schon im April 1933 begann, die Emanzipation der Juden rückgängig zu machen und sie wieder unter Sondergesetze zu stellen, konnte ein lutherischer Bischof, stellvertretend für das Gros der evangelischen Kirche, sagen: »1700 Jahre hätten die Juden unter Ausnahmerecht gestanden unter völliger Billigung der Kirche« (A. Boyens, Kirchenkampf und Ökumene 1933–1939, München 1969, 298).

Ich denke, daß es derselbe theologische Grundkonsens war, der auch der katholischen Kirche ihre eigene Situation als die bedrängtere erscheinen ließ als die der Juden, so daß – wie Burckhard van Schewick festgestellt hat – auch von Seiten der katholischen Bischöfe »der ›flammende Protest‹ gegen die Diskriminierung und Entrechtung der jüdischen Bürger doch ausgeblieben sei... Selbst die Nürnberger Rassengesetze, die 1935 eine deutliche Verschärfung der Judenverfolgung einleiteten, haben zunächst zu keinem unmißverständlichen Einspruch geführt... Daß mit diesen Rechtsvorschriften Juden zu Bürgern zweiter Klasse gemacht wurden... ist weithin widerspruchslos hingenommen worden« (B. van Schewick, Katholische Kirche und nationalsozialistische Rassenpolitik, in: K. Gotto / K. Repgen [Hg.], Kirchen, Katholiken und Nationalsozialismus, Mainz 1980, 83–100).

Dieser Forschungsansatz, nämlich die theologische Beurteilung der Juden und des Judentums in Zusammenhang zu bringen mit dem aktuellen Verhalten der Kirche gegenüber den Juden ist in der katholischen Geschichtsschreibung bisher von Hermann Greive (Theologie und Ideologie, Katholizismus und Judentum in Deutschland und Österreich 1918–1935, Heidelberg 1969) und in gewissem Umfang von Willehard Paul Eckert und Rudolf Lill (in: K. H. Rengstorf / S. von Kortzfleisch, Kirche und Synagoge, Handbuch zur Geschichte von Christen und Juden, 2 Bde., Stuttgart 1969 und 1970) durchgeführt worden. Hier bleibt der kritischen Forschung ein weites Feld gewiesen.

Den genannten Aspekten ließen sich noch weitere zuordnen. Ich habe diese ausgewählt, um mit ihnen Arbeitsfelder zu bezeichnen, auf welchen eine historisch orientierte Theologie nach Auschwitz fündig wird, wenn sie sich darauf besinnt, welche theologischen Denkmodelle so nicht mehr ohne weiteres und unbefangen transportierbar sind, weil sie nicht der Herausarbeitung und Gewinnung christlicher Identität, sondern der Verfemung, Verfolgung, ja Ermordung der Juden gedient haben.

Daneben soll jedoch auch auf eine Tradition verwiesen werden, an die wir anknüpfen können. In verschiedenen Phasen der Geschichte der Kirche haben Christen in Wertschätzung, ja Liebe zum Judentum gelebt, haben Theologen gelernt, die Eigenständigkeit der jüdischen Religion anzuerkennen, sind Versuche des Verstehens gemacht worden, wo Ansätze zu einer Solidarität von

Christen und Juden sichtbar wurden: einmal in der theologischen Beschreibung des Verhältnisses von Christen und Juden und zugleich in praktischen Hilfeleistungen, die einzelne Christen gegenüber bedrängten Juden erbracht haben.

Für die theologische Tradition möchte ich etwa Philipp Jakob Spener nennen mitsamt einem sich auf ihn beziehenden Zweig des Pietismus, die Philosemiten des 17. und 18. Jahrhunderts, vor allem in Holland und England. Unter den Theologen der Aufklärung sucht man nach Befürwortern der Judenemanzipation vergeblich. Wirkliche theologische Neuansätze weist erst unser Jahrhundert auf. Ich nenne Namen wie Christoph Schrempf, Hermann Kutter, Leonhard Ragaz, Martin Dibelius, Hugo Greßmann, Karl Ludwig Schmidt und Eduard Lamparter (R. R. Geis / H.-J. Kraus [Hg.], Versuche des Verstehens. Dokumente jüdisch-christlicher Begegnung aus den Jahren 1918–1933, München 1966). Doch ist bei Erwähnung dieser Namen hinzuzufügen, daß sie Anstöße zu einem Umlernen und Umdenken dadurch erhielten, daß jüdische Theologen, Philosophen und Historiker wie Martin Buber, Leo Baeck, Franz Rosenzweig, Eduard Strauss, Ismar Elbogen und Julius Guttmann in der Regel den Anstoß für ein Sich-Aufeinanderbeziehen, für eine Zusammenarbeit gegeben haben (L. Siegele-Wenschkewitz, Protestantische Theologie und Wissenschaft des Judentums in der Weimarer Republik, in: J. Schoeps [Hg.], Juden in der Weimarer Republik, München 1986).

Bahnbrechend und wegweisend ist dann während der dreißiger und zu Beginn der vierziger Jahre das Beispiel von Dietrich Bonhoeffer, Karl Barth, Kornelis Heiko Miskotte und auch Hans-Joachim Iwand geworden. Eine Entwicklung ist bei denen, die sich auf die Judenfrage mitdenkend, mitleidend und in Verantwortung für die Verfolgten einließen, zu beobachten, indem aus der Abwehr der Übernahme des Arierparagraphen in die Kirche zunächst ein Bewußtsein von der Zusammengehörigkeit von Heidenchristen und Judenchristen in der Kirche entstand.

Dann entschlossen sich Frauen und Männer aus christlichen, humanitären und politischen Gründen für *Juden*, und nicht nur für *Nichtarier* einzutreten. Sie waren bereit zu praktischer Hilfeleistung, die vom Regime als Widerstandshandlung betrachtet wurde.

Mit ihrem Verhalten nahmen sie in Kauf, selbst Verfolgungsmaßnahmen des Regimes auf sich zu ziehen. Hier möchte ich die Namen von Marga Meusel, Helene Jacobs, Gertrud Luckner, Werner Sylten, Heinrich Grüber und Bernhard Lichtenberg nennen.

Und schließlich hat es Ansätze zu einer Revision des theologischen Verständnisses von Juden und Judentum gegeben. Christliche Theologie stieß angesichts von Auschwitz unausweichlich auf die Frage nach ihrem Anteil an der Judenvernichtung: ob das, was sie über Juden und Judentum, über das Verhältnis von Christentum und Judentum gelehrt hatte, der nationalsozialistischen Judenpolitik entgegengestanden hatte oder von ihr hatte aufgenommen werden können? Ob ihre Lehre über die Juden sie an die Seite der bedrängten und verfolgten Juden geführt oder die Juden schutzlos ihren Verfolgern ausgeliefert hatte? Ob nicht der christliche Antijudaismus eine Wurzel des Antisemitismus ist?

Aus diesen Fragen, die zu historischen Befunden führten, die deutlich machten, daß christliche Theologie in ihrer Wirkung zur Verfemung, Verfolgung und Vernichtung der Juden beigetragen hatte, entstand die Forderung nach Umkehr und Erneuerung: christliche Theologie vom Antijudaismus zu befreien.

Ein fundamentales Ereignis, das die Voraussetzung für eine Erneuerung des Verhältnisses von Christen und Juden in Deutschland schuf, war, daß 1945 und in den Folgejahren Juden Christen die Möglichkeit des Gesprächs wieder eröffnet haben. Im Gegenüber und Miteinander wurden ganz allmählich die bis dahin als gültig empfundenen Grundüberzeugungen fraglich und schließlich aufgegeben, z. B. die Annahme, daß das Christentum dem Judentum überlegen sei, oder daß Israels Erwählung auf die Kirche übergegangen und von Israel fortgenommen sei.

Statt dessen wuchs das Bewußtsein, daß nach dieser entsetzlichen geschichtlichen Erfahrung, Juden und Christen, wie es die Bibel bezeugt, zusammengehören, daß sie das *eine* Gottesvolk sind.

Und christliche Theologie nach Auschwitz versucht nun angesichts eines solchen Ausmaßes von Ausweichen vor Verantwortung an das jüdische Erbe, die jüdische Wurzel des Christentums zu erinnern, ja auch das jüdische Erbe in Deutschland zu pflegen und zu bewahren.

2. Bibelauslegung im Zusammenhang von
Befreiungstheologie

Norman K. Gottwald

SOZIALGESCHICHTLICHE PRÄZISION IN DER BIBLISCHEN VERANKERUNG DER BEFREIUNGSTHEOLOGIEN*

In diesen Ausführungen möchte ich mich als Befürworter und freundschaftlicher Kritiker der Befreiungstheologien äußern. Meine Darstellung hat folgende Struktur: Zunächst werde ich erklären, warum ich von Befreiungstheologien im Plural spreche. Dann will ich eine wichtige Unterscheidung treffen und näher erläutern: Auf der einen Seite steht die Befreiungstheologie als kritische Denkmethode, auf der anderen Seite müssen wir sie an ihrer Basis in praktizierenden christlichen Gemeinden betrachten. Danach werde ich die Hauptleistung und die Stärken der Befreiungstheologien, sozusagen ihre »Verdienste«, charakterisieren und ebenso ihre Grenzen und Schwächen, die wir als »unerfüllte Hoffnungen« bezeichnen könnten. Ich werde mich im Kontext der Bibelwissenschaft darauf konzentrieren, wie die Befreiungstheologien durch eine größere sozialgeschichtliche Gründlichkeit und Präzision in der biblischen Verankerung der theologischen Diskussion bereichert und wirkungsvoller gemacht werden können.

1. Terminologie

Unbehagen und Unklarheit über den Namen der Befreiungstheologie haben ihre Entwicklung von Anfang an überschattet. Der Begriff Befreiungstheologie bezog sich zuerst streng auf die lateinamerikanische »Theologie der Befreiung« in Abgrenzung zu verwandten Theologien wie der »Theologie der Hoffnung« und der »politischen Theologie« in Europa sowie der »schwarzen« und der »feministischen Theologie« in Nordamerika. Der Begriff wird sehr häufig noch immer in diesem begrenzten Sinn gebraucht. Andererseits gab es eine Tendenz, den Begriff »Befreiungstheologie« weiter zu fassen, um einige oder alle diese verwandten Theologien einzuschließen. Denn es wird gesehen, daß

* Vortrag vor der Catholic Biblical Association of America bei ihrer Jahresversammlung im August 1985 in San Francisco.

alle diese Theologien miteinander verbundene thematische Interessen und Ähnlichkeiten in den Methoden haben und daß sie einander häufig beeinflussen. Es sollte auch erwähnt werden, daß einige Fachleute dem Begriff »politische Theologie« den Vorzug gaben, um die Ähnlichkeiten in dieser Gruppe von Theologien zu kennzeichnen. Dieser Gebrauch des Begriffes hat jedoch keine große Geltung gewonnen; ich vermute hauptsächlich deshalb, weil frühere Ansätze, die die Bezeichnung »politische Theologie« trugen, die Beziehung zwischen Kirche und Gesellschaft in der christlichen Welt aus einer harmonisierenden, die bestehenden Verhältnisse akzeptierenden Betrachtungsweise heraus sahen. Dies steht offensichtlich im Widerspruch zu dem, wofür der größte Teil der gegenwärtigen Welle von politischen Theologen eintritt.

Es gab auch Zweifel über die Konnotationen des Wortes »Befreiung« als Bestimmungsbegriff für diesen Typ von Theologie, entweder weil es deren Konzeption nicht klar genug abgrenzt oder weil es von christlichem Triumphalismus umwittert ist. Es gab Vorschläge, von »befreiender Theologie« (amerikan. »liberating theology«, »liberative theology«) oder sogar von »befreiter Theologie« (amerikan. »liberated theology«) zu sprechen. Ich neige zu dem Begriff »befreiende Theologie«, aber ich sehe nicht viel Sinn darin, noch einen weiteren Begriff zu propagieren.

Meiner Meinung nach wird sich Klarheit und Übereinstimmung über die Terminologie nur aus einem wesentlichen Fortschritt in der Entwicklung theologischer Methoden und Inhalte ergeben. Zum gegenwärtigen Zeitpunkt dient die Vertrautheit mit den terminologischen Alternativen hauptsächlich dazu, die Diskussion über oberflächliche Einwände gegen die Befreiungstheologie hinweg auf substantielle Fragen zu lenken. Ich werde also gewöhnlich von den Befreiungstheologien im Plural sprechen, und zwar wegen der methodischen und thematischen Ähnlichkeiten und auch deshalb, weil sich meine Argumente für eine größere sozialgeschichtliche Präzision im Umgang mit der Bibel gleichermaßen auf alle Mitglieder der Gruppe anwenden lassen. Aber ich werde auch manchmal im Singular von der Befreiungstheologie sprechen, wenn es um ihre gattungsmäßige Methode und Perspektive geht.

2. Die Befreiungstheologien an der Basis und in den Universitäten

Ich möchte eine deutliche Unterscheidung treffen: Die Befreiungstheologien sind einerseits als »Graswurzel-Realitäten« in den Kirchen und andererseits als Versuche einer methodischen Reflexion über die Praxis breiterer populärer Bewegungen zu betrachten. Zwischen beiden besteht eine enge und dialektische Beziehung, aber die Unterscheidung muß uns bewußt bleiben. Ich anerkenne die Leistung der Befreiungstheologien. Sie sind eine lebendige Kraft bei der Wiederentdeckung der Bibel und einer sozialen Ethik für Christen im Alltag. Die Unmittelbarkeit, mit der der Text der Bibel Menschen ergreift, die den Schwierigkeiten und Möglichkeiten ihrer Lebenssituationen gegenübertreten, ist ein machtvolles Zeugnis für und gleichzeitig ein scharfes Urteil über die führenden Kirchen Nordamerikas und Europas, die ihre überaus reichen Kenntnisse über die Bibel so kümmerlich für die Befreiung genutzt haben.

Wir müssen deshalb den Unterschied zwischen der an der Basis erlebten Erfahrung biblisch begründeter Befreiung »von unten« und der Arbeit der Theologen erkennen, die die Realität der Befreiung systematisch »von oben« formulieren. Meine Bewertung der systematischen theologischen Arbeit versucht festzustellen, ob die Befreiungstheologien in ihrer Reflexion über die äußerst kreativen populären Erfahrungen der Befreiung intellektuell adäquat sind. Meine *Hypothese* lautet, daß die Befreiungstheologie als akademische Theologie einen intellektuellen Anfang geschaffen hat, dessen Möglichkeiten aber erst noch vollständig und adäquat entwickelt werden müssen.

3. Leistungen oder Verdienste der Befreiungstheologien

Meiner Ansicht nach waren die Befreiungstheologien in mindestens fünf Richtungen bahnbrechend und einflußreich, und hier schließe ich den gesamten befreiungstheologischen Prozeß zusammen, der sowohl die populäre als auch die akademische Dimension umfaßt. Wenn ich diese Leistungen spezifiziere, so spreche ich faktisch über Punkte in einem Prozeß, der als »hermeneutischer Zirkel« bekannt wurde.

a) Die Befreiungstheologien haben gezeigt, daß es möglich und wünschenswert ist, eine Theologie zu entwickeln, die aus der Alltagserfahrung von Christinnen und Christen erwächst und wieder auf diese zurückwirkt. In diesen Theologien liegt der Schwerpunkt auf der Dialektik zwischen Aktion und Reflexion, zwischen Theorie und Praxis, und dieser Stil hat die Arbeit von kirchlichen Gemeinden durchdrungen, motiviert und erleuchtet, die sich in sozialem Handeln und der Erneuerung der Kirche engagieren. Dieser Beitrag hat sich in Nordamerika und Europa weit genug durchgesetzt, um uns über die Gestalt einer echten Befreiungstheologie der ersten Welt nachdenken zu lassen.

b) Die Befreiungstheologien haben gezeigt, daß eine signifikante theologische Initiative, geographisch betrachtet, sich auch außerhalb Europas und Nordamerikas entwickeln kann. Schichtspezifisch gesehen, läßt sich erkennen, daß eine bedeutende Initiative auch außerhalb der weißen männlichen

Bruderschaft in den alten theologischen Machtzentren zu entstehen vermag. Die Entstehung neuer Zentren theologischer Erkenntnis und Energie unter Menschen, die nach formalen Kriterien unausgebildet sind, sowie unter ethnischen Minderheiten und Frauen hat den Kreis der Menschen vergrößert, die in die Verantwortung einbezogen werden müssen, wenn bewertet werden soll, was theologisch angemessen ist.

c) Die Befreiungstheologien haben unser Bewußtsein von der »Wissenssoziologie« erhöht, das heißt: Theologen und Theologinnen sind sich heute stärker der sozialen Wurzeln und Kontexte ihrer Theorien und Strategien bewußt. Sie erkennen auch deutlicher, in welcher Weise die Theologie die eine oder andere Reihe kirchlicher und politischer Interessen und Tendenzen unterstützen oder unterminieren kann.

d) Die Befreiungstheologien haben mit großem Nachdruck darauf hingewiesen, wie notwendig ein Denken in Systemen ist, nicht einfach nur in der Theologie, sondern auch in der Reflexion und in der Analyse gesellschaftlicher und politischer Realität. Dies hat bewirkt, daß religiöse Menschen für den Marxismus als Methode und Philosophie offener wurden. Die Befreiungstheologien haben insbesondere dazu beigetragen, daß die Systemzusammenhänge und die wechselseitige Verkettung von Unterdrückung aufgrund von Rasse, Geschlecht und Klasse nun aufmerksam untersucht werden.

e) Die Befreiungstheologien haben das radikale Eintreten der Bibel für die Armen und Unterdrückten als ein zentrales und beständiges Merkmal der Bibel wiederentdeckt und sie haben bis zu einem gewissen Grade angefangen, der Geschichte dieses Engagements innerhalb nachbiblischer christlicher Gemeinden, ob katholisch oder protestantisch, nachzugehen. Sie verfolgen die Wechselwirkung zwischen diesen Gemeinden und der Gesellschaft. Meiner Ansicht nach wird nun weitgehend anerkannt, daß soziale Gerechtigkeit nicht nur ein begrenztes thematisches Interesse der Propheten und einiger der Gesetzestexte ist. Dieses Thema durchdringt vielmehr in einer eindrücklichen, prägenden und ermutigenden Weise weite Teile der Bibel, vielleicht sogar das ganze Buch.

4. Schwächen und unerfüllte Hoffnungen der Befreiungstheologien

Der Kern der Methode der Befreiungstheologien besteht darin, die Lebenssituation des christlichen Subjekts zu analysieren, indem die äußere Fassade abgestreift und zu den eigentlichen Kräften vorgedrungen wird, die die Verhältnisse unterdrückerisch oder befreiend gestalten. Die Befreiungstheologien zeigen, daß es möglich und notwendig ist, in der Frage von Unterdrückung und Befreiung sehr präzise zu werden. Diese Art von Analyse muß über eine sehr breite Front stattfinden, die zurück in die Geschichte reicht und nach außen in alle Aspekte des Lebens hineindringt, und ihr Interesse muß gleichzeitig dem Religiösen und dem Weltlichen gelten.

Ich glaube, daß der hermeneutische Zirkel, den die Befreiungstheologien voraussetzen, um diese Analyse voranzutreiben, fünf Aspekte oder Phasen der Analyse und Aneignung umfaßt. Und wie gute Jongleure müssen Befreiungstheologen und -theologinnen alle diese »Bälle« gleichzeitig in der Luft halten. In meiner eigenen Beschreibung arrangiere ich diese Phasen der Analyse und Aneignung chronologisch oder historisch, wobei ich mich, ausgehend von der Bibel, über die Kirchengeschichte zur gegenwärtigen kirchlichen und politischen Praxis durcharbeite. In Wahrheit sind diese Aspekte aber Punkte auf einem Kreis oder auf einer Spirale, denn der hermeneutische Prozeß, Verhältnisse zu demaskieren, kann von jedem Punkt auf dem Zirkel betreten werden, und in der aktuellen Erfahrung der Menschen wird er auch an unterschiedlichen Punkten betreten. Darin besteht die Kraft der Befreiungstheologie: Sie ist fähig, Menschen dort zu binden, wo sie sind, und sie zu einer Lebensreise aufzurufen, die den ganzen Menschen einbezieht. Es geht nicht darum, wo wir anfangen, Unterdrückung und Befreiung zu erkennen, sondern um die Frage, wie wir uns unter den entscheidenden Gesichtspunkten bewegen und diese miteinander verbinden, wenn wir für uns selbst und für unsere Gemeinschaft Natur und Bedeutung von Unterdrückung und Befreiung bestimmen und festlegen, was wir dazu tun können und wollen.

Ich charakterisiere die fünf Phasen der Analyse und Aneignung auf folgende Weise:

a) Wir haben die Aufgabe, eine sozialwissenschaftliche und literarisch-symbolische Kritik der biblischen Traditionen , verstanden als Produkte der historischen Erfahrung biblischer Gemeinden, bereitzustellen.

b) Wir haben die Aufgabe, uns die Geschichte nachbiblischer Gesellschaften und politischer Systeme, die Geschichte religiöser Ideen und religiöser Praxis und die Geschichte gesellschaftlicher Theorien bis zur Gegenwart anzueignen.

c) Wir haben die Aufgabe, eine sozioökonomische und politische Analyse der dominanten Strukturen des kollektiven Lebens bereitzustellen, die auch die Systemzusammenhänge berücksichtigt. Wir müssen analysieren, wie diese Strukturen psychologisch und kulturell vermittelt werden, so daß sozioökonomische, politische, psychologische, kulturelle und religiöse Unterdrückung und Befreiung benannt und genau beschrieben werden können.

d) Wir haben die Aufgabe, über die engagierteste und fortschrittlichste Praxis christlicher Gemeinden zu reflektieren, und zwar sowohl in den Gemeinden selbst als auch auf Seiten ausgebildeter Theologen, die als »organisch dazugehörige Intellektuelle« wirken.

e) Wir haben die Aufgabe, kritisch über die Theologie selbst nachzudenken und ebenso über die Natur der Sprache als symbolischer Kommunikation, die in die gesellschaftliche Praxis eingebettet ist. Gleichzeitig müssen wir den historischen Materialismus als die maßgebliche intellektuelle und affektive Methode des Denkens und Handelns einsetzen, die die gesellschaftliche Befreiung heute leitet.

Es muß nun untersucht werden, wie gut die Befreiungstheologien diese Aufgaben erfüllt haben und, soweit die Realisierung hinter den Erwartungen zurückbleibt, welche Hindernisse es gibt, die zu überwinden sind.

Vielleicht können wir das Problem auf diese Weise formulieren: die Befreiungstheologie verlangt so viel von uns, daß wir entweder anfangen müssen, etwas zu tun, oder versucht sind, in Posen oder in den Gebrauch von Schlagwörtern zu verfallen oder ihre verlockende Anziehungskraft vollkommen aufzugeben. Die Enthüllung christlicher Theologie und Praxis als einer Bewegung der Interpretation zwischen dem Selbst und der Gesellschaft, zwischen Vergangenheit und Zukunft, zwischen Kirche und Welt, ist ein Wagnis, das das Leben in Anspruch nimmt und zu dem jede Christin und jeder Christ aufgerufen ist. Auf dieser Ebene ist die Befreiungstheologie ein Weg, unsere Existenz als Christen in unsere eigenen Hände zu nehmen und uns in der Welt zu orientieren.

Auf der Ebene der Disziplin Theologie als spezifischer intellektueller Aufgabe ist das Arbeitsprogramm der Befreiungstheologie überwältigend, und es ist nicht überraschend, daß Spezialisten unter den Theologen verwirrt und unsicher sind, wie sie ihre Arbeit im Rahmen eines so großen Programms ausführen sollen. Der Arbeitsplan der Befreiungstheologie als ganzer fordert viel mehr als irgendein Theologe oder irgendeine Theologin unter uns jetzt bewältigt und vielleicht mehr als jeder Theologe und jede Theologin je bewältigen kann. Die Aufgaben, die ich aufgeführt habe, machen unbedingt gemeinschaftliche Arbeit erforderlich, sowohl unter Laien, Klerus und Akademikern als auch unter den Theologinnen und Theologen in den verschiedenen Zweigen des Gesamtfaches Theologie. Diese Aufgaben stellen darüber hinaus die Art in Frage, in der in unseren theologischen Fakultäten die Arbeit organisiert und anerkannt ist.

Wenn ich das Projekt Befreiungstheologie so darstelle, wie ich es getan habe, wird das Problem aufgeworfen, ob eine solche Theologie in theologischen Schulen, wie sie jetzt bestehen, überhaupt kontinuierlich und einheitlich betrieben werden kann. Wir müssen ein paar schwierige Fragen stellen: Welche Arbeitsbedingungen und akademischen Strukturen brauchen wir, um die übergreifende und integrierende theologische, philosophische und sozialkritische Arbeit zu tun, die den Befreiungstheologien größere Reichweite und Tiefe geben wird?

Gerade hier kommen die Schwächen der Befreiungstheologien als akademischer Unternehmungen ans Licht. Diese Theologien können nur »Wort halten«, wenn eine größere Zahl kompetenter Leute spezielle Aufgaben innerhalb des hermeneutischen Zirkels übernimmt. Wenn wir Unruhe und Enttäuschung über das empfinden, was die Befreiungstheologen bisher erreicht haben, und wenn wir dies aus einer grundlegenden Sympathie heraus tun, dann reflektieren wir auch über unsere eigenen tatsächlichen und möglichen Beiträge zu ihrer Arbeit. Verantwortlich sind nicht nur die offiziellen Befreiungstheologen, sondern wir alle, wenn wir »sie« vorsichtig bestärken und »sie« dann kritisieren, während wir ihnen Beiträge versagen, die wir zu ihrer Arbeit beisteuern könnten.

Eine lebensfähige Befreiungstheologie mit dem Potential, in der Kraft der Erklärung zu wachsen und die soziale Veränderung in Kirche und Gesellschaft voranzutreiben, wird umfassender und exakter werden müssen als irgendeine ihrer Ausdrucksformen bis heute. Sie muß auch sich selbst stärker reflektieren. Der spanische Theologe Alfredo Fierro hat in seinem Buch »The Militant Gospel« (Maryknoll, N. Y. : Orbis Books 1977), das durch seinen Untertitel »A Critical Introduction to Political Theologies« besser charakterisiert wird, diese Herausforderung an die Befreiungstheologien und die politischen Theologien in einer einfühlsamen, aber präzise kritischen Weise dargestellt. Er bemerkt, daß jede Befreiungs- oder politische Theologie bis heute dazu geneigt hat, zwischen Glaubensproklamationen und Reflexionen über den Glauben zu schwanken, wobei erstere Vorrang haben. In Diskussionen tendiere sie dazu, sich von der einen Ebene auf die andere zurückzuziehen, ohne in ausreichender Weise den Kriterien der Konsequenz und der Logik Folge zu leisten. Dies zeigt sich besonders in der Art, in der die Befreiungstheologien bezeichnenderweise einerseits den Marxismus und andererseits die Bibel betrachten. Die Befreiungstheologen berufen sich zwar auf den Marxismus als mehr oder weniger geeignete Methode der Analyse, aber sie weigern sich im allgemeinen, ihn als Strategie und Philosophie anzuwenden und in diesem Augenblick aufzuhören, Theologen zu sein. In ähnlicher Weise berufen sich die Befreiungstheologen zwar auf biblische Symbole der Befreiung, aber sie führen diese selten den ganzen Weg auf ihre sozialgeschichtlichen Fundamente zurück, so daß wir die innerbiblischen Traditionsströme von Unterdrückung und Befreiung in ihrer gesamten Vielfältigkeit und in ihren widersprüchlichen Wechselwirkungen erfassen könnten.

Die Gefahr, auf die Fierro hinweist, besteht nicht darin, daß die Befreiungstheologien zu radikal oder zu kritisch werden und so an Gehör verlieren könnten. Sie liegt vielmehr darin, daß sie sich nicht als so radikal und kritisch erweisen, wie sie es für sich in Anspruch nehmen, und dadurch das Interesse und den Respekt verlieren, die sie zunächst erwecken. Eine Flachheit in der Analyse gesellschaftlicher Strukturen und eine Dürftigkeit in der Analyse der Bibel verbinden sich, um vielen Äußerungen der Befreiungstheologie das Aussehen frommer und polemischer Traktate zu geben. Diese Oberflächlichkeit in der intellektuellen Arbeit kann in die Sackgasse eines »*un*hermeneutischen Zirkels« geraten, in dem nichts angemessen erhellt wird. Das bloße Herausgreifen und Auswählen von Bibelstellen kann wohl kaum schon eine strukturelle Analyse biblischer Gesellschaften hervorbringen, die ausreicht, einen genauen Vergleich mit den heutigen Gesellschaften zu ermöglichen. Vielleicht mangelt es jenen Befreiungstheologen und -theologinnen, die sich vor allem auf die biblische Verankerung der Befreiungstheologie konzentrieren, auch an Wissen oder Interesse an der Geschichte sozialer Formen und Ideen von biblischen Zeiten bis zur Gegenwart, so daß ein nicht strukturelles Verständnis der Bibel unter Umständen einfach ein nicht strukturelles Verständnis der Gegenwart verstärkt und festigt.

An diesem Punkt ist es notwendig, daß wir unterscheiden, auf welche Weise sich verschiedene Befreiungstheologien die Bibel aneignen. Die *»Befreiungstheologie« Lateinamerikas* geht in erster Linie auf bestimmte exemplarische Themen ein, wie etwa auf den Exodus, auf die prophetische Kritik an der Gesellschaft und auf Jesu Konfrontation mit den Autoritäten. Kritische und exegetische biblische Forschung wird nur dürftig angetippt, und es gibt faktisch keinen Versuch, die gesellschaftlichen Strukturen in der Bibel im einzelnen zu durchdringen. Dieser wenig detaillierte Umgang mit der Bibel in der lateinamerikanischen Befreiungstheologie leitet sich möglicherweise aus zwei Quellen ab: Zum einen fordert diese Theologie in den kirchlichen Basisgemeinden nachdrücklich zu einer ehrfürchtigen Achtung der Bibel auf, zum anderen haben sich lateinamerikanische Bibelspezialisten eigentlich nur am Rande an der Befreiungstheologie beteiligt.

Die *»schwarze Theologie«* scheint ungefähr ähnlich orientiert zu sein und fügt die besondere Tönung und Kraft schwarzer biblischer Predigttraditionen hinzu. Schwarze Theologen und Theologinnen nehmen in zunehmendem Maße die bisher vernachlässigten Hilfsmittel in der Bibelwissenschaft wahr.

Aber hier tut sich ein Problem auf, das aus dem Rassismus in unserer Gesellschaft resultiert. Der Zugang zu den anspruchsvollen spezialisierten Kenntnissen biblischer Forschung war den meisten Schwarzen verschlossen, doch wenn sie nun wirklich in die Zunft der Theologen eintreten, ist es schwierig für sie, die Beiträge, die sie für ihre eigenen Gemeinden erarbeitet haben, hier einzubringen und aufrechtzuerhalten.

Die Situation in der »*feministischen Theologie*« ist merklich anders, und deshalb ist sie in meinen Augen unter den Befreiungstheologien in der Bibelwissenschaft am weitesten »fortgeschritten«. In der feministischen Theologie findet bis heute eine grundlegende Auseinandersetzung darüber statt, ob und wie diese Theologie auf biblisches Material gegründet werden kann, das so sehr von patriarchalischem Denken durchdrungen ist. Die feministische Theologie, die weiter an der Bibel orientiert bleibt, mußte in ihre besondere Methode einen Weg einbauen, der ständig zwischen den patriarchalischen Überkleidungen und den feministischen Inhalten vermittelt, die innerhalb der Bibel zutage treten. Die biblisch orientierte feministische Theologie hat notwendigerweise ein lebendiges Prinzip der Kritik am Kanon in sich aufgenommen, die davon ausgeht, daß es in den biblischen Zeugnissen selbst gespaltene und widersprüchliche Strömungen gibt, und von diesem Vorverständnis vorangetrieben wird. Elisabeth Schüssler-Fiorenzas Buch »In Memory of Her: A Feminist Theological Reconstruction of Christian Origins« (New York, N. Y.: Crossroad 1983) weist unter allen Werken von Befreiungstheologinnen und -theologen die anspruchsvollste Beschäftigung mit biblischen Materialien auf, so daß ihre Arbeit wirklich ihrem Anspruch nachkommt, historisch und theologisch scharfsinnig und konstruktiv zu sein. Daß die feministische Theologie in der kritischen Aneignung der Bibel etwas weiter fortgeschritten ist als jede andere Form der Befreiungstheologie, resultiert aus der Tatsache, daß sie kritisch sein *muß*, um ihrer eigenen gesellschaftlichen Realität treu zu sein. Es folgt aber auch aus der Tatsache, daß Frauen, obwohl sie faktisch diskriminiert wurden, die Tradition und Kultur hatten, die die Voraussetzung für kritische Ausbildung in der Bibelwissenschaft darstellt. Ethnische Minderheiten hatten zu dieser Tradition und Kultur nicht in gleicher Weise Zugang.

Ich möchte einen weiteren Arbeitsschwerpunkt in den Befreiungstheologien erwähnen, der im allgemeinen unter dem Namen »*materialistische Exegese*« läuft und in seiner Methode dem Marxismus deutlicher verpflichtet ist als jede andere Form der Befreiungstheologie. Ich denke, daß Fernando Belos Buch »Das Markusevangelium materialistisch gelesen« (Stuttgart: Alektor Verlag 1980) das umfassendste Beispiel dieser Richtung ist. Es ist zwar in all seinen Intentionen und von deren Anordnung her ein gewaltiges und etwas verwirrendes Buch. Aber Belo hat meiner Meinung nach bis heute die gründlichste Arbeit geleistet, denn er legte offen, wie die asiatische oder tributäre Produktionsweise im antiken Palästina funktionierte. Michel Clévenot stellt die Hauptaussagen Belos in seinem Buch »So kennen wir die Bibel nicht. Anleitung zu einer materialistischen Lektüre biblischer Texte« (München: Kaiser 1978) in kürzerer und zugänglicherer Form dar. Fast nichts von dieser sorgfältigen Darstellung der Produktionskräfte und Produktionsbeziehungen innerhalb der biblischen Gesellschaft, Politik und Kultur hat jedoch Eingang in die biblischen Reflexionen anderer Befreiungstheologen und -theologinnen gefunden. Die meisten Untersuchungen von Befreiungstheologen über Unterdrückung in der Bibel blieben weiter moralisierend im Ton, aber oberflächlich in der Analyse der Unterdrückungsmechanismen und der Umstände und Ursachen, die diese Mechanismen reproduzierten und aufrechterhielten.

5. Erhöhte sozialgeschichtliche Präzision in der Bibelwissenschaft

Wenn die Befreiungstheologien die notwendige Exaktheit in der Aneignung der Bibel erlangen wollen, dann müssen sie in der Lage sein, die gesamtgesellschaftlichen Zusammenhänge, in denen die Bibel geschrieben wurde, zu analysieren und zu rekonstruieren. Dies ist im Grunde die gleiche Analyse wie jene, die die Befreiungstheologie an ihren eigenen heutigen Verhältnissen durchführt – abgesehen davon, daß wir uns im Falle der Bibel mit früheren Gesellschaften und den speziellen Problemen beschäftigen, die mit sozialgeschichtlicher Arbeit verbunden sind. Wir müssen zwar unser Unwissen in vielen Dingen eingestehen. Aber dennoch können wir Sozialgeschichte betreiben, und es ist besser, deutlich zu sehen, was wir wissen und nicht wissen, als sich mit vagen Eindrücken und Gefühlen zufriedenzugeben.

Sozialwissenschaftliche Kritik, auch soziologische Kritik oder biblische Soziologie genannt, geht vor allem von der Prämisse aus, daß die Schriften der Bibel gesellschaftliche Produkte sind. Sie wurden von Menschen geschrieben, die von institutionellen Strukturen und symbolischen Kodes geprägt waren und die innerhalb dieses Rahmens interagierten. Diese Strukturen und Kodes waren in den primären Bereichen gemeinschaftlichen Lebens wirksam, zum Beispiel in Wirtschaft und Familie, im Regierungs- und Rechtssystem, in der Kriegführung, im Ritual und im religiösen Glauben. Diese israelitisch-jüdischen und frühchristlichen sozialen Gefüge, die immer im Fluß und voller Spannung und Widerspruch waren, liefern einen unverzichtbaren Kontext, um andere Erkenntnisse der Bibelwissenschaft zu verankern, einschließlich der Ergebnisse historisch-kritischer Methoden und der neueren literaturkritischen Methoden. Die *Leitfrage* für eine sozialwissenschaftliche Annäherung an die Bibel kann etwa in folgender Weise gestellt werden: Welche sozialen Strukturen, Prozesse und Kodes sind explizit oder implizit in der biblischen Literatur vorhanden, in den verstreut vorkommenden gesellschaftlichen Daten, die sie enthält oder berührt, und in den religiösen Glaubensvorstellungen und der religiösen Praxis, die sie attestiert?

Sozialwissenschaftliche Kritik hat viele Facetten. Sie geht entlang mehrerer Fronten oder Achsen der Untersuchung vor und wendet eine Vielfalt von Methoden und Theorien an. Sie arbeitet beispielsweise in einem kontinuierlichen Prozeß von begrenzten Untersuchungen besonderer Ämter, Rollen und Institutionen auf umfassendere Analysen und Rekonstruktionen des breiteren sozialen Systems hin. Gelegentlich bedient sie sich der synchronischen Analyse gesellschaftlicher Realitäten an einem besonderen historischen Zeitpunkt oder in einem postulierten repräsentativen Augenblick, der einen Querschnitt des sozialen Lebens bietet. Ein anderes Mal arbeitet sie mit einer diachronischen Analyse der Umstände, unter denen sich soziale Phänomene, gleich auf welcher Stufe, über die Zeit hinweg entwickelten. Bezeichnenderweise ordnet sie die Untersuchung und die Ergebnisse in die Rubriken ein, die von den Sozialwissenschaften geliefert werden. Aber sie kann auch eine sozialwissenschaftliche Perspektive in die Exegese bringen, die der unsystematischen Form der biblischen Texte folgt.

Zusätzlich zur Verwertung archäologischer Befunde wendet die sozialwissenschaftliche Kritik vorsichtig eine vergleichende Methode an, um gesellschaftliche Gebilde kulturübergreifend zu untersuchen und so Theorien über die Sozialgeschichte Israels oder der frühen Kirche aufzustellen. Denn es ist ausreichend bekannt, daß die Texte der Bibel häufig zu einseitig religiös, zu fragmentarisch oder zu anachronistisch sind, um uns aus sich heraus ein ausgewogenes Bild der ganzen Gesellschaft geben zu können. Alles in allem haben wir, im Gegensatz zu früheren unsystematischen oder undisziplinierten Versuchen, im Augenblick guten Grund, zuversichtlich zu sein, wenn wir kontrollierte Hypothesen über biblische Gesellschaften aufstellen. Gewiß fehlen wichtige gesellschaftliche Daten in der Bibel. Aber dennoch können wir überprüfbare Modelle formulieren, damit wir uns einen Begriff von der Gesellschaft machen können, und diese Modelle brauchen wir, um unser vorhandenes Wissen zu interpretieren, und sie geben Anregungen für weitere Forschung, die notwendig ist, damit wir unsere versuchsweisen Entwürfe biblischer Gesellschaften verfeinern und überarbeiten können.

Sofern die Gesamtheit der biblischen Gesellschaften Gegenstand der Untersuchung ist, sind globalgesellschaftliche Theoretiker wie Karl Marx, Emile Durkheim und Max Weber richtungsweisende Schlüssel- oder Leitfiguren. Ihre Instrumente der Analyse und Synthese werden häufig äußerst eklektisch angewendet. Besonders wichtig an der Arbeit dieser Theoretiker sind die umfassenden und klaren Perspektiven, die sie entwickelten. Sie faßten die Komponenten der Gesellschaft auf unterschiedliche Weise als multidimensional und wechselwirkend auf und erkannten, daß die verschiedenen Komponenten Widersprüche in der Gesellschaft hervorrufen, die die soziale Veränderung vorantreiben. Außerdem wird nun nach einer langen Phase der Reaktion gegen grobe sozial-evolutionäre Systeme des 19. Jahrhunderts neo-evolutionäre Gesellschaftstheorie überzeugend auf biblische Gesellschaften angewendet, denn sie berücksichtigt von Gesellschaft zu Gesellschaft unterschiedliche Grade sozialer Veränderung, sie berücksichtigt Sprünge in bestimmten Stadien oder rückläufige Entwicklungen und ebenso Berechnungen von Trends und Tendenzen im Sinne von Wahrscheinlichkeiten statt im Sinne plumper Determinismen.

Ein Wort darüber, wo sich in meinen Augen meine eigene Untersuchung des vormonarchischen Israel in diese Beschreibung sozialwissenschaftlicher Kritik einordnen läßt. In »The Tribes of Yahweh. A Sociology of the Religion of Liberated Israel, 1250–1050 B.C.E.« (Maryknoll, N.Y.: Orbis Books 1979) und anschließenden Untersuchungen lege ich sehr detailliert dar, daß der Komplex von Literatur, der als vermutlich vormonarchisch zu identifizieren ist, äußerst zufriedenstellend als Schöpfung einer gesellschaftlichen revolutionären Bewegung erklärt werden kann. Diese Bewegung ging hauptsächlich von einer bäuerlichen Bevölkerung aus, die im Hochland von Kanaan ihren materiellen und kulturellen Lebensraum herausbildete. Dies geschah in einem Stämme übergreifenden und auf Dörfer gestützten Prozeß der Erstarkung, der bewußt mit dem zentralisierten Regierungssystem in der kanaanäischen Form stadtstaatlicher Hierarchie brach. Die Religion dieser Israeliten entstand parallel zu ihrem gesellschaftlichen und politischen Kampf und war sowohl die ideologische Antriebskraft als auch der deutlichste kulturelle Ausdruck ihrer Bewegung. Diese Gesellschaftsstruktur blieb zusammen mit ihrer religiösen Ideologie während der sich verändernden Bedingungen der späteren israelitischen und jüdischen Sozialgeschichte weiter als aktive Kraft bestehen und wurde der frühchristlichen Bewegung überliefert. Das Thema gesellschaftlicher Strukturen und Konflikte zieht sich ununterbrochen durch die biblische Geschichte und Literatur. In meinem neueren Überblick »The Hebrew Bible – A Socio-Literary Introduction« (Fortress Press Philadelphia

1985) versuche ich, diesen Fäden nachzugehen. Für Ausleger, die auf die Frage der Befreiung ausgerichtet sind, ist eine gute Kenntnis dieser konfliktreichen biblischen Sozialgeschichte unentbehrlich, wenn sie sich die Bibel innerhalb des hermeneutischen Zirkels angemessen aneignen wollen.

6. Ein sozialgeschichtliches Raster für die Bibelwissenschaft

Wenn wir ein Verfahren für eine sozialgeschichtliche Analyse biblischer Texte entwickeln, dann versuchen wir, alle Formen der Bibelkritik zusammenzuführen, denn sie eignen sich für unterschiedliche Facetten der Gesamtaufgabe. Ich möchte ein Schema für die Untersuchung besonders der hebräischen Bibel vorschlagen und danach schließen, indem ich dieses Schema anhand von Deuterojesaja illustriere.

Eine Untersuchung der Bibel ist zuerst und vor allem die Untersuchung eines Textes. Der Text der Bibel ist jedoch keineswegs eine völlig isolierte Gegebenheit. Gerade als Literatur drückt jeder Text einen Standpunkt aus und reflektiert einen gesellschaftlichen Hintergrund. Verschiedene Methoden der Bibelwissenschaft konzentrieren sich einmal auf den Text selbst, dann auf seine gedankliche Welt und ferner auf seinen gesellschaftlichen Standort. So tragen sie wertvolle Einsichten zur Interpretation des Textes als ganzen bei und erweitern die Skala seiner möglichen Bedeutungen für uns im Prozeß des hermeneutischen Zirkels.

Diese literarischen, weltanschaulichen und gesellschaftlichen Vorstellungen in der Bibel erscheinen auf den ersten Blick unzusammenhängend. Wenn sie sich jedoch vertiefen und verästeln, nähern sie sich zu einem Gesamtbild und wirken wechselseitig aufeinander ein.

Eine geometrische Zunahme von literarischen Gattungen und Kompositionen, von Konzepten und Denkmustern und von sozialpolitischen Strukturen und Prozessen produziert im Lauf der biblischen Geschichte einen kumulativen »Schneeball-Effekt«. Immer mehr literarische, weltanschauliche und gesellschaftspolitische Alternativen, von denen nur wenige völlig außer Sicht geraten, bieten immer weitere komplexe Methoden an, Texte, Ideen und Hintergründe zu gestalten. Tatsächlich erscheinen alle literarischen Gattungen, die in der früheren Literatur eingeführt wurden, in späteren Texten von neuem. Konzepte aus der Zeit vor, während und nach der Monarchie wetteifern oder verbinden sich auf unterschiedliche Weise in der restaurierten nachexilischen Gemeinde. Die gesellschaftlichen Kraftströme von Stammessystem, Staatsherrschaft, kolonialer Zerstreuung und Unterordnung unter Großmächte fließen ineinander, überschneiden sich teilweise und schaffen institutionelle Hintergründe, vor denen eine neue Literatur und neue Ideen entstehen und alte Literatur und alte Ideen mit Abwandlungen in der Funktion und Bedeutung gedeihen.

Durch das Konzept der »Traditionsströme« haben wir nun eine recht gute Beschreibung von Gruppen oder Familien von Texten und Ideen, die zusammenpassen und aufeinander einwirken. Weniger gut aufgezeichnet sind die entsprechenden Serien soziopolitischer Ereignisse, Stukturen und Prozesse im Wirbel der Zeit, aus dem die Texte und Konzepte entstanden. Es ist wichtig, diese sozialen Hintergründe zu erhellen, denn die Autoren der Bibel waren Handelnde in konkreten gesellschaftlichen Gebilden unter speziellen Produktionsweisen und politischen Regimen. Diese generelle Überlegung trifft umso zwingender auf die Bibel zu, als ein Großteil ihrer Literatur und ihres Denkens sich explizit auf gesellschaftspolitische Lebensbereiche richtet. Vom Gegenstand und von der Haltung her, ist die Literatur der hebräischen Bibel und ebenso die des Neuen Testamentes in hohem Grad historisch und auf das Zusammenleben der Menschen bezogen. Dies gilt im strengen Sinne, denn sie befaßt sich mit dem menschlichen Leben in der Gemeinschaft unter konkreten Bedingungen, deren Veränderlichkeit bewußt ist.

Ich gebe zu, daß unser Wissen in bestimmten Punkten noch in den Anfängen steckt. Aber dennoch glaube ich, daß jetzt genug über die Entwicklungsgeschichte dieser Texte, Konzepte und sozialen Hintergründe bekannt ist, so daß wir anfangen können, ein Raster auszubilden, das uns dabei hilft, diese Entwicklungen über die Zeiten hinweg und in ihrer Wechselwirkung aufeinander in Beziehung zu setzen.

Das Raster, das ich anbiete, würde identifizieren, was ich als »Domänen« (domains) bezeichne. Unter einer Domäne verstehe ich die weiteste determinierende Ebene gesellschaftlicher und politischer Organisation, die die Erfahrungswelt der biblischen Autoren gestaltete. Ich stelle fünf solcher Domänen fest, die geläufigen Verfahren, die Geschichte der Bibel zu periodisieren, eng entsprechen:

Die *erste* Domäne ist die sozioreligiöse Revolution der vereinigten Stämme von Jahwe-Verehrrern in Kanaan.

Die *zweite* Domäne ist die soziopolitische Konsolidierung und Gegenrevolution des unter monarchischer Herrschaft in einem Staat geeinten Israel.

Die *dritte* Domäne ist die Teilung des geeinten Königreiches in zwei schwächere Staaten Juda und Israel.

Die *vierte* Domäne ist die Zerstörung beider Staaten durch die Eroberung durch Großmächte und die Deportation ihrer Bevölkerung und/oder deren Unterwerfung unter koloniale Herrschaft.

Die *fünfte* Domäne ist die Wiederherstellung Judas in einem Zustand innerer Autonomie unter fremder Oberherrschaft, die von einer langen Reihe von Fremdmächten ausgeübt wurde und nur während 80 Jahren der Unabhängigkeit der Juden unter dem hasmonäischen Königtum durchbrochen wurde.

Das Raster führt ferner eine Reihe von »Sektoren« (sectors) ein. Unter einem Sektor verstehe ich eine Konstellation von Texten, von Konzepten oder von sozialen Milieus, die innerhalb jeder dieser fünf Domänen identifiziert werden können.

Innerhalb des Text-Sektors identifizieren und charakterisieren wir die Gattungen, Traditionskomplexe, Quellen und Bücher, die die literarische Produktion konstituieren. Welches Repertoire haben einzelne und miteinander verknüpfte literarische Gattungen? Wie sind die Gattungen in die größeren Traditionskomplexe eingefügt, die die biblischen Bücher teilweise oder im ganzen formen? Es muß sorgfältig unterschieden werden, wie die Gattungen in aufeinander folgenden Phasen in der Entwicklung der Literatur funktionieren.

Innerhalb des Sektors der Konzepte identifizieren und charakterisieren wir die Denkkonzepte und Denkmuster, die die Theologie und die Ideologie konstituieren. Als Theologie sind diese Konzepte das »Reden über Gott«, das »Reden zu Gott« und das »Reden Gottes«. Als Ideologie sind die religiösen Ideen mit der größeren gesellschaftspolitischen Domäne verbunden, die gewöhnlich von diesen Konzepten legitimiert oder kritisiert wird, je nachdem von wem sie gehandhabt werden. Wir müssen die Denkkonzepte, die eng mit speziellen literarischen Gattungen und Komplexen verbunden sind, sorgfältig von jenen Konzepten unterscheiden, die »frei schweben« und »übergehen« in andere Gattungen und Traditionskomplexe, wenn soziale Gruppen interagieren und Traditionen zusammenprallen oder sich verbinden, um einander »wechselseitig zu befruchten«.

Innerhalb des gesellschaftlichen Sektors identifizieren und charakterisieren wir die spezifischen gesellschaftspolitischen Umfelder, die Texte und Konzepte hervorbringen. Welche gesellschaftlichen Institutionen, Ämter oder Rollen produzieren einzeln oder in Kombination welche Texte und Konzepte? Wir müssen sorgfältig zwischen zwei Gruppen von gesellschaftlichen Sektoren unterscheiden: Die erste bringt Gattungen und Konzepte hervor, die zweite verwendet vorhandene Gattungen und Konzepte wieder, gestaltet sie neu und verschmilzt sie zu größeren Komplexen.

Schließlich müssen bestimmte geographische Unterschiede als Faktoren in das Raster einbezogen werden. So gingen beispielsweise während der Zeit der Teilung die Entwicklungen in den beiden Königreichen ihre eigenen Wege, und während des Exils unterschieden sich die literarischen, die gesellschaftlichen und die theologischen Verhältnisse der Juden in Palästina von denen der deportierten Juden.

7. Deuterojesaja: Eine Fallstudie sozialgeschichtlicher Analyse

Zum Abschluß möchte ich illustrieren, wie ich den Abrißpunkten des sozialgeschichtlichen Gitters folgen würde, um ein schärferes, tiefgründigeres Verständnis von Deuterojesaja zu gewinnen und ihn somit für die hermeneutische Aneignung in unseren heutigen Befreiungskämpfen zugänglicher zu machen.

Jesaja 40–55 fällt eindeutig in meine vierte Domäne, in die Zeit der Zerstörung der israelitischen Staaten, der Deportation und Unterwerfung unter koloniale Herrschaft. Aber der Text greift insofern auch auf die fünfte Domäne der Wiederherstellung vor, als der Autor diese vorhersieht und versucht, andere Juden für diesen epochalen Übergang zu mobilisieren.

Ich beginne mit dem Text-Sektor und stelle fest, daß die Komposition aus einer ungewöhnlichen Fülle von Gattungen aufgebaut ist, und dennoch eine stilistische Integrität produziert. Sie ist nicht von einer regelmäßigen Progression des Denkens gekennzeichnet, sondern von einer Art spiralförmigen Bewegung, die innerhalb eines knappen Rahmens eine Vielfalt von Themen und schöpferischer Gestaltungen einführt. Sie vermischt sie in unterschiedliche Kombinationen, ordnet und akzentuiert sie jeden Augenblick anders und baut Spannung auf und ab, so daß wir den Eindruck einer befriedigenden Vorwärtsbewegung und Lösung des Ganzen haben. Die Komposition wirkt geschlossen durch die Art und Weise, in der ihre Schlüsselbegriffe, Konzepte und poetischen Gestaltungen wiederholt und entwickelt werden, so daß zwischen den Untereinheiten Echos hervorgerufen werden und der Hörer oder Leser dazu angeregt wird, den mannigfaltigen Querverweisen nachzugehen, die eher wie musikalische Kontrapunkte arbeiten. Wo und wie, so fragen wir, wurde ein solcher Text gesprochen oder geschrieben?

Wir wenden uns dem Sektor der Konzepte zu und treffen auf eine äußerst majestätische und unerbittliche Proklamation eines königlichen, mächtigen Gottes, der das Geschick Israels zum Guten wenden will, indem er die Völker dazu einsetzt, sein Werk der Errettung zu tun. Jahwe, der einzige Gott Israels und der bekannten Welt, ist der Haupthandelnde in diesem Text.

Obwohl er in Kontinuität zu den göttlichen Taten in der Vergangenheit Israels handelt, will Jahwe nun etwas Beispielloses tun, und dies verlangt von der Haltung der Exulanten eine große Wandlung. Eine eingehende strukturelle Analyse von Deuterojesaja dürfte übrigens sehr wohl die grundlegende doppelte Gegenüberstellung von Nichtigkeit und Wirksamkeit oder von Kraftlosigkeit und Stärke offenlegen. Vermeintliche Stärke und Erfolg in der Geschichte brechen in Schwäche und Versagen zusammen; vermeintliche Machtlosigkeit und vergebliches Bemühen münden in Produktivität, die den Lauf der Geschichte im antiken Nahen Osten umkehrt. Der Knecht Jahwes, der nach bodenloser Niederlage gerechtfertigt wird, ist ein wesentlicher Bestandteil dieser Tiefenstruktur.

Um die Bestätigung der absoluten Macht Jahwes, die sich in den Berufungen des Kyros und des unterdrückten Knechtes entfaltet, dreht sich die Spannung, die den Text so wirkungsvoll macht, daß wir die »kontrollierte Hysterie«, die ihn durchdringt, ertragen können. Es gibt viele Gründe, weshalb die angekündigte Errettung für die Menschen, denen sie helfen soll, schwer zu begreifen und noch viel weniger zu akzeptieren ist. Kyros ist ein Eroberer im Aufstieg, aber kann er tatsächlich das mächtige Babylon besiegen? Kyros ist überdies ein Heide; kann er wirklich das Werk Jahwes vollbringen? Die Babylonier sind unsere Oberherren; wagen wir das Risiko, gegen sie anzugehen? Und überdies, Jahwe hat uns in all diesen Jahren ignoriert; welchen Grund haben wir, gerade jetzt auf die göttliche Errettung zu vertrauen? Hat Jahwe wirklich solche Macht? Was erwartet dieser Prophet von uns? Was sollen wir tun? Gefährdet seine Agitation nicht unseren Status in Babylon und teilt und schwächt sie nicht unser Volk? Bestenfalls aussichtslose und riskante Gedanken! Wir Leser heute kennen ja den Ausgang der Geschichte, und dennoch können wir beim Lesen jedes Mal etwas von der Ungläubigkeit und dem Widerspruch spüren, die der Prophet mit der Weissagung unmittelbar bevorstehender Errettung aus dem Exil unter seinem Publikum hervorrief.

Welche Gegebenheiten aus der gesellschaftspolitischen Domäne legitimiert oder kritisiert diese Theologie, wenn wir sie als Ideologie betrachten? Eindeutig wird Babylon und jeder Art von Loyalität gegenüber diesem Staat und allen pro-babylonischen Strömungen unter den Exulanten die Legitimität abgesprochen. Umgekehrt werden Persien und pro-persische Verbindungen und Strömungen unter den Exulanten legitimiert. Wir haben das Glück, mehrere Texte aus babylonischen und persischen Quellen zu besitzen, die sichtbar machen, daß es unter den hohen Beamten und Priestern Babylons eine beträchtliche Sympathie für Persien und subversive Arbeit gab. In diesem spannungsreichen Kontext liest sich Deuterojesaja wie das Werk eines Menschen, der in jeder Hinsicht entschlossen ist, bei der Kollaboration mit diesen pro-persischen Kräften innerhalb Babylons eine aktive Rolle zu übernehmen.

Im Text sind Zeichen von Widerstand gegen den Propheten und von stürmischer Kontroverse unter den Exulanten sichtbar. Sie unterstützen den

Vorschlag von Norman Whybray (Isaiah 40–66, The New Century Bible Commentary, London 1981), den besser dokumentierten Lebensweg von Jeremia heranzuziehen, um eine Hypothese über die Gefahr aufzustellen, die dem Propheten vermutlich von Seiten pro-babylonischer Juden droht. Whybray interpretiert das Gottesknechtlied aus Kapitel 53 als Dankpsalm für die Befreiung des Propheten aus der Gefangenschaft, die er wegen seiner politisch gefährlichen Worte und Taten erleiden mußte. Diese Leseart ist der Gattung und der gesellschaftlichen Situation getreu und stimmt mit einer Theologie überein, die nicht passives Leiden vertritt, sondern erklärt, daß Unterdrückung dadurch verursacht wird, daß die Menschen aktiv das befreiende Werk Jahwes auf sich nehmen.

Wenn wir uns dem spezifischen gesellschaftlichen Kontext zuwenden, sind wir natürlich in Verlegenheit, denn wir haben nicht viele konkrete Informationen über die Lebensbedingungen der Exulanten. Deuterojesaja setzt nichtsdestoweniger voraus, daß es unter den Exulanten gemeinschaftliche Einrichtungen für Gottesdienste und Beratungen gab. Sie hörten den Propheten an und antworteten ihm mit hitzigen Argumenten. Es ist wichtig, daran zu denken, daß die jüdischen Exulanten in Babylon aus dem früheren Staatsapparat Judas herausgeholt worden waren. Sie hatten an den antibabylonischen Aufständen teilgenommen, die zum Untergang Judas führten. Um ihren Lebensunterhalt zu verdienen, waren sie früher auf das Staatsestablishment in Juda angewiesen gewesen. Da sie von royalistischen Theorien und Sympathien geprägt waren, waren ihr Selbstvertrauen und ihre Identität durch den Fall Judas erschüttert, wenn nicht zerschlagen worden. Sie kamen aus Kreisen, die sich am meisten gegen das prophetische und deuteronomistische Verständnis der Geschichte Israels sträubten. Obwohl seit ihrer Deportation Jahrzehnte vergangen und schon eine oder zwei neue Generationen in dem fremden Land geboren worden waren, haben wir allen Grund zu glauben, daß sie die Botschaft des Propheten mit Skepsis geprüft haben.

Als der Konflikt zwischen Babylon und Persien sich dem Krisenpunkt näherte, so ist zu vermuten, hat sich die jüdische Gemeinde in Babylon über dieser Frage in Parteien aufgespaltet und wurde der Prophet von seinen jüdischen Gefährten abgelehnt und vielleicht verraten. Wenn wir berücksichtigen, welche Sachkenntnis und Erfahrung in der Staatsverwaltung die jüdischen Exulanten kollektiv repräsentierten, dann ist es wahrscheinlich, daß einige von ihnen zu Ämtern in der babylonischen Administration gekommen waren, vermutlich auf die gleiche Weise, wie es in den Erzählungen von Daniel 1–6 dargestellt ist. Juden, die so sehr von der Gunst der Babylonier abhängig waren, hätten dem Propheten nicht nur offen feindselig gegenübergestanden, sondern sie wären auch entschlossen gewesen, ihn zum Schweigen zu bringen, damit ihre eigenen Positionen und der Friede der Exulantengemeinde nicht gestört würde.

Wenn wir solche Denkkonzepte und sozialen Hintergründe berücksichtigen, können wir die ungewöhnliche literarische Produktion in Jesaja 40–55 vielleicht besser verstehen. Yehoshua Gitay (Prophecy and Persuasion. A Study of Isaiah 40–48, Forum Theologiae Linguisticae 14, Bonn 1981) hat vermutlich recht, wenn er uns davor warnt, eine scharfe Trennungslinie zwischen mündlicher und schriftlicher Produktion zu ziehen, als hätte der Prophet nur das eine oder das andere Medium exklusiv genutzt. Wesentlich ist, daß Deuterojesaja eine überzeugungskräftige und polemische Sprache gebraucht, die sich an eine Gemeinde, an ein spezifisches Publikum, richtet. Diese Sprache kann in erster Linie zum Publikum *gesprochen* worden sein, es ist aber auch möglich, daß der Prophet seine Reden von Anfang an *niederschrieb* und dem Publikum vorlas. Die Kombination von Geschlossenheit und spiralförmiger Bewegung ergab sich nach Ansicht Gitays möglicherweise daraus, daß der Prophet seinem Publikum eine Reihe von Reden hielt, wobei er jedes Mal dessen Reaktionen und Einwänden Rechnung trug und mit altem, überarbeitetem Material und neuem, zusätzlichem Material zurückkehrte, so daß sich das Ganze durch einen komplizierten Prozeß des Gebens und Nehmens zwischen ihm und seinem Publikum entwickelte. Kapitel 40–55 sind deshalb vielleicht eine Verdichtung einer viel längeren Reihe von dialogischen Prozessen zwischen dem Propheten und dem Volk.

Wenn es ferner richtig ist, daß das Publikum sowohl zum Gottesdienst als auch zu anderen Anlässen des Gemeindelebens versammelt war, dann können wir besser einschätzen, wie der Prophet alte, vertraute liturgische Gattungen benutzte, um eine entschieden neue und schockierende Botschaft zu verkünden. Ich will nicht sagen, daß dies einfach ein Trick war, um Gehör zu finden. Es war, so denke ich, des Propheten Art zu sagen, daß die traditionelle Sprache der Liturgie auf zeitgenössische weltgeschichtliche Taten hinweist, daß sie sich logisch in ihnen verwirklicht und daß die Juden hier Stellung beziehen müssen.

In der oben dargestellten Weise können wir uns bei der Lokalisierung von Deuterojesaja auf eine größere sozialgeschichtliche Genauigkeit zubewegen, nicht indem wir die außergewöhnlichen literarischen und gedanklichen Merkmale des Textes übergehen, sondern indem wir sie als Aspekte einer kritischen Gemeindesituation erläutern. Mit einer nuancierten Analyse dieser Art wird Deuterojesaja für die Befreiungstheologie nicht nur als ein typisches Beispiel für Themen wie der neue Exodus oder das Leiden für die Wahrheit zugänglich, sondern auch als ein besonderer biblischer Vorbote, der eine präzise Analyse seiner Situation durchführte und auf der Basis dieser Analyse energisch und mutig handelte. Und um kluges und mutiges Handeln geht es letztlich in der Befreiungstheologie.

[Aus dem Amerikanischen übersetzt von Hilde Schneck.]

Samuel P. Abrahams

LASSEN SICH DIE PROPHETEN ZUM SCHWEIGEN BRINGEN?

Einige theologische Perspektiven aus dem Alten Testament

»Würden die Leute in Rom doch nur einige Zeit bei den Armen in unserem Land verbringen, dann würden sie verstehen, warum wir diesen Standpunkt in unserer Theologie einnehmen.« Mit diesen Worten weigerte sich einer der römisch-katholischen Priester, die in Brasilien arbeiten, davon Abstand zu nehmen, im Sinne der Befreiungstheologie zu predigen und zu handeln. Mit dieser Weigerung stellte er sich eindeutig auf die Seite der Armen. Die vatikanische Glaubenskongregation, die Pater Boff zu einem Gespräch nach Rom gerufen hatte, forderte, er solle das Evangelium entsprechend der römisch-katholischen Tradition predigen. Die Befreiungstheologie, so wurde argumentiert, sei zu politisch, zu marxistisch und stehe deshalb im Gegensatz zur Tradition der römisch-katholischen Kirche. Meiner Meinung nach steht jedoch bei dieser Kontroverse nicht einfach die römisch-katholische Tradition der Befreiungstheologie gegenüber, sondern hier steht eine mächtige Kirchenhierarchie gegen die Armen. Die Weigerung Pater Boffs ist ein klassisches Beispiel dafür, was ich »eine prophetische Weigerung, sich zum Schweigen bringen zu lassen«, nennen würde.

Die reformierte Tradition bekennt sich dazu, daß zusammen mit dem Priesteramt das prophetische Amt die Grundlage für das aktive Zeugnis der Kirche Christi in der Welt bildet. Dieses Bekenntnis geht sowohl aus dem Alten wie auch aus dem Neuen Testament hervor. Hier müssen wir deshalb fragen, ob die Tradition der reformierten Kirche grundlegende Unterschiede zur Tradition der römisch-katholischen Kirche hinsichtlich prophetischen Handelns aufweist.

Beim Nachdenken über das prophetische Zeugnis der Kirche erwähnt ein reformierter Geistlicher aus seinen Beobachtungen heraus eine andere Art und Weise, wie die Propheten auch innerhalb der reformierten Tradition zum Schweigen gebracht werden: »Wenn wir unsere revidierte, apolitische Version der Bibel predigen, dann sind Diktatoren und Tyrannen eifrig bemüht, uns dabei zu helfen, die Kosten zu decken ...!« Dieser Tatbestand erweckt natürlich den Verdacht, daß mit unserem Verständnis und unserer Erklärung der biblischen Wahrheiten etwas fehlgegangen ist oder daß am prophetischen Zeugnis der Kirche etwas außerordentlich falsch ist.

Aus diesem Grund will ich mich im folgenden auf einige alttestamentliche Perspektiven des prophetischen Zeugnisses konzentrieren und die Versuche, die Propheten zum Schweigen zu bringen, betrachten. Standen die Propheten derselben Alternative gegenüber, sich entweder auf die Seite der Armen zu stellen oder sich zur Tradition der mächtigen Institutionen loyal zu verhalten? Was bedeutete es in einer Situation, in der »Geld lauter als Gott spricht«, ein wahrer Prophet Jahwes zu sein? Ich werde mich auf die Propheten vor dem Exil, das heißt auf die Propheten des 8. Jahrhunderts v. Chr. beschränken: auf Amos, Hosea, Jesaja und Micha. Die Gemeinsamkeiten, die diese Propheten verbanden, bestanden erstens darin, daß sie in einer völlig neuen Weise von Jahwes befreienden Taten in der Geschichte predigten oder diese immer wieder neu darstellten. Zweitens prangerten sie Israels Abfall vom Glauben in allen seinen Formen an. Drittens konzentrierten sie sich gemeinsam auf die sozioökonomischen Ungerechtigkeiten und bekämpften die sie verschleiernde Ideologie. Sie sprachen gemeinsam vom Gericht Jahwes, wo oder wann immer das Volk Israel oder seine Führer die Regeln seines Bundesgesetzes verletzten oder gegen Jahwes Willen handelten.

Jahwes befreiende Handlungen in der Geschichte

Jahwe war der Gott und Befreier Israels seit den Tagen des Exodus aus dem Haus der Knechtschaft und Sklaverei in Ägypten. Die Propheten verkündeten diese Botschaft in jeder konkreten Situation, und damit erinnerten sie Israel fortwährend an Jahwes unermeßliche Liebe für sein Volk. Sie wollten andererseits diejenigen, die sich Jahwe zuwandten, ermutigen, standhaft zu bleiben und auf die zukünftigen Segnungen zu hoffen, die Jahwe auf alle ausgießen wird, die ihm treu bleiben.

Warum war es für die Propheten wichtig, Israel an die Taten Jahwes und an sein Eingreifen in die Weltgeschichte zu erinnern? Es war notwendig, denn nach der Einführung des Königtums wurden nahezu alle Bereiche der israelitischen Gesellschaft verweltlicht mit der Folge, daß der Bereich des Handelns Jahwes, sein Handeln in der Geschichte und seine Rolle als Beschützer Israels, mißachtet wurde und deshalb für die Jahwe-Religion verlorenging. Genau an diesem Punkt konfrontierten die Propheten das Volk und die Herrscher mit einem überraschend neuen Element in ihrer Predigt: Israel wurde mit dem

Gericht Jahwes konfrontiert. Diese Gerichtsbotschaft hatte in der alten Jahwe-Religion keine Grundlage. Amos sagt über das Gericht: »Reif zum Ende ist mein Volk Israel; ich will ihm nicht länger vergeben.« (8,2)

Die Anprangerung der Apostasie Israels

Vor allem im Lichte seines Bundesverhältnisses ermahnten die Propheten das Volk inständig, Jahwe nicht untreu zu werden. Als neues Element kam hier die Kritik am Götzendienst der politischen und religiösen Führer hinzu. Hosea zieht eine klare Linie, wenn er sagt:

Doch hadre nur niemand, und keiner schelte! Mein Volk tut es ja dir gleich, du Priester. So wirst du denn straucheln bei Tage, und auch der Prophet wird mit dir straucheln bei Nacht, ... Von der Sünde meines Volkes nähren sie sich, und nach seiner Verschuldung steht ihr Verlangen. (4,4ff)

Micha beschreibt dieses Fehlverhalten im einzelnen:

Seine Häupter sprechen Recht um Bestechung, seine Priester geben Weisung um Lohn, und seine Propheten wahrsagen um Geld – und dabei verlassen sie sich auf den Herrn und sprechen: »Ist nicht der Herr in unserer Mitte?« (3,11)

Aus diesen Texten können wir ableiten, daß Götzendienst mit wirtschaftlicher Ausbeutung gleichgesetzt wird. Die religiösen Amtsträger im Dienste der Herrscher rechtfertigen die Ausbeutung, indem sie behaupten, Jahwe sei – ungeachtet dessen, was diese »kleinen Propheten« zu sagen haben – noch immer in ihrer Mitte. Ihr Wirken als Priester und Propheten war keine Ehre für Jahwe. Im Gegenteil, es war Götzendienst. Wegen dieser Sünde trifft die volle Wucht der prophetischen Anklage auf die Herrscher und die religiösen Führer. Für deren Häresie mußten die Armen und Schwachen bezahlen. Sie war die Ursache dafür, daß die Armen arm und am Rande der Gesellschaft blieben.

Die Kritik der Propheten an den gesellschaftlichen Verhältnissen

Die Propheten waren Gegner der Ungerechtigkeit. Einige der Propheten richteten deshalb ihre Kritik ausdrücklich gegen die Herrscher. Die anderen wiesen auf die Tatsache hin, daß die Herrscher mitverantwortlich für die Unterdrückung der Schwachen und Armen waren. Deshalb klagten sie die Herrscher an, ungerechte Gesetze zu machen und die Gerechtigkeit zu verabscheuen. Der Begriff *Gerechtigkeit* gehörte für sie unabdingbar zum Willen Jahwes für sein Volk. Dieser Begriff hat eine zentrale Bedeutung »für alle Lebensbeziehungen des Menschen ... Er ist der Maßstab nicht nur für das Verhältnis des Menschen zu Gott, sondern auch für das Verhältnis der Menschen untereinander...« (G. von Rad, Theologie des Alten Testaments I, München 1957, 368). Wir könnten hinzufügen, daß Gerechtigkeit im Kontext der Weissagungen der Propheten besagt, an den Armen, den Schwachen und den Unterdrückten Gerechtigkeit zu üben. Der Widerstand der Propheten, der nicht ungehindert blieb, sollte in diesem Lichte verstanden werden.

In welchen Situationen wurden die Propheten mit der Aufforderung zu schweigen konfrontiert?

1. Die Situation im Nordreich

Während des 8. Jahrhunderts wirkten als Propheten im Nordreich Hosea und Amos. Daneben trat ein weiterer Prophet, wir können ihn Deutero-Micha nennen, ein paar Jahrzehnte vor Micha aus Moreschet-Gat ebenfalls im Nordreich auf. Er war also kein Zeitgenosse von Hosea und Amos. Es wird interessant sein zu zeigen, was er über die sozioökonomische Situation im Norden sagt. Dafür ist es wichtig, kurz das politisch-ökonomische und das ideologische Milieu zu analysieren, bevor wir *die* Texte erläutern, die uns berichten, wie die Propheten zum Schweigen gebracht werden sollten.

Die Texte, die die sozioökonomische und die politische Situation im Nordreich am besten beschreiben, sind Mi 6,16 und Am 8,4–6.

Du hast dich gehalten an die Satzungen Omris, an alle Taten des Hauses Ahab und bist gewandelt in ihren Ratschlägen – damit ich dich zur Wüste mache und ihre Bewohner zum Gespött; so sollt ihr die Schmähung der Völker tragen. (Mi 6,16)

In der Perikope, zu der Mi 6,16 gehört, klagt Jahwe eine Stadt an, in der Ausbeutung und Unterdrückung herrschen. Obwohl der Name der Stadt nicht erwähnt ist, machen die Namen Ahab und Omri eindeutig klar, daß die Hauptstadt Nordisraels, das heißt Samaria, gemeint ist. Angeklagt werden die Angehörigen der korrupten Elite und die Kaufleute in Samaria. Dieser Sachverhalt ist in den Weissagungen von Amos (8,4ff) und Hosea (12,7ff) gut belegt.

Höret dies, die ihr den Armen zertretet und die Elenden im Lande bedrückt, die ihr denkt: »Wann geht der Neumond vorüber, daß wir Getreide verkaufen, wann der Sabbath, daß wir Korn feilbieten, daß wir das Maß kleiner und den Preis größer machen und betrügerisch die Waage fälschen, daß wir um Geld die Bedürftigen kaufen und den Armen um ein paar Schuhe und auch den Abfall des Kornes verhandeln?« (Am 8,4–6)

Kehren wir zu Micha 6,16 zurück, so stellt sich folgende Frage: Der Text erwähnt die Namen der Könige Israels, Omri und Ahab; gibt es irgendwelche Hinweise, daß diese Herrscher »das Volk Jahwes« ausbeuteten und unterdrückten, abgesehen von der Tatsache, daß sie den Zorn Jahwes dadurch weckten, daß sie das Volk zu Sünde und Götzendienst verleiteten (1 Kön 16,26 u. 16,33)?

Aus dem historischen Bericht des Deuteronomisten (1 Kön 16) können wir nicht ableiten, daß diese Herrscher soziale Ungerechtigkeiten begingen, wie sie in Mi 6,10–12 beschrieben sind; dies schließt aber nicht aus, daß es eine eindeutige Verschlechterung der wirtschaftlichen Verhältnisse gab. Die sozialen Ungerechtigkeiten können gut aus den »Gesetzen« des Bundesbuches abgeleitet werden (Ex 21,1–23,19). Diese Gesetze wurden als Antwort auf die Verschlechterung der sozioökonomischen Situation formuliert, die durch die Vereinigung des Reiches unter einem König entstanden war und durch die verhängnisvolle monarchische Politik der omridischen Dynastie verschärft wurde. Es ist wichtig festzuhalten, daß die gesamte biblische Gesetzgebung ursprünglich den Zweck hatte, sich des Rechts des Nächsten anzunehmen und es zu schützen, besonders dann, wenn der Nächste auf materieller Ebene arm war. Deshalb können wir annehmen, daß der zeitliche Ansatz für die Formulierung des Bundesbuches, wie wir es jetzt vorfinden, in einer Periode während der Monarchie, offenbar im Nordreich, liegt. Zu dieser Zeit war die Integrität des gesellschaftlichen Systems und der Rechtsgemeinde Israels durch alternative soziale Strukturen bedroht, die aus monarchischer Zentralisation und aus dem Wiederaufleben kanaanäischer Normen resultierten. Die wirtschaftliche Entwicklung und die kanaanäische Lebensweise führten zu einer häufigen Verletzung dieser Gesetze. Daraus ergab sich die endlose Unterdrückung und Ausbeutung der Armen.

Im Norden hatten die Omriden die Stadt für alle Arten von religiösen Einflüssen offen gelassen, so daß die religiöse Revolte eine notwendige Folge war. Eine Reihe von Ereignissen provozierte einen allgemeinen Aufstand unter den Propheten. Ahab verletzte das Gesetz des *ḥæræm* (= »Bann«) (vgl. Lev 27,29; Jos 6,16–17; Dtn 20,16f), als er Benhadad bei Aphek verschonte (1 Kön 20,35–43). Bemerkenswert ist Vers 34, wo Benhadad zu Ahab sagt:

Die Städte, die mein Vater deinem Vater abgenommen hat, will ich zurückgeben; auch kannst du dir in Damaskus Kaufhallen einrichten, wie mein Vater es in Samaria getan hat. Mich aber magst du auf diesen Vertrag hin ziehen lassen. Da schloß er einen Vertrag mit ihm und ließ ihn ziehen.

Durch die Ermordung Nabots und die Konfiszierung seines Landes wurde das Gesetz der Erbfolge verletzt. Dies versetzte der alten Tradition und Solidarität einen weiteren Schlag und erweckte den Zorn des Elija gegen die Omriden.

Aus dem Kampf um die Bewahrung der Vergangenheit und gegen die Unterdrückung entstanden unter der ländlichen Bevölkerung viele Formen des Widerstands. Die Rebellion Jehus war viel mehr als ein militärischer Aufstand (2Kön 9–10). Sie erwuchs aus einem breiteren Widerstandsbewußtsein des gemeinen Volkes gegen das omridische System und die »aristokratischen Klassen« in den Städten. Die Unterdrücker sollten vernichtet werden: weg mit den Herrschern (der Familie Ahabs); weg mit den Marionetten und Kollaborateuren des Regimes; weg mit den Ausbeutern und Unterdrückern!

Zur Frage, ob die Dynasten Omri und Ahab für die Unterdrückung und Ausbeutung ihrer Untertanen, das heißt besonders der ländlichen Bevölkerung und derer, die nach Samaria zogen, mitverantwortlich waren, macht die Analyse deutlich: Die Namen Omri und Ahab »implizieren eine Tradition, in der die Praktiken und die Politik... so ungerecht sind, daß die Beschwörung ihrer Namen als eine endgültige Anklage dienen kann« (J. Mays, Micah, London 1976, 148).

Der Zusammenstoß zwischen Amos und Amazja, dem Priester von Bethel, sollte als Hinweis auf die Situation im Norden gesehen werden. Er erklärt und demonstriert die Spannung zwischen dem Propheten und seinem Zeugnis für Jahwe auf der einen Seite und der Institution im religiösen Leben Israels auf der anderen Seite. Diese Spannung war auf die Tatsache zurückzuführen, daß die Staatsreligion im Nordreich Ausdruck der Monarchie und ein Instrument der Politik war. Amazjas Befehl, Amos solle schweigen, kam deshalb ex officio. Er war als Hofgeistlicher Priester im Dienste des Königs.

Da sandte Amazja, der Priester von Bethel, zu Jerobeam, dem König von Israel, und ließ ihm sagen: »Amos stiftet Aufruhr wider dich inmitten des Hauses Israel; das Land vermag all seine Worte nicht zu ertragen... Dann sprach Amazja zu Amos: »Seher, geh, fliehe ins Land Juda; dort iß dein Brot und dort prophezeie! In Bethel aber darfst du nicht mehr prophezeien, denn das ist ein Königsheiligtum und ein Reichstempel.« (Am 7, 10–13)

Die Erzählung macht deutlich, daß der Priester keine Skrupel hatte, dem König zu berichten, die öffentlichen Reden des Amos seien ein eindeutiges Mittel politischer Konspiration, die zum Ziel habe, die Regierung zu stürzen. Um Amos noch mehr zu belasten, nimmt der Priester der Botschaft des Amos sogar ihren theologischen Gehalt und interpretiert ihn falsch, als habe er gesagt: »Denn so spricht *Amos* ... Jerobeam soll umkommen.« Amos jedoch sagte: »Darum spricht der *Herr* also ...« Amazja wartete nicht auf Anweisungen von der Regierung, sondern er entschloß sich, das Problem selbst zu lösen. Er befiehlt Amos zu schweigen: er solle kein Wort mehr gegen die Regierung äußern. Die Macht dazu stand ihm durch seine Autorität zu, die in seiner Stellung als Priester des Königs begründet lag. Er befiehlt Amos nicht nur zu schweigen, sondern er hat auch die Unverfrorenheit, Amos aufzufordern, wieder in sein Heimatland, nach Juda, zurückzukehren, wo er seinen Lebensunterhalt verdienen könne.

Amos gibt eine treffende Antwort: »Ich bin keiner der Propheten, die gegen Bezahlung weissagen, sondern Jahwe hat mich geholt, damit ich hingehe und prophezeie« (vgl. Am 7,14f).

2. Die Situation im Südreich

Betrachten wir die Situation im Südreich, so verdient vor allem unsere Aufmerksamkeit, wie die Propheten Jesaja und Micha aus Moreschet-Gat hier die Praxis der Ungerechtigkeit während des 8. Jahrhunderts beschrieben. Wir müssen dabei jedoch beachten, daß ihre Kritik nicht nur sozialethisch, sondern auch theologisch begründet war. Dies resultiert daraus, daß diese Propheten fest in den grundlegenden sakralen Traditionen der frühen Jahwe-Religion verwurzelt waren.

Im folgenden werden wir uns mit der Frage des Grundbesitzes, der wirtschaftlichen Ausbeutung, der Rechtsprechung und mit dem religiösen Hintergrund der Auseinandersetzung beschäftigen, daß heißt mit der Kontroverse zwischen den Propheten und den religiösen Führern, die eine pseudoreligiöse Praxis stützten.

Die Konfiszierung von Land

Die Einführung der Monarchie brachte eine erhebliche Einschränkung der Rechte der freien, landbesitzenden Vollbürger und beträchtliche wirtschaftliche Belastungen mit sich. Der König eignete sich Grundbesitz an, um sich eigene Ländereien zu schaffen. Dies führte zu Wanderarbeit und – in einem begrenzten Sinne – zu Sklaverei. Weiter konfiszierte der König Grundbesitz, um ihn als Geschenk an seine Anhänger weiterzugeben (1Sam 22,7). Grundeigentum ging immer mehr in die Hände einer kleinen Zahl »kapitalistischer« Stadtbewohner über. Die Landbevölkerung wurde dadurch in zunehmendem Maße marginalisiert und proletarisiert (Jes 5,8; Mi 2,1).

Um die Ungerechtigkeiten, die in der Gesellschaft von Jerusalem weit verbreitet waren, anschaulich darzustellen, charakterisierte Micha diese Situation in sehr bekannten Begriffen. In 2,2 verwendet er den Begriff *ḥamād* im negativen Sinne von *»zügelloser, egoistischer Gier«*, die Anspruch auf den Besitz eines anderen erheben will. In Kapitel 2 bezieht sich dieser Ausdruck auf die korrupte Führung, die nach den Feldern ihrer Brüder trachtet. Dies war ein direkter Verstoß gegen die Worte Jahwes in Ex 20, 17: »Du sollst nicht begehren nach dem Hause deines Nächsten ... noch nach irgendetwas, was dein Nächster hat.« Im gleichen Vers benutzt Micha noch einen anderen Begriff, um zu beschreiben, wie von den Feldern der Bauern gewaltsam Besitz ergriffen wird. Er verwendet das Wort *gazāl*, und das bedeutet *»etwas mit Gewalt wegnehmen.«*

Vertreibungen

In der israelitischen Gesetzgebung war festgeschrieben, daß Grund und Boden innerhalb der Familie vererbt werden sollten. Das israelitische Gesetz verbot es, ein Stück Land auf Dauer zu verkaufen und deshalb war festgehalten: »Grund und Boden darf nicht für immer verkauft werden, denn das Land ist mein ...« (Lev 25, 23). Es wurde ebenfalls als schweres Vergehen betrachtet, Männer oder Frauen von ihrem Land zu vertreiben. Michas leidenschaftlicher Angriff gegen die Herrscher, die Witwen und Waisen von ihrem Besitz oder aus ihrem Heim vertrieben, ist in dieser Rechtstradition begründet.

Micha charakterisiert dieses brutale Vorgehen in 2,9 mit dem Begriff *gereš* (Pi'el). Dieses Wort drückt die grausame Art und Weise aus, in der Menschen gewaltsam von ihrem Besitz oder aus ihrem Haus vertrieben werden. Der Begriff wird auch verwendet, um zu beschreiben, wie Männer oder Frauen aus dem Kreise ihrer Familie ausgestoßen werden (Ri 11,2 u. 11,7). Michas Kritik stand deshalb in völliger Übereinstimmung mit Ex 22, 22: »Witwen und Waisen sollt ihr nicht bedrücken *('anā)*« (vgl. Jes 5,8ff; 10,2b).

Die Rechtsprechung

Die Rechtsprechung in Jerusalem war von Parteilichkeit gekennzeichnet. Der Richter begünstigte die Reichen und Mächtigen der Gesellschaft. In 3,11 beschreibt Micha den Amtsmißbrauch an den Gerichtshöfen mit dem Wort šoḥăd, das »*Bestechung*« bedeutet. Der Prozeß der Rechtsprechung wurde pervertiert, denn die zivilen und militärischen Behörden, die dafür verantwortlich waren, die Gerichtshöfe zu verwalten, nahmen Bestechungsgelder an, obwohl für das Gericht festgelegt war: »Bestechung sollst du nicht annehmen; denn die Bestechung macht Sehende blind und verdreht die Sache derer, die im Recht sind« (Ex 23,3.6.8).

Normalerweise waren es die Armen, die im Recht waren, und aus diesem Grund stand geschrieben: »Du sollst das Recht des Armen in seinem Rechtshandel nicht beugen ...« (Lev 19,15; Dtn 16,19). Da die Behörden in Jerusalem diese Klausel verletzten, beschuldigt Micha sie: »Ihr Fürsten des Hauses Israel, die ihr das Recht verabscheut und alles Gerade krumm macht ...« (Mi 3,9; vgl. Jes 23; 10, 1–2), denn die Gerechtigkeit eines Richters war eine Verpflichtung gegenüber Jahwe (Dtn 1,17).

Militärdienst

Der König verpflichtete die jungen Männer der Landbevölkerung zwangsweise, als reguläre Soldaten in seinem stehenden Heer zu dienen. Diese Art der militärischen Sicherung lief völlig dem zuwider, was zur Zeit des »Heiligen Krieges« üblich war, nämlich daß Jahwe selbst die Verantwortung für den Schutz Israels übernommen hatte.

Zum Militärdienst kam die Unterzeichnung militärischer Verträge. Diese hatten zur Folge, daß der König und seine Untertanen ihr Vertrauen auf Waffen und Verbündete statt auf Jahwe setzten. Deshalb warnt Jahwe die Herrscher durch die Propheten:

Wehe den widerspenstigen Söhnen, spricht der Herr, die einen Plan ausführen, der nicht von mir kommt, und ein Bündnis schließen, doch nicht durch meinen Geist ... die da, ohne meinen Mund zu befragen, hingehen nach Ägypten hinunter, um mit dem Schutze des Pharao sich zu schützen und Zuflucht zu suchen im Schatten Ägyptens. Doch der Schutz des Pharao bringt euch in Schande, die Zuflucht im Schatten Ägyptens in Schmach. (Jes 30, 1–3)

Alle Proteste und aller Widerstand gegen diese Vergehen wurden jedoch von den Herrschern in Jerusalem vollkommen ignoriert (vgl. 2 Sam 24).
Auf die Kritik der Propheten an den Herrschern,
die die Schwachen als ihre Feinde betrachten (Mi 2,8),
die die Armen ihres Besitzes berauben (Mi 2,2 u. 2,8),
die die Armen zu Sklaven machen, wenn sie ihre Schulden nicht bezahlen können,

Lassen sich die Propheten zum Schweigen bringen? 117

die die Witwen aus ihrem Heim vertreiben und deren Kinder in die Knechtschaft zwingen (Mi 2,9),
folgt eine Weissagung des Gerichts, das nicht abgewendet werden kann (vgl. Mi 2,3; 2,10; 3,4; 3,12).

Die Botenformel (2,3): »Darum spricht der Herr...«, leitet die Worte Jahwes an jene ein, die die Armen unterdrücken und die Schwachen ausbeuten: »Siehe, auch ich sinne auf Unheil – wider dieses Geschlecht...« Dieser Urteilsspruch zeigt eine Katastrophe an, die die Mächtigen machtlos machen wird. Die einstmals mächtigen Herrscher werden zu Dienern der Unterdrückten werden.

Micha beschreibt in einer Metapher, wie ein Joch auf den Nacken der Herrscher gelegt werden wird, um anzuzeigen, wie die Mächtigen in der Gewalt von anderen enden werden. Diese Metapher wird als ein Bild der Knechtschaft unter einem erobernden Feind verwendet (Jes 9,4; 10,27). Sie drückt zugleich aus, daß die Unterdrücker dasselbe Gefühl der Hilflosigkeit erleiden werden, das sie über andere gebracht haben (vgl. Jes. 3,11). Das Leiden, das sie über ihre Opfer gebracht haben, wird über sie selbst kommen (Jes 1,31). Auch wenn sie qualvolle Schreie ausstoßen werden, wird Jahwe nicht auf die Klagen derer antworten, die das Böse statt der Gerechtigkeit wählen. Die Propheten gingen sogar noch weiter und prophezeiten, daß Jerusalem völlig zerstört würde (Mi 3,12; Jes 5,1–10). Obwohl diese Weissagung zu ihren Lebzeiten nicht erfüllt wurde, sollten wir hier erwähnen, daß sie »als eine feierliche Erklärung der Freiheit Jahwes von jeglicher Institutionalisierung seiner Gegenwart dasteht. Diese Freiheit wird manifest in seiner Bereitschaft, sogar diejenigen zu richten, die behaupten, an ihn zu glauben« (J. Mays).
Vor diesem Hintergrund von Anklagen und Urteilen, wurde den Propheten von den mächtigen Herrschern befohlen zu *schweigen*: »Laßt das Predigen!« fordern sie. »Derlei Dinge predigt man nicht...« (Mi 2,6).

Michas Gegner gehen von Warnungen zum offen ausgesprochenen Verbot über, denn sie nehmen an, ihre Autoritätsstellung könnte solche Prophezeiungen ein für allemal beenden. Jesaja berichtet:

Denn ein widerspenstiges Volk ist es, verlogene Söhne, Söhne, die nicht hören wollen auf die Weissagung des Herrn, die zu den Sehern sprechen: »Ihr sollt nicht sehen!« und zu den Weissagern: »Weissagt uns nicht die Wahrheit, saget uns angenehme Dinge, weissaget Täuschung; weichet ab vom Wege, bieget ab vom Pfade, schweiget uns vom Heiligen Israels!« (Jes 30, 9–11).

Die »Theologie« der Mächtigen

An diesem Punkt müssen zwei Fragen beantwortet werden. Erstens: unterwarfen sich die Herrscher in Israel, im Nordreich und im Südreich, den theologischen Forderungen der Propheten, Gerechtigkeit zu üben? Zweitens: gelang es den Herrschern, die Propheten zum Schweigen zu bringen?

Die Antwort auf die *erste Frage* heißt nein. Die Herrscher hatten Gründe für ihre Weigerung, sich den theologischen Forderungen der Propheten zu unterwerfen. Erstens betrachten sie die Reden und Warnungen der Propheten als sehr »unorthodox« und vom theologischen Standpunkt aus als undenkbar, denn sie argumentierten:

»Nicht wird Schmach erfahren das Haus Jakob. Ist denn der Herr unmutig geworden? Ist solches sein Tun? Sind seine Worte nicht gütig gegenüber Israel?« (Mi 2,6–7)

Einige Dinge sollten dazu angemerkt werden:

Dieses Argument wurde nicht von den Priestern oder den Propheten vorgebracht, sondern von den Herrschern. Mit anderen Worten: diese kannten die Theologie ihrer Zeit sehr gut.

Es entsteht der Eindruck, daß die Herrscher wirklich wußten, wie ihre »Theologie« zu benutzen war, damit sie ihren Zwecken entsprach, nämlich sich als gerecht darzustellen und ungefährdet und sicher als die Erben Jakobs gelten zu können (vgl. Am 9,8).

Kraft ihrer Autorität hielten sie sich für mächtig genug, um sogar Jahwe zu manipulieren. Sie beharrten darauf, Jahwe sei ein sehr geduldiger Gott, und deshalb sei er auch nur langsam zu erzürnen. Jahwe könne seinen Versprechen nicht untreu werden, denn dies wäre ein Widerspruch zu seiner Liebe zu seinem Volk und zu seinen rettenden Handlungen in der Geschichte bzw. zu seinem Bund mit Israel.

Obwohl ihr Wohlstand durch Unterdrückung, Ausbeutung und sogar Blutvergießen erworben war, betrachteten ihn die Mächtigen als Bestätigung ihrer Rechtschaffenheit vor Jahwe.

Auch die Zuhörer Hoseas schenkten dem Wort Jahwes durch seinen Propheten keine Beachtung. Hosea beschreibt ihre Haltung in 9,7:

»Ein Narr ist der Prophet, verrückt der Mann des Geistes« – ja, weil deiner Verschuldung so viel und deine Sünde so groß ist.

Wir müssen deshalb folgern, daß kein Herrscher in Israel, abgesehen von Hiskija, bereit war, die »Reden über die Ungerechtigkeit« anzuhören. Ihre

»Theologie« war auf die Macht ausgerichtet, und deshalb konnten sie sich nicht den Worten machtloser Propheten unterwerfen (vgl. Am 2,12b).

Der zweite Grund, weshalb diese Herrscher nicht die Reden der in unserem Sinne klassischen Propheten anhören konnten, lag darin, daß deren Reden nicht nur »unorthodox«, sondern auch provokativ waren und die Herrscher persönlich angriffen. In ihren Reden richteten sie sich gegen den Staat, statt mit den Wünschen der Regierung übereinzustimmen. Deshalb sollten wir fragen, welche Art von Propheten in den Kreisen der Regierenden begünstigt wurde. Warum zogen die Mächtigen die Predigten der Kultpropheten denen der klassischen – das heißt ungebundenen – Propheten vor?

Diese Diskrepanz kann an zwei Beispielen deutlich gemacht werden. In Jes 30,10 gebietet der Mächtige den Propheten:

»Saget uns angenehme Dinge, weissaget Täuschung.«

Micha erklärt genauer, welche Art von Propheten für die Herrscher akzeptabel war:

Ja, wenn einer käme, Dunst und Trug vorlöge: Predigen will ich dir von Wein und Rauschtrank! – Das wäre der Prediger für diese Leute. (Mi 2,11)

In 3,5 geht er näher auf 2,11 ein und erklärt, wie die Propheten das Volk betrügen:

So spricht der Herr wider die Propheten, die mein Volk irreführen, die Heil verkünden, wenn ihre Zähne etwas zu beißen haben, aber dem den Krieg erklären, der ihnen nichts ins Maul steckt.

Aus diesen Texten wird deutlich, daß Propheten mit einer harmlosen Botschaft niemals eine Bedrohung für die Regierung oder ihre »Sicherheitsgesetze« waren (vgl. Jes 30,1ff). Propheten, die sich nicht in die Politik des Staates einmischen, laufen keine Gefahr, mit den Führern des »Staatsklerus« konfrontiert zu werden, die das Fehlverhalten der Regierung rechtfertigen (Am 7,13). Propheten, die die Mächtigen dabei unterstützen, die Armen auszubeuten und zu unterdrücken, um sich selbst zu bereichern, und die dieses ungerechte Handeln theologisch rechtfertigen, werden in Regierungskreisen hoch geachtet (Mi 3,11). Propheten, die nur Wohlstand für den Staat und »Frieden« inmitten von politischen Unruhen prophezeien, die aber niemals etwas von Ungerechtigkeit in der Gesellschaft sagen, werden »progressiv« und »orthodox« genannt. Auf unsere Zeit bezogen könnten wir sagen, sie sind Diener der

Religion, die die Kunst beherrschen, Politik und Religion auseinanderzuhalten.

Da die klassischen Propheten keiner dieser Kategorien entsprachen, widerstrebte es den Herrschenden sehr, diese Propheten auch nur anzuhören. Sie wurden als Staatsfeinde betrachtet und verdammt, und deshalb wurde ihnen unter Drohungen befohlen zu schweigen.

Wir wenden uns der *zweiten Frage* zu: Gelang es den mächtigen Herrschern, die Propheten zum Schweigen zu bringen? Auch hier lautet die Antwort nein. Die Propheten hatten die feste Überzeugung, daß sie im Dienste Jahwes standen. Sie fühlten sich von ihm erleuchtet und kannten ihn auf einzigartige Weise. Im Bewußtsein ihrer prophetischen Sendung konnten sie in einer Weise von sich selbst sprechen, wie es zuvor in Israel noch nie zu hören war. So erklärte Amos in vollem Selbstvertrauen:

Ich bin keiner der Propheten, die gegen Bezahlung weissagen, sondern Jahwe hat mich geholt, damit ich hingehe und prophezeie (Am 7,14).

Micha sagt unmißverständlich:

Ich aber bin erfüllt mit Kraft, mit dem Geiste des Herrn, mit Recht und Stärke, Jakob seinen Frevel, Israel seine Sünde vorzuhalten (Mi 3,8).

Diese Worte können als Glaubenserklärung angesehen werden, in der die Propheten die Normen für ihre Kritik gegen die Abtrünnigkeit und die Ungerechtigkeit aufzeigten, die in Jerusalem so um sich griffen.

Ein weiterer Grund, weshalb diese Männer sich weigerten zu schweigen, liegt darin, daß sie davon überzeugt waren, daß jegliches Lehren über Jahwe auch seine ethischen Forderungen einschließt. Deshalb war ihr Leben nicht nur dadurch gekennzeichnet, daß sie die Ungerechtigkeit entlarvten, sondern auch vom Prinzip der Solidarität. Hinter ihren Forderungen nach »gleichen Rechten« für alle, nach Gerechtigkeit gegenüber den Schwachen, Armen und Unterdrückten standen die Gesichter gepeinigter Frauen und Kinder, die Gesichter von Familien ohne Zuhause und von Menschen, die durch Gewalt starben. Nicht nur die Herzlosigkeit an sich erfüllte die Propheten mit Empörung, sondern daß diese Herzlosigkeit Frauen, Männer und Kinder traf, die in erster Linie das Volk Jahwes waren.

Schlußbemerkung

Das unerschrockene Zeugnis der klassischen Propheten als Diener Jahwes führte immer zum Konflikt mit den Herrschenden, denn durch ihr Zeugnis klagten sie deren Unrecht an, das durch ungerechte Gesetze, Gewalt und Ausbeutung aufrecht erhalten wurde.

Der Konflikt verschärfte sich weiter, wenn die Propheten durch ihr Zeugnis nicht nur die pseudo-religiösen Argumente der Herrscher und des »Staatsklerus« in Frage stellten, sondern auch das unumgängliche Gericht Jahwes über alle ihre bösen Praktiken ankündigten. Dadurch machten sie deutlich, daß Jahwe sich auf die Seite der Armen und Wehrlosen stellt und daß er sogar dazu bereit ist, Rache für die Armen zu nehmen. So treibt er einen Keil in die Bevölkerung und trennt die Schwachen von den Unterdrückern.

Trotz aller Macht und Autorität, die den Herrschern und den religiösen Führern zur Verfügung standen, gelang es ihnen nicht, die Propheten zum Schweigen zu bringen. Denn die Propheten ließen es nicht zu, daß sie selbst oder ihre Botschaft durch Begünstigungen der Regierung beschmutzt wurden, die alle Gesetze Jahwes verletzte. Der »Staatsklerus« (Kultpropheten und Priester) auf der anderen Seite schwieg. Er konnte nicht glaubwürdig als Diener Jahwes sprechen, denn für ihn »sprach Geld lauter als Gott«.

Dieser Herausforderung stehen auch die Propheten in der modernen Gesellschaft gegenüber, gerade in Südafrika:

Wenn die Propheten beschuldigt werden, sie polarisierten die Christen in der Kirche, dann ist es ihnen gelungen, einen Keil in die Bevölkerung zu treiben, und dies ist grundlegend für das prophetische Zeugnis.

Wahrhaft zu bleiben, bedeutet: Unterdrückung, Ausbeutung und die »theologische« Rechtfertigung des Rassismus anzuprangern.

Ein wahrer Prophet Jahwes zu sein, heißt: sich auf die Seite derer zu stellen, die an den Rand der Gesellschaft gedrängt, arm und die Opfer von Gewalt sind. Es bedeutet: konkret auf ihrer Seite zu stehen und ihnen zu versichern, daß Jahwe auch dazu bereit ist, an jenen Rache zu nehmen, die sie unterdrücken und ausbeuten.

Ein wahrer Prophet Jahwes zu sein, heißt: der Versuchung zu widerstehen, inmitten von Ungerechtigkeit und Korruption in Kirche und Staat zu schweigen.

[Aus dem Englischen übersetzt von Hilde Schneck.]

Willy Schottroff

DAS JAHR DER GNADE JAHWES (Jes 61,1–11)

1. Der Text

In Jes 61 entfaltet ein nachexilischer Prophet, dessen Name uns unbekannt ist, seine Vision von einem unmittelbar bevorstehenden Gnadenjahr seines Gottes. Dieser Prophet, den wir im Unterschied zu dem in der zweiten Hälfte des 8. Jahrhunderts v. Chr. wirkenden ersten Jesaja (Protojesaja: Jes 1–39) und zu dem in die Exilszeit zu datierenden zweiten Jesaja (Deuterojesaja: Jes 40–55) den »dritten Jesaja« (*Tritojesaja*: Jes 56–66) zu nennen pflegen, ist wohl im letzten Drittel des 6. Jahrhunderts v. Chr. aufgetreten und ein Zeitgenosse von Haggai und Sacharja gewesen. Der Text von Jes 61, der sich zwanglos in vier Strophen gliedern läßt, lautet in deutscher Übersetzung folgendermaßen:[1]

1.

(1) Der Geist des Herrn Jahwe ist auf mir,
    weil Jahwe mich gesalbt hat.
Frohe Botschaft den Gebeugten zu bringen, hat er mich gesandt,
    zu verbinden, die zerbrochenen Herzens sind;
auszurufen für die Gefangenen die Freilassung
    und für die Gebundenen die Öffnung (der Fesseln);
(2) auszurufen ein Jahr der Huld Jahwes
    und einen Tag der Rache unseres Gottes;
zu trösten alle Trauernden,
    (3) aufzusetzen den Trauernden Zions[,]
[zu geben ihnen] einen Turban statt Staub,
Freudenöl statt Trauer,
    ein Ruhmesgewand statt verzagtem Geist,
so daß man sie nennen wird: »Bäume des Heils«,
    »Pflanzung Jahwes, um sich zu verherrlichen«.

---

[1] In der Übersetzung sind einige Stellen, an denen der hebräische Text offensichtlich verderbt überliefert ist, korrigiert. Diese Textkorrekturen sind kenntlich gemacht und die bevorzugten Lesungen in Klammern angegeben.

2.

(4) Und sie werden aufbauen die Trümmer aus der Vergangenheit,
   die Ruinen früherer Geschlechter werden sie aufrichten,
und sie werden erneuern die Trümmerstädte,
   die Ruinen vergangener Generationen.
(5) Und es werden Fremde dastehen und euer Kleinvieh weiden,
   und Ausländer werden eure Landarbeiter und eure Winzer sein
(6) Ihr aber werdet »Priester Jahwes« genannt werden,
   »Diener unseres Gottes« wird man zu euch sagen;
das Vermögen der Völker werdet ihr verzehren,
   und mit ihrem Reichtum »werdet ihr euch schmücken«
   (tithăddarû).

3.

(7) ›Weil‹ (tăḥat kî) ›ihre Schande‹ (bâštam) doppelt war
   und Schmach ›und Bespeiung‹ (waroq) ihr Anteil,
darum werden sie in ihrem Lande Doppeltes erben,
   dauernde Freude wird ihnen zuteil.
(8) Denn ich, Jahwe, liebe das Recht,
   hasse ›im Frevel‹ (b^{ec}āwlā) begangenen Raub,
und ich werde ihren Lohn zuverlässig geben,
   und einen ewigen Bund werde ich mit ihnen schließen.
(9) Und bekannt wird sein unter den Völkern ihr Same
   und ihre Nachkommen inmitten der Nationen:
alle, die sie sehen, werden erkennen,
   daß sie der Same sind, den Jahwe gesegnet hat.

4.

(10) Ich will mich freuen in Jahwe,
   und es frohlocke meine Seele in meinem Gotte,
denn er hat mich bekleidet mit Kleidern des Heils,
   in den Mantel der Gerechtigkeit ›hüllt er mich‹ (jă^{ca}ṭenî)
wie der Bräutigam den Turban ›aufsetzt‹ (j^{e}kônen)
   und wie die Braut ihre Schmucksachen anlegt.
(11) Denn wie die Erde hervorbringt ihr Gewächs
   und wie ein Garten seine Saaten sprossen läßt,
so läßt der Herr Jahwe Gerechtigkeit sprossen
   und Ruhm vor allen Völkern.

Wer sich auf der Suche nach Aufschluß über die genauere Bedeutung dieses Textes an die Kommentare zum Jesajabuch wendet und sie zu Rate zieht, befindet sich unversehens in einem Dilemma. Denn im Spiegel der exegetischen Literatur besehen, bietet dieses, wie es zunächst den Anschein hat, so eindeutige und klare Kapitel ihm auf einmal ein *Janusgesicht* dar. Nur ein relativ kleiner Teil der Literatur vertritt die bei unbefangener Lektüre von Jes 61 wohl am nächsten liegende Deutung dieses Textes, die auf einem wörtlichen und konkreten Verständnis seiner zentralen Begriffe und Aussagen aufbaut und aus ihnen Aufschlüsse zu gewinnen sucht über *die reale soziale Lage* der ursprünglichen Adressaten des Propheten und über die ebenso reale, ihre ganze materielle Lebenssphäre einschließende Zukunftsvision, welche dieser ihnen einst übermittelte. Diese Deutung des Kapitels findet sich etwa in den älteren Kommentaren zum Jesajabuch von Bernhard Duhm und Karl Marti sowie in neuerer Zeit in dem von Georg Fohrer und mit Einschränkungen auch in dem von Claus Westermann. Die Mehrzahl der Ausleger deutet Jes 61 jedoch in einem uneigentlichen, spiritualisierenden Sinn. Besonders deutliche Beispiele für dieses Verständnis bieten die Kommentare von Max Haller, Paul Volz und Werner Kessler. Bei diesem Verständnis erhalten die Aussagen des Propheten über die Situation der von ihm Angeredeten und seine Verheißungen für sie eine abgeleitete, vergeistigte Bedeutung. Was er ihnen zuspricht, erhebt sich nun ganz über die Niederungen banaler, materieller Alltäglichkeit, denen die Verheißungsgehalte bei wörtlichem Verständnis des Textes verhaftet erscheinen. Die Aussagen des Textes werden hier zu Äußerungen nicht über die soziale, sondern über *die religiöse Lage* der ursprünglichen Adressaten Tritojesajas: zur Charakterisierung ihrer niedergeschlagenen, ja verzweifelten Gestimmtheit und zum Zuspruch einer Wende für ihre gedrückte Stimmungslage. Zwischen beiden Auslegungen besteht sowohl hinsichtlich der Aussageintention des Textes als auch im Blick auf die aus ihm sich ergebenden Konsequenzen ein Gegensatz, der schärfer nicht gedacht werden kann.

2. Das wörtliche Verständnis von Jesaja 61

Bei wörtlichem Verständnis der Textaussagen stellt sich Jes 61 als *eine Art komplementäres Gegenstück zu Jes 58* dar. In Jes 61 nämlich erscheint das, was in Jes 58 als schwerwiegende Unterlassung Gegenstand des Tadels war, zum tröstenden und aufrichtenden Zuspruch gewendet. In Jes 58, 3–7 war den Angeredeten anläßlich eines von ihnen begangenen Fasttages auf ihre Frage:

(3) Warum fasten wir, und du siehst es nicht,
    kasteien wir unsere Seelen, und du nimmst es nicht wahr?

vom Propheten als schwerwiegendes Versäumnis vorgehalten worden:

Das Jahr der Gnade Jahwes (Jes 61, 1–11) 125

Seht, an eurem Fasttag geht ihr Geschäften nach
und treibt alle eure Arbeiter zur Arbeit an.
(4) Seht, zu Streit und Rauferei fastet ihr,
und während ihr zuschlagt mit unrechter Faust. –
Ihr fastet zur Zeit nicht so,
daß eure Stimme in der Höhe Gehör fände.
(5) Ist das etwa ein Fasten, wie ich es liebe,
ein Tag, an dem der Mensch seine Seele kasteit:
seinen Kopf wie einen Schilfhalm beugen
und sich in Sack und Asche betten?
Nennst du das ein Fasten
und einen Tag, der Jahwe gefällt? –
(6) Ist nicht das ein Fasten, wie ich es liebe:
unrechtmäßige Fesseln auftun,
Jochstricke lösen,
gewaltsam Unterdrückte in die Freiheit entlassen,
und daß ihr jedes Joch zerbrecht?
(7) Ist es nicht: dem Hungrigen dein Brot brechen,
und daß du obdachlose Arme ins Haus aufnimmst;
wenn du einen Nackten siehst, daß du ihn bekleidest
und daß du dich deinem eigenen Fleisch nicht entziehst.

Obwohl Jes 58,1f das Volk als ganzes in den Blick faßt, ist deutlich: die eigentlich Gemeinten sind hier *die führenden Kreise des Volkes*, jedenfalls: seine besitzenden Schichten, welche die Armen unterjochen und so das, was vor Gott ihre Pflicht wäre (vgl. v. 6f), schuldhaft versäumen. Statt dessen vollbringen sie fromme Leistungen: sie fasten und vollziehen Bußriten (v.5, vgl. Jon 3,5–8). Doch der Prophet erklärt diese für wirkungslos (v.3b–4). Jahwes Zuwendung, erklärt er ihnen, hätte nicht fromme Übungen, sondern die Schaffung von Gerechtigkeit (v.8b), von *sozialer Gerechtigkeit* (vgl. v.9f), zur Vorbedingung. Nur wenn sie diese Bedingung erfüllen, haben auch sie Aussicht, in die umfassende Heilsverwirklichung einbezogen zu werden, die Jahwe seinem Volk für die Zukunft in Aussicht stellt (v.11–14).

Ganz anders ist dies in Jes 61: hier verkündet der Prophet einem »Heilsboten« gleich (G. Fohrer) oder vielleicht besser noch (um der von ihm zu Beginn von v.1 so betont hervorgehobenen offiziellen Beauftragung durch seinen Gott auch durch einen angemessenen Titel zu entsprechen): »wie ein öffentlicher Herold« (B. Duhm) den *eigentlich Betroffenen innerhalb des Volkes*, daß jene ihnen so lange vorenthaltene Freisetzung, von der in Jes 58,6(.7.9) als Aufgabe der Reichen und Vermögenden die Rede ist, ihnen nun von ihrem Gott her zuteil werden soll. Die Betroffenen, denen sich das Kapitel ohne weitere Umschweife sogleich zuwendet, sind die *ʿanawîm*, »*die Armen*« *im wörtlichen, d. h. sozialen Sinn des Begriffs*. Sie werden durch das Wort ʿanaw allerdings nicht im Hinblick auf ihre Mittellosigkeit, sondern hinsichtlich ihrer äußeren und inneren »Gedrücktheit« und »Gebeugtheit« charakterisiert: es sind »die Armen, die zerschlagenen Herzens und mutlos bis zur Verzweiflung sind, weil das ersehnte endzeitliche Heil ausbleibt« (G. Fohrer), dessen Eintreffen Deuterojesaja, der Prophet der Exilswende, doch schon Jahre zuvor für die unmittelbar bevorstehende Zukunft in Aussicht gestellt hatte (vgl. nur Jes 46,13;52,1–12). Neben ihnen werden in Jes 61,1 noch die *šᵉbûjim* und die *ʾasûrîm* genannt: *die »Gefangenen« und die »Gebundenen«*. Konkret handelt es sich dabei wohl um »die bei Juden und Heiden in Schuldhaft Geratenen« (K. Marti), wie es jene Angehörigen des jüdischen Volkes sind, von denen wir in Neh 5,5.8 hören. Mit diesen drei konkret-typischen Begriffen faßt der Prophet beispielhaft alle diejenigen ins Auge, die Opfer der umfassenden Notlage geworden sind, die das jüdische Volk damals erfaßt hatte. Ihnen allen: den Armen, den in Schuldsklaverei Befindlichen, aber auch den von sonstiger konkreter Not Gedrückten kündet der Prophet hier die *Aufhebung ihrer individuellen Notsituation* an (v.1f). Dabei greift er mit dem Ausdruck *dᵉrôr* »*Freilassung*«, den er in v.1 gebraucht, unmittelbar den terminus technicus für die Sklavenbefreiung auf (vgl. Lev 25,10; Jer 34,8.15.17; Ez 46,17). Daneben spielt er mit dem Begriff *šᵉnāt raṣôn lᵉjhwh* »*Jahr der Huld Jahwes*« (v.2) offenbar auf die deuteronomistische Institution des Erlaßjahres (Dtn 15,1–18) oder auch auf die vom »Heiligkeitsgesetz« (Lev 17,1–26,46) eingeführte Einrichtung des Jobeljahrs (Lev 25,8–55) an, die beide die Erlassung von Schulden und die Freilassung von Schuldsklaven zum Gegenstand haben. In seiner Auffassung vom Israel als Volk bevorstehenden Heil geht der Prophet offenbar von einer für das Alte Testament auch sonst charakteristischen Ganzheitsvorstellung aus: ihm erscheint die Verwirklichung des dem Volk als ganzem geltenden Heils undenkbar, wenn Teile des Volkes, sein sozialer Bodensatz etwa, von diesem Heil ausgeschlossen bleiben. Ihrer Not mißt er im Zusammenhang der dem *ganzen* Volk geltenden Heilsverwirklichung vielmehr sogar Priorität zu. Daher beginnt nach seiner Vorstellung die Heilsverwirklichung für ganz Israel damit, daß *zuerst* die zwischenzeitlich Verlorengegangenen dem Volk als vollgültige Glieder wieder einverleibt werden.

Nach außen hin – in Hinsicht auf die anderen Völker, unter die Israel zerstreut und deren Herrschaft es unterworfen ist, – wird das jetzt bevorstehende Geschehen, das der Prophet ankündigt, zunächst in v.2 als »*Tag der Rache*« (*jôm naqam*) und der Vergeltung des Gottes Israels an seinen Feinden und den Feinden seines Volkes bezeichnet. In der Sicht des Propheten ist die volle Wiederherstellung Israels undenkbar, ohne daß ein Ausgleich für alles gefunden wird, was die Völker dem Volk Jahwes angetan haben und ihm auch in der Gegenwart des Propheten noch antun. Wie daher im Innern des Gottesvolkes die Aufhebung der jetzt noch vorwaltenden Not und Unfreiheit den Auftakt und ersten Akt der umfassenden Restitution Israels darstellt, so bedeutet die volle Wiederherstellung eine grundlegende Veränderung der Situation Israels unter den Völkern. Sie schließt den Wiederaufbau des in den Kampfhandlungen von 587 v. Chr. zerstörten und seither in Trümmern liegenden Landes und seiner Siedlungen ebenso ein (v. 4) wie den doppelten Ersatz aller durch Raub, Plünderung und erzwungene Abgabenleistungen erlittenen materiellen Verluste und Einbußen (v. 7). Und sie betrifft endlich auch die *Verwirklichung der wahren Bestimmung Israels*, nämlich: das heilige Priestervolk Jahwes zu sein (v. 6; vgl. Ex 19,6). In dieser Rolle als das auserwählte Priestervolk seines Gottes soll sich, so sieht es der Text (v. 6b), Israel vom Reichtum der Völker ernähren, die jetzt aus ihrer in der Gegenwart noch andauernden Herrenstellung verdrängt und in den sozialen Status von Hirten, Winzern und Bauern erniedrigt werden, die für Israel das Land bestellen und die notwendigen Lebensmittel erzeugen müssen. Gemessen an den derzeit – in der Situation der vom Propheten Angeredeten – noch vorwaltenden Verhältnissen soll sich also eine Umkehrung vollziehen, durch welche die im Augenblick noch Ersten zu Letzten und die gegenwärtig Letzten zu Ersten gemacht werden. Die in Dtn 28,29b–33.43–44 beschriebene Wirklichkeit des Fluches, der mit dem Beginn des Exils Israel ereilt hat und auch über dessen Gegenwart noch waltet, wird dem Segen von Dtn 28,13a weichen:» Jahwe wird dich zum Haupt und nicht zum Schwanz machen.«

Dem Text gilt die durch diese Umkehrung bewirkte Bevorzugung des derzeit noch benachteiligten Israel, das den ganzen Ertrag seiner Mühe fremden Herrenvölkern überlassen muß, als gerechter Ausgleich und als *Manifestation des Rechtswillens Jahwes*, der auf Dauer ungerechte Zustände nicht hinnimmt: »Ich, Jahwe, liebe das Recht und hasse ›in Frevel‹ begangenen Raub« (v. 8). Das Verlangen nach Gerechtigkeit im Innern wie nach außen, nicht nationaler Eigennutz und Herrschaftsdrang bestimmt das Geschehen: die Erhöhung Israels unter den Völkern ist in diesem Sinne das Gegenstück zur Erhöhung der Armen und Versklavten im Innern des Volkes. Es geht um die Wiederherstellung der Würde eines erniedrigten Volkes.

Die Sonderstellung Israels als das von Jahwe erwählte und gesegnete Priestervolk, soll, so beschreibt es der Prophet in v. 8b, ihren Ausdruck in einem *ewigen, d. h. unverbrüchlichen Bund* ($b^e rît\ ^c ôlam$, vgl. Jes 55,3b) finden, der an die Stelle des alten, gebrochenen und bislang nicht erneuerten treten wird

(s. dazu Jer 31,31–34). Auf dieses vom Propheten verkündete Evangelium der Armen antworten die Zuhörer mit einem Loblied (v. 10f). In ihm nehmen sie, als sei das Angekündigte vor ihren Augen bereits Wirklichkeit geworden, den Freudenjubel über den Eintritt der ihnen verheißenen Ereignisse voraus.

3. Das spiritualisierte Verständnis von Jesaja 61

Die soeben skizzierte Deutung ist, wie bereits angedeutet, jedoch keineswegs die einzige und vor allem nicht die in der exegetischen Literatur überwiegend vertretene Interpretation von Jes 61. In der überwiegenden Mehrzahl folgen die Exegeten vielmehr einem *spiritualisierenden Verständnis* des Kapitels, bei dem die Aussagen des Textes durchgängig religiösen Sinn annehmen. Hierbei erscheint als die Intention des Kapitels nicht das Evangelium für die Armen, sondern die »*Trostrede« für Israel als ganzes*, die der Prophet in Wahrnahme seines prophetischen »Trostamts« als »*Seelsorger*« dem Volk zu Gehör bringe (M. Haller). Diese Deutung geht davon aus, daß in v. 1 parallel zu den »Armen« und »Gebeugten« (*ʿanawîm*) diejenigen erscheinen, die »gebrochenen Herzens« (*nišbᵉrê-leb*) sind. Dieser Parallelausdruck muß nicht mehr besagen, als daß die Armen und Gebeugten, deren elende soziale Lage in der vorangehenden Halbzeile mit dem Begriff ᶜᵃnawîm zur Sprache gebracht worden war, nun mit dem Ausdruck *nišbᵉrê-leb* im Hinblick auf ihre gedrückte Stimmungslage charakterisiert werden, die ihrer unerträglichen realen Situation korrespondiert. Aber dieser Parallelismus der Begriffe kann, wie dies Werner Kessler tut, auch so verstanden werden, daß man die zweite Halbzeile als Explikation der ersten auffaßt. Dann kann man sagen: »Gewiß ist eine Lage des Elends gemeint, aber sie wird *hauptsächlich nach der Seite ihrer seelischen Auswirkung* ins Auge gefaßt« (W. Kessler). Es ist nur konsequent, wenn dann auch die folgenden Begriffe in v. 1 und 2 in einem uneigentlichen, übertragenen Sinn verstanden und allein auf die psychische Befindlichkeit bezogen werden: »Die Menschen sind voller Trauer, ihr Mut ist zerbrochen, *sie fühlen sich wie Gefangene...*« (W. Kessler). Als Ziel der prophetischen Trostrede wird hier angesehen, daß Tritojesaja »die in Jerusalem zu tatenlosem Leiden verurteilte jüdische Gemeinde« (M. Haller) bzw. »die in Zion, das noch öde und wüst darniederliegt, in elender Lage Schmachtenden« (W. Kessler) *innerlich* habe *aufrichten* wollen. In ihrer gedrückten seelischen Situation habe ihnen der Prophet durch »die Botschaft von der äußeren Wende zu einer inneren Wandlung« verhelfen wollen (W. Kessler).

Der Unterschied, der diese ansatzweise dargelegte Auslegung von dem wörtlichen Verständnis trennt, ist deutlich. Er besteht vor allem in zwei wesentlichen Merkmalen:

a) Das spiritualisierende Verständnis des Textes faßt alle Begriffe, die in ihm vorkommen, in einem uneigentlichen, übertragenen und damit *leicht zu verallgemeinernden Sinne* auf. Dies hat im Hinblick auf die Vergegenwärtigung des Bibeltextes unstreitig Vorteile. Denn ein Text, der für ein solches generalisierendes Verständnis offen ist, läßt sich der universalen Geltung seiner Aussagen wegen leicht in andere Situationen übertragen und auch auf einen heutigen Hörer anwenden. Dagegen bleibt ein Text, der konkret auf einen bestimmten, sozial eng umgrenzten Adressatenkreis und seine Realität bezogen ist, in seiner Partikularität solcher Vergegenwärtigung gegenüber sperrig. Sozialgeschichtliche Bibellektüre, wie sie in der Durchführung des wörtlichen Verständnisses von Jes 61 versucht worden ist, wird daher in vielen Fällen so wie hier primär eine soziale Schranke zwischen dem Text und dem heutigen Leser, der nicht arm ist, aufrichten, die den Text verfremdet und ihn dem aneignenden Zugriff zunächst einmal entfremdet.

b) Mit der spiritualisierend-verallgemeinernden Deutung des Textes ist *eine andere Auffassung vom ursprünglichen Adressaten* des Stückes verbunden als mit der wörtlichen. Das wörtliche Verständnis von Jes 61 setzte zumindest für die Verse 1–3 »in realem Sinn arme, gefangene und versklavte Menschen« als Adressaten voraus, während dem spiritualisierend-verallgemeinernden Textverständnis zufolge »ganz allgemein Israel in seiner Not, das sich um seine Verheißungen betrogen fühlt und um sie trauert«, angesprochen ist (R. Albertz, 188f). Es liegt auf der Hand, daß auch dieser breite Adressatenkreis die Vergegenwärtigung von Jes 61 als eines religiösen Textes erleichtert. Denn der Begriff »Israel« ist seinerseits wieder einer spiritualisierenden Verallgemeinerung auf das »wahre« Israel, das diesen Namen für sich in Anspruch nimmt, hin offen und setzt so einer universellen Textverwendung keine Grenze.

Daß das theologische Interesse an der Vergegenwärtigung des Textes sich gerade in der *christlichen Auslegung* des Alten Testaments leicht in der geschilderten Weise einer spiritualisierend-verallgemeinernden Deutung auswirken kann, ist naheliegend. Doch wendet sich bereits das historisch-kritische Textverständnis gegen einen unkritischen, naiv-aktualisierenden Umgang mit dem Bibeltext, indem es den Ausleger nötigt, über seine vorgefaßten Meinungen, Vorurteile und Interessen hinsichtlich des Textes sich Rechenschaft abzulegen und alle Anstrengungen zu unternehmen, um den Text wirklich aus seiner Entstehungssituation heraus zu verstehen. Wenn daher einem an den konkreten Menschen einer bestimmten Zeit und ihrer Wirklichkeit orientierten Textverständnis eine spiritualisierend-verallgemeinernde, am abstrakten einzelnen und seinem Gottesverhältnis orientierte Auslegung des gleichen Textes gegenübersteht, ist nach den *im Text selbst gegebenen Gründen* zu fragen, die zu der einen oder der anderen Auslegung nötigen. Läßt sich also das spiritualisierend-verallgemeinernde Verständnis von Jes 61 historisch rechtfertigen – d. h. ist es von den in der Lebenswelt dieses Textes gegebenen Voraussetzungen her erfordert? Oder stellt es nur die Projektion unserer modernen bürgerlichen Religion und Frömmigkeit in diesen alttestamentlichen Text dar?

Bei Tritojesaja scheinen nun tatsächlich historische Indizien das spiritualisierend-verallgemeinernde Textverständnis zu stützen. Die stärksten Argumente zugunsten dieser Textinterpretation scheinen sich aus einer Analyse der Sprache Tritojesajas zu ergeben. Walther Zimmerli hat in zwei eindringenden Studien aufgrund der bei Tritojesaja zu beobachtenden vielfältigen Anklänge an die Sprache und Bilder Deuterojesajas nachzuweisen versucht, daß bei »›Tritojesaja‹ weithin die *geistliche Zweitverwendung einer Sprache* vorliegt, die in manchen Ausdrücken während der Exilszeit in ihrer eigentlichen Erstverwendung gebraucht worden war« (II,223f). Seiner Meinung nach sinken schon bei diesem Propheten Bilder und Ausdrücke, die ihre eigentliche Prägung in der exilischen Situation erfahren haben, mit ihrer Übertragung auf nachexilische Verhältnisse »von ihrem ursprünglichen Rang herab und beginnen konventionellere Aussagen der frommen Rede zu werden« (I,223). Diese »*vergeistlicht unscharfe Sprache*« (II,224) ist nach Zimmerli insbesondere für Jes 61 charakteristisch. So greife Tritojesaja, wenn er in Jes 61,1–3 seinen Geistbesitz hervorhebe und sein Amt als Künder einer frohen Botschaft Jahwes proklamiere, auf die Bevollmächtigung des Knechtes Jahwes bei Deuterojesaja zurück und adaptiere sie sich. Jes 61,1a beispielsweise nehme die Aussage von Jes 42,1 auf, wo ebenfalls von der Geistbegabung die Rede sei:

Seht, das ist mein Knecht, auf den ich mich stütze,
   mein Erwählter, an dem ich Wohlgefallen habe:
ich habe meinen Geist auf ihn gelegt,
   Recht läßt er zu den Völkern hinausgehen.

Noch deutlicher vielleicht klingt die Umschreibung des prophetischen Auftrags Tritojesajas in Jes 61,1b an die Bestimmung der Aufgabe des Gottesknechts bei Deuterojesaja in Jes 42,7 an:

Blinde Augen zu öffnen,
   Gebundene aus dem Kerker herauszuführen
      und aus dem Gefängnis, die im Dunkeln sitzen.

Gerade hier aber sei gegenüber der von Deuterojesaja angekündigten Überwindung der »Gefangenschaft« des Exils die bei Tritojesaja in Jes 61,1b unterlaufende Spiritualisierung der Aussagen augenscheinlich: Tritojesaja kündige keine *reale* Befreiung von Deportierten mehr an, sondern die Befreiung von Menschen, die sich in gedrückter seelischer Situation befinden, aus ihrer Verzweiflung. – Weitere enge Berührungen bestehen etwa zwischen Jes 61,2 und Jes 49,8:

Zur *Zeit der Huld* erhöre ich dich,
   am *Tag des Heils* helfe ich dir.

Auch wandle der Ausdruck »verzagter Geist« ($rû^ahkeh\bar{a}$) in Jes 61,3 das deuterojesajanische Bild vom »glimmenden Docht« ($pišt\bar{a}\ keh\bar{a}$) aus Jes 42,3 ab. Und schließlich entspreche der Gebrauch von $bśr$ pi. »gute Botschaft bringen, Gutes melden« in Jes 61,1 dem in Jes 40,9; 41,27; 52,7 bei Deuterojesaja und der von $nḥm$ pi. »trösten« in Jes 61,2 (ferner: 66,13) dem von Jes 49,13; 52,9 – mit dem Unterschied allerdings, daß der Trost an den zuletzt genannten Stellen (wie in Jes 66,13) von Gott kommt, nicht wie in Jes 61,2 vom Propheten und der von ihm verkündeten Freudenbotschaft.

Hinsichtlich der Bewertung dieser Berührungen zwischen Trito- und Deuterojesaja ist Zimmerli sicherlich im Recht, wenn er darauf besteht, daß weder der Hinweis auf die angeblich mangelnde Originalität Tritojesajas noch der auf die allgemein angenommene Schülerschaft Tritojesajas zu Deuterojesaja schon hinreichen, um dieses Phänomen zu erklären. Es leuchtet unmittelbar ein, wenn er die Erklärung für die enge sprachliche Anlehnung Tritojesajas an Deuterojesaja in dem von diesem in Jes 40,8b ausgesprochenen Grundsatz sieht: »Das Wort unseres Gottes besteht für immer!«

Dieser Grundsatz besagte in der Situation Tritojesajas: auch wenn die *volle* Erfüllung des von Deuterojesaja Verkündigten und für die baldige Zukunft in Aussicht Gestellten noch aussteht und gerade wenn insbesondere die Herabkunft Jahwes zu der erwarteten, alle Not wendenden und den Beginn seiner Königsherrschaft einleitenden Theophanie noch verzieht (s. dazu H.-J. Kraus), ist die Prophetie Deuterojesajas keineswegs entwertet. Sie stellte für Tritojesaja vielmehr gerade umgekehrt das grundlegende Verheißungs- und Hoffnungspotential dar, an dem in der äußerlich wie innerlich dürftigen Zeit, die dem Kyrosedikt (538v.Chr.) und der Heimkehr der ersten Rückwanderer nach Palästina folgte, festzuhalten war. Tritojesaja knüpfte an die zentralen Begriffe und Erwartungen Deuterojesajas, seines großen Lehrers, bewußt an, gerade weil für ihn dessen Verheißungen, auch wenn sie noch unerfüllt waren, das entscheidende Unterpfand der Hoffnung auch für die Generation nach dem Exil darstellten. Die noch immer offene Zukunftserwartung der Exilszeit wird so zum entscheidenden Orientierungspunkt für die schon nach Palästina Zurückgekehrten, deren Leben zunächst in der Enttäuschung einer großen Ernüchterung und Desillusionierung zu stranden drohte. Es ist klar, daß die Übertragung der im Exil formulierten Gehalte der Prophetie Deuterojesajas in die gewandelte Situation der nachexilischen palästinischen Gemeinde notwendig auch eine Umdeutung der deuterojesajanischen Erwartungen nach sich ziehen mußte. Denn diese ließen sich kaum ohne solche Umformung auf die neue Wirklichkeit anwenden, die so anders war, als sie sich Deuterojesaja dargestellt hatte. Ob diese Umdeutung aber in jedem Fall in die Richtung einer Spiritualisierung gehen mußte, ist zu bezweifeln. Zumindest theoretisch besteht ebenso die Möglichkeit, daß die gewandelte Situation der Hoffnung zwar einen gewandelten, aber ebenso konkreten, materiellen Inhalt gegeben hat wie jener, der Deuterojesajas Erwartungen eigen war. Die Schwierigkeiten, die sich in Jes 61 mit der Durchführung der spiritualisierenden Deutung verbinden, deuten darüber hinaus an, daß diese Deutung dem Text wohl kaum angemessen ist.

4. Auf der Suche nach einem eindeutigen Textverständnis

Die *Hauptschwierigkeit*, in die man in Jes 61 bei einem spiritualisierenden Verständnis der Textaussagen gerät, besteht darin, daß ein einheitliches Verständnis des Kapitels nicht möglich erscheint und daß die Exegeten, die dieses Textverständnis vertreten, zu literarkritischen Eingriffen in den Textbestand ihre Zuflucht nehmen müssen. Zwar hat Werner Kessler die Einheit des Kapitels dadurch zu wahren versucht, daß er die ab v. 4 so deutlich hervortretenden materiellen Erwartungen, nämlich den Wiederaufbau des Landes und den erhofften Reichtum, als äußeren Trostgrund und bloßen Anknüpfungspunkt für die eigentlich intendierte *innere*, spirituelle Wende des Volkes darzustellen versuchte. Aber das bei diesem Textverständnis zwischen den Versen 1–3 einerseits und den Versen 4–6 andererseits bestehende inhaltliche Spannungsverhältnis ist doch zu eindeutig, als daß es auf diese Weise hinwegerklärt werden könnte. Bereits Bernhard Stade (vgl. B. Duhm z. St.) hat deswegen zumindest v. 5f, die auch formal aus dem Kontext herausfallen, indem sie aus der sonst vorherrschenden 3. Person Plur. in die 2. Person Plur. der Anrede übergehen, für eine »späteren Einschub« erklärt. Bernhard Duhm hat sich dieser literarkritischen Entscheidung angeschlossen, »weil diese Verse Dtjes.s Erwartungen auf das Niveau der späteren fleischlichen Hoffnungen auf Israels Herrscherstellung im messianischen Reich herabdrücken«, und auch Paul Volz hat ähnlich argumentiert. Meist jedoch löst man das Problem durch die

Annahme eines formalen Einschnitts zwischen den Versen 1–3 einerseits und den Versen 4–11 andererseits, d. h. durch die Annahme zweier literarischer Einheiten statt einer (s. z. B. C. Westermann, R. Albertz). – Ein weiteres Problem ergibt sich aus dem Verhältnis von Jes 61 zu Jes 58, auf das oben bereits in Abschnitt 2 kurz eingegangen worden ist. Für Rainer Albertz beispielsweise stellen beide Kapitel Stücke aus verschiedenen literarischen Schichten innerhalb der tritojesajanischen Tradition dar und sind aus ganz verschiedenen Situationen herzuleiten, – Jes 61 aus der Zeit kurz nach dem Exil, Jes 58 aus der Zeit zwischen der Fertigstellung des zweiten Tempels (515 v.Chr.) und Nehemia (450 v.Chr.). – Diesen literarkritischen Unterscheidungen und Texteingriffen gegenüber sind jedoch methodische Bedenken anzumelden. Sie müßten, aufs ganze gesehen, methodisch eine ultima ratio, ein letzter Schritt bleiben, der erst erfolgt, wenn alle anderen Wege einer Erklärung zu keinem Erfolg führen. Vorangehen müßte ihnen der mit verstärkten Anstrengungen unternommene Versuch, eine geschlossene Überlieferungsgröße (in diesem Fall die in Jes 56–66 enthaltene tritojesajanische Prophetie) als eine Einheit zu begreifen. In welcher Weise sich Jes 61 im Verhältnis zu Jes 58 auf dem Hintergrund der gleichen Situation verstehen läßt, ist oben bereits angedeutet worden. Was noch aussteht ist der Nachweis, daß Jes 61 als in sich geschlossene Einheit verstanden werden muß.

Ein Indiz für die *enge Zusammengehörigkeit der verschiedenen Teile von Jes 61* und damit für die Einheit dieses Kapitels sind zunächst einmal die engen sprachlichen und motivlichen Beziehungen, die zwischen v.3 auf der einen und v.10f auf der anderen Seite bestehen. Sowohl der Turban und die Freudenkleider als auch das Bild von der Pflanzung Jahwes tauchen an beiden Stellen, also in der ersten und der letzten Strophe dieser vierstrophigen prophetischen Dichtung, auf. Deutlich ist außerdem die antithetische Entsprechung zwischen Niedergeschlagenheit und Trauer am Anfang (v.1f) und die Freude am Ende (v.10). Innerhalb dieses Rahmens führt das Mittelstück des Gedichts (v.4–9) aus, wodurch diese Wandlung von der Trauer zum Jubel bedingt ist. Es sind einschneidende materielle Veränderungen in der Situation der Angeredeten, die sich in der unmittelbar bevorstehenden Zukunft ereignen sollen. Gedacht ist dabei im einzelnen an die Zeit, zu welcher der Wiederaufbau des 587 v.Chr. zerstörten Jerusalemer Tempels abgeschlossen sein würde und Jahwe in einer, wie man sich vorstellte, welterschütternden Theophanie von seiner Wohnstatt auf dem Zion Besitz ergriffe (vgl. dazu Hag 2,6–9; 2,20–23 und s. auch Jes 60). Auch zwischen dem Mittelstück des Gedichts und seinem Anfang besteht eine deutlich erkennbare Beziehung: denn wenn es in v.9 heißt, daß »alle, die sie sehen, erkennen werden, daß sie der Same sind, den

Jahwe gesegnet hat«, so liegt darin unverkennbar ein Rückgriff auf die Metaphorik von v. 3, in dem es heißt, daß man sie »Bäume des Heils« und »Pflanzung Jahwes, um sich zu verherrlichen« nennen wird. Augenfälliger kann die kompositorische Einheit wohl kaum zum Ausdruck kommen.

Die Gattung dieser Dichtung hat bereits Hermann Gunkel (LXIII), gefolgt vor allem von Karl Elliger (24f), als »*gottesdienstliche Liturgie*« bestimmt. Diese Auffassung wird unterstützt durch die Wiedergabe von v. 10 im Prophetentargum, wo der Vers eingeleitet ist mit: »Jerusalem sagt:...« ('*mrt jrwšlm*) und dadurch ein inhaltlich gut begründeter Wechsel des Redenden nahegelegt wird. Nachdem der Prophet mit dem Hinweis auf seine Legitimation seine Heilsverkündigung eingeleitet hat (v. 1ab) und diese von den Armen und Gebeugten innerhalb der Gemeinde (v. 1b) weiter fortgeschritten ist zum Volk als ganzem (v. 2–9), antwortet die Schar seiner Zuhörer, die versammelte Gemeinde, mit einem Danklied (v. 10f). – Der Sitz im Leben dieser prophetischen Liturgie im Jerusalemer Kult der damaligen Zeit ist unschwer zu erraten: Bei Jes 61 handelt es sich wohl um die prophetische Antwort auf eine der Klagen des Volkes, wie sie in exilisch-nachexilischer Zeit bei den Fasttagen und Volksklagefeiern laut wurden. Sach 8,19 (vgl. auch Sach 7,1.5) belegt derartige Fasttage für den 4.,5.,7. und 10. Monat des Jahres. An diesen Terminen wurde verschiedener unheilvoller Ereignisse aus der letzten Zeit des Staates Juda und dem Beginn der Exilszeit gedacht, – am 10.10. des Beginns der Belagerung Jerusalems (vgl. 2Kön 25,1), am 9.4. der Eroberung Jerusalems im Jahre 587 v. Chr. (vgl. Jer 39,2), am 7.5. der Zerstörung des Jerusalemer Tempels (vgl. 2Kön 25,8f), im 7. Monat schließlich der Ermordung Gedaljas (2Kön 25,25; Jer 41,2). Der Bezug zu diesen Fasttagen und Volksklagefeiern wird auch vom Textbefund in Jes 61 selbst her nahegelegt. Denn die im Text enthaltene Trauerterminologie dürfte, abgesehen von der andauernden Notlage, in der sich das Volk damals befand, speziell aus dem Zusammenhang mit diesen gottesdienstlichen Klagen zu erklären sein. Ja, es erscheint darüber hinaus sogar als denkbar, daß die Rede von den Festkleidern und das Bild vom hochzeitlichen Schmuck in v. 10 nicht einfach assoziativ aus der deuterojesajanischen Stelle Jes 49,18, die ebenfalls das Bild vom Brautschmuck gebraucht, übernommen ist, sondern sich aus dem beabsichtigten Kontrast zu den an jenen Fasttagen üblichen Buß- und Trauerriten erklärt (s. dazu Jon 3,5–8).

Noch in einer anderen Hinsicht ist der Sitz im Leben an den Fasttagen der frühen nachexilischen Zeit für das Verständnis von Jes 61 aufschlußreich. Die Bücher Haggai und Sacharja lassen nämlich erkennen, daß diese Fasttage offenbar nicht nur der Ausdruck der gedrückten Stimmungslage eines Volkes sind, »das mit seinen Aufbauproblemen nicht fertig zu werden droht« (W.

Zimmerli II, 228; ähnlich R. Albertz, 187–189); in die Klage um den Zion geht vielmehr auch ein gutes Stück *echter wirtschaftlicher Not* mit ein, die in jenen Jahren besonders hart gewesen sein muß und vor allem die sozial Schwachen empfindlich getroffen zu haben scheint. Hag 1,6 und Sach 8,10 jedenfalls berichten von Mißernten, wirtschaftlicher Not und Unsicherheit im Lande, – von Zuständen, die durch soziale Gegensätze und besonders die Ausbeutung, Unterdrückung und Versklavung der sozial Schwachen noch verschärft wurden (Sach 8,9f). Bruder stand hier gegen Bruder (Neh 5,1ff, vgl. dazu W. Schottroff). Und die Opfer waren, wie immer in der Weltgeschichte, die schwächsten Glieder in der sozialen Kette. Aber der Gott Israels ist kein Gott, der den erbarmungslosen wirtschaftlichen Konkurrenzkampf aller gegen alle gutheiße und den Ausleseprozeß, der stets die Reicheren, Mächtigeren und Rücksichtsloseren nach oben, die Schwächeren dagegen nach unten bringt, als mögliche Form der Ordnung eines seinem Willen entsprechenden Gemeinwesens sanktionierte. Er läßt seinen Propheten im Gegenteil die Freisetzung der Erniedrigten seines Volkes innerhalb dieses Volkes selbst und die Freisetzung seines erniedrigten Volkes unter den Völkern, die es beherrschen und ausbeuten, proklamieren. Der Gott Israels ergreift so Partei zugunsten der Armen seines Volkes und zugunsten seines schwachen Volkes unter den Völkern: seinem Willen gemäß gibt es das Heil für alle nur unter der Voraussetzung, daß zuerst das Heil der Armen realisiert ist. Tritojesaja verkündet diese Befreiungsbotschaft unter dem betonten Hinweis auf seine prophetische Legitimation. Wie heute hat wohl auch damals schon die Unbedingtheit des den Armen zugesagten Heils und die Bedingtheit, unter die Jes 58 es für die Reichen und Mächtigen rückt, deren Widerstand hervorgerufen. Tritojesaja konnte dem nur mit dem betonten Hinweis auf seine prophetische Autorität begegnen (vgl. Jes 61,1). Und dennoch ist dies die Wahrheit, die auch in unserer Zeit gehört werden will: In der Begegnung mit dem Gott der Bibel gibt es kein Heil, das als Heil für alle nicht eben deshalb *zuerst* das Heil der Armen sein müßte. Eine Gesellschaft, die ihre wirtschaftlichen und sozialen Probleme auf Kosten der Armen im eigenen Land und in aller Welt zu lösen versucht und nicht in Solidarität mit ihnen, ist vor dem Gott der Bibel zutiefst gottlos, – mag sie noch so viele Frömmigkeitsübungen vollbringen.

Zitierte Literatur:

R. Albertz, Die ›Antrittspredigt‹ Jesu im Lukasevangelium auf ihrem alttestamentlichen Hintergrund, Zeitschrift für die neutestamentliche Wissenschaft 74 (1983), 182–206;

B. Duhm, Das Buch Jesaja übersetzt und erklärt, 5. Aufl. mit einem biographischen Geleitwort von W. Baumgartner, Göttingen 1968;

K. Elliger, Die Einheit des Tritojesaja (Jesaja 56–66) (Beiträge zur Wissenschaft vom Alten und Neuen Testament 45), Stuttgart 1928;

G. Fohrer, Das Buch Jesaja III. Kapitel 40–66 (Zürcher Bibelkommentare), Zürich-Stuttgart 1964;

H. Gunkel, Die Propheten als Schriftsteller und Dichter, in: H. Schmidt, Die großen Propheten, XXXVI–LXXII (s. unten);

M. Haller, Das Judentum. Geschichtsschreibung, Prophetie und Gesetzgebung nach dem Exil (Die Schriften des Alten Testaments II/3) Göttingen 2. Aufl. 1925;

H.-J. Kraus, Die ausgebliebene Endtheophanie. Eine Studie zu Jes 56–66 (1966), in: ders., Biblisch-theologische Aufsätze, Neukirchen-Vluyn 1972, 134–150;

K. Marti, Das Buch Jesaja (Kurzer Hand-Commentar zum Alten Testament X), Tübingen-Freiburg-Leipzig 1900;

H. Schmidt, Die großen Propheten übersetzt und erklärt. Mit Einleitungen versehen von H. Gunkel (Die Schriften des Alten Testaments II/2), Göttingen 1915;

W. Schottroff, Arbeit und sozialer Konflikt im nachexilischen Juda, in: L. und W. Schottroff (Hg.), Mitarbeiter der Schöpfung. Bibel und Arbeitwelt, München 1983, 104–148;

J. F. Stenning, The Targum of Isaiah. Edited with a Translation, Oxford 2. Aufl. 1953;

P. Volz, Jesaja. Zweite Hälfte Kapitel 40–66 übersetzt und erklärt, Nachdruck der Ausgabe Leipzig 1932, Hildesheim-New York 1974;

C. Westermann, Das Buch Jesaja. Kapitel 40–66 übersetzt und erklärt (Das Alte Testament Deutsch 19), Göttingen 1966;

W. Zimmerli, Zur Sprache Tritojesajas (1950), in: ders., Gottes Offenbarung. Gesammelte Aufsätze zum Alten Testament (Theologische Bücherei 19), München 1963, 217–233 (= I);

ders., Das ›Gnadenjahr des Herrn‹ (1970), in: ders., Studien zur alttestamentlichen Theologie und Prophetie. Gesammelte Aufsätze II (Theologische Bücherei 51), München 1974, 222–234 (= II).

Luise Schottroff

DIE BEFREIUNG VOM GÖTZENDIENST DER HAB-GIER

1. Vorbemerkung zur Klärung der Begriffe

Das Wort πλεονεξία wird in deutschen Auslegungen und Übersetzungen des Neuen Testaments heute in der Regel mit »Habgier« übersetzt.[1] Mit dieser Übersetzung ist eine bestimmte inhaltliche Füllung verbunden: Habgier sei ein moralisches Vergehen. Ein Mensch, *der sein Herz an den Besitz hängt*, sei habgierig. Implizit ist immer der Kontrast mitzudenken: ein sittlich wertvoller Mensch ist nicht habgierig, mag er reich oder arm sein. »Habgier« ist wie »sexuelle Zügellosigkeit« nach dieser Auslegungstradition das Problem unsittlicher, haltloser Menschen und beruht auf einer *falschen inneren Einstellung* zum Besitz. Auch in den wissenschaftlichen Auslegungen des Neuen Testaments in deutscher Sprache wird πλεονεξία undiskutiert in diesem Sinne als moralisches Vergehen Einzelner verstanden.[2] Eine Ausnahme von dieser

---

[1] S. etwa die Einheitsübersetzung von 1Kor 5,10; 6,10; Eph 5,3.5; Mk 7,22; Lk 12,15; Röm 1,29 u. ö. In dieselbe Richtung weist die Übersetzung von φιλάργυροι Lk 16,14: »die sehr am Geld hingen«.
Die Übersetzung Luthers von πλεονεξία mit »Geiz« wäre heute insofern unzutreffend, als wir umgangssprachlich darunter einen Spezialfall von πλεονεξία/avaritia verstehen: aus Gier nach Geld das Geld *horten*, auf seinen Gebrauch *verzichten*. Für dieses Verhalten als Spezialfall von πλεονεξία/avaritia s. Plutarch, Über die Liebe zum Reichtum, Mor. 524F; Aristoteles, Eth.nic. IV, 1ff. 1121b; Horaz, Sat. I, 1, 63ff; II, 3, 110; Xenophon, Vect. 4,7.
[2] S. z. B. E. Lohse, Die Briefe an die Kolosser und an Philemon (Meyer K IX, 2), Göttingen 14. Aufl. 1968, 201 zu Kol 3,5: »Hat er sein Herz an den Besitz gehängt, so betet er Götzen an«. R. Schnackenburg, Der Brief an die Epheser (EKK), Zürich-Einsiedeln usw. 1982, 202 zu Eph 4,19: »unersättliche Besitzgier« für πλεονεξία unter dem Oberbegriff »unmoralisches Tun und Treiben« (201) neben »der unsittlichen, vor allem sexuell ungezügelten Lebensführung« für ἀκαθαρσία.
Auch der materialreiche ThWNT-Artikel πλεονέκτης κτλ. von G. Delling (ThWNT VI, 1959, 266-274) versteht die Wortbedeutung in ethischen Zusammenhängen, die sich auf materiellen Besitz beziehen, als Geldgier, Gewinnsucht, Habgier oder Raff-

Regel findet sich bei Leonhard Ragaz. Er charakterisiert zunächst die kirchliche Auslegungstradition als seelsorgerlich-private. Sie wende sich an den Einzelnen und warne ihn vor Geiz und Mammonismus.[3] »Man darf ... ein Riesenvermögen haben und kann dennoch ein guter Christ sein, wenn man nur nicht geizig ist, wenn man nur etwas von diesem Riesenvermögen abgibt« (a.a.O. 40). Diese Auslegungstradition drücke sich auch in der Übersetzung von πλεονεξία als »Geiz« aus, besser sei die Übersetzung »Habsucht« oder »Raffsucht« (a.a.O. 39). Der »Fluchbaum einer ganzen Zivilisation ohne Gott« wachse aus der Hauptwurzel, dem verirrten Drang nach Leben. Ihr Boden, auf dem sie wurzelt, ist die Abwesenheit Gottes (a.a.O. 43.41f). »Wo Gott nicht herrscht, da herrschen die Götzen, und der mächtigste von ihnen ist nach dem Evangelium der Mammon. Das ist die Analyse Jesu« (a.a.O. 42). Der Götze Mammon beherrsche den einzelnen wie die ganze Gesellschaft im Drang nach Leben, Sicherheit, Ruhe, Macht und Besitz aus Lebensangst (a.a.O. 41). »Ist es nicht eine Analyse des *Kapitalismus*, mit der es weder Marx

gier, die »materielle Begehrlichkeit« ausdrückt (271, 26–28) und der »sinnlichen Begehrlichkeit« zur Seite steht. Die Wortgruppe πλεονέκτης κτλ. umfaßt im NT nach Delling diese Habsucht, weiterhin betrügerische Vergehen gegen den Besitz des Nächsten (270,47; 271,37f u. ö.); für Röm 1,29 erwägt er einen weitergehenderen Sinn »Hinausgreifen des Menschen über den ihm im Zusammenleben gezogenen Bereich« (272,13f). Daß die Wortgruppe aber das Verhalten *aller* Menschen, auch der sittlich wertvollen, kennzeichnet, sofern sie in einer Gesellschaft mit Geldwirtschaft leben, wird von ihm auch da nicht diskutiert, wo die von ihm behandelten Texte dies explizit sagen, z. B. bei Dio Chrysostomos und Ps. Phocylides (Delling 268,13ff; 270,32ff).
Der Deutungsrahmen der theologischen Tradition ist also festgefügt: Geldgier, Habgier, Raffsucht usw. sind individuelle, moralische Probleme. Dieser Rahmen wird auch von H. Schlier nicht gesprengt, obwohl er Habgier in einem »allgemeinen Sinne« versteht mit Hieronymus: »Apostolum non de ea loqui avaritia, quae studet coacervandae pecuniae, sed qua quis insatiabilis et inexpletus per omnia turpitudinum genera lasciviaeque discurrit« (Der Apostel rede nicht von jener Habgier, die nach Aufhäufung des Geldes strebt, sondern mit der man unersättlich und unerfüllt alle Arten von Schändlichkeiten und Zügellosigkeit durcheilt), H. Schlier, Der Brief an die Epheser, Düsseldorf 4. Aufl. 1963, 233 mit Anm. 6 vgl. auch 215. Die unendliche Habgier in diesem allgemeinen Sinne als »Fundamentalbegriff« umfaßt wohl nach Schlier auch das praktische Verhalten etwa der Geldgier (215), was für ihn aber nebensächlich ist und nicht als strukturelles, sondern moralisch-individuelles Problem erscheint. Strukturell ist nach Schlier im Sinne der Existenzphilosophie nur die Habgier im allgemeinen Sinne. Sie ist als existential-ontologische Kategorie aber nicht zu verwechseln mit struktureller Habgier als gesellschaftlicher Praxis aller im Zusammenhang von Geldwirtschaft.
[3] L. Ragaz, Die Gleichnisse Jesu. Seine soziale Botschaft, (1944), Hamburg 1971, 40.

noch Pestalozzi (der dafür gar sehr in Betracht kommt!) aufnehmen können? Der Kapitalismus, die moderne Gestalt des Mammonismus als gesellschaftlicher Macht, ist aus dem Abkommen von Christus entstanden. Er ist, wie der Nationalismus und Imperialismus, aus der *Gier* erwachsen« (a.a.O. 42). Der Kapitalismus sei »eine Zivilisation der Sorge und der Gier« (a.a.O. 43). Ragaz bezieht sich hier auf Lk 12, 13–21 und Mt 6, 19–24. Die Folge des Abfalls von Gott sei die Gier, die *unendliche* Gier. »Denn diese tritt an die Stelle des verlorenen Gutes, das Gott bedeutet. Die Gier will die durch dessen Verlust entstandene Leere ausfüllen« (a.a.O. 42). Für Ragaz ist also der Kapitalismus *Folge* der Abwesenheit Gottes. Und eine Kirche, die die πλεονεξία/*Habgier* als moralisch-privates Problem betrachtet, ist nach Ragaz von Christus abgekommen (a.a.O. 21.33 u. ö.). Man müßte in der Konsequenz von Ragaz also wohl eine Kirche im Kapitalismus, die Christus treu zu bleiben versucht, von einer Kirche, die durch Moralisierung ihrer Tradition Frieden mit dem Kapitalismus schließt, unterscheiden. Sie wäre nach Ragaz eine Kirche, in der Gott abwesend ist.

Die Einsichten von K. Marx in die »Bereicherungssucht« und »Geldgier«, die mit der Geldwirtschaft zusammenhängen, sind Hintergrund der Auslegung von L. Ragaz, auch wenn die theologische Überschreitung der Marxschen Analyse, auf die Ragaz selbst hinweist, gesehen werden muß. K. Marx reflektiert den Unterschied zwischen einer Gesellschaft, in der Waren getauscht werden, zu einer Gesellschaft, in der Geld Tauschwert ist. Entsprechend unterscheidet er Habsucht, die Waren sammelt und natürlich begrenzt ist, von der Bereicherungssucht, die unbegrenzt ist. Ihre Quelle und ihr Gegenstand ist das Geld. Bereicherungssucht in diesem unbegrenzten Sinne sei erst mit der Geldwirtschaft möglich und habe die alten Gemeinwesen der Mittelmeerwelt zerstört. Bei antiken Schriftstellern finde sich immer wieder die Klage über die Geldwirtschaft. »Die Geldgier oder Bereicherungssucht ist notwendig der Untergang der alten Gemeinwesen. Daher der Gegensatz dagegen. Es (sc. wohl: das Geld) selbst ist das *Gemeinwesen* und kann kein anderes über ihm stehendes dulden. Das unterstellt aber die völlige Entwicklung der Tauschwerte, also einer ihr entsprechenden Organisation der Gesellschaft«.[4] Marx erkennt hier zwar die Götzendimension (»kann kein anderes über ihm stehendes dulden« vgl. MEW 42,148: »Das Geld ist der Gott unter den Waren«), ist aber an dieser Problematik nicht besonders interessiert. In

---

[4] K. Marx, Grundrisse der Kritik der politischen Ökonomie (1857/58), in: MEW 42,149; vgl. Zur Kritik der Politischen Ökonomie, MEW 13,110ff, und: Das Kapital I, MEW 23,147 u. ö.

seiner Auseinandersetzung mit antiken Schriftstellern, die sich zur Bereicherungssucht im Rahmen der Geldwirtschaft äußern, bezieht er sich weder auf das Neue Testament noch auf vergleichbare jüdische Traditionen, die gerade diese *theologische* Dimension der πλεονεξία/*Habgier* als Götzendienst bedenken. Er diskutiert vor allem Aristoteles, bezieht sich aber auch auf Vergil, Plinius d. Ä., Xenophon und Horaz.[5] Marx würde auch nicht akzeptiert haben, daß die Abwesenheit Gottes die *Ursache* der Bereicherungssucht ist. Marx sieht seine Theorie über Geldwirtschaft und Bereicherungssucht vor allem von Aristoteles vorgebildet, der nur nicht habe erkennen können, daß die Lohnarbeit mit der Geldwirtschaft unlösbar verbunden ist. »Die Arbeit muß unmittelbar den Tauschwert, d. h. Geld produzieren. Sie muß daher Lohnarbeit sein. Die Bereicherungssucht, so als der Trieb aller, indem jeder Geld produzieren will, schafft er den allgemeinen Reichtum«.[6]

Obwohl Marx den historischen Zusammenhang der neutestamentlich-jüdischen Tradition zur πλεονεξία/*Habgier* mit der antiken Diskussion über die Geldwirtschaft nicht gesehen hat und obwohl die kirchlich-theologische Tradition diesen historischen Zusammenhang nicht ernstnimmt (s.o. Anm. 2), ist dieser Zusammenhang zum Verständnis des Neuen Testaments und der entsprechenden jüdischen Tradition fundamental, wie zu zeigen sein wird. Er kann erklären, wieso Ragaz' Auslegung von Lk 12, 13–21; Mt 6, 19–24 historisch zutreffend ist. Die theologische Analyse des modernen Kapitalismus durch Ragaz hat ihre Wurzeln in der antiken ökonomischen Analyse der Geldwirtschaft, die ihm wiederum durch K. Marx vermittelt ist, und ihrer neutestamentlich-jüdischen Deutung. Was die Terminologie angeht, ist also weniger entscheidend, welches deutsche Wort zur Übersetzung von πλεονεξία benutzt wird, als vielmehr wie das Wort gefüllt wird. Ist Habgier im Neuen Testament als individuell-moralisches Vergehen anzusehen oder als ein strukturelles ökonomisches Verhalten in einer Geldwirtschaft, an dem *jeder* einzelne partizipiert? Ich benutze das Wort Habgier zur Übersetzung, weil es am ehesten dem antiken Wortverständnis nahekommt. In der Antike hat man bei dem Wort πλεονεξία das »Mehrhaben-wollen« empfunden, wie es seinen Wortbestandteilen entspricht (πλέον; ἔχειν).[7] Ob das Wort im

---

[5] S. MEW 42,96.149; MEW 13,110.111.115; MEW 23,73f. 167 Anm. 6. 386.
[6] MEW 42,150; vgl. MEW 23,78f.
[7] S. Dio Chrysostomos, or. 17,6.20f (Der Wunsch, mehr zu haben als der Nachbar), vgl. Horaz, Sat. I, 1,40; Aristoteles, Eth.nic.V,2. 1129b; Lk 12,15 πλεονεξία / *Habgier* in der Verbindung mit περισσεύειν / *Überfluß haben* vgl. auch Delling aaO. (s. Anm. 2) 266,20. Die treffendsten Umschreibungen des mit πλεονεξία Gemeinten sind ἐπιθυ-

Die Befreiung vom Götzendienst der Habgier   141

Neuen Testament dabei individuell-moralisch oder im Sinne von Ragaz strukturell zu füllen ist, ist eine *historische* Frage, die am neutestamentlichen Befund in seinem geistes- und religionsgeschichtlichen Zusammenhang zu diskutieren ist (Abschnitt 2). Ob die Habgier im strukturellen Sinne unvermeidlich ist, solange wir in einer von Geldwirtschaft geprägten Gesellschaft leben, ist eine theologische Frage, vor der heute jeder Christ und jede Christin steht (vor allem im kapitalistischen Teil der Welt). Die Erfahrungen der urchristlichen Gemeinden mit der Befreiung von dem Götzendienst der Habgier sind dabei wegweisend (Abschnitt 3).

2. »Der Jammer der Alten über das Geld als die Wurzel alles Bösen«[8]

Daß das Geld und die durch das Geld ermöglichte unbegrenzte Habgier die Wurzel alles Bösen ist, wird in zahlreichen antiken Texten wiederholt.[9] Krieg und Mord sind Folge der Geldgier und selbst die Liebe zum Vaterland wird durch sie korrumpiert (Dio Chrysost. or. 17,11f.; Ps. Phocylides 46f.). Die schärfste Darstellung dieses Sachverhaltes findet sich bei Plinius d. Ä. in Buch 33 der Naturgeschichte, in dem er über die Metalle berichtet. Die Habgier (avaritia) ist Geißel der Menschheit. Sie treibt die Menschen, die Erde nach Silber und Gold zu durchwühlen. Die Silber- und Goldbergwerke erscheinen ihm als Vergehen gegen Mutter Erde. »Wir dringen in ihre Eingeweide und suchen am Sitz der Schatten nach Schätzen, gleichsam als wäre sie dort, wo sie betreten wird, nicht genügend gütig und fruchtbar« (33,2). »Das schlimmste Verbrechen gegen die Menschheit beging der, welcher zuerst Gold an die Finger steckte« (33,8). »Das nächste Verbrechen beging, wer zuerst aus Gold einen Denar prägte« (33,42). »Aber vom Geld kam die erste Quelle der Habsucht, indem man den Zinswucher erdachte, und eine gewinnbringende Nichtstuerei, und zwar nicht erst allmählich: Es entbrannte mit einer Art von Raserei nicht mehr bloß Habsucht, sondern Heißhunger nach Gold« (fames auri; 33,48). Plinius d.Ä. bezieht sich mit dieser Formulierung wie schon 33,6 auf Vergil, der vom verfluchten Hunger nach Gold spricht, der Menschen zu

---

μία τοῦ πλείονος (*Gier nach Mehr*) Dio Chrysost. 17,17; cupido habendi (*Gier nach dem Haben*) Plinius d.Ä., Nat.hist. 33,134.
[8] Zitat aus K. Marx, MEW 42,149.
[9] S. Dio Chrysostomos or. 17,6; Ps Phocylides 42–47 (Geld, Gold und Silber); 1Tim 6,10 (φιλαργυρία); weitere Parr. bei M. Dibelius, Die Pastoralbriefe, 3. Aufl. neu bearb. von H. Conzelmann (HNT 13), Tübingen 1955, 66; P.W. van der Horst, The Sentences of Pseudo-Phocylides, Leiden 1978, 142–146.

allem, auch Mord, treibt (auri sacra fames, Aeneis III 57). Diese Vergilformulierung wird auch von K. Marx öfter zitiert (MEW 42, 96.149; 13,110). Die antike Klage über die Lebensfeindlichkeit der Geldwirtschaft betont regelmäßig einerseits die *Unbegrenztheit* der auf Geld oder Gold/Silber gerichteten Habgier und andererseits ihre *Überschreitung menschlicher Bedürfnisse*. Menschen, die nur 70 Jahre zu leben haben, schaffen sich Vorrat für 1000 Jahre. Gemessen an den menschlichen Bedürfnissen ist die Geldgier verrückt (Dio Chrysost. or. 17,20).»Das Verlangen nach Geld (φιλαργυρία) wird von Silber und Gold nicht gestillt und die Habgier (πλεονεξία) hört nicht auf, das Mehr (πλέον) zu erwerben« (Plutarch, Über die Liebe zum Reichtum, Mor. 523 E). Die Gier ist unersättlich (Plinus d. Ä. 33, 134). Auch Aristoteles unterscheidet eine unbegrenzte, naturwidrige und überflüssige Kaufmannskunst, deren Endzweck der Besitz ist, von einer am menschlichen Bedürfnis orientierten, begrenzten Haushaltskunst, für die der Besitz nur ein Mittel ist. Diese natürliche Wirtschaft schließt nach ihm nicht den Gebrauch von Geld aus (Aristoteles, Pol. 1257–1258). Das Bewußtsein, daß es noch gar nicht solange her ist, als man noch Waren tauschte, spricht aus manchen Texten dieser Art: »Wieviel glücklicher war die Zeit, als man noch die Waren selbst untereinander austauschte, was auch noch zur Zeit des trojanischen Krieges der Fall war, wie man allgemein dem Homer glaubt« (Plinius d. Ä. 33,6); auch Aristoteles (a.a.O.) stellt historische Betrachtungen an und bedenkt, daß manche Völker (»Barbaren«) auch zu seiner Zeit noch Waren tauschen. Die Unendlichkeit der Geldgier wird am Rande auch im Alten Testament (Pred 5,9) festgestellt (»Wer das Geld liebt, bekommt vom Geld nie genug«), – während sonst die πλεονεξία im Sinne von Habgier, die auf der Geldwirtschaft beruht, noch kein Thema des Alten Testaments ist. Die LXX übersetzt *bæṣă'* mit πλεονεξία, jedoch sind damit die Übergriffe der Mächtigen gemeint (Jer 22,17; Ez 22,12f. 27 u. ö.).[10]

Unterschiedlich sind in der antiken Literatur die Auffassungen darüber, wer von dieser zerstörerischen Habgier befallen ist und wie sie zu ändern sei. Aristoteles hält die Kaufmannskunst der Wucherer und Händler für überflüssig (Pol. 1257–1258) und unterscheidet zwischen der Gewinnsucht im Kleinen (der Hurenwirte, Wucherer, Falschspieler usw.) und im Großen (der Gewaltherrscher; Eth. nic. IV, 1ff.; 1221b). Plutarch (Über die Liebe zum Reichtum) und Horaz beziehen sich auf die Habgier einzelner Reicher (Horaz Sat. I, 1; II,3): der avarus/*Habgierige* ist verrückt (Horaz Sat. II,3, 158 u. ö.).

---

[10] Dem ist der Wortgebrauch bei Herodot und Thukydides vergleichbar, s. das Material bei Delling (s.o. Anm. 2) 266,21–31.

Tiefer geht die Analyse bei Plinius d. Ä. und Dio Chrysostomos: Alle Menschen sind Habgierige, keiner ist frei davon. Ihre Vorstellung, wie das Elend zu bessern sei, ist sehr nüchtern: »Daher ist es nach meiner Meinung Aufgabe der einsichtigeren Leute, immer wieder bei jeder Gelegenheit über diese Dinge zu sprechen, ob es vielleicht nicht doch möglich ist, die Menschen zu belehren und zum Besseren zu zwingen« (Dio Chrysost. or. 17,5). Plinius ist noch bescheidener. Es gefalle ihm, die unersättliche Habgier zu brandmarken (33, 134). Daß der Besitz von Gold und Silber verboten werden könnte und damit eine Befreiung möglich würde, wird gelegentlich reflektiert (Plato, Leg. 741A–742E; vgl. Plinius d.Ä., Nat.hist. 33,49 über das Lager des Spartacus). Aber insgesamt hat K. Marx den Ton zutreffend charakterisiert, in dem hier über die Geldgier nachgedacht wird: »Der Jammer der Alten über das Geld als die Wurzel alles Bösen«.

Die jüdisch-christlichen Parallelen zu dieser Klage über die Habgier oder Geldgier im nachbiblischen Judentum und im Neuen Testament nehmen einerseits Gedanken dieser Tradition auf, betonen aber andererseits nachdrücklich den religiösen Aspekt: Habgier macht das Gold oder das Geld zu etwas Göttlichem. Dieser religiöse Aspekt findet sich andeutungsweise auch bei den bisher besprochenen Schriftstellern: Gold macht unrein (Plato, Res publ. 416D–419A). Wer Gold hortet, hat Angst vor seiner Berührung wie vor der Berührung eines Heiligtums (Horaz, Sat. II,3,110). Die Geldgierigen, so führt dann Philo den Gedanken weiter, sind Leute, »die von allen Seiten Silber und Gold zusammenschleppen und den gesammelten Reichtum wie ein Götterbild in geheimen Gemächern hüten« (Spec.leg. I,23). Dio Chrysostomos zitiert Euripides für den Gedanken, daß die πλεονεξία/*Habgier* die schlechteste der Gottheiten, ein ungerechter Gott sei.[11] Für jüdische und neutestamentliche Texte ist die Habgier ein Werk des Teufels[12] und *ist* Götzendienst oder führt zu Götzendienst: Kol. 3,5; Eph. 5,5; XII Test. Juda 18,1. Das Geld tritt an die Stelle Gottes: »in der Verführung durch das Geld nennt man die Götter, die keine sind« (XII Test.Juda 18,1). Das Geld als Gott verlangt eine Knechtschaft wie Gott (XII Test.Juda 18,6 vgl. die Gedanken zur Despotie

---

[11] Dio Chrysost. or. 17,9; Euripides, Phoen. 532. Euripides spricht hier von der φιλοτιμία/*Ehrsucht*, aber meint damit eine Begleiterscheinung der Habgier. Dio Chrysost. ändert φιλοτιμία in πλεονεξία »nicht ohne sachliche Berechtigung« Delling aaO. (s. Anm. 2) 268,12.
[12] 1Tim 6,9. Versuchung und Schlinge sind Instrumente des Teufels vgl. 3,7; CD IV 17f: die Netze Belials sind Unzucht, Reichtum und Befleckung des Heiligtums; XII Test. Juda 17,4: »der Herrscher des Irrtums verfinsterte mich mit Geldgier«.

des Reichtums bei Plutarch, Mor. 525B, allerdings ohne religiöse Füllung). Daß Gottesdienst und Mammonsdienst absolute Alternativen sind (Mt 6,24par.) oder daß Habgier Götzendienst ist (Kol 3,5; Eph 5,5), sind also Gedanken, die im Rahmen der jüdischen Diskussion über die Geldgier bleiben. Der Zusammenhang mit der Diskussion über das Elend der Geldwirtschaft und der Habgier in griechischen und römischen Texten ist dabei deutlich. Paulus, wie ihn die Apostelgeschichte darstellt, verkörpert das Idealbild dessen, der nicht habgierig ist, sondern an den Bedürfnissen orientiert für sich und die ihm Anvertrauten mit eigener Hand arbeitet.[13] Habgier orientiert sich nicht an den Bedürfnissen, sagt wie die griechische und römische Literatur auch das Neue Testament (2Kor 9,8.5; 1Tim 6,6.8f). Der reiche Kornbauer ist das Gegenbild zu Paulus: er vergötzt seinen Reichtum, hortet aus Gewinnsucht mehr Getreide, als er jemals wird brauchen können, und wird von Gott gestraft.[14] Für die jüdischen und christlichen Texte ist dabei wichtig, daß ohne die Orientierung an Gottes Willen *alle* Menschen, auch Arme, Opfer der Habgier sind: auch die Jünger werden zur Befreiung von der Sorge und dem Mammonsdienst gemahnt (Lk 12,22 vgl. Mt 6,19–24. 25–34); die Unbemittelten verehren den Reichtum der Reichen, den sie selbst nicht haben (Philo, spec.leg. I 24); die heidnischen Laster, darunter die Habgier, sind ein Problem der Christengemeinden z. Zt. des Neuen Testaments (s. den folgenden Abschnitt). Es ist eine Folge der Geldwirtschaft[15] mit ihrer Möglichkeit der un-

---

[13] Apg 20,33f. In der Regel wird dieser Text auf sog. apostolischen Unterhaltsverzicht gedeutet, obwohl seine Formulierungen dazu keinen Anlaß geben, denn sie deuten nicht auf die besondere πλεονεξία gegenüber der Gemeinde, sondern *generell* auf πλεονεξία. Sie ist umschrieben als Begierde nach den Schätzen, die sich horten lassen: Silber, Gold und (Luxus-)Gewänder. Als Vertreter der Auslegung auf Verzicht auf apostolischen Unterhalt s. J. Dupont, Paulus an die Seelsorger. Das Vermächtnis von Milet (Apg 20,18–36), Düsseldorf 1966, 202ff.

[14] Zur Getreidespekulation in Lk 12,16–21 s. W. Stegemann, in: L. Schottroff/W. Stegemann, Jesus von Nazareth. Hoffnung der Armen, Stuttgart 1978, 125f. Die Ruhe und Freude des Reichen (vgl. Lk 6,25) ist das Gegenteil der Freude bei Gott, die gerade im Lukasevangelium im Vordergrund steht (Lk 15,7 u. ö.) und drückt darum die Dimension des Götzendienstes im Verhalten des reichen Kornbauern aus. Die Strafe Gottes für die Habgier (Lk 12,20) hat mehrere Parallelen in sogenannten Lasterkatalogen, z. B. Eph 5,6, s. dazu unten Abschnitt 3.

[15] Das Neue Testament setzt Geldwirtschaft voraus, was nicht heißt, daß z. B. Geldtagelohn nicht auch mit der Nahrung für den Tag verbunden sein kann oder daß nicht Reste einer Warentauschwirtschaft eine Rolle spielen, s. dazu A. Ben-David, Talmudische Ökonomie I, Hildesheim-New York 1974, 208.

begrenzten Bereicherung, daß jüdische und neutestamentliche Texte das Geld als Götzen ansehen, der einen Götzendienst verlangt und damit zum Abfall von Gott führt. Dieser Götzendienst ist die Gefährdung aller Menschen, die nicht nach Gottes Willen leben, auch solcher, die gar kein Geld haben.

3. Die Befreiung vom Götzendienst der Habgier

Über die Habgier äußert sich das Neue Testament vor allem in zwei Zusammenhängen: dem der sogenannten Lasterkataloge und dem der Gemeindeausbeutung durch christliche Funktionsträger wie den Apostel Paulus. Dieser Spezialfall der Gemeindeausbeutung durch Habgier ist der Sache nach einer der Fälle, in denen deutlich wird, daß die Habgier auch *nach* der Taufe noch Problem der Christen ist, – was in den »Lasterkatalogen« aber explizit oder implizit ebenfalls eine Rolle spielt.

Die gängige Auslegungstradition geht für die Habgier, wie anfangs gezeigt, von der Voraussetzung aus, daß sie ein Problem individueller Unmoral sei. Die Problematik der Moralisierung wiederholt sich aber zusätzlich noch einmal auf der Ebene des Verstehens der »Lasterkataloge« bzw. »Tugendkataloge«. Sie werden von ihrer literarischen Gattung her als Mahnungen zur Tugend und Warnung vor Lastern verstanden und ebenfalls auf ein individuell-moralisches/unmoralisches Verhalten bezogen. Nun sagen aber die meisten Lasterkataloge, daß *alle Heiden* (ἔθνη) sich in der von ihnen beschriebenen Weise verhalten, was einem individuell-moralischen Verständnis widerspricht: »Ihr sollt nicht mehr so wandeln wie die Heidenvölker (τὰ ἔθνη) in der Nichtigkeit ihres Denkens« (Eph 4,17). Dieser Heidenwandel ist u. a. durch Habgier bestimmt (Eph 4,19; vgl. 1 Thess 4,5). Vorchristliches Verhalten von Heidenchristen war bestimmt von Hurerei, Unreinheit, Leidenschaft, böser Begierde und Habgier, sagt Kol 3,5–7. Auch der Lasterkatalog Röm 1,29 mit seiner Erwähnung von vier Grundübeln[16] (»angefüllt mit aller Ungerechtigkeit, Bosheit, Habgier, Schlechtigkeit«) steht im Zusammenhang der Charakterisierung der Heidenvölker ab Röm 1,18. Dort, wo christliches Verhalten als Abkehr von »Lastern«, u. a. der Habgier, charakterisiert wird, wird implizit oder explizit davon ausgegangen, daß diese »Laster« das Leben der *Heiden* bestimmen. Denn die Grundunterscheidung, auf der die Laster- und Tugendkataloge basieren, ist die eines Lebens nach Gottes Willen von ei-

---

[16] Die Vierergruppe in Röm 1,29 ist hervorgehoben durch eine gewisse Abgrenzung von der folgenden Aufzählung (»angefüllt mit aller Ungerechtigkeit..., voll Neid, Mord...«), vgl. auch Delling ThW VI 272, Anm. 21.

nem Leben im Ungehorsam gegen Gott. Im Zusammenhang mit Katalogen, die πλεονεξία mit aufzählen, findet sich diese Unterscheidung Eph 4,18 (»Verstockung«); 5,6 (»Söhne des Ungehorsams«, vgl. Kol 3,5); 1Thess 4,3 (»Wille Gottes«); 4,8 (»wer das verwirft, ... verwirft Gott«); 1Kor 5,10 (»die Hurer *dieser Welt* ...«); 6,9 (»die Ungerechten«); für Mk 7,22 ist der Gedanke durch den Zusammenhang gegeben: das falsche Verhalten, zu dem Habgier gehört, ist Ausdruck der Gottferne der Herzen, d. h. des Ungehorsams gegen Gott (Mk 7,6f). Hier sind die Ungehorsamen sogar Gottes eigenes Volk und die Jesusjünger (Mk 7,6.18). Die sogenannten *Lasterkataloge beschreiben also ein Leben im Ungehorsam gegen Gott*. Dieser Ungehorsam kann von seinem eigenen Volk kommen, von (Heiden-)Christen und er kommt *immer* von Heiden. Heiden leben grundsätzlich *im Ungehorsam* gegen den Willen Gottes, – ein Gedanke, der im Judentum gängig ist.[17]

Nun haben christliche Theologen bei der jüdischen Gattung der »Heidenspiegel«, die in den Lasterkatalogen des Neuen Testaments aufgenommen ist, oft Probleme empfunden. Denn sie ergaben nach ihrem (moralischen) Verständnis die jüdische Behauptung, daß alle Heiden unmoralische Menschen seien und daß sie gegen ein Gesetz verstoßen, das sie ja gar nicht kennen. Ihre ἄγνοια/*Unkenntnis* ist nicht unschuldige Ahnungslosigkeit, sondern Nichtwissen-wollen, Ungehorsam, Verstockung (Eph 4,18f vgl. Röm 1,18ff). E. Lohmeyer spricht darum vom jüdisch-dogmatischen Charakter der Heidenspiegel[18], man verweist auf den von der Tradition vorgegebenen jüdischen Charakter der Lasterkataloge[19]; R. Schnackenburg schlägt vor, »im Deutschen, wo »die Heiden« noch stärker (sc. als in der jüdisch-hellenistischen Literatur und im Neuen Testament) verächtlich klingt, den Ausdruck, wo immer möglich, zu vermeiden«.[20] Man akzeptiert, daß *alle* Sünder sind (Juden und Heiden und natürlich auch Christen), aber nicht, daß es zwei Menschenklassen geben solle, von der die eine alles Böse (im moralischen Sinne) tut und die andere nicht – je nachdem, ob sie nach Gottes Willen lebt oder ihm ungehorsam ist. Durch solche moralische Deutung macht man sich aber das Verständnis der »Laster«- und »Tugend«kataloge nahezu unmöglich. Sie haben

---

[17] S. z. B. die Vorstellung von den adamitischen oder noachitischen Geboten Gottes, die von den Heiden nicht gehalten werden; Materialsammlung bei Billerbeck zu Röm 1,20 (III 36–43).
[18] E. Lohmeyer, Die Briefe an die Philipper, an die Kolosser und an Philemon (Meyer K IX), Göttingen 10. Aufl. 1954, 138f.
[19] E. Lohse aaO. (s. Anm. 2), 199 mit Anm. 4.
[20] R. Schnackenburg aaO. (s. Anm. 2) 199.

denn auch generell unter Christen einen schlechten Ruf und gehören zu dem Bestandteil der christlichen Tradition, auf den man relativ schnell verzichtet. Während Habgier im individuell-moralischen Sinne in der christlichen Auslegungstradition generell als Untugend gebrandmarkt wird, finden die Lasterkataloge, sobald sie den individuellen Rahmen verlassen (als Heidenspiegel oder als generelles Problem von Christen) wenig Liebe. Daß es einzelne verwerfliche Menschen gibt, die habgierig sind, ist akzeptabel, aber nicht, daß die Lasterkataloge die Habgier (u. a.) offensichtlich nicht als Problem einzelner verhandeln, sondern als gesellschaftliches Problem. Daß alle Sünder sind, ist akzeptabel, nicht aber die Konkretion dieser allgemeinen Sünde als gesellschaftlich bedingte Habgier.

In den »Laster«katalogen spielt die πορνεία/*Hurerei* neben der Habgier eine prominente Rolle (s. 1 Thess 4,3; Gal 5,19; Eph 5,3; Kol 3,5; 1 Kor 6,9 u. ö.). Wenn man in dem hier kritisierten Sinne das Wort moralisch füllt, ergibt sich die Vorstellung, daß Heiden in »sexueller Unmoral« leben, in einer »laxen Haltung« der Sexualität gegenüber.[21] Solange man mit W. Bauers Wörterbuch zum Neuen Testament πορνεία als ›jede Art von illegitimem Geschlechtsverkehr‹ versteht ohne historisch zu fragen, in welchem Sinne »illegitim« zu füllen sei, füllt man dann das Wort mit *eigenen* moralischen Vorstellungen. Nun ist aber πορνεία/*Hurerei* in jüdischen und neutestamentlichen Texten nicht mit irgendeiner Moral im Zusammenhang zu sehen, sondern mit dem Willen Gottes, der der Tora – der geschriebenen wie der mündlichen – zu entnehmen ist. Mit πορνεία/*Hurerei* sind also besonders sexuelle Beziehungen, die nach Lev 18 verboten sind[22], gemeint. Das Wort πορνεία hat neben der Beziehung auf Sexualität u. U. auch einen weiteren Sinn: die Ablehnung des Gotteswillens überhaupt.[23]

Das zeigt erneut, wie die gesamten »Laster« der Heiden vom Problem der Beziehung zum Gotteswillen her zu denken sind. Lasterkataloge sind Beschreibungen von Götzendienst oder Ungehorsam gegen Gott, wobei einzelne Begriffe zugleich das gesamte Verhalten umfassend kennzeichnen können. Die katalogische Form darf nicht dazu verleiten, daß man die Begriffe als streng gegeneinander abgrenzbare unterschiedliche Verhaltensweisen versteht. Das zeigt sich darin, daß dieselben Begriffe einmal in der Aufzählung eines Kataloges aufgereiht erscheinen, daneben aber auch in Sätzen, die sie

---

[21] Beispiele aus R. Schnackenburg aaO. (s. Anm. 2) 196 und E. Lohse aaO. (s. Anm. 2) 199.
[22] S. B. Malina, Does PORNEIA mean Fornification?, NovTest 14, 1972, 10–17.
[23] S. die Belege ebenfalls bei B. Malina aaO. (s. Anm. 22).

miteinander verknüpfen. So erscheint die Habgier Eph 5,5 in einer Liste, Eph 4,19 in einem Satz, in dem jedes der »Laster« einen Aspekt des Gesamtverhaltens kennzeichnet (»haltlos geworden haben sie sich der Ausschweifung ausgeliefert, so daß sie jede Unreinheit in Habgier durch die Tat ausüben«).[24] Wer sich nicht an Gottes Willen orientiert, wird unrein im kultischen Sinne, darin kann auch sexuelles Fehlverhalten, z. B. kultische Prostitution, eingeschlossen sein. Die Gesamtheit des heidnischen Lebens hat eine falsche Richtung. »Die Menschen haben, unter dem Druck von Unglück oder Herrschermacht, Stein und Holz den Namen beigelegt, der mit niemand geteilt werden kann« (Weish 14,21); sie verehren Herrscherstandbilder und Götzenbilder als göttlich. »Als ob es nicht genug wäre, in der Erkenntnis Gottes zu irren, nennen sie in dem heftigen Zwiespalt, den die Unwissenheit in ihr Leben bringt, so große Übel auch noch Frieden. Bei kindermörderischen Festbräuchen, heimlichen Kulten oder wilden Gelagen mit fremdartigen Sitten, halten sie weder Leben noch Ehe rein, sondern einer tötet heimtückisch den anderen oder beleidigt ihn durch Ehebruch« (Weish 14,22–24). D. h. Heidenspiegel versuchen die Gesamtheit der heidnischen Gesellschaft in ihren politischen, kultischen, ökonomischen, technischen und sexuellen Aspekten zu erfassen. Dabei geht es nicht um Unmoral, sondern um Illegitimität im Sinne der Tora. Dem entspricht, daß aus der Perspektive der »Heiden« dieses Verhalten gerade *nicht* illegitim (oder gar unmoralisch) ist, sondern legitim. CD IV, 15ff spricht eben dieses aus: »die drei Netze Belials ... daß er damit Israel fängt, und die er vor sie gestellt hat *als drei Arten von Recht*: die erste ist die Unzucht, die zweite der Reichtum, die dritte die Befleckung des Heiligtums«. Es sind die heidnische Gesellschaft und die damit verbundenen sexuellen, politischen und ökonomischen Strukturen, die hier für illegitim gehalten werden.

Wenn also πλεονεξία/*Habgier* in einem solchen Zusammenhang (wie durchweg im Neuen Testament) auftaucht, dann ist damit das strukturell vorgegebene ökonomische Verhalten der nichtjüdischen Gesellschaft in seinem kultischen, sexuellen und politischen Kontext gemeint. Heidenspiegel und Lasterkataloge versuchen Strukturen zu erfassen (ähnlich wie für avaritia/ πλεονεξία Plinius d. Ä. und Dio Chrysostomos). Die von Plinius d. Ä. als Verbrechen an der Menschheit kritisierte avaritia (*Habgier*) wird im Neuen

---

[24] Ähnlich sind die Begriffe des Lasterkataloges 1Kor 5,10; 6,9f in 1Thess 4,3–8 in Satzkonstruktionen einander zugeordnet. Da die einzelnen Begriffe sowohl umfassend als auch speziell angewendet sein können, ist es möglich, daß die Beifügung »das ist ein Götzendiener« in Eph 5,5 sowohl speziell gemeint sein kann (wie Kol 3,5: Habgier ist Götzendienst) als auch generell: alle zuvor genannten Laster sind Götzendienst.

Testament als Götzendienst kritisiert. Der Zusammenhang von πορνεία/*Hurerei* oder πλεονεξία/*Habgier* mit dem Götzendienst ist dabei nicht zufällig oder nur traditionell und formal vorgegeben, weil eben jüdische Äußerungen über heidnische »Laster« diese Begriffe aufzählen.[25]

Habgier, ein Verhalten an dem jede(r) durch die Geldwirtschaft partizipiert, wird also im neutestamentlichen Christentum wie im nachbiblischen Judentum als heidnisches »Laster« angesehen, als Ungehorsam gegen Gottes Willen, als Teilhabe an der Sünde und Götzendienst. Der biblische Zusammenhang, auf den man sich dabei bezieht, ist das 9. und 10. Gebot (Ex 20,17; Dtn 5,21) mit seinem Verbot des Begehrens (ἐπιθυμεῖν). πλεονεξία wird als ἐπιθυμία verstanden (s. Apg 20,33).[26] Die Weltherrschaft der Sünde, die vor allem Paulus beschreibt, drückt sich auch darin aus, daß die Heiden von Habgier getrieben werden.

Die in den Lasterkatalogen vorliegende Analyse der Struktur der heidnischen Gesellschaft wird nun aber nicht selbstgerecht vorgetragen, so als seien Juden und Christen nicht davon betroffen. Belial will Israel mit dem, was Heiden für legitim halten, fangen (CD IV, 15ff). An der Struktur der Weltherrschaft der Sünde partizipieren Heiden und Juden, und damit auch Heidenchristen und Judenchristen, wie Paulus vor allem dargelegt hat. Das Neue Testament wie das Judentum reden über diese Strukturen und ihre Gefährdungen nun aber nicht im Tone der bloßen Analyse oder der Klage, sondern im Zusammenhang der Praxis der Befreiung. Die befreiende Praxis des Judentums, die sich am Gotteswillen orientiert, hat für die Christen einen anderen Aspekt, da ihr das Christusgeschehen noch vorgeordnet ist. Durch Christi Tod und Auferstehung ist das Heil durch Gott verwirklicht worden. Auf dieses Geschehen bezieht sich der christliche Glaube und stellt sich in den Zusammenhang des Lebens nach Gottes Willen. Christen haben zu prüfen, was der Wille Gottes ist (Röm 12,2). Sie haben ein Leben zu führen ohne πορνεία/

---

[25] So als eher formal bedingte Zufälligkeit beurteilt E. Schweizer die Zufügung ἥτις ἐστὶν εἰδωλολατρία – die Habgier, »die Götzendienst ist«, Kol 3,5 (E. Schweizer, Der Brief an die Kolosser [EKK] 1976, 144; vgl. auch A. Vögtle, Die Tugend- und Lasterkataloge im Neuen Testament, Münster 1936, 40).

[26] »Begierde«/ἐπιθυμία taucht als Oberbegriff der »Laster« z. B. Röm 1,24; 6,12; 7,7; 13,14 u. ö. auf. Bezug auf πλεονεξία als ἐπιθυμία ist Eph 4,22; Kol 3,5; 1Thess 4,5; 1Tim 6,9 erkennbar. πλεονεξία im Bezug zum Begierdeverbot des Dekalogs ist Mk 7,22 anzunehmen. Zum »Siegeszug des 10. Gebotes über alle anderen Einzelgebote« im nachbiblischen Judentum und seiner kultischen, sexuellen und ökonomischen (als Habgier) Füllung s. K. Berger, Die Gesetzesauslegung Jesu I (WMANT 40/I), Neukirchen-Vluyn 1972, 343–349.

Hurerei, ohne πλεονεξία/*Habgier*, befreit von den Begierden des Todesleibes, durch die die Sünde herrscht. Nun wird man unter heutigen Christen sagen, es sei denkbar, daß Christen ohne Hurerei und Habgier im moralischen Sinne leben[27], aber ohne Habgier im strukturellen Sinne sei Leben in unserer von der Geldwirtschaft geprägten Welt kaum vorstellbar. Sündige Strukturen seien unveränderbar. Ein Leben ohne Habgier im strukturellen Sinne war zu neutestamentlichen Zeiten ebenso schwer vorstellbar wie heute. Es wäre ein Fehlschluß, den Mammonismus der neutestamentlichen Zeit für harmloser zu halten als den unserer Zeit, auch wenn sich die Gesellschaft des Römischen Reiches und ihre Ökonomie sicher nur schwer mit unseren Lebensbedingungen vergleichen läßt.

Wie wenig die Lebensbedingungen zur Zeit des Neuen Testaments als harmloser anzusehen sind als unsere, zeigt sich darin, daß vergleichbare Probleme bei der Verwirklichung des Gotteswillens in den Gemeinden auftauchen.

Habgier war eine der wichtigsten Ursachen (neben der Verfolgung), die Christen zum Abfall von ihrem Glauben gebracht hat, s. 1 Tim 6,10; Mk 4,19 (die Verführung des Reichtums, die in den Bereich der Begierde gehört, vgl. Lk 8,14; Mt 13,22). Der Rückfall in heidnische Lebensweise mit ihrer Habgier ist für die Christengemeinden ein permanentes Problem, s. Eph 4,22; 5,6; Kol 3,5 (»tötet«); 1 Kor 5,11. Der Prozeß zwischen Christen vor einem heidnischen Gericht, den Paulus in 1 Kor 6,1–11 kritisiert, dreht sich um ökonomische Fragen (s. 1 Kor 6,4.8) und bringt die Angeredeten in die Situation der Verführung zu heidnischem Verhalten (1 Kor 6,9), von dem sie eigentlich durch die Taufe befreit sind (1 Kor 6,11 »aber ihr seid abgewaschen«). Die Absonderung von den Heiden mit ihrem Gott ungehorsamen Verhalten, die Paulus in einem früheren Brief empfohlen hat, läßt sich nicht durchführen, aber wenigstens *in* der Gemeinde sollen klare Sanktionen (nicht zusammen essen) die Abgrenzung zu heidnischem Verhalten markieren (1 Kor 5,9–13). Paulus kritisiert die korinthische Gemeinde wegen ihrer Zurückhaltung bei der Sammlung der Kollekte für die Christen in Jerusalem und warnt sie deshalb vor der Habgier (2 Kor 9,5). Ein Dauerproblem der christlichen Gemeinden dieser Zeit und danach war die Ausbeutung der Gemeinden durch ihre eigenen Apostel und Propheten. Das Unterhaltsrecht, das sie genossen, wurde immer wieder mißbraucht (s. nur 1 Tim 6,5; Herm mand 11; Did 11; die Be-

---

[27] E. Schweizer aaO. (s. Anm. 25) 138.143 trennt Unzucht, Götzendienst und Habgier als Laster der Heiden, die die Gemeinde nicht mehr betreffen, von den Sünden wie Zorn, Wut, Lüge usw., die auch in der Gemeinde auftreten.

teuerungen des Paulus 1Thess 2,5; 2Kor 7,5; 12, 14.17.18; vgl. 2Petr 2,3.14; Mt 10,8–10 – wie überhaupt das Verhalten des Paulus, der nur in bestimmten Ausnahmefällen sein Recht auf finanzielle und materielle Unterstützung durch Gemeinden in Anspruch nahm, in der Regel aber durch eigene Handarbeit seinen Unterhalt verdiente).

Habgier war also ein Alltagsproblem auch innerhalb der Gemeinden. Habgier war Kennzeichen heidnischen Verhaltens, das durch die Taufe abgewaschen war, und doch Ursache für viel Mißtrauen untereinander, für Konflikte und für eine dauernde Anstrengung, mit dem heidnischen Verhalten fertig zu werden. Die Texte sprechen eine deutliche Sprache, die diese Anstrengung benennt: »Ihr aber habt Christus so nicht gelernt« (Eph 4,20): Lehren und Lernen geht nach der Taufe weiter. Der neue Mensch wird durch die Taufe angezogen und doch steht ein(e) Christ(in) mitten in dieser Arbeit der Befreiung (Eph 4,24). Die Anstrengung des alltäglichen Christenlebens verdeutlichen z. B. die Verben, die 1Tim 6,11f im Zusammenhang der Befreiung von der Habgier benutzt und die allesamt urchristliche Standardworte sind: das Laster *fliehen*, die Gerechtigkeit *verfolgen*, den guten Kampf *kämpfen*, das ewige Leben *ergreifen*. Die alltägliche Anstrengung, den christlichen Glauben zu leben, wird eigentlich aus allen neutestamentlichen Texten deutlich. Die Anstrengung ist auch oft vergeblich gewesen und hat Rückschläge nicht verhindern können. Die gesellschaftlichen Strukturen, zu denen die Habgier gehört, verlangen einen lebenslangen Widerstand. Dieser Widerstand war nur möglich, weil die Christen in Lebensgemeinschaften, den relativ kleinen Gemeinden, zusammenlebten. Durch Gottes Berufung waren sie von der Macht der Sünde befreit und dazu befähigt, den zähen Kampf gegen die Ungerechtigkeit zu kämpfen. Die sogenannten Laster- und Tugendkataloge sind Bestandteil des (jüdischen und) christlichen Lernens, das zum Widerstand gegen die Habgier gehört. Die Geschwister in Christus nicht übervorteilen (1Thess 4,6), nicht unrecht tun und andere zugrunde richten (2Kor 7,2), vor allem sich an den Bedürfnissen orientieren und nicht reich sein wollen, das sind die wichtigsten Gegenstrategien gegen die strukturelle Habgier. Aber wirksam ist dieser Widerstand gegen die Habgier nur, wenn Christen in Gemeinden ihn leisten. Einzelne haben keine Chance.

Die Macht der Sünde nach der Lehre des Paulus wird heute oft beschworen, um zu begründen, warum die Habgier und der Egoismus im strukturellen Sinne unveränderbar sein soll. Es kann sein, daß die Habgier in diesem Sinne ein übermächtiges, widergöttliches Instrument ist. Aber Christen glauben an einen Gott, der sie durch Christi Tod und Auferstehung von der Macht der Sünde befreit hat. Wirtschaftsformen, die Menschenopfer fordern und deren

Antriebskraft die Habgier ist, sind nicht durch die sündige Struktur der Welt zu rechtfertigen. Die Arbeit, die die Befreiung von der Sündenmacht uns abverlangt, hat Aussicht auf Erfolg, wie die Geschichte der urchristlichen Gemeinden zeigt. Habgier ist nicht ein relativ leicht vermeidbares, moralisches Fehlverhalten, sondern ein Kapitulieren vor der Macht des Götzen, der eine wesentliche Seite der Weltmacht Sünde ist. »Aber ihr seid abgewaschen, ihr seid geheiligt, ihr seid gerechtgemacht im Namen unseres Herrn Jesus Christus und im Geist unseres Gottes« (1Kor 6,11). Der Verlust Gottes – ich knüpfe noch einmal an L. Ragaz an – hinterläßt eine unendliche Leere, die die unendliche Gier ausfüllt. Die unendliche Gier ist kein unausweichliches Schicksal. Die Befreiung von der unendlichen Gier und der lebenslange Widerstand gegen sie sind – damals wie heute – elementare Gotteserfahrung. Kirche im Kapitalismus kann nur dann Frieden mit dem Kapitalismus halten, wenn sie ihre eigene biblische Tradition individuell-moralisch umdeutet. Eine Kirche im Kapitalismus, in der zu merken ist, daß durch Christus Befreiung von der Gier und der Sündenmacht bewirkt wird, gerät notwendig in Spannung zum Kapitalismus. Einfacher ist die Befreiung durch Christus nicht zu haben.

Michael Bünker

»GEBT DEM KAISER, WAS DES KAISERS IST!« –
ABER: WAS IST DES KAISERS?

Überlegungen zur Perikope von der Kaisersteuer*

1. Wirkungsgeschichte

»Denn ym newen Testament hellt und gillt Moses nicht, Sondern da steht unser meyster Christus und wirfft uns mit leyb und gut unter den Keyser, was des Keysers ist.« So schreibt Luther 1525 in seiner Schrift »Wider die räuberischen und mörderischen Rotten der Bauern«.[1]

Kurz vor der Französischen Revolution heißt in einem Kirchenlied von Johann Andreas Cramer (1723–1788) mit dem vielsagenden Titel »Wer gehorcht, der thu's mit Lust« die sechste Strophe: »Schaue Jesum Christum an; er, wie du, ein Untertan, und doch aller Fürsten Gott, that, was das Gesetz geboth.«[2]

1883 schreibt Leopold von Ranke in seiner Weltgeschichte den vielzitierten Satz: »Von allen herrlichen Worten, die von Jesus Christus vernommen worden sind, ist keines wichtiger, folgenreicher als die Weisung, dem Kaiser zu geben, was des Kaisers und Gott was Gottes ist.«[3]

Eine besonders bedeutsame Auslegung erfährt unsere Perikope durch Gerhard Kittels Untersuchung: »Das Urteil des Neuen Testamentes über den Staat.«[4] Die Antwort, die Jesus auf die Frage der Kaisersteuer gibt, ist nach Kittel die »volle Bejahung«.[5] Bei Kittel hat wohl die Tradition, die aus unserer

---

* Überarbeitete Fassung einer Bibelarbeit, gehalten am 27.5.1984 auf der Tagung der Evangelischen Akademie Wien in Zusammenarbeit mit dem Institut für Systematische Theologie der Evang.-theol. Fakultät der Universität Wien zum Thema: »Barmen: Kirche im politischen Spannungsfeld 1934–1984«.
[1] WA 18, 358, 34–37.
[2] Zitiert nach: Evangelisch-christliches Gesangbuch, Wien 1829 (2. A.), Nr. 445.
[3] L. v. Ranke, Weltgeschichte, Bd. III/1, Leipzig 1883, 160f.
[4] ZSyTh 14 (1937), 651–680.
[5] G. Kittel (Anm. 4), 655.

Geschichte die Bejahung staatlicher Macht herausliest und für die hier einige Beispiele gegeben wurden, ihren Höhepunkt gefunden.

So schreibt er: »Das Thema der Szene heißt wirklich in ganzer Schärfe: Christus und Imperator.« Und folgert: »An dieser konkreten Situation, aus der heraus das Wort Jesu gesprochen ist, zerbricht die landläufige Theorie von den zwei ungleich betonten Hälften, in die das Wort zerfalle: einen wegwerfenden Satz, daß man der irdischen Macht ›meinetwegen‹ geben möge, was sie verlange; und daß diese Frage nicht erheblich sei im Schatten des anderen Satzes, der erst das eigentliche sage, der den Ton habe, worauf alles ankomme, woran jene Frage nach dem Kaiser so völlig gleichgültig werde, daß sie nicht einmal der Mühe des Widerspruches wert sei... Vielmehr ist mit der Antwort Jesu für den Bereich seiner Kirche auf alle Zeiten jede Art zelotischen Denkens ... verboten.«[6] Diese Auslegung reflektiert wohl auch – besonders mit dem, was Kittel »zelotisches Denken« nennt – polemisch auf die Bekennende Kirche und ihre Grundsätze, wie sie vor allem in Barmen, und da insbesondere in der zweiten These der Theologischen Erklärung festgelegt sind. Dort heißt es ja, daß Jesus Christus »Gottes kräftiger Anspruch auf unser ganzes Leben« ist, daß uns durch ihn »frohe Befreiung aus den gottlosen Bindungen dieser Welt« widerfährt. Und im Verwerfungssatz dieser These wird betont: »Wir verwerfen die falsche Lehre, als gebe es Bereiche unseres Lebens, in denen wir nicht Jesus Christus, sondern anderen Herren zu eigen wären....«[7] Verdeutlichend dazu führt Hans Asmussen in seinem Barmer Einbringungsreferat aus: »Was wir aber fürchten mehr als den Tod, ist die Tatsache, daß die Kreaturen Gottes und Geschehnisse der Geschichte alle Menschen in Versuchung geführt haben... Wo immer das geschieht, ob unter heidnischen oder christlichen Bezeichnungen, vollzieht sich eigene Weisheit, eigene Gerechtigkeit, eigene Heiligung, eigene Erlösung. Es gewinnen andere Herren als Jesus Christus, andere Gebote als seine Gebote über uns Gewalt. Sie bieten sich uns an als Erlöser, aber sie erweisen sich als Folterknechte einer unerlösten Welt.«[8]

Nach 1945 wurde von deutschsprachigen Exegeten viel Mühe aufgewandt, die Verhältnisbestimmung der beiden Satzhälften in dem wirkungsträchtigen Ausspruch Jesu so durchzuführen, daß beides zu seinem Recht kommt. Als Beispiel dafür etwa Leonhard Goppelt: »Damit (=also mit dem Wort Jesu, d. Verf.) wird nicht zur Trennung von politischem und religiösem Bereich, son-

---

[6] Alle Zitate: G. Kittel (Anm. 4), 660.
[7] Zitiert nach: A. Burgsmüller/R. Weth (Hg.), Die Barmer Theologische Erklärung. Einführung und Dokumentation, Neukirchen 1984, 35.
[8] A. Burgsmüller/R. Weth (Anm. 7), 50.

dern gerade zur Unterordnung und Nachordnung des Politischen gegenüber der immer wieder erhobenen einen und letzten Forderung Jesu gerufen: »Gebt Gott, was Gottes ist!« – alles! Wer Gott alles gibt, der ist frei, auch dem Kaiser das ihm gebührende zu geben.«[9] In dem programmatischen Aufsatz desselben Verfassers »Die Freiheit zur Kaisersteuer« heißt es lapidar: »Jesus ... fordert die totale Hingabe an Gott und die Erstattung der Kaisersteuer zugleich!«[10] Diese Auslegungsrichtung versucht – wie G. Petzke sehr kritisch und differenziert gezeigt hat[11] – eine scheinbar unpolitische Kirche auf einen vermeintlich ebenso unpolitischen Jesus zurückzuführen. Diesem Interesse dient die Auslegung der beiden Satzhälften im Wort Jesu nach dem Motto: »Einerseits – andererseits« ebenso wie die Profilierung Jesu als »Mann der Mitte«. Wolfgang Schrage: »Das Wort Jesu ... hält die Mitte zwischen den extremen Positionen der Rebellion und Revolution auf der einen Seite, der Mythisierung, Apotheose und Glorifizierung von Kaiser und Reich auf der anderen Seite.«[12]

Gegen die eben kurz skizzierte Auslegungstradition erfährt unsere Perikope neue Aktualität in der gegenwärtig virulenten Frage der neutestamentlichen Begründung der Steuerverweigerung als Mittel des christlichen Friedensengagements. Stellvertretend für viele Raymond Hunthausen, Bischof von Seattle: »Ich glaube, die Lehre Jesu will uns sagen, wir sollen dem ›Atomkaiser‹ geben, was dieser Kaiser verdient hat – nämlich Steuerverweigerung.«[13]

Daß auch diese Auslegung in einer langen Tradition steht, wird kaum wahrgenommen. Dies wohl deshalb, weil diese Tradition vornehmlich im Bereich marginalisierter bzw. oft verketzerter christlicher Gruppen lebte und lebt.[14]

Daß eine Perikope solche Extreme in der Exegese zuläßt, macht die methodische Rückfrage notwendig. Offenkundig scheint es so zu sein, daß gerade

---

[9] L. Goppelt, Der Staat in der Sicht des Neuen Testaments, in: ders., Christologie und Ethik, Göttingen 1968, 195.
[10] L. Goppelt, Die Freiheit zur Kaisersteuer, in: ders. (Anm. 9), 210.
[11] G. Petzke, Der historische Jesus in der sozialethischen Diskussion, in: FS H. Conzelmann, Tübingen 1975, 223–235.
[12] W. Schrage, Die Christen und der Staat nach dem Neuen Testament, Gütersloh 1971, 39.
[13] R. Hunthausen, Der Preis des Friedens, JK 42 (1981), 462.
[14] Vgl. dazu den Sammelband: W. Krauß (Hg.), Was gehört dem Kaiser? Das Problem der Kriegssteuern, Weisenheim 1984. Darin die Aufsätze: W. Krauß, Kriegssteuerverweigerung in der Geschichte, 13–35, und systematisch-ethisch: D. D. Kaufmann, Kriegssteuern – Von der persönlichen zur gemeinsamen Verantwortung, 83–103.

geschichtliche Konflikte, in die die Kirchen verwickelt sind – ähnlich wie bei der Bergpredigt – Auslegungsdifferenzen je nach ethisch-politischem Interesse des Lesers oder Exegeten provozieren. Für den Versuch, unsere Geschichte als Beispiel einer konsequenten Friedenspraxis zu lesen, sollen im folgenden einige Argumente beigebracht werden.

2. Die Kaisersteuer

Tribut – das war die Kehrseite der Pax Romana, und römische Theoretiker, wie z. B. Cicero, haben in der Tat die in den Provinzen erhobenen Steuern als rechtmäßige Bezahlung der Unterworfenen für die *pax sempiterna*, den immerwährenden Frieden Roms, betrachtet:

»Das Imperium aber, weil es ohne Steuern keinesfalls aufrecht erhalten werden kann, erkauft sich gelassen von einem Teil seiner Erträge immerwährenden Frieden und politische Ruhe«.[15]

Wer also die Steuer verweigerte, griff damit die Friedensideologie des Imperiums an und stellte dessen Legitimität in Frage. Folgerichtig ist auch auf der Steuermünze, dem Silberdenar, auf der Rückseite eine Frauengestalt mit Ölzweig und Langszepter abgebildet, die mit der vergöttlichten Pax identifiziert wird.[16]

Es bestand also ein enger Zusammenhang zwischen Pax Romana und Steuerverpflichtung, oder – wenn man so will – zwischen Geld und Gewalt. Daß dieser Zusammenhang durchschaut wurde und nicht ohne Kritik blieb, zeigt zur Genüge die bekannte Stelle bei Tacitus, wo dieser dem Anführer der Britannier seine eigenen Gedanken über die Römer in den Mund legt:

»Die Räuber der Erde, nachdem es ihnen durch ihre eigenen Verwüstungen des Landes ermangelt, durchforschen das Meer; wenn der Feind reich ist, sind sie gierig, ist er arm, sind sie geizig, sie könnte weder der Osten noch der Westen befriedigen: als einzige von allen streben sie nach Reichtümern und Mangel mit gleicher Begierde. Rauben, Niedermetzeln, Plündern nennen sie mit falschem Namen Imperium und was sie zur öden Wüste gemacht haben, nennen sie Frieden.«[17]

---

[15] Quintilian, Fr. 1, 1, 34.
[16] H. St. J. Hart, The Coin of ›Render unto Caesar...‹, in: E. Bammel/C. F. D. Moule (Hg.), Jesus and the Politics of his Day, Cambridge 1984, 243.
[17] Tacitus, Agr. 30, 5f.

»*Gebt dem Kaiser, was des Kaisers ist!« – aber: was ist des Kaisers?* 157

Aus diesem Grund sind ja auch aufständische Provinzen mit erhöhten Steuervorschreibungen bestraft, bzw. loyale mit Steuererleichterungen belohnt worden. Josephus berichtet:

»Dem Archelaus wurden Idumaea, Iudaea und Samaria tributpflichtig, wobei letztere von einem Viertel der Steuern befreit waren; der Caesar hatte ihnen diese Erleichterung gewährt, weil sie nicht mit der übrigen Masse rebelliert hatten.«[18]

κῆνσος – *census* – so heißt die Steuer in unserer Geschichte. Und die bittere Erfahrung mit diesem Unterdrückungsinstrument geht auch in die Sprache ein: Im Aramäischen begegnet uns *census* als Lehnwort für »(Geld-) Strafe«[19]. Gemeint ist damit eine der beiden direkten Steuern, die die Römer einhoben[20], nämlich die sogenannte Kopfsteuer. Sie wurde von jedem Bürger der Provinz eingehoben, außer er zahlte bereits das *tributum agri*, also Steuer vom Ertrag der Landwirtschaft. Wer *tributum agri* zahlte (also wer Grund und Boden besaß), war von der Kopfsteuer, dem *tributum capitis* befreit. So lastete die Kopfsteuer ausschließlich auf der großen Zahl der Besitzlosen[21], und zwar vom 12. (bzw. bei Männern vom 14.) bis zum 65. Lebensjahr.

Die Begründung für diese Art Steuer war folgende: Es gibt im Grunde überhaupt keine besitzlosen Menschen. Wenn sie schon sonst nichts haben, so haben sie doch ihr σῶμα, also ihren Leib als Kapital. »Wer kein anderes Vermögen sein eigen nennt, hat als Kapital wenigstens sein σῶμα, das ihm ein genügendes Einkommen zur Fristung des Lebens sichert.«[22] Die bloße Existenz also ist steuerpflichtig[23], unabhängig davon, ob es den Betroffenen gelingt, ihre Arbeitskraft etwa als Tagelöhner zu verkaufen und auf diese Weise etwas zu verdienen.

Um diese Steuern einheben zu können, war es notwendig, das Vermögen der Besitzenden (für das *tributum agri*) und die Zahl der Provinzbewohner (für das *tributum capitis*) genau zu erfassen. Dies geschah durch einen Zensus im engeren Sinn des Wortes, also eine Art Volkszählung. Augustus ließ ihn

---

[18] Josephus, Ant. 17, 319.
[19] S. Krauss, Griechische und lateinische Lehnwörter im Talmud, Midrasch und Targum, Bd. II, Berlin 1899 (Reprint Hildesheim 1964), 554f; J. Klausner, Jesus von Nazareth, Berlin 1934 (2. A.), 215.
[20] Zum ganzen: J. Bleicken, Verfassungs- und Sozialgeschichte des Römischen Kaiserreiches, Bd. I, Paderborn 1978, 193–205.
[21] W. Schwahn, Art.: Tributum/Tributus, PW VII A 1, 68.
[22] W. Schwahn (Anm. 21), 69.
[23] Ps.-Aristoteles, Oec. II 5 p1347A.

zuerst 27 v. Chr. in Gallien durchführen und dann auch in anderen Provinzen[24]. Fast überall hatte diese Zählung Unruhen, ja Aufstände zur Folge[25]. Judaea und Samaria wurden nach der Absetzung des Herodianers Archelaus 6 n. Chr. zu römischen Provinzen. Sogleich wurde ein Steuerzensus durchgeführt[26]. Der Evangelist Lukas beschreibt ihn uns nahezu beschaulich[27]. Josephus berichtet darüber:

»Quirinius, ein römischer Senator, der alle anderen öffentlichen Ämter bekleidet und bis zum Konsul durchlaufen hatte und im übrigen in hoher Achtung stand, kam nach Syria, vom Kaiser zum Gouverneur über das Volk berufen und mit der Aufgabe der Schätzung der Güter betraut.
Coponius, ein Mann ritterlichen Standes, wurde mit ihm geschickt, damit er über die Judäer mit aller Vollmacht herrsche. Es kam aber auch Quirinius nach Judäa, das Teil Syrias geworden war, um ihr Eigentum zu schätzen und die Güter des Archelaus zu verkaufen.«[28]

Wie es bei solchen Erhebungen wirklich zuging, berichtet uns rückblickend Laktantius:

»Die römischen Steuerbeamten erschienen allerorts und brachten alles in Aufruhr. Die Äcker wurden Scholle für Scholle vermessen, jeder Weinstock und Obstbaum wurde gezählt, jedes Stück Vieh wurde registriert und die Kopfzahl der Menschen genau notiert. In den Städten wurden die Städter und Dörfler zusammengetrieben; alle Marktplätze waren verstopft von herdenweise aufmarschierenden Familien; jedermann erschien mit der ganzen Schar seiner Verwandten und Kinder; überall hörte man das Schreien derer, die mit Folter und Stockschlägen verhört wurden. Man spielte Söhne gegen ihre Väter aus, die Frauen gegen die Ehemänner ... Wenn alles durchprobiert war, folterte man die Steuerpflichtigen, bis sie gegen sich selbst aussagten, und wenn

---

[24] W. Kubitschek, Art.: Census, PW III/2, 1918.
[25] Germanien: Dio Cassius 56, 18, 13; Kleinasien: Tacitus, Ann. 6, 41; Dalmatien: Dio Cassius 54, 34, 36; Lusitanien: CIL 10, 608 usw.
[26] F. X. Steinmetzer, Art.: Census, RAC 2, 969–972; W. Kubitschek (Anm. 24), 1918–1921; E. M. Smallwood, The Jews under Roman Rule, SJLA 20, Leiden 1976, 151ff; T. Corbishley, Quirinius and the Census, Klio 29 (1936), 81–93; H. Braunert, Der römische Provinzialzensus und der Schätzungsbericht des Lukas-Evangeliums, Historia 6 (1957) 192–214; M. Stern, The Province of Judaea, in: S. Safrai/M. Stern (Hrsg.), The Jewish People in the First Century, Bd. I, Assen 1974, 312f.
[27] Lk 2, 1ff.
[28] Josephus, Ant. 18, 1–2.

der Schmerz gesiegt hatte, schrieb man steuerpflichtigen Besitz auf, der gar nicht existierte. Es gab keine Rücksichtnahme auf Alter und Gesundheitszustand.«[29]

Es wundert nicht, daß diese Steuererhebung auch in Judaea sofort einen Aufstand zur Folge hatte. Judas der Galiläer und der Pharisäer Saddok riefen zur Steuerverweigerung auf: Diese Steuer zu zahlen ist mit dem Gotteswillen unvereinbar! Josephus berichtet:

»Judas verleitete die Einwohner der soeben genannten Provinz (= Judaea, d. Verf.) zum Abfall, indem er es für einen Frevel erklärte, wenn sie bei der Steuerzahlung an die Römer bleiben und außer Gott noch sterbliche Herren anerkennen würden.«[30]

Und an anderer Stelle heißt es:

»Aber ein gewisser Judas, ein Gaulaniter aus einer Stadt namens Gamala, der einen Pharisäer Saddok dazugewonnen hatte, trieb zum Aufstand. Sie sagten, die Schätzung würde nichts anderes bringen als offene Sklaverei und riefen das Volk zur Beanspruchung der Freiheit auf ... Die Menschen nahmen ihre Rede mit Freude auf und das tollkühne Vorhaben machte große Fortschritte.«[31]

Die Juden, die bisher ihren jeweiligen ausländischen Besatzern ohne weiteres Steuern bezahlt hatten[32], aktivierten nun ihren Glauben als Mittel des Widerstandes gegen einen solchen Staat wie das Imperium Romanum und gegen eine solche Steuer, die in der Tat in besonderer Weise *nota captivitatis*[33], Zeichen der Unterdrückung, war. Dies geschah, wie Josephus betont[34], zum ersten Mal; Judas der Galiläer, der »Gründer« der Zeloten, vertrat eine »neue Lehre«. Die Zeloten scheinen die einzige Gruppe gewesen zu sein, die die Steuerverweigerung konsequent durchhielt. Denn die Pharisäer – obwohl einer der ihren (Saddok) anfangs bei der Revolte mitmachte – scheinen später die

---

[29] Laktantius, De morte pers. 23, 1ff. Dazu auch: K. Aland, Kirche und Staat in der alten Christenheit, in: FS H. Kunst, Berlin 1967, 19–49 (v. a. 19–22).
[30] Josephus, Bell. 2, 117f.
[31] Josephus, Ant. 18, 4.6.
[32] Dazu: F. F. Bruce, Render to Caesar, in: E. Bammel/C. F. D. Moule (Anm. 16), 251–253.
[33] Tertullian, apol. 13,6.
[34] Josephus, Ant. 18,9. Dazu und zum Folgenden: M. Hengel, Die Zeloten. Untersuchungen zur Jüdischen Freiheitsbewegung von Herodes I. bis 70 n. Ch., AGSU 1, Leiden ²1976, 93–150.

Steuer vielleicht als Strafe Gottes akzeptiert und wohl auch gezahlt zu haben.[35] Aber das Entstehen der Zeloten zeigt, daß die Römer offensichtlich den Bogen überspannt hatten[36]. Elf Jahre nach dem ersten Zensus ersuchten Juden und Syrer um Steuererleichterung.

»Die Provinzen Syria und Judäa baten, erschöpft durch die Steuerlasten, um Herabsetzung des Tributs.«[37]

Allerdings ohne Erfolg, ja im Gegenteil: Die Provinz Judaea – als notorisch unruhig und aufständisch bekannt – wurde durch erhöhte Steuervorschreibungen bestraft:

»Weil die Judäer sich Pompeius, Vespasian, Hadrian widersetzt hatten, deshalb ist die Kopfsteuer für alle Judäer höher als beim Rest.«[38]

Daher ging wohl auch die Steuereintreibung nicht ohne Konflikte vor sich. So hören wir etwa, daß Steuereinnehmer verjagt[39] bzw. überfallen wurden.[40] Und als 66 n. Chr. der offene Aufstand gegen Rom losbrach, wurden von den Aufständischen sogleich die Schuld- und Steuerlisten vernichtet und eigene Münzen geprägt.[41]

Die besondere Last des römischen Steuersystems bestand darin, daß die Provinzen eine hohe Steuervorschreibung erhielten. Für Judaea waren das 600 Talente jährlich[42], eine ungeheure Summe, wenn wir bedenken, daß das gesamte Großreich des Herodes 1000 Talente im Jahr aufbrachte.[43] Schätzungen besagen, daß die gesamte Steuerlast in Judaea ca. 40 % des Provinzeinkom-

---

[35] R. Pesch, Das Markusevangelium. II. Teil: 8,27–16,20, HThK II/2, Freiburg-Basel-Wien 1977, 226.
[36] F. F. Bruce (Anm. 32), 254.
[37] Tacitus, Ann. 2,42.
[38] Appian, Syriaca 50.
[39] P. Billerbeck (/H. L. Strack), Kommentar zum Neuen Testament aus Talmud und Midrasch, Bd. 1, München 1922, 857.
[40] S. Krauss, Griechen und Römer, Monumenta Talmudica 5 (1914), 387.
[41] Josephus, Bell. 2,422–428; dazu: P. Lapide, Soll man dem Kaiser Steuer zahlen?, NZZ vom 17.2.1984, S. 37f.
[42] Josephus, Ant. 17, 320.
[43] Josephus, Ant. 17, 146. 190.

mens betrug.[44] Kein Wunder also, wenn für die Verarmung Palästinas neben anderem auch die erdrückende Steuerlast verantwortlich gemacht wird.[45]

Um diese hohe Vorschreibung erfüllen zu können, war ein ausgeklügelter Eintreibe- und Unterdrückungsapparat notwendig. Verantwortlich dafür war der Prokurator, also zur Zeit unserer Geschichte Pontius Pilatus. Seine Amtsführung, so klagt Philon, habe bestanden aus »Bestechlichkeit, Gewalttätigkeiten, Räubereien, Mißhandlungen, Beleidigungen, fortgesetzten Hinrichtungen ohne Gerichtsverfahren, fortwährender unerträglicher Grausamkeit.«[46] Insbesondere die ersten Jahre der Amtszeit des Pilatus scheinen eine heftige Verschärfung der Beziehungen zwischen den Juden und den römischen Okkupatoren mit sich gebracht zu haben. Dies war durch zwei Umstände bedingt: zum einen durch die antijüdische Politik des Sejanus (bis 31 n. Chr.), zum anderen dadurch, daß Syrien, dessen senatorische Legaten immer auch eine gewisse Kontrollfunktion über Judaea ausübten, bis 32 n. Chr. ohne einen solchen war.[47]

Der Prokurator seinerseits ernannte aus dem Kreis der »Ältesten« des Synedriums die Steuerbeamten[47a], die die gesamte Tributsumme auf die Bevölkerung umzulegen hatten und für die richtige Zahlung mit ihrem eigenen Vermögen hafteten[48]. So waren die Reichen in Jerusalem – »Dieser ist reich, wir wollen ihn zum Ratsherrn machen!«[49] – Kollaborateure der römischen Steuerpraxis. Dadurch wird deutlich, warum es gerade Abgesandte des Synedriums sind, die im Evangelium Jesus als Steuerverweigerer überführen und anklagen wollen. Ihre eigene privilegierte gesellschaftliche Stellung und der Reichtum des Tempels waren in Gefahr.[50] Die Existenz dieses Steuerausschusses ist nicht unbestritten geblieben. Eine nicht geringe Rolle spielt dabei wohl auch, daß dieses Zehnergremium (δέκα πρῶτοι)[51] eine ursprünglich für hellenisti-

---

[44] F. F. Bruce (Anm. 32), 254; F. C. Grant, The Economic Background of the Gospels, Oxford 1926, 105.
[45] W. Stegemann, Das Evangelium und die Armen, KT 62, München 1981, 13f.
[46] Philon, Leg. ad Gaium 302.
[47] Tacitus, Ann. 6,27. Dazu: M. Stern (Anm. 26), 349f; W. Orth, Die Provinzialpolitik des Tiberius, 1970, 20.
[47a] Josephus, Bell. 2,405–407.
[48] E. Schürer, Geschichte des jüdischen Volkes im Zeitalter Jesu Christi, Hildesheim 1964, Bd. II, 218 Anm. 529 unter Berufung auf Ulpian, dig. 50, 4, 1, 1,; 50, 4, 18, 26.
[49] bGitt. 37a.
[50] S. Applebaum, Economic Life in Palestine, in: S. Safrai/M. Stern (Hrsg.), The Jewish People in the First Century, Bd. II, Assen 1976, 691f.
[51] Josephus, Ant. 20, 8.194.

sche Städte wie Tiberias[52] und Gerasa[53] belegte Institution darstellt, die in das Synedrium eingegliedert wurde.[54] So hat etwa H. Mantel unter Berufung auf die Talmudstelle bBer. 47b behauptet, daß es sich dabei um die »Zehn Ersten« beim Synagogengottesdienst handelt.[55] Die Mehrheit der Forscher hält allerdings mit guten Gründen an der Existenz dieses Steuerausschusses fest.[56]

Es entsprach ja auch den Gepflogenheiten der römischen Steuerpolitik, möglichst einheimische Gremien mit der Durchführung derselben zu betrauen.[57] Diese Gepflogenheit, die bis zum Anfang des 4. Jahrhunderts bestand, mußte nahezu zwangsläufig den Druck auf die Steuerpflichtigen erhöhen. Jochen Bleicken: »Da nämlich die Steuereintreibung den Ratsherren der Stadt (decuriones) bzw. der vermögendsten Gruppe unter ihnen übertragen war und sie als solche auch das Steueraufkommen aller Stadtbewohner zu garantieren hatten, war der Druck auf den weniger vermögenden Teil der städtischen Bevölkerung noch erheblich gewachsen; denn die Honoratioren versuchten, den auf ihnen selbst lastenden Steuerdruck auf die Massen abzuwälzen.«[58]

3. Die Münze

»Bringt mir einen Denar, damit ich sehe!« fordert Jesus seine Fallensteller auf. Und Matthäus schreibt präzise τὸ νόμισμα τοῦ κήνσου – eine Steuermünze (22,19). Daß die Steuer in der Tat mit römischer Münze, also mit dem Denar, zu zahlen war, belegt uns eine griechische Inschrift aus Palmyra (»Tarif von Palmyra«, datiert 136/137 n. Chr.), die ihrerseits auf eine Anweisung des Germanicus an Statilius, einen hohen Beamten der römischen Finanzverwaltung

---

[52] Josephus, Vita 69; 296; Bell. 2,639.
[53] M. Stern (Anm. 26), 345 Anm. 3.
[54] M. Stern (Anm. 26), 345; dazu auch: M. Hengel, Judentum und Hellenismus, WUNT 10, Tübingen 1973 (2. A.), 42–55; S. Safrai, Das jüdische Volk im Zeitalter des zweiten Tempels, Neunkirchen 1978, 61–70.
[55] M. Mantel, Studies in the History of the Sanhedrin, Cambridge/Mass. 1961, 94 Anm. 255.
[56] E. Schürer (Anm. 48), 253; J. Jeremias, Jerusalem zur Zeit Jesu, Göttingen 1969 (3. A.), 85; H. G. Kippenberg, Textbuch zur neutestamentlichen Zeitgeschichte, NTD Erg. 8, Göttingen 1979, 50; H. Balz, Art.: κῆνσος, EWNT 1,709.
[57] W. Schwahn (Anm. 21), 70; 76.
[58] J. Bleicken (Anm. 20), 179.

»Gebt dem Kaiser, was des Kaisers ist!« – aber: was ist des Kaisers?

in Syrien, verweist.[59] So können wir die Münze, die in unserer Geschichte eine solche Rolle spielt, genau beschreiben. Sie gehört zur zweiten Serie der unter Tiberius ab 15 n. Chr. in Lyon in großer Menge geprägten Denare.[60] Diese Münze sah folgendermaßen aus[61]: Auf der Vorderseite zeigt sie ein Brustbild des Kaisers mit Lorbeerkranz. Die Umschrift dazu lautet: TI(BERIUS) CAESAR DIVI AUG(USTI) F(ILIUS) AUGUSTUS. Auf der Rückseite sehen wir die Göttin Pax mit Ölzweig und Langszepter, dazu die Titulatur: PONTIF(EX) MAXIM(US). Diese Münze ist in ihren wesentlichen Zügen denen ähnlich, die bereits von Augustus geprägt wurden. Sie haben sich auch während der Regierungszeit des Tiberius nicht geändert. Tiberius wollte offensichtlich damit bewußt an Augustus anknüpfen.[62] Die für damalige Verhältnisse ungeheuer lange Zeit, während der die Münze unverändert geprägt wurde (ca. 25 Jahre), sollte wohl die Kontinuität und Stabilität der Herrschaft des Tiberius symbolisieren, wozu die millionenfache Auflage und universale Verbreitung hinzukamen. Diese Münze ist also ein Symbol kaiserlicher Macht und der Friedensideologie des Imperiums in höchstem Range. Tiberius selbst war viel an dieser Münze gelegen: Wer sie als Zahlungsmittel in Bordellen oder öffentlichen Bedürfnisanstalten verwendete, wurde als Religionsverbrecher hingerichtet.[63]

Die außerordentliche symbolische Kraft dieser Münze macht aus dem Kaiserdenar viel mehr als bloß ein Stück Geld; er ist Symbol des Imperiums und Verkörperung der Herrschaftsideologie des Tiberius in vollendeter Weise. Wer diese Münze besitzt, gebraucht, damit handelt, anerkennt durch sein Tun die Herrschaft Roms. Wer mit dieser Münze Steuern zahlt, bekennt sich zur Ideologie der Pax Romana. Es waren also nicht erst die Zeloten, die aus der Steuerfrage eine Bekenntnisfrage gemacht haben, sondern bereits die, die diese Münze akzeptierten und den Umgang mit ihr als Mittel der Machterhaltung praktizierten: In unserem Fall also in erster Linie das Jerusalemer Synedrium, das sich durch seinen Steuerausschuß zum Vollstrecker der römischen Steuerpolitik machen ließ und so seine eigene Stellung und seinen Reichtum sicherte.

---

[59] W. Dittenberger (Hg.), Orientis Graeci Inscriptiones selectae, 2 Bde., Leipzig 1903, nr. 629, 153–156; dazu: F. F. Bruce (Anm. 32), 258.
[60] H. St. J. Hart (Anm. 16), 243f.
[61] Abbildung bei H. St. J. Hart (Anm. 16), 246 (Nr. 4):
[62] M. Grant, Roman Imperial Money, London 1954,.133f.
[63] Sueton, Tib. 58.

4. Die Geschichte

Unsere Geschichte steht in engem Zusammenhang mit dem Bericht über die Auseinandersetzung Jesu mit der Jerusalemer Führung (Mk 11,27–12,12).[64] So wird etwa auch erst durch Rückgriff auf Mk 11,27 deutlich, daß es das Synedrium ist, welches Pharisäer und Herodianer zu Jesus schickt.[65] Genauer werden wir wohl sagen können, daß es Mitglieder des Steuerausschusses des Synedriums waren, die Jesus eine Falle stellen wollten.

Mt und Lk folgen mit leichten Änderungen der markinischen Vorlage. Mt berichtet zwar in 21,45, daß es Priester und Pharisäer waren, die Jesus mit einem Wort fangen wollten, in 22,15 ist allerdings nur noch von den Pharisäern die Rede.[66] Lk wiederum läßt es Spitzel (20,20) der Schriftgelehrten und Oberpriester (20,19a) sein, die Jesus überführen sollen.[67] Diese unterschiedlichen Angaben hinsichtlich der Gegner machen zum einen deutlich, daß gerade die ersten Verse unserer Perikope der redaktionellen Arbeit des jeweiligen Evangelisten ihre Gestalt verdanken[68], zum anderen aber auch, daß zur Zeit der Abfassung der Evangelien das konkrete historische Wissen um die genauen Verhältnisse lange vor der Zerstörung des Tempels und der Auflösung des Synedriums bereits in Vergessenheit gerieten. Aber trotz aller Unterschiede im Detail bleibt doch klar, daß der eigentliche Gegner Jesu in der Steuerfrage das Synedrium ist.

Große Probleme bereitet bei Mk die Nennung der Herodianer, die schon 3,6 gemeinsam mit den Pharisäern als Gegner Jesu auftreten. Die Identifizierung dieser Gruppe ist nicht leicht. Ja, es hat schon die Vermutung gegeben, daß οἱ Ἡρῳδιανοί »a creation of Mark himself« sei[69], eine Gruppe also, die es nie gegeben hat und die Mk einführt, um eine Parallelisierung von Jesus und Johannes dem Täufer sowie auch ihrer Gegner (eben dazu die Herodianer) zu erreichen.[70] Die gängige Auffassung ist allerdings die, daß es sich bei dieser Gruppe um Protagonisten der Politik des Herodes I. gehandelt habe.[71] Ihr po-

---

[64] R. Pesch (Anm. 35), 224.
[65] R. Pesch (Anm. 35), 225.
[66] A. Sand, Gesetz und Propheten, BU 11, Regensburg 1974, 63.
[67] G. Schneider, Das Evangelium nach Lukas, Kap. 11–24, ÖTK 3/2, Gütersloh-Würzburg 1977, 401.
[68] So schon: R. Bultmann, Geschichte der synoptischen Tradition, FRLANT 29, Göttingen 1979 (9. A.), mit Ergänzungsheft, hg. von G. Theißen/Ph. Vielhauer, 25.
[69] W. J. Bennett, The Herodians of Mark's Gospel, NT 17 (1975), 13.
[70] W. J. Bennett (Anm. 69), 13f.
[71] W. Otto, Art.: Herodianoi, PW Suppl. 2,201.

litisches Ziel wäre es gewesen, durch Kollaboration mit den Römern die Wiederherstellung des Reiches, wie es unter Herodes I. gewesen war, zu erlangen.[72] Die auch geäußerte Vermutung, daß sie im Synedrium eine eigene Partei gebildet haben, läßt sich nicht beweisen.[73] Eher ist wohl der Auffassung zuzustimmen, daß sie als durchaus heterogene Gruppe einflußreicher Aristokraten agierten.[74] Übereinstimmend nehmen die Exegeten an, daß beide Gruppen als die religiös und politisch Einflußreichen mit ihrer Frage Jesus als Steuerverweigerer und damit als Parteigänger der Zeloten überführen wollen.[75] Lk 20,20 nennt ja sogar ihre Intention beim Namen: »um ihn bei einem Worte zu fassen, so daß sie ihn der Obrigkeit und der Gewalt des Statthalters überliefern könnten.« Konsequenterweise läßt Lk dann auch das Synedrium Jesus vor Pontius Pilatus als Steuerverweigerer (23,2) anklagen. Ganz gleich, ob dies eine »Verleumdung«[76] und eine »offenkundige Lüge«[77] war oder nicht, das Synedrium sah durch Jesus die Stellung des Tempels für so gefährdet an, daß er beseitigt werden mußte.

So schreibt D. Flusser: »Meiner Meinung nach ... besteht kein Zweifel daran, daß die Tempelleitung Jesus, den Propheten aus Galiläa, als gefährlichen und schädlichen Agitator gegen die Institution ansah; von ihrem Standpunkt aus gesehen sicher zu Recht.«[78] Und was konnte dieser Intention besser entsprechen, als die Frage nach der Erlaubtheit der Kopfsteuer, eine Frage, die politisch, ökonomisch und religiös in gleicher Weise und zugleich brisant war, die die Interessen der verschiedenen gesellschaftlichen Gruppen ungeschminkt offenbarte; eine Frage überdies, für die schon viel Blut geflossen war!

[72] W. Schmithals, Das Evangelium nach Markus. Kap. 9,2–16, ÖTK 202, Gütersloh-Würzburg 1979, 526; H. H. Rowley, The Herodians in the Gospels, JThSt 41 (1940), 14–27.
[73] H. W. Hoehner, Herod Antipas, SNTS 17, Cambridge 1972, 339 will sie mit den Boethusianern identifizieren.
[74] H. H. Rowley (Anm. 72), 27.
[75] Etwa: R. Pesch (Anm. 35), 225; G. Schneider (Anm. 67), 402; E. Haenchen, Der Weg Jesu. Eine Erklärung des Markusevangeliums und der kanonischen Parallelen, Berlin 1968 (2. A.), 406 u. a. m.
[76] G. Schneider (Anm. 67), 401.
[77] J. Blinzler, Der Prozess Jesu, Regensburg 1960 (3. A.), 203.
[78] D. Flusser, Die letzten Tage Jesu in Jerusalem, Stuttgart 1982, 49; zur Tempelkritik Jesu auch: L. Schottroff, Das geschundene Volk und die Arbeit in der Ernte Gottes nach dem Matthäusevangelium, in: L. Schottroff/W. Schottroff (Hg.), Mitarbeiter der Schöpfung. Bibel und Arbeitswelt, München 1983, 174f.

Der Form nach[79] ist unsere Perikope kein Streitgespräch[80], sondern ein »Schulgespräch mit apoftegmatischem Charakter«.[81] D. Daube hat durch einen ausführlichen Vergleich mit der Talmudstelle bNid 69bff gezeigt, daß unsere Stelle in die Tradition der weisheitlichen Rabbinengespräche gehört.[82] Diese Gespräche betreffen Fragen »concerning points of law«[83]; Jesus wird also nicht um seinen Rat in einer politischen oder rechtlichen Ermessensfrage gebeten, sondern um die Entscheidung einer Frage nach dem in der Tora festgelegten Gebot und Willen Gottes.[84]

Dies wird ganz deutlich aus der langen captatio benevolentiae, mit der die Gegner die Frage vorbereiten. Sie sprechen Jesus an als den vorbildlichen Rabbi, der wahrhaftig ist und nicht trügt, der nicht auf Menschen Rücksicht nimmt, sondern den Weg Gottes lehrt. »Weg Gottes« meint – wie aus Ps 119,27.32f.35 u. ö. hervorgeht – das Leben nach Gottes Gebot. Folgerichtig bittet der Fromme, von Gott selbst über seinen Weg belehrt (Ps 25,4f; 27,11; 86,11 u. ö) bzw. auf diesem Weg geführt zu werden. Es ist besondere Gnade, selbst zum Lehrer des Weges Gottes zu werden (Ps 51,15; 32,8) und bleibt besonders Hervorgehobenen, wie etwa Moses (Ex 18,20) oder Samuel (1Sam 12,33), vorbehalten.[85]

Wir sehen also, daß die captatio benevolentiae sowohl von ihrem Umfang als auch von ihrem Inhalt her hier die Aufgabe hat, die Spannung zu erhöhen und die später zutage tretende heuchlerische Absicht der Fragesteller zu unterstreichen. Einige Textzeugen erweitern den Text der Vorrede (Mk 12,14) und fügen ἐν δόλῳ »hinterlistig« ein, was zwar sachlich richtig ist, aber das Element des Spannungsaufbaues vernachlässigt. Denn unmittelbar auf die Lobrede folgt die scharf gestellte Frage: »Dürfen wir dem Kaiser Steuern zahlen oder nicht?« (Lk 20,22) bzw. »Darf man dem Kaiser Tribut zahlen oder nicht? Sollen wir ihn geben oder nicht?« (Mk 12,14b) bzw. »Ist's recht, daß

---

[79] Dazu auch: H. Jason, Der Zinsgroschen: Analyse der Erzählstruktur, LingBibl 41/42 (1977), 49–87.
[80] Wie W. Schmithals (Anm. 72), 524, behauptet.
[81] Zitat: J. Gnilka, Das Evangelium nach Markus, EKK II/2, Zürich 1979, 151; R. Bultmann (Anm. 68), 25; R. Pesch (Anm. 35), 225; E. Lohmeyer, Das Evangelium des Markus, Meyer K I/2, Göttingen 1967 (17. A.), 250.
[82] D. Daube, The New Testament and Rabbinic Judaism, London 1956, 158–167.
[83] D. Daube (Anm. 82), 159.
[84] A. Schlatter, Der Evangelist Matthäus, Tübingen 1929, 646; R. Pesch (Anm. 35), 226.
[85] F. Nötscher, Gotteswege und Menschenwege in der Bibel und in Qumran, BBB 15, Bonn 1958, 31f.

man dem Kaiser Steuern zahlt oder nicht?« (Mt 22,17). Die Frage ist zwar als Alternative formuliert, aber von der Ausgangssituation und der Absicht der Gegner her ist es nicht wahrscheinlich, daß auch eine bejahende Antwort Jesu möglich gewesen wäre.[86] Natürlich ist rein formal sowohl ein Ja als auch ein Nein möglich und es ist unbestritten, daß auch das Ja für Jesus unangenehme Folgen gehabt hätte. Ob er damit gleich »Götzendienst« gepredigt[87] oder bloß »die theologische Problematik übergangen« hätte[88], mag dahingestellt bleiben.

Von der Dramatik des Gespräches her ergibt es sich, daß die Gegner eine verneinende Antwort Jesu erwarten. Allerdings: Sie hören dieses Nein nicht so, wie es ihren Absichten am besten entsprochen hätte. Jesus durchschaut ihre heuchlerische Absicht und gibt dem Gespräch eine überraschende Wendung: »Bringt mir...« (Mk 12,15). Er führt also die so allgemein gestellte Frage auf ihr konkretes Symbol, auf ihre »Verkörperung«, auf die Münze, zurück. Die Annahme ist berechtigt, daß er selbst keinen Denar bei sich trägt.[89] Denn auch das: »damit ich sehe« (Mk 12,15) heißt ja nicht, daß er die Münze ansehen, sondern daß er sie in der Auseinandersetzung als Mittel der Analyse verwenden will.[90] Das muß durchaus nicht heißen, daß Jesus Parteigänger der Zeloten war.[91] Seine Haltung steht vielmehr nahe der des frommen Rabbi Menachem ben Simai[92], von dem im Talmud erzählt wird, daß er zeit seines Lebens keine Münze ansah. Ähnliches weiß ja auch Hippolyt von den Essenern zu berichten:

»Die Anhänger dieser Schule legen solchen Wert auf die Gebote, daß sie nie eine Münze anrühren, mit der Begründung, daß man ein Bildnis weder tragen noch anschauen noch anfassen solle.«[93]

---

[86] Gegen: J. Gnilka (Anm. 81), 152; R. Pesch (Anm. 35), 226; W. Schrage (Anm. 12), 33; G. Schneider (Anm. 67), 402; V. Taylor, The Gospel According to St. Mark, London 1963, 479.
[87] So R. Pesch (Anm. 35), 226.
[88] So J. Gnilka (Anm. 81), 152.
[89] So schon J. A. Bengel, Gnomon Novi Testamenti, Berlin 1860, 127; Salvator tum primum videtur tetigisse et spectasse denarium – »Der Heiland scheint zum ersten Mal einen Denar zu berühren und zu sehen.«; J. Gnilka (Anm. 81), 152; anders: W. Schmithals (Anm. 72), 528.
[90] F. Belo, Das Markusevangelium – materialistisch gelesen, Stuttgart 1980, 227.
[91] Gegen: G. F. Brandon, Jesus and the Zealots, Manchester 1967, 345f.
[92] So bPes 104a; jAb. Z. 3,1 heißt er Nahum.
[93] Hippolyt, ref. 9,26.

Diese strikte Einhaltung des Bilderverbotes war gewiß eine Sache von Minderheiten, die Mehrheit hielt es mit dem lapidaren Satz: »Münzen sind erlaubt«.[94] So konnte wohl das ganze Verhalten Jesu (und nicht nur sein abschließendes Logion Mk 12,17) vom Synedrium und besonders den Römern als durchaus zelotisch verstanden werden.

Anhand der Münze gelingt es Jesus, der Falle zu entgehen. Er kann nicht mit einem Wort gefangen werden.[95] Im Tempel zwingt er seine Gegner dazu, die für fromme Juden anstößige Münze[96] hervorzuholen. Aber nicht nur das: Man kann Jesu Verhalten und seine abschließende Antwort in zweifacher Hinsicht deuten. Zum einen schützt er sich als der Angegriffene, indem er der direkt gestellten Frage ausweicht[97], zum anderen aber geht er selbst zum Angriff über. Er macht deutlich, daß die, die die Kaisermünze bei sich tragen und von ihr und ihrem Umlauf leben, die Antwort auf die Frage »Dürfen wir zahlen oder nicht?« durch ihre Praxis schon längst gegeben haben.[98] Sie haben damit auch – und das ist jetzt der Angriff Jesu – den Tempel, das Symbol der Zugehörigkeit Israels zu Gott und so ganz Israel, verunreinigt.[99] Die Antwort Jesu erfüllt also eine doppelte Aufgabe: Schutz des Ohnmächtigen vor den Mächtigen und Angriff zugleich.

In der Auslegungsgeschichte unserer Perikope im frühen Christentum lag das hauptsächliche Interesse auf der Schutzfunktion. Das läßt sich aus der ständigen Forderung nach Loyalitätsbeweisen und der Bedrohung durch Verfolgungen erklären.[100] Justin liefert dafür den klassischen Beleg: »Abgaben und Steuern suchen wir überall vor allen anderen euren Beamten zu entrichten, wie wir von ihm gelernt haben.«[101] Denselben Zweck haben die Märtyrerapologien, wo unsere Geschichte neben Röm 13 ebenfalls ihre Spuren hinterlassen hat.[102]

---

[94] Tos. Ab. Z. 5,1.
[95] R. Pesch (Anm. 35), 227.
[96] P. Lapide (Anm. 41), 38.
[97] R. Pesch (Anm. 35), 227.
[98] J. Gnilka (Anm. 81), 153.
[99] F. Belo (Anm. 90), 227; M. Clevenot, So kennen wir die Bibel nicht. Anleitung zu einer materialistischen Lektüre biblischer Texte, München 1978, 94f.
[100] Dazu: L. Schottroff, »Gebt dem Kaiser, was dem Kaiser gehört, und Gott, was Gott gehört.« Die theologische Antwort der urchristlichen Gemeinden auf ihre gesellschaftliche und politische Situation, in: J. Moltmann (Hg.), Annahme und Widerstand, München 1984, 15–58.
[101] Justin, Apol. 1, 17.
[102] Vgl. etwa: Frühchristliche Apologeten und Märtyrerakten, Bd. 2 (= Bibliothek der

5. Die Antwort Jesu

Nach allem bisher Gesagten wollen wir jetzt noch zum Schluß einen Blick auf den abschließenden Ausspruch Jesu werfen, der eine solche Spur durch die Geschichte des Christentums gezogen hat. Wir wollen dabei insbesondere auch bedenken, ob und wenn ja wie die konkrete Gesprächssituation (im Tempel, die Gegner vertreten die Interessen des Steuerausschusses des Synedriums usw.) als erhellender Hintergrund für dieses schwierige Jesuswort gelten kann.

»Gebt dem Kaiser, was des Kaisers ist!« – diese Hälfte des Satzes hat in der Auslegung kaum Schwierigkeiten gemacht. Sie wird gewöhnlich so gedeutet, daß die, die mit der Kaisermünze umgehen, sie besitzen und bei sich tragen, auch die geforderte Steuer zahlen müssen. Umstritten ist nur, ob ἀποδιδόναι hier im wörtlichen Sinn von »zurückgeben«[103] oder als terminus technicus im Sinne von »zahlen«[104] zu verstehen ist. Aber die Bedeutungen fließen wahrscheinlich ineinander über: »Caesar, it is implied, is entitled to demand tribute; to pay him tribute is to give back to him what is in any case his. And the tributs money has just been acknowledged to be his.«[105]

Viel schwieriger ist es aber mit der zweiten Satzhälfte: »Gebt Gott, was Gottes ist!« Dieser Ausspruch scheint ja durch den Kontext der Geschichte nicht abgedeckt, die Perikope könnte – so ist behauptet worden[106] – durchaus mit V. 17a schließen. Ja, vereinzelt ist sogar die Vermutung aufgetaucht, Mk 12,17b sei ein später angefügter Anhang.[107]

Diese durch keinerlei textliche oder auch literarische Gründe erhärtbare Vermutung macht allerdings deutlich, wie G. Petzke betont[108], daß und in welchem Ausmaß die Zueinanderordnung der beiden Satzhälften Schwierig-

---

Kirchenväter, Bd. 14), München 1913, 317–319. 325f; dazu auch: A. Wlosok, Rom und die Christen, Stuttgart 1970, 43f.

[103] So etwa: E. Stauffer, Die Botschaft Jesu, Bern 1959, 105; R. Pesch (Anm. 35), 227; V. Taylor (Anm. 86), 479.

[104] J. Gnilka (Anm. 81), 153; G. Bornkamm, Jesus von Nazareth, Stuttgart 1975 (10. A.), 108.

[105] F. F. Bruce (Anm. 32), 258: »Cäsar, das ist impliziert, ist berechtigt Steuer zu fordern; ihm Steuer zu zahlen heißt ihm zurückzugeben, was in jedem Fall sein ist. Und die Steuermünze ist gerade als sein anerkannt worden.«

[106] Z. B. von G. Petzke (Anm. 11), 231.

[107] So: E. Hirsch, Frühgeschichte des Evangeliums, 1. Buch: Das Werden des Markusevangeliums, Tübingen 1951 (2. A.), 131.

[108] G. Petzke (Anm. 11), 231f.

keiten bereitet. Die Möglichkeiten der Auslegung vom ironischen zum antithetischen Parallelismus mit allen dazwischenliegenden Schattierungen sind durchgespielt und bedürfen hier keiner Wiederholung.[109] Eine sprachliche Überlegung kann vielleicht weiterführen: Gewöhnlich wird ja das Syntagma τὰ Καίσαρος bzw. τὰ τοῦ θεοῦ ganz im Sinne eines Besitzverhältnisses gedeutet: was dem Kaiser bzw. Gott gehört. Diese Deutung wird zwar nahegelegt durch das Vorhergehende, wo ja Jesu Gegner gegen ihre Intention die Münze durch Bild und Inschrift identifizieren, allerdings: Was ist mit der zweiten Satzhälfte? W. Schneemelcher z. B. parallelisiert konsequent, wenn er schreibt: »Das Hauptgewicht liegt dabei doch wohl auf dem Eigentumsbegriff« und folgert, daß der Mensch (Stichwort: imago Dei!) »Gottes Münze« sei.[110] Was gibt aber dann der ganze Satz Jesu für einen Sinn? Meist wird die zweite Aufforderung (»Gebt Gott, was Gottes ist!«) dann gegenüber der so konkreten ersten verflüchtigt, ja relativiert zu einer Art Einstellungssache. Als Beispiel M. Hengel: »Die Nähe der Gottesherrschaft relativiert auch die römische Weltmacht. Die politische Religion des allmächtigen Imperiums wird – ganz im Gegensatz zum zelotischen Protest – als von vornherein entmächtigt beiseitegeschoben, ja gar nicht zur Kenntnis genommen.«[111] Und ganz ähnlich J. Blank; der schreibt: »Zuerst kommt das, was Gottes ist. Demgegenüber erledigt man das, ›was des Kaisers ist‹, also das Steuerzahlen, mit der linken Hand.«[112]

Für diese Auslegungstradition ließen sich viele Belege beibringen.[113] Nun ist es aber so, daß die Deutung der Syntagmen τὰ Καίσαρος bzw. τὰ τοῦ θεοῦ im Sinne des Besitzes (wobei das zu ergänzende Objekt der zweiten Satzhälfte

---

[109] Dazu: W. Schrage (Anm. 12), 31–34; J. M. D. Derrett, Law in the New Testament, London 1970, 313–338; J. N. Sevenster, Geeft den Keizer, wat des Keizers is, en Gode, wat Gods is, NedThT 17 (1962), 21–31; Ch. H. Giblin, »The Things of God« in the Question concerning Tribute to Caesar, CBQ 33 (1971), 510–527 (510–514).

[110] W. Schneemelcher, Kirche und Staat im Neuen Testament, in: FS H. Kunst, Berlin 1967, 8.

[111] M. Hengel, Christus und die Macht, Stuttgart 1974, 20.

[112] J. Blank, Vom Urchristentum zur Kirche, München 1982, 70.

[113] Aus der Fülle herausgegriffen: G. Dehn, Der Gottessohn, Hamburg 1953, 229; K. Raiser, Gebt dem Kaiser, was des Kaisers ist, und Gott, was Gottes ist. Ökumenische Beobachtungen zum Umgang des Christen mit staatlicher Macht, FS E. Steinbach, Tübingen 1976, 151–160; O. Cullmann, Der Staat im Neuen Testament, Tübingen 1961 (2. A.), 31f; ders., Christus und die Revolutionären seiner Zeit, Tübingen 1970, H. Balz (Anm. 56), 708–710; A. Sand, Art.: ἀποδίδωμι, EWNT 1, 306–309.

durchaus unbestimmt bleibt) durchaus nicht notwendig ist. Im Gegenteil: An allen Stellen des Neuen Testamentes, wo diese Formulierung vorliegt[114], ist die Deutung im Sinne des Besitzes unmöglich oder zumindest fragwürdig.[115]

Ch. H. Giblin, der diesem Problem nachgegangen ist, macht unter Hinweis auf den Gegensatz von τὰ τοῦ κόσμου bzw. τὰ τοῦ κυρίου 1 Kor 7,32–34 darauf aufmerksam, daß »we should likewise understand not certain objects as such but two foci of immediate concern or preoccupation«.[116] Das gleiche gilt auch vom Gegensatz τὰ τοῦ θεοῦ und τὰ τῶν ἀνθρώπων Mk 8,33par. Nirgends handelt es sich einfach oder nur um Objekte, Dinge, sondern um ein bestimmtes Verhalten, eine qualifizierte Praxis der betroffenen Menschen. So möchte ich anstelle von Besitz lieber von Beziehungsverhältnissen sprechen, die durch die Praxis der Betreffenden definiert werden. Dies schwingt bei allen Formulierungen mit τὰ τοῦ κτλ mit. »The connotation is that of a corresponding action; the scope of the expression obviously does not stop with the material item itself (for instance, this coin or such coins).«[117]

Für unsere Stelle heißt das, daß sich die Gegner Jesu im Beziehungsfeld »des Kaisers« befinden, sie sind »des Kaisers« durch ihre Praxis der Kollaboration. Als sichtbares Zeichen, als »Verkörperung« oder (wenn der belastete Ausdruck erlaubt ist) als Symbol dafür steht die Münze. »Angesichts des Geldstücks, das sowohl die römische Besatzung symbolisiert als auch die Macht der herrschenden, mit den Römern kollaborierenden Klassen (auf diese Einheit der Mächtigen bezieht sich ›des Kaisers‹), läßt die Antwort Jesu deutlich werden, daß seine Gegner ganz einfach vergessen, ›was Gottes ist‹.«[118] Die Münze »ist das Zeichen der Verunreinigung des Landes durch den Besetzer«.[119] Jesus hingegen und seine Jünger stehen im Beziehungsfeld »Gottes« durch ihre Praxis. Von daher wird deutlich, daß es bei »Kaiser« und »Gott« in

---

[114] Mk 8,33 par; Mt 8,33; 21,21; Röm 2,14; 8,5; 14,19; 1 Kor. 2, 11.14. 32–34; 13,5.11; 2 Kor 11,30; 12,14; Phil 2,4.21; 2 Petr 2,22.

[115] Dazu: F. Blass/A. Debrunner, Grammatik des neutestamentlichen Griechisch, bearb. von F. Rehkopf, Göttingen 1979 (15. A.), § 162; J. H. Moulton/N. Turner, A Grammar of New Testament Greek. Vol. III: Syntax, Edinburgh 1963, 16.

[116] Ch. H. Giblin (Anm. 109), 521.

[117] Ch. H. Giblin (Anm. 109), 521: »Die Konnotation meint eine entsprechende Handlung; der Bedeutungsbereich des Ausdrucks endet offensichtlich nicht bei dem materiellen Gegenstand selbst (z. B. dieser Münze oder solcher Münzen).«

[118] M. Clevenot (Anm. 99), 95.

[119] F. Belo (Anm. 90), 226.

unserem Jesuswort nicht etwa um eine Neben- oder ein wie immer zu stufendes Nacheinander geht, sondern um ein scharfes Gegeneinander.[120]

Überlegen wir noch, wo die ganze Geschichte spielt: im Tempel. Kurz vorher wird bei den Synoptikern von der Tempelreinigung berichtet (Mk 11,15–19par). Dieser Kontext zeigt also, daß gerade dort die beiden gegensätzlichen Beziehungsfelder aufeinanderprallen und es ist nicht ohne Delikatesse, daß Jesus seine Gegner zwingt, im Tempel den Denar hervorzuholen, obwohl es nach der Mischna verboten war, den Tempel mit »Stock, Geldbeutel, staubigen Füßen«[121] zu betreten.[122] Der Tempel ist Gottes. So sagt ja auch der zwölfjährige Jesus seinen Eltern: »Wußtet ihr nicht, daß ich in dem sein muß, was meines Vaters ist?« (ἐν τοῖς τοῦ πατρός μου, Lk 2,49).

Der Tempel ist also das Symbol für das Beziehungsfeld »Gott«, so wie die Münze für das Beziehungsfeld »Kaiser«. Aber der Tempel, wo die Beziehung zu Gott am klarsten zu Tage treten soll, ist nun verunreinigt durch die Praxis derer, die ihn verwalten. Symbol eben dieser Verunreinigung ist die Kaisermünze, die Jesu Gegner (ohne Bedenken) im Tempel hervorholen. Sie haben das Beziehungsfeld »Gott« durch das Beziehungsfeld »Kaiser« überlagert und unkenntlich gemacht. Jesus will, daß sie das zum Kaiser Gehörende (zurück-)geben und so von ihm wiedererobern, was eigentlich von Gott geprägt ist.[123] Der Ausspruch Jesu ist also für seine Gegner ein Aufruf zur Umkehr.[124] Umkehr – darin sind sich die Evangelisten einig – bedeutet für die Reichen immer auch Besitzverzicht.[125] In der Steuerfrage steckt also die Frage nach der Stellung zu Systemen von Geld und Gewalt.[126] Jesus ruft seine Gegner auf, ihre Kollaboration mit den Römern aufzugeben, dem Kaiser mit der Münze sein ganzes Steuersystem und seinen Unterdrückungsapparat zurückzugeben und sich damit vom Geld-Gewalt-System befreien zu lassen. Er selbst und seine Jünger haben ihre Antwort auf die Frage nach Geld und Gewalt bereits gegeben: Sie tragen nicht mehr des Kaisers Münze bei sich, sondern bereits das Angeld der Königsherrschaft Gottes, die Praxis des Friedens und der Gerechtigkeit.

---

[120] J. A. Bengel (Anm. 89), 83.
[121] Ber. IX, 5.
[122] J. Klausner (Anm. 19), 433.
[123] M. Clevenot (Anm. 99), 95.
[124] F. Belo (Anm. 90), 226.
[125] L. Schottroff/W. Stegemann, Jesus von Nazareth – Hoffnung der Armen, Stuttgart 1978, 89ff.
[126] L. Schottroff, Die Befreiung von Geld und Gewalt, JK 42 (1981), 14–21.

Renate Wind

WIDERSTAND IST MÖGLICH!

Fünf Frauengeschichten aus der Bibel

Es gibt Zeiten, in denen man sehr viel Kraft allein dazu braucht, die Hoffnung nicht zu verlieren. Es sind die »bleiernen Zeiten«, in denen anscheinend nichts mehr vorangeht. Es sind Zeiten, in denen das Unrecht Triumphe feiert, weil es sich so gut verkauft oder weil es so übermächtig, so unbesiegbar erscheint. Es sind Zeiten, in denen Verzweiflung und Resignation zum Aufgeben und zum Anpassen treiben.

In solchen Zeiten braucht man die Erinnerung an Menschen, die nicht aufgegeben und die sich nicht angepaßt haben, als jeder Widerstand sinnlos schien. Und da wir in einer Zeit leben, in der das Gefühl der Ohnmacht vor den Sternenkriegsplanern, den Wegrationalisierern und den Meinungsmanipulatoren allenthalben um sich greift, scheint es mir notwendig, die Erfahrungen jener zu bedenken, die uns das Standhalten lehren können. Ich möchte daher Geschichten von Frauen erzählen. Ich habe sie in der Bibel bei gelegentlichen Versuchen gefunden, das in den biblischen Erzählungen eingefangene Leben zu begreifen. Die Frauen, die mir dort begegnet sind, haben gezeigt, daß Widerstand möglich ist. Sie waren es, die durchhalten und weitermachen konnten, als scheinbar nichts mehr zu machen war. Sie hatten, so scheint es, eine unvermutete, nicht erschöpfte Kraft, aus der heraus sie handelten, für ihre und ihrer Nächsten Interessen. Sicher waren sie nicht in unserem Sinne organisiert und emanzipiert. Die Frauen, von denen die Bibel erzählt, waren eingebunden in eine Gesellschaft von Patriarchen und Sklavenhaltern. Nur selten hat eine von ihnen die von der Gesellschaft vorgeschriebene Rolle verlassen können. Dennoch haben Frauen gekämpft – gegen Hunger und Unterdrückung, gegen Ausbeutung und Unterwerfung. Sie kämpften mit den Mitteln, die ihnen ihre Rolle zuwies, und sie kämpften nicht selten ohne die Männer oder für die Männer mit. Diese Erfahrungen von Frauen haben Eingang gefunden in die Erzählungen Israels. Und es wird Zeit, diese Erzählungen nicht länger als »erbauliche Geschichten« über individuelle Personen mißzuverstehen, sondern als Ausdruck einer kollektiven Erfahrung wahrzunehmen, der kollektiven Erfahrung eines unterdrückten Volkes, einer unterdrückten

Klasse, die um Brot und Menschenwürde kämpft, und in deren Kampf Frauen eine aktive Rolle spielen.

Manches, was diese Frauen erlebt haben, könnte sich ähnlich im 20. Jahrhundert abgespielt haben. Offensichtlich haben sich bestimmte Formen der Unterdrückung und Machtausübung ebensowenig geändert wie bestimmte Erfahrungen im Kampf um Freiheit und Menschenrecht. Wir finden in den Geschichten der Bibel Beispiele von Zivilcourage und Solidarität, wir hören das »Wie lange noch?« ebenso wie das »Trotz alledem!«. Und wir erfahren, daß Frauen nicht abseits standen, sondern in entscheidenden Situationen Entscheidendes taten und bewirkten.

1. Ziviler Ungehorsam gegen die Macht der Sklavenhalter: Die Hebammen Schiphra und Pua und eine Frau aus dem Stamme Levi nehmen es mit dem Pharao auf (Ex 1 und 2)

Von den Anfängen Israels wird erzählt: Sie lebten lange Zeit als Fremde im Lande Ägypten. Sie wurden zahlreich, so zahlreich, daß der Pharao auf Maßnahmen sann. Er befürchtete eine »Überfremdung« durch die Gastarbeiter, die einst ein gewisser Vizekönig namens Joseph ins Land geholt hatte. Ausländergesetze wurden beschlossen, die dann ständig verschärft wurden. Zuerst wurden den Fremden die Arbeitsmöglichkeiten beschnitten. Ihnen blieben nur abhängige, untergeordnete Tätigkeiten. Zuletzt waren sie Fronarbeiter und bauten die Vorratsstädte Pithom und Ramses für die Herren.

Kinder sind der einzige Reichtum der Armen. »Je mehr sie das Volk bedrückten, desto stärker mehrte es sich und breitete sich aus.« Ausweisungsbehörden gab es noch nicht. Auch Zwangssterilisationen waren noch unbekannt. Da sprach der Pharao zu den hebräischen Hebammen Schiphra und Pua: »Wenn ihr den hebräischen Frauen helft und bei der Geburt seht, daß es ein Sohn ist, so tötet ihn; ist es aber eine Tochter, so laßt sie leben.«

Kollaborateure unter den Unterdrückten zu finden, ist eine nützliche Sache für die Herrschenden. Mit ihrer Hilfe läßt sich manches Problem ohne großes Aufsehen aus dem Weg räumen. Doch die hebräischen Hebammen verweigern die Kollaboration. »Denn sie fürchteten Gott und taten nicht, wie der Pharao ihnen befohlen hatte, und ließen die Kinder leben.«

Zur Rede gestellt, erteilen sie dem Pharao eine Abfuhr und uns eine Lektion in Sachen »Strategie des zivilen Ungehorsams«: »Die hebräischen Frauen sind nicht wie die ägyptischen, denn sie sind kräftige Frauen. Ehe die Hebamme zu ihnen kommt, haben sie schon geboren...« Was soll Pharao dazu sagen?

Zähneknirschend steckt er den Bescheid ein. »Und das Volk mehrte sich und wurde sehr stark.«

Schließlich läßt der Pharao die Maske fallen. Er erläßt ein Gesetz: Alle Söhne, die den Hebräern geboren werden, sind in den Nil zu werfen. Die Töchter dürfen am Leben bleiben. Trauer, Zorn und Verzweiflung herrscht in den Hütten der Armen. Die Unterdrückung hat ihren Höhepunkt erreicht. Die Zeit ist reif für den Widerstand, den Aufstand, die Befreiung.

Von dieser Befreiung wird in den weiteren Erzählungen die Rede sein. In ihnen wird zunächst von der Geburt und der Geschichte des Mannes berichtet, der den Auszug Israels aus Ägypten anführt und dem Volk in der Wüste die Gebote des Gottes Israels vermittelt. Doch hätte es diesen Mann nie gegeben, hätten nicht Frauen dafür gesorgt, daß er – den Mordgesetzen des Pharao zum Trotz – leben und überleben konnte. Seine Mutter, eine Frau aus dem Stamm Levi, denkt nicht daran, ihren ersten Sohn den Häschern des Pharao widerstandslos zu überlassen. Sie versteckt das Kind drei Monate lang. »Als sie ihn aber nicht länger verbergen konnte, machte sie ein Kästchen aus Rohr und verklebte es mit Erdharz und Pech und legte das Kind hinein und setzte das Kästchen in das Schilf am Ufer des Nils. Und seine Schwester stand von ferne, um zu erfahren, wie es ihm ergehen würde.«

Bald darauf wird das Kind von einer Tochter des Pharao entdeckt. Sie hat Mitleid mit dem hilflosen Säugling und nimmt das Kind unter ihren Schutz. Die Schwester Miriam, die die Szene beobachtet hat, verspricht, eine gute Amme zu besorgen und holt die Mutter. Später wird der Junge im Palast erzogen. Bald aber schlägt er sich auf die Seite seiner Landsleute und muß fliehen. Nachdem sich ihm Gott in der Wüste als der Befreier seines versklavten Volkes offenbart hat, kehrt er zurück und organisiert den Widerstand, der im Exodus, im Auszug des Volkes Israel aus Ägypten endet. Sein Name ist Mose. Er wird später als der legendäre Stifter einer Weltreligion in die Geschichte eingehen. Und der Exodus wird zum Urdatum der Geschichte Gottes mit Israel werden, zum Exempel für Aufbruch und Befreiung aus Anpassung und Unterdrückung, zu einer geschichtlichen Grunderfahrung der Menschen bis auf den heutigen Tag.

Die traditionelle, an Persönlichkeiten orientierte, idealistische Auslegung biblischer Traditionen hat den Exodus lange Zeit an der Person des Mose festgemacht und die Geschichte seines Überlebens in der Schublade der »Sagen über die wunderbare Errettung eines berühmten Mannes« abgelegt. Es mag ja sein, daß sie das *auch* ist. Aber sie ist noch viel mehr. Sie ist der Bericht über den Widerstand eines Volkes, über die Auflehnung der vielen Ungenannten gegen die Unterdrücker. In diesem Widerstand nehmen Frauen eine Schlüsselposition ein. Die Befreiung des Volkes beginnt nicht mit dem Auftreten des Mose. Sie beginnt mit dem zivilen Ungehorsam zweier Hebammen und dem Nein einer Mutter gegen den von den Mächtigen beschlossenen Tod ihres Kindes.

2. Der Sieg einer Befreiungsbewegung über die Panzerwagenarmee der Herrscher: Debora ruft zum Kampf und Jael wird dem Feldherrn Sisera zum Verhängnis (Ri 4 und 5)

Die Geschichte von Debora und Jael und das Lied der Debora stammen aus der Frühzeit des im »gelobten Land« seßhaft werdenden Volkes Israel. Sie spielen in der Epoche des vorstaatlichen Israel und spiegeln etwas vom Leben und Kampf der Siedler wider, die ihr Recht häufig gegen Übergriffe der kanaanäischen Herrscherschicht verteidigen müssen. Sie können dies nur, indem sie sich zur Verteidigung zusammenschließen und einen gemeinsamen Anführer bestimmen. Das ist natürlich in der Regel ein Mann. Doch es gab eine Ausnahme. Als kein Mann sich zum Widerstand bereit fand, sprang eine Frau in die Bresche: Debora.

Sie rief zum Kampf, obwohl er aussichtslos schien. Jabin, der König der in den Städten ansässigen Kanaanäer, und sein Feldherr Sisera hatten das Land schon seit zwanzig Jahren unter Kontrolle. Erbarmungslos wurden die Bauern ausgenommen. Die Garanten der Macht Kanaans waren »neunhundert eiserne Wagen«. Was sollte ein zusammengewürfelter Haufen schlechtbewaffneter Israeliten dagegen ausrichten? Man fügte sich und lieferte die Ernte ab. »Es gab kein Brot in den Toren und es war kein Schild noch Speer unter Vierzigtausend in Israel zu sehen. Still war es bei den Bauern, ja still in Israel, bis ich, Debora, aufstand, bis ich aufstand, eine Mutter in Israel!«

Debora fachte den Geist der Auflehnung an. Sie befiehlt einem der Siedler, Barak, den Heerbann auszurufen und mit dem Volksheer gegen Sisera und seine Panzerwagen zu ziehen. Barak sagt zu ihr: »Wenn du mit mir ziehst, will ich auch ziehen. Ziehst du aber nicht mit mir, will ich auch nicht ziehen.« Sie zieht mit.

Nicht alle Siedlerstämme schließen sich der Befreiungsbewegung an. Ganze zehntausend Mann aus den Stämmen Naphtali und Sebulon bekommt Barak zusammen. Sie greifen die neunhundert eisernen Wagen des Sisera an. »Und Gott kam herab« und zog an der Seite Deboras mit in den Befreiungskampf. »Vom Himmel her kämpften die Sterne, von ihren Bahnen stritten sie wider Sisera. Und der Herr erschreckte den Sisera samt allen seinen Wagen und dem ganzen Heer vor der Schärfe von Baraks Schwert, so daß Sisera von seinem

Wagen sprang und zu Fuß floh.« Die kämpfenden Israeliten und ihr Gott in Begleitung Deboras haben den Kampf entschieden. Die Armee der Herrschenden ist geschlagen.

Doch noch lebt ihr Anführer, der Feldhauptmann Sisera, der Exekutor einer zwanzigjährigen Schreckensherrschaft. Er flieht in das Zelt der Frau eines verbündeten Stammesfürsten. Sie nimmt ihn auf und wiegt ihn in Sicherheit. Doch als er schläft, tötet sie ihn und vollendet das Werk der Befreiung für Israel. Im Lied der Debora ist ihre Tat von den Frauen Israels besungen worden: »Gepriesen sei unter den Frauen Jael, das Weib Hebers, des Keniters; gepriesen sei sie im Zelt unter den Frauen! Milch gab sie, als er Wasser forderte, Sahne reichte sie dar in einer herrlichen Schale. Sie griff mit ihrer Hand den Pflock und mit ihrer Rechten den Schmiedehammer und zerschlug Siseras Haupt und zermalmte und durchbohrte seine Schläfe. Zu ihren Füßen krümmte er sich, fiel nieder und lag da.«

Frauen, jahrhundertelang immer wieder die Beute der Sieger, triumphieren hier endlich einmal über Männermacht und Männerwillkür. In erstaunlich klarer Weise wird dabei jedoch der Aufstand der Frauen gegen die absolute Herrschaft der Männer eingebettet in den Kampf eines unterdrückten Volkes gegen die Unterdrücker und Ausbeuter. Nicht der Kampf der Frauen gegen die Männer steht im Vordergrund. Es geht zuerst um die Herstellung von Recht und Gerechtigkeit für das ganze Volk. Aber in der Befreiung Israels vollzieht sich zugleich ein Akt der Befreiung der Frauen, der sich im Handeln der Debora und der Jael manifestiert. Das Lied der Debora stärkt nicht nur das Selbstbewußtsein Israels, sondern auch das der Frauen. Ohne sie wäre im Prozeß der Befreiung nichts gelaufen. Dieses Selbstbewußtsein der Frauen zeigt sich nicht zuletzt in der Frauensolidarität, die im Lied der Debora zum Ausdruck kommt. Frauen, deren traditionelle Aufgabe darin bestand, die Taten ihrer siegreichen Männer zu besingen, singen nun ein Lied für und über sich selbst. Debora, die zum Kampf aufrief und das Heer in die Schlacht begleitete, forderte die Frauen auf, das Lob Jaels zu singen, weil sie das Volk und die Frauen von einem Tyrannen befreite.

3. Die Macht der Solidarität gegen Hunger und Unrecht: Eine Witwe aus Zarpath teilt ihr letztes Brot mit einem Verfolgten und wird dadurch selber satt (1 Kön 17)

Vieles in der Geschichte der Witwe aus Zarpath klingt wie ein Märchen. Tatsächlich hat die Geschichte ein Motiv, das wohlbekannt ist und in den Märchen aller Völker der Welt vorkommt: die wunderbare Vermehrung einer

Speise zur Rettung eines Menschen. Diese Vorstellung ist vor allem den »Märchen der Armen« eigen. In ihnen erzählen sich Menschen, die immer wieder vom Hungern und Verhungern bedroht sind, ihre Hoffnung auf Sattwerden und ihre Sehnsucht nach Leben.

Es scheint zunächst, als erzähle auch die Geschichte von der Witwe aus Zarpath nichts anderes. Doch ist hier das Motiv erweitert. Erst dadurch, daß die Speise geteilt wird, ist sie täglich neu da. Die Solidarität ermöglicht das Überleben aller. Eine zusätzliche Dimension erhält die Geschichte durch den Zusammenhang, in dem sie steht. Der, mit dem die Frau ihre letzte Speise teilt, ist ein politisch Verfolgter, der untertauchen mußte und nun bei der Witwe in Zarpath Unterschlupf findet. Es ist der Prophet Elia.

Auch diese Geschichte wird erst verständlich auf dem Hintergrund der Zeit, von der sie erzählt und in der sie entstand. Sie spielt in der Zeit der ersten Könige in Israel. Aus den ins Land gewanderten Siedlerstämmen war eine Nation geworden, die sich stabilisiert, ausgeweitet und bereits in zwei Königreiche geteilt hatte. Die Gesellschaftsstruktur hatte sich gewandelt. Mit der Freiheit und Selbstbestimmung der ehemaligen Siedler war es endgültig vorbei. Die Rechtsbestimmungen hatten sich geändert. Mit der Errichtung der Königsherrschaft in Israel trat auch hier das altorientalische Königsrecht in Kraft. Israel unterschied sich in dieser Hinsicht kaum noch von den feudalen Sklavenhaltergesellschaften ringsum – höchstens dadurch, daß es eine Opposition zum herrschenden System gab, eine Opposition, die sich zudem auf den Gott Israels und seine Gebote berief. Ihre Sprecher waren die Propheten. Unter ihnen Elia, der Gegenspieler des Königs Ahab und der Königin Isebel. Er hatte sich furchtlos mit dem König angelegt. Er hatte rechtlos Gewordene verteidigt und dem Willkürherrscher Unheil angesagt.

Nun muß er untertauchen. Der König hat Befehl gegeben, ihn zu ergreifen und zu töten. Auf seiner Flucht kommt Elia in das Städtchen Zarpath. »Und als er an das Tor der Stadt kam, siehe, da war eine Witwe, die las Holz auf. Und er rief ihr zu und sprach: ›Hole mir ein wenig Wasser im Gefäß, daß ich trinke!‹ Und als sie hinging, zu holen, rief er ihr nach und sprach: ›Bring mir auch einen Bissen Brot mit!‹« Die Frau hat nichts gegen den Fremden, doch sie kann ihm nicht helfen; es herrscht Dürre im Land und Hunger – sie besitzt selber nichts mehr. »Ich habe nichts Gebackenes, nur eine Handvoll Mehl im Topf und ein wenig Öl im Krug. Und nun habe ich einige Scheite Holz aufgelesen und gehe heim und will mir und meinem Sohn etwas zu essen richten – und dann werden wir essen und sterben.« Elia bittet sie, das wenige, was sie noch hat, mit ihm zu teilen. Das soll ihr zum Leben gereichen. Denn »das Mehl im Topf soll nicht verzehrt werden und das Öl im Krug soll nicht versiegen bis auf den Tag, an dem der Herr regnen lassen will im Land«. Die Witwe vertraut den Worten des Fremden und teilt ihr letztes Brot. Und das Wunder geschieht: »Er aß und sie auch und ihr Sohn Tag um Tag.«

Es ist eine menschliche Grundwahrheit, die in der Geschichte von der Witwe aus Zarpath vermittelt wird. Sie lautet: Nur das Brot, das geteilt wird, gereicht zum Leben. Aus dem Miteinanderteilen kommt die Fülle, die den Mangel aufhebt. Leben und Überleben ist, in Sonderheit für die Armen, eine Frage der Solidarität. Die namenlose Frau aus Zarpath gewährt sie. Sie nimmt einen politisch Verfolgten auf. Sie gibt ihm vom letzten, was sie hat. Gemeinsam überstehen sie die Zeit des Hungers und der Verfolgung. Die Solidarität der Witwe macht es möglich, daß der Kampf gegen Willkür und Unrecht weitergeht. Und sie macht dabei die Erfahrung, daß die Solidarität, die sie übt, zugleich für sie selber die Rettung ist. »Wer im Stich läßt seinesgleichen, läßt ja nur sich selbst im Stich...« – die Witwe aus Zarpath kannte das Lied der Solidarität!

4. Ein Lied der Hoffnung auf Befreiung: Maria, die Verlobte des Zimmermanns Joseph von Nazareth wird schwanger und singt von der Revolution (Lk 1)

Es gibt Zeiten, in denen sich Krisen zuspitzen und die allgemeine Unsicherheit einem Höhepunkt zutreibt. In diesen Zeiten erhoffen Menschen die Wendung zum Besseren oder sie fürchten den Untergang, die Apokalypse. Die Geschichte der Maria fällt in eine solche Zeit.

Maria lebt in Israel, in der Provinz Galiläa, in Nazareth. Sie ist eine junge Frau aus der Unterschicht. Ihr Verlobter Joseph ist Zimmermann. Sie wird ihn heiraten. Zusammen werden sie viele Kinder haben. Wie ihre Nachbarn werden sie am Rande des Existenzminimums leben, ständig geplagt von Steuereintreibern und schikaniert von Besatzungssoldaten. Denn das Volk in Israel, seit Jahrhunderten an das Leid der Unterdrückung durch eigene und fremde Herren gewöhnt, wird unterdrückt und ausgebeutet wie selten zuvor.

Der römische Prokurator und seine Armee, die einheimische Oligarchie und ein Heer von kleinen und großen Kollaborateuren holen das letzte aus dem Land und seinen Bewohnern heraus. Zugleich hat sich der Widerstand formiert. Jüdische Partisanen – Zeloten – kämpfen in den Bergen und im Untergrund. Anschläge und Attentate machen deutlich, daß sich das Volk zu wehren beginnt. Die Unterdrückung aber wird dadurch nur härter. Es mehren sich die Meldungen über Hinrichtungen politischer Gegner und von Massakern an der Zivilbevölkerung. Doch mit der Verzweiflung wächst auch die

Hoffnung auf Befreiung. Die Armen in Israel, die sich von jeher auf den Willen ihres Gottes bei der Einforderung von Recht und Gerechtigkeit berufen haben, erwarten dringlich die Durchsetzung von Gottes Reich und Gottes Recht. Prediger tauchen auf, die den baldigen Anbruch des Gottesreiches verkünden. Einer von ihnen, Johannes, fordert zum Umdenken und Umkehren auf. Wie die alten Propheten sagt er Königen und Priestern, was er von ihrer parasitären Existenz hält. Er wird dafür von König Herodes hingerichtet.

Der erste Sohn der Maria aus Nazareth wird ein ähnliches Schicksal haben. Er wird den Beginn des Gottesreiches predigen, das Ende der Menschenmacht über Menschen. Man wird ihn die Macht der Herrschenden spüren lassen. Der Tod am Kreuz ist politischen Gegnern, Rebellen gegen das Römische Reich vorbehalten. Die stundenlange Folter ist die Rache an denen, die das bestehende System anzugreifen wagten.

Von all' dem ahnt Maria noch nichts, als sie zum ersten Mal schwanger ist. Sie wird zunächst andere Sorgen gehabt haben. Sie muß die Hochzeit mit Joseph arrangieren, damit das Kind, wenn es geboren wird, einen rechtmäßigen Vater hat.

Doch finden wir in der Geschichte, die man sich später von Maria erzählen wird, ein Lied – das »Magnificat«, in dem Maria die Worte unzähliger Frauen und Männer in den Mund gelegt werden, die wie sie auf ein besseres Leben in einer besseren Welt hoffen. In ihm verdichten sich die Hoffnungen aller Armen und Entrechteten und ihre Zuversicht, daß ihr Gott sie nicht allein lassen wird in ihrem Kampf um Leben und Recht. Sie erzählen sich, die schwangere Maria habe gesagt bekommen, daß ihr Sohn der Befreier sein werde und daß sie ihn Jesus nennen solle, was bedeutet: Gott hilft! Sie habe dann gesungen: »Meine Seele erhebt den Herrn und mein Geist freut sich über Gott, meinen Heiland! Denn er hat die Niedrigkeit seiner Magd angesehen. Siehe, von nun an werden mich preisen alle Kindeskinder, denn er hat große Dinge an mir getan, der da mächtig ist und des Name heilig ist. Seine Barmherzigkeit währt immer für und für bei denen, die ihn fürchten. Er übt Gewalt mit seinem Arm und zerstreut, die hochmütig sind in ihrem Sinn. Er stößt die Mächtigen vom Thron und erhöht die Niedrigen. Die Hungrigen füllt er mit Gütern und läßt die Reichen leer ausgehen...«

Nein, von Maria wird nicht beschauliches Mutterglück berichtet. Sie ist auch nicht die heilige Jungfrau, die entrückte Madonna des abendländischen Marienkultes. Was von Maria erzählt wird, ist Kampf ums Dasein und Sorge und Schmerz um den Sohn, angefangen vom Gebären in einer Felshöhle bis zum Ansehenmüssen seines Foltertodes. Und doch singt Maria, und mit ihr alle, die ihr Schicksal teilen, sie singt stellvertretend für alle Armen das Lied der Hoffnung auf Befreiung. Sie verbindet mit der Geburt ihres Kindes die Erwartung aller armen Mütter, daß es weitergeht und besser wird, für ihr Kind und durch ihr Kind: »Du den ich in meinem Leibe trage, du mußt unaufhaltsam sein!« In der Erwartung des Befreiers singt sie vom Umsturz.

Nein, Maria weiß noch nicht, was auf sie zukommt. Sie ahnt noch nicht, wie fremd ihr der Sohn werden wird, den sie Jesus nennt, sie kann noch nicht wissen, wie oft sie Zweifel befallen werden, ob das Kind ihrer Hoffnung wirklich der Befreier ist oder nur ein zum Scheitern verurteilter Weltverbesserer. Sie ahnt auch noch nicht, daß ihr »ein Schwert durch die Seele dringen wird«, wie allen Müttern, die sich mit Schmerzen über ihre getöteten Kinder beugen. Doch das alles kann die Hoffnung des Liedes nicht aufheben. Obwohl sich die Hoffnung nicht erfüllte, wurde das Lied weitergegeben, weitergesungen, weitererzählt. Bis heute hat es seine subversive Kraft behalten, das Lied der Maria, das »Gebet der Armen«, das in Lateinamerika in einem Amulett um den Hals getragen wird.

Es ist ein subversives Lied, das Maria singt. Sie besingt den Anbruch des Gottesreiches, die Zerschlagung der alten Macht- und Besitzverhältnisse, die Revolution. Und der eigentliche Grund ihres Singens ist die Freude darüber, daß sie Anteil hat an dem Prozeß der Befreiung.

5. Der Sieg des Lebens über den Tod: Maria Magdalena und andere Frauen sorgen dafür, daß die Sache des Jesus aus Nazareth weitergeht (Lk 24)

Alles schien entschieden zu sein. Der Anbruch des Gottesreiches, den so viele ersehnt hatten, war ausgeblieben. Verschoben auf unbestimmte Zeit die Erfüllung des Traums von einer Welt, in der sich Frieden und Gerechtigkeit begegnen für immer. Viele hatten gehofft, es sei nun soweit. Sie hatten sich Jesus angeschlossen, der den Anbruch der neuen Zeit verkündet hatte. In dieser neuen Zeit, so hatte er gepredigt, werden die Armen das Land besitzen und die Friedensstifter den Kurs bestimmen, und der Hunger nach Gerechtigkeit wird gestillt sein, ein für allemal. Mit Jesus waren sie gegangen, Männer und Frauen, die nichts zu verlieren und eine Welt zu gewinnen hatten. Sie hatten versucht, ein wenig von der Botschaft schon einmal miteinander zu leben, im Teilen von Brot und Wein und Fisch. Es war ihnen oft nicht leicht gefallen. Zu tief saßen die alten Verhaltensweisen, mit denen man in einer Welt überlebt, in der der Mensch dem Menschen ein Wolf ist. Mit Geduld und Zorn waren sie gelehrt worden, Liebe und Solidarität untereinander und gegen andere zu üben. Etwas Neues war entstanden, große Änderungen bahnten sich an – und dann war alles zu Ende. Auf dem Höhepunkt seiner Popularität war Jesus verhaftet und verurteilt worden, wegen Aufruhrs gegen die Macht Roms. Er war nicht das einzige Opfer in jener Zeit, in der die Besatzungsmacht und die kollaborierende Oberschicht ihre Herrschaft mit blutigem Terror sicherte. Aber sein Tod machte besonders viele Hoffnungen zunichte. Er starb, von seinen verängstigten und enttäuschten Anhängern und selbst von Gott verlassen. Mit seinem Tod wurde seine Botschaft in Frage gestellt. Sein Ende stellte Gott selbst in Frage, jenen Gott Israels, der das Recht seines Volkes nicht preisgibt. Mit dem Ende des Jesus aus Nazareth scheint die Unumstößlichkeit der alten Machtverhältnisse und die Ohnmacht des Gottes Israels besiegelt.

Jesu Jünger empfinden das nicht anders als alle anderen auch. Sie sind untergetaucht, um wenigstens das Leben zu retten. Lähmung und Resignation machen sich breit, wie immer, wenn ein hoffnungsvoller Aufbruch in Terror und Verfolgung erstickt wird. Es sind Frauen, die dafür sorgen, daß die Hoffnung auf Gottes Reich lebendig bleibt und daß der Kampf weitergeht. In den Berichten der Evangelisten wird erzählt, daß sie es waren, die als erste behaupteten, Jesus lebe weiter.

Sie wagen es, am dritten Tag nach seinem Tod zu seinem Grab zu gehen, um den Leichnam einzubalsamieren und würdig zu bestatten. Sie bekennen sich damit öffentlich zu dem Toten. Doch als sie das Felsengrab betreten wollen, sagt ihnen ein Unbekannter: »Was sucht ihr den Lebendigen bei den Toten? Jesus ist nicht hier!« Sollte das heißen, daß die Sache Jesu nicht zu Ende ist? Was auch immer geschehen sein mag – es ist das Reden und Handeln von Frauen, die nun den Toten wieder lebendig machen. Sie begreifen, daß es jetzt an ihnen liegt, ob die Sache Jesu, ihre Sache, weitergeht. Diese Erkenntnis tragen sie weiter. Sie tun es mit Furcht, aber sie tun es. Mitten in der Verzweiflung halten sie daran fest, daß der Tod nicht das letzte Wort hat.

Das ist der Beginn der christlichen Kirche. Nicht der Kirche, die den Gekreuzigten und Auferstandenen tausendfach an die alte Macht verraten und verkauft hat. Es ist der Beginn einer Kirche, die sich beruft auf den gescheiterten und doch immer noch lebendigen Propheten und Repräsentanten einer besseren Welt, in der sich das Recht Gottes durchsetzt gegen das Recht der Reichen und Mächtigen. Es ist der Beginn einer nicht mehr endenden Bewegung hin zu einer Welt des Friedens und der Gerechtigkeit, deren Anbruch vor zweitausend Jahren verkündet wurde und deren Vollendung seither immer wieder neu eingefordert wird.

Das Ostersymbol der abendländischen Christenheit ist das Licht, das die Dunkelheit des Todes besiegt. Es sind, wie so oft, Frauen gewesen, die das Licht der Hoffnung nicht haben ausgehen lassen in der Nacht der Verzweiflung und der Auswegslosigkeit. Sie waren es, die gegen allen Augenschein und gegen den hoffnungslosen Realismus der resignierten Jesusanhänger an der Überzeugung festhielten, daß die Befreiung, die mit Jesus begonnen hatte, weitergeht, weil endlich doch das Leben über den Tod siegen wird.

Gottes Kraft ist in den Schwachen mächtig: Frauen in der Bibel demonstrieren die »Kraft der Schwachen«

Nicht alle Frauengeschichten in der Bibel sind so aufrührerisch wie die hier erzählten. Die Bibel ist von verschiedenen Menschen und aus unterschiedlichen sozialen und religiösen Interessenlagen heraus geschrieben worden. Doch ist den zentralen Texten im Alten und Neuen Testament ganz ohne Zweifel eine eindeutige subversive Grundtendenz eigen. Das liegt daran, daß sich in ihnen die Hoffnungen und Kämpfe der Armen Ausdruck verschaffen. Sie haben mit Erfolg darauf bestanden, daß der Gott Israels auf *ihrer* Seite ist. Der Gott, der die Sklaven befreit, der mit seinem unterdrückten Volk in den Kampf zieht, der Propheten zur Opposition gegen Könige und Priester (!) bevollmächtigt und dessen Herrschaft schließlich Ungerechtigkeit und Unfriede aus der Welt räumen wird – der ist ein »Gott der kleinen Leute«, mit ihnen solidarisch und Garant ihrer Zukunft. Diese Zukunft wird freilich nicht in einem besseren Jenseits erwartet. Das Reich Gottes, von dem in der Bibel die Rede ist, ist die Durchsetzung des Rechts Gottes, der Herrschaft Gottes in der Welt. Und immer wieder geht es um die Konfrontation dieses Gottesrechts, das keine Unterdrückung und Ausbeutung kennt, mit dem tatsächlich herrschenden Recht der Könige, Landbesitzer und Sklavenhalter.

In dieser Konfrontation spielen Frauen offensichtlich eine entscheidende Rolle. Sie sind eine treibende Kraft in der Bewegung hin zum Reich jenes Gottes, der von sich sagen läßt, daß seine Kraft in den Schwachen mächtig sei.

Die Frauen, von deren Kampf in der Bibel erzählt wird, erinnern in mancher Hinsicht an die aufrührerischen Frauen in unserer Zeit. Ich denke, wenn ich von ihnen lese, manchmal an die Frauen in der »dritten Welt«, die den Kampf aufnehmen, weil sie sich gegen das Verhungern und die Versklavung ihrer Kinder zur Wehr setzen. Ich denke an die Pasionaria, die im spanischen Bürgerkrieg zum Kampf für die gerechte Sache aufrief. Ich denke an die Sandinista aus Managua, die einen der berüchtigtsten Folterknechte Somozas in den Hinterhalt lockte.

Wenn ich von der Kraft der Schwachen höre, denke ich an die Arbeiterfrauen, die untergetauchte Antifaschisten vor den Schergen Hitlers versteckten und mit den Verfolgten ihre letzte Habe teilten. Ich denke an die Frauen in den Poblaciones von Santiago, die als erste den Widerstand wieder aufnahmen, nachdem der faschistische Putsch die sanfte chilenische Revolution in Blut erstickt hatte. Wenn ich Maria vom Umsturz singen höre, sehe ich Jeanne d'Arc vor mir und Rosa Luxemburg und die Frauen aus Nicaragua, die ein Transparent zur Prozession mitbrachten, auf dem zu lesen stand: »Mit der Jungfrau gegen den Imperialismus!«

Mir scheint, als habe man auch in Israel zur Zeit des Mose und des Jesus schon gewußt, daß überall, wo die Unterdrückten aufstehen und die Schwachen ihre Kraft entdecken, Frauen in den ersten Reihen stehen und teilhaben am revolutionären Prozeß. Ihre Emanzipation vollzieht sich nicht in Konfrontation zu den Männern, mit denen sie das Los der Armut und Unterdrückung teilen. Aber die Befreiungsprozesse der Armen sind nicht denkbar ohne die Frauen, in denen sich die Kraft der Schwachen unübersehbar manifestiert und nicht mehr zurückdrängen läßt.

Die Kirche der Männer, vor allem aber die Kirche der Mächtigen hat diese Frauen geflissentlich übersehen oder uminterpretiert. Das kirchliche Frauenbild ist nicht von ihnen geprägt worden, sondern von der duldenden, ihre Lebensbedingungen ertragenden Frau. Die Frauen, die in der Bibel eine tragende Rolle spielen, sind ganz anders. Es wird daher Zeit, unsere subversiven Schwestern in der Bibel wiederzuentdecken. Sie können uns lehren, daß sich die Kraft der Schwachen schon seit Tausenden von Jahren regt, daß sie sich nicht auslöschen läßt, daß sie sich immer wieder aufrichtet und daß sie sich endlich durchsetzen wird – in jener neuen Zeit, für die wir kämpfen.

II. Aspekte befreiender Praxis

1. Befreiungserfahrungen im Alltag der »ersten Welt«

Fulbert Steffensky

DIE RELIGION DER KLEINEN LEUTE

Vor kurzem war ich in einem Kloster in Süddeutschland. Die Mönche waren gebildet, das Kloster ist nicht unvermögend. Die alte romanische Kirche war geschmackvoll renoviert. Die vielen Nebenaltäre waren entfernt. Bilder gab es wenig, schon gar keinen Kitsch. Der Gottesdienst hatte eine ästhetische Strenge. Den Rosenkranz betete man dort nicht, obwohl es Rosenkränze für die einfachen Leute in der Klosterbuchhandlung zu kaufen gab. Natürlich gab es auch keine Maiandachten mit schwülstigen Liedern. Zu den sonntäglichen Gottesdiensten reisten die Akademiker von weit her an. Die Predigten hatten ein hohes theologisches Niveau. Kurz, es hat mir gefallen. Dann habe ich mich plötzlich gefragt: Was hat dies alles eigentlich mit der Religion meines Vaters zu tun, der ein kleiner Buchhalter war und ziemlich viel Mühe hatte, seine Familie zu ernähren und das Haus abzubezahlen? Was hat dies mit der Religion meiner Mutter zu tun, die ihren täglichen Rosenkranz betete, wenn es im Sommer zu lange regnete und das Heu für die Ziegen auf dem Felde kaputt zu gehen drohte? Was hat es zu tun mit den Novenen zum süßesten Herz Mariens, die meine Tante betete, wenn ihr Mann arbeitslos war? Ich befürchte, wir haben es hier trotz der einen Konfession mit zwei Arten von Religion zu tun, mit zwei Arten von Erwartungen und Wünschen, die sich in diesen verschiedenen Religionen ausdrücken. Der Unterschied ist nicht nur der von modern und altertümlich; er ist nicht nur der von aufgeklärt und ungebildet. Die Religion der kleinen Leute hat es zu tun mit einfachen Wünschen an das Leben: daß man sein Brot hat, daß die Ernte gut ausfällt, daß der Mann seine Arbeit hat, daß das Kind gesund wird, daß kein Krieg kommt, daß man am Leben bleibt und daß man in Ruhe sterben kann. Es ist so wenig Höheres und Feines in der Religion der kleinen Leute, wie das Höhere und Feine in ihrem Leben eben wenig vorkommt.

Diese Religion möchte ich beschreiben. Ich möchte aus alten Briefen zitieren und Erinnerungen bringen, wie sie mir einfallen. Beginnen möchte ich mit einem Brief des Jürnjakob Swehn, eines mecklenburgischen Tagelöhnersohns, der gegen Ende des letzten Jahrhunderts nach Amerika auswanderte und der in einem Brief an seinen alten Lehrer den Tod seiner Mutter beschreibt, die ihm nach Amerika gefolgt war:

»Als aber der Tag zu Ende war, da kam ein anderer, und das war der letzte. Ihr Essen und Trinken, das war nicht mehr, als wenn ein kleiner Vogel essen und trinken tut. Als die Arbeit fertig war und es schon schummerte, da saß ich wieder an ihrem Bett und hielt ihre Hand, und der Puls ging sehr schnell. Lange Zeit saßen wir da im Schummern. Es war ganz feierlich wie in der Kirche, wenn vorn auf dem Altar die Lichter brennen, weil Abendmahl ist. Ja, daran dachte ich, als ich in ihre Augen sah. Es waren sonst ganz gewöhnliche blaue Augen; aber an dem Tag ging ein Schein von ihnen aus, den sah ich sonst nicht in dieser Welt... so, Jürnjakob, sagte sie dann, nun lies mir was aus der Bibel vor.

So las ich ihr die Geschichte von Lazarus vor, und als ich zu Ende war, sagte sie: da ist ein Psalm, den will ich noch gerne hören. Ich weiß nicht mehr, woans er anfangen tut, aber da ist was von Säen und Ernten drin. – Ich weiß schon, Mudding, welchen du meinst, sagte ich und schlug den 126. auf und las: Wenn der Herr die Gefangenen Zions erlösen wird, dann werden wir sein wie die Träumenden! – Ich höre, mein Sohn! – Und ich las weiter bis zum Schluß: sie gehen hin und weinen und tragen edlen Samen und kommen mit Freuden – mit Freuden, Mudding! – und bringen ihre Garben. – Ich habe man keine Garben, wenn ich ankomme. – Ja, Mudding, wenn's danach geht, dann kommen wir alle nackt an und haben nichts in der Hand.

Sie schwieg eine Weile. Dann sagte sie: Nimm das Gesangbuch und lies: Christus, der ist mein Leben. So las ich den Gesang, und sie hatte die Hände gefolgt und leise mitgesprochen, und als ich zu Ende war, da sagte sie: Das hat unser Lehrer auch mit den Schülern gesungen, als Jürnjochen gestorben war. Dann rakte sie wieder leise über die Decke, und ihre Seele war sehr müde. Ich aber überdachte ihr Leben, als es zu Ende ging, und fand nichts als Mühe und Not. Dann folgte sie die Hände wieder und sah mich still und fest an, und ihre Augen waren groß und tief. Da konnte man hineinsehen wie in einen tiefen See. Dann sagte sie nochmal was. Sie sagte: Ick wull, dat ick in'n Himmel wer; mi ward de Tied all lang. – Lieber Freund, das behalte ich mein Leben lang bis an meinen Tod. Das könnte, so wie es ist, ganz gut im Gesangbuch stehen. Dann aber folgte sie die Hände wieder unter meiner Hand. So betete sie ganz leise unser altes Kindergebet: Hilf, Gott, allzeit, mach mich bereit zur ew'gen Freud und Seligkeit. Amen.

Als sie das Amen gesagt hatte, da drehte sie den Kopf so'n bißchen nach links rum, als wenn da wer kommen tat. Und da ist auch einer gekommen; den habe ich nicht mit meinen Augen gesehen und nicht mit meinen Ohren gehört. Der hat sie bei der Hand genommen, und da ist ihre Seele ganz leise mitgegangen, richtig so, als wenn man aus einer Stube in die andere geht. So ist sie nach Hause gegangen, als wenn ein müdes Kind abends nach Hause geht. Und nun ist sie nicht mehr in einem fremden Lande.«[1]

Diese Menschen begehen das Sterben der alten Mutter wie ein Fest. Trotz ihres Kummers feiern sie, daß da ein Mensch aus der Fremde nach Hause geht.

---

[1] J. Gillhoff, Jürnjakob Swehn – der Amerikafahrer, Berlin (Gebr. Weiß Vlg.) 1971, S. 141–143.

»Nun ist sie nicht mehr in einem fremden Land«, sagt der Sohn, als die Mutter tot ist.

Das ist keine hohe theologische Deutung des Todes. Es war nur einfach so, daß diese Frau früh ihren Mann verloren hat, daß sie die Kinder mühsam aufgezogen hat, daß sie in einer Hütte gewohnt hat, die so niedrig war, daß die Söhne in ihr nicht gerade stehen konnten. Das Haus der Welt war schlecht für sie gebaut. Aber mit diesem schlechten Haus finden sich diese Menschen nicht ab. Sie erwarten, daß man einmal nicht mehr im fremden Land ist. Dies meinen sie keineswegs als eine metaphorische Aussage. Sie klagen ganz konkret ein Leben ein, das nicht Not und Pein ist, in dem man zu Hause sein kann wie ein Kind im Elternhaus.

Diese alte Frau hatte wenig Schutz in ihrem Leben. Aber eine feste Unterkunft hatte sie: das Haus ihrer christlichen Sprache und Lieder. »Die Sprache ist das Haus des Seins«, sagt Martin Heidegger. Ein Stück Heimat findet man auch in der schlechtesten Welt, wenn man die Dinge beim Namen nennen kann; wenn man eine Sprache hat für das, was man erleidet, und für das, was man wünscht. Heimisch wird man, wenn man sagen kann, wofür etwas gut ist und wohin es mit einem gehen wird. »Wir werden sein wie die Träumenden«, liest der Sohn seiner Mutter vor und: »Christus, der ist mein Leben.« Die Mutter zitiert das Lied: »Ick wull, dat ick in'n Himmel wer.« Die Reise ist nicht ziellos. Sie wird einmal ein gutes Ende haben. Das alles sagt sie in ihrer lange gelernten Sprache. Die Religion der kleinen Leute betont die Geschichten des guten Ausgangs. Es ist die Religion des Trostes, weil die kleinen Leute im Leben oft genug untröstlich waren. Sie beharren auf dem Trost und auf der Wörtlichkeit der Versprechungen, weil sie so viel brauchen und weil ihnen so viel Leben vorenthalten wurde.

Ich war einmal in New York im Gottesdienst einer weißen Mittelklassengemeinde, in dem ein Theologieprofessor über das Wunder zu Kana predigte, bei dem Jesus Wasser zu Wein verwandelte. Der Prediger war gebildet und historisch bewandert. Er zeigte, wo überall in der außerchristlichen Literatur dieses Wundermotiv noch vorkommt. Sein Interesse war Aufklärung; sein Ziel: diese Wundergeschichte als historisch unwahrscheinlich zu beweisen. Ein bescheidenes Interesse für eine Predigt, und somit war der Gottesdienst langweilig.

Zufällig kam ich am folgenden Sonntag in den Gottesdienst einer armen schwarzen Gemeinde. Auch dort predigte der Pfarrer über das Weinwunder. Er nun wiederum gab sich alle Mühe, dieses Wunder als historisch echt zu beweisen. Zunächst hielt ich ihn für ebenso langweilig wie seinen weißen gebildeten Kollegen. Dann aber fand die Predigt eine überraschende Wendung. Er erklärte nämlich mit der Logik der Hoffnung, warum er darauf bestehe, daß das Wunder wahr sei. »Das Leben von uns Schwarzen«, so sagte er, »ist wie altes abgestandenes Wasser. Es ist nichts Festliches darin. Niemand will davon trinken. Aber so wird es nicht bleiben. Unser Elend wird nicht bleiben, wie es ist. Auch wir werden wie Wein sein, so wahr das Wasser zu Kana in Wein verwandelt wurde und so wahr Jesus die Kraft dazu hatte!« Diese Schwarzen waren viel zu arm dran, als daß sie hätten verzichten können auf die Wörtlichkeit der Hoffnung.

Ich zitiere einen Beileidsbrief aus dem Jahr 1890. Gerichtet ist er an eine Familie, der der Vater plötzlich gestorben ist.

Liebe Maria und Familie,
mit der innigsten Teilnahme erhielten wir gestern die Nachricht vom Tode Eures Vaters. Wie schmerzlich dieser Verlust euch getroffen, können wir alle uns denken. Doch der liebe Gott hat es getan, und was er tut, das ist wohlgetan. Denn er hat bei allem, was er tut, die besten Absichten zu unserem Heil. Er hat Euren guten Vater zu sich genommen in den schönen Himmel, wo er frei von den Leiden und Armseligkeiten dieses Lebens den Lohn erntet für alles was er erlitten hat. Der Franz wird Euch nächste Woche im Heu helfen, damit Ihr nicht so allein steht, und eine Messe zur schmerzhaften Mutter haben wir auch lesen lassen. Mit tiefstem Beileid gerührt grüßt Deine Schwester Kätchen.«

Diesem Brief fehlt der Reichtum des Ausdrucks des ersten Dokuments. Seine Sprache ist formelhaft. Die Worte sind wie alte Hülsen. Aber sie haben schon viele Seufzer geborgen, seit sie zum ersten Male gefunden wurden. Es sind nicht die Worte des Sprechers. Es sind ausgeliehene Worte. Was aber soll ein Mensch tun, der keine eigenen Worte hat? Diskreditiert es seine Sprache, wenn er die Formeln der anderen übernimmt? Macht es sie unwahr? Es macht sie nicht unwahr, aber unoriginell. Die kleinen Leute hatten noch nie Zeit, originell zu sein. Sie wiederholen sich. Sie wiederholen die Formeln von vielen. Sie tragen die Kleider aus dem Leihhaus ihrer eigenen Geschichte. Diese Kleider halten sie nicht weniger warm. Vielleicht haben die kleinen Leute ein weniger ausgeprägtes Verhältnis zum Privateigentum. Ihnen eigen ist nicht nur das, was sie mit eigenem Schweiß erworben und mit den eigenen Händen genäht haben. Ihnen eigen ist die Sprache, die allen gehört. Nur so können sie überleben. Sie ducken sich zusammen, und es ist nicht genau auszumachen, wem der Mantel gehört, der gerade wärmt.

Der Bruder der Frau, deren Mann gestorben ist, ist Pfarrer. Auch er schreibt einen Beileidsbrief:

»Liebe Schwester, hiermit mein innigstes Beileid! Möge der Herr dem Verstorbenen ein gnädiger Richter gewesen sein! Eine heilige Messe werde ich in den nächsten Tagen für ihn lesen.
Nun zum Begräbnis. Sehr gern würde ich kommen, aber es geht leider absolut nicht. Ich müßte, um zeitig dort zu sein, Sonntag von hier abreisen. Das geht aber gar nicht. Wir haben nämlich am Sonntag Nachmittag hier Glockenweihe. Wir haben ein neues Geläut erhalten. Mehrere Geistliche sind dazu eingeladen. Ich kann es nicht mehr aufschieben und ändern. Ich bin aber auch nicht ganz wohl, und die rheumatischen Beschwerden hindern mich beim Gehen. Fügt Euch in den Willen Gottes! Dein Bruder Karl.«

Der Pfarrer scheint weit weg zu sein vom kleinen Haus, aus dem er stammt. Rheuma und Glockenweihe haben im Brief mehr Platz als Zuspruch und Trost. Interessant ist, *was* der Pfarrer aus der religiösen Tradition erwähnt: Gott soll ein gnädiger Richter sein, und die Trauernden sollen sich fügen. Der Pfarrer vertritt die Interessen Gottes. Was den einfachen Leuten beim Sterben einfällt, ist etwas anderes, nämlich das, was der Tote braucht nach einem entbehrungsreichen Leben: nach Hause kommen – endlich etwas von der Ernte sehen, nachdem man so lange und mühevoll gesät hat – im schönen Himmel frei von den Leiden und den Entbehrungen des Lebens sein. Es fehlt die karge Poesie des Trostes im Brief des Pfarrers.

Mit der Kirche hatten es die einfachen Leute nicht leicht. Die Theologen haben höchst selten ihre Bücher von den Interessen der Gebeutelten her geschrieben. Und die Priester und Bischöfe haben mit ihrer Moral die Lebensmöglichkeiten der einfachen Leute noch weiter beschnitten. Ein alter Ordensbruder, der früher Bergmann war an der Saar, erzählte mir, sein Pfarrer habe ihm 1910 einmal, als er zur Beichte ging, die Lossprechung verweigert, weil er in der Gewerkschaft war.

Wie aber wurden die Leute mit solchen Rigiditäten der Amtskirche fertig? Ich erinnere mich an ein Gespräch zwischen zwei Männern, dem ich als junger Theologe zuhörte. Die beiden Männer waren gerade von der Beichte gekommen. Beide haten sich angeklagt, gegen die kirchliche Sexualmoral verstoßen und beim ehelichen Verkehr Verhütungsmittel benutzt zu haben. Der eine von ihnen hatte die Lossprechung erhalten, der andere nicht. Nun erklärte der glücklich Losgesprochene seinem Gesprächspartner, *wie* man dies beichten müsse, um die Lossprechung zu erhalten.

Dies ist eine häufige Art, halbwegs gut davonzukommen bei Leuten, die unter autoritären Systemen leiden. Die Gebote und Verbote der Autoritäten werden nicht prinzipiell in Frage gestellt. Dazu fehlt durchweg das Bewußtsein und die Kraft. Man wird also beichten, wenn man gegen das verstoßen hat, was die Autorität als Sünde erklärt. Aber man wird es so beichten, daß die Autoritäten nicht dahinter kommen, was eigentlich gemeint ist. Es ist die Lösung der Schweijks in der Religion. Natürlich ist es keine gute Lösung. Sie macht Menschen zynisch, und die religiösen Gesten verlieren ihre Innerlichkeit. Die Macht aber bleibt unangetastet.

Es gibt merkwürdig aufsässige Geschichten und Bilder im religiösen Schatz der kleinen Leute. In einer Kirche in der Toscana habe ich eine Darstellung der Schutzmantelmadonna gesehen. An sie schmiegten sich die kleinen Bauern, die Bettler und die Kranken. Ihr Mantel fiel aber nicht nach unten, sondern stand eher horizontal von ihr ab. Im oberen Drittel des Gemäldes war Gott Vater abgebildet, offenbar zornig wegen der Sünde der Menschen. Er schleuderte Blitze auf sie. Diese aber wurden von dem abstehenden Mantel der Madonna aufgefangen und so für die Menschen unschädlich gemacht. Das ist nicht gerade eine theologisch legitime Darstellung. Aber sie drückt viel von dem Lebensgefühl der kleinen Leute aus. Von oben ist nicht viel mehr zu erwarten als Blitze und Gefahr. Selbst dem Vater Jesu Christi haben die Religionsverwalter eher Züge des Schreckens und des Zornes gegeben als Züge des Erbarmens und des Trostes. »Möge der Herr dem Verstorbenen ein gnädiger Richter gewesen sein«, fällt dem oben zitierten Pfarrer nur ein, als er seinen Beileidsbrief schreibt. Die Leute aber wissen sich zu wehren. Sie vertrauen der schützenden Mutter mehr als dem Vater, der richtet.

Die Muttergottes ist in der katholischen Tradition keineswegs nur still und gefügig. Man erzählt merkwürdig anarchistische Legenden über sie. Einmal, so sagt eine Geschichte, wurde ein Dieb auf frischer Tat ertappt und zum Tod am Galgen verurteilt. Das Recht sagte: Wenn ein zum Galgen Verurteilter nach drei Tagen noch lebt, dann muß er losgeschnitten werden und ist frei. Als der Dieb nun aufgehängt war, kam die Muttergottes, stellte sich, ohne daß sie von den Henkern gesehen wurde, unter den Galgen und stützte die Füße des Diebes drei Tage lang, so daß er nicht erstickte. Nach diesen Tagen lebte er noch. Er wurde vom Galgen geholt und war frei. Die Rechtslage war klar. Es handelte sich nicht um einen unschuldig Gehängten. Der Mann hatte wirklich gestohlen. Er hatte gegen die Gesetze des Eigentums verstoßen. Nach geltendem Recht wurde er verurteilt. Aber das geltende Recht ist meistens das Recht der Mächtigen, besonders das Eigentumsrecht. Die Muttergottes fragt nicht nach diesem geltenden Recht. Sie bricht es, indem sie dem Verurteilten zu Freiheit und Leben verhilft. Eine gefährliche Geschichte für die, die das Recht verwalten.

Selten zwar führt die Religion der kleinen Leute zu unmittelbarer Befreiung. Aber sie hat viele Bilder und Geschichten, die den einzelnen ein Gefühl für die eigene Würde vermitteln können. Diese Bilder bereiten vielleicht langfristig Befreiung vor, sie vermögen aber nicht, sie kurzfristig zu organisieren.

Ich möchte noch einmal auf die Gottesdienste der Schwarzen in Harlem zurückkommen, die ich oft besucht habe. Es ist häufig so, daß diese Schwarzen die im Gottesdienst erzählten Heilungsgeschichten unmittelbar auf sich selber und auf die eigene Situation des Elends beziehen. Hören sie die Geschichte vom Gelähmten, dann sehen sie in der Lähmung ihre eigene gesellschaftliche Ohnmacht. Sie bringen die Geschichte zusammen mit ihrer Arbeitslosigkeit, die ihre Initiative lähmt; mit der Verachtung, die sie erfahren; mit ihrem Ghetto, dessen Straßen stinken, weil der Müll weniger oft abgefahren wird als sonstwo. Die Erzählung der Heilung heißt für sie: das soll mir widerfahren, darauf habe ich ein Recht, ich soll heraus aus meiner Apathie und Häßlichkeit, ich bestehe auf meiner Würde. Die Geschichten, die sie im Gottesdienst hören, stärken ihre Lebenswünsche und stören ihre Hoffnungslosigkeit und Selbstverachtung. An diesen Geschichten lernen sie zu sagen: »Ich bin jemand.« Ich habe es erlebt, daß Leute nach einer solchen Erzählung des Evangeliums im wörtlichen Sinne einübten, »ich bin« zu sagen. Einer sprach es vor, und die anderen wiederholten es: I am – I am somebody – I am black! Ich bin – Ich bin einer – Ich bin schwarz – mich muß man respektieren – mich darf man nicht schneiden: I must be respected – I must be connected. »Ich bin jemand« wiederholten sie wie das »Bitte für uns« in einer Litanei. Es war die Litanei, mit der sie ihre Identität und ihren Stolz einübten.

Manchmal – und in Latein-Amerika erleben wir es immer öfter – wird das Evangelium bei den kleinen Leuten zum Befreiungsmanifest und zur offenen Sprache der politischen Interessen. In Solentiname in Nicaragua unterhält sich eine Gruppe von Fischern und Bauern über das Johannes-Evangelium. Sie besprechen Joh 10, 11–12: »Ich bin der gute Hirt. Der gute Hirt läßt sein Leben für die Schafe. Wer aber nur um Lohn arbeitet, sieht den Wolf kommen und verläßt die Schafe und flieht, weil er nicht der Hirt ist und die Schafe nicht ihm gehören. Und der Wolf ergreift und zerstreut die Schafe.« Die Auslegung der Bauern:

»*Manuel:* Die einen sitzen in der Regierung und bereichern sich, und die anderen geben ihr Leben für ihre Brüder.
William: Und wer ist der Wolf? Ich glaube, der Wolf ist die Ausbeutung, der Mensch, der, anstatt für den Menschen zu sein, Wolf für den Menschen ist.
Gigi: Es heißt, der Wolf ergreift die Schafe und zerstreut sie. Und die Ausbeutung teilt die Menschen in Klassen. Und das System der Ausbeutung schafft in der Gesellschaft den Individualismus und den Egoismus und verhindert, daß die Menschen vereint sind.
Thomás: Wir sind wie zerstreute Schafe.

Natalia: Um vereint zu sein, müssen wir gleich sein. Hier sind einige Bauern zwar etwas besser gekleidet als die anderen, aber ich glaube, wir sind ziemlich alle gleich.
Manuel: Im Stall sind alle Schafe vereint. Und Jesus ist gekommen, um die verstreute Menschheit zu vereinen: so muß der Stall seine Kirche sein.
Gigi: Aber das mit den schlechten Hirten kann man auch auf die schlechten religiösen Hirten anwenden, nicht nur auf die Politiker, nämlich wenn sie sich die politische Macht mit den Politikern teilen und sich von den Schafen ernähren.«[2]

Die einfache Frömmigkeit der Menschen hat immer versucht, den garstigen Graben der Geschichte zu überspringen und sich gleichzeitig zu machen mit Christus und seinem Leiden. »Die Wunden alle, die du hast, hab' ich dir helfen schlagen«, heißt es in einem Passionslied. Menschen haben sich in ihrer Schuld gesehen als solche, die wie die römischen Landsknechte Jesus die Wunden schlugen und die Dornenkrone aufsetzten. Die Fischer und Bauern von Solentiname sind fromm, wenn sie sich in die Geschichten der Bibel hineinsehen, diesmal nicht als die Täter, sondern als die Opfer. Die Armen sind die Schafe, die von den Mietlingen zerstreut und dem Wolf überlassen werden. Der Wolf ist die ungerechte und blutsaugerische Regierung und die mit ihnen kollaborierenden religiösen Führer. Der Wolf, das ist die Einteilung in Klassen, es ist die Ausbeutung und der Egoismus. Was die Bauern mit der Bibel tun, ist keine politische Funktionalisierung des Evangeliums. Sie leben ihre Frömmigkeit und treten ein in die Geschichte, auf die sie hoffen. Die Bilder der Bibel nehmen sie nicht nur als Symbole für das, was mit ihnen geschieht. Die korrupte Regierung *ist* der Wolf; die Armen *sind* die in die Enge getriebenen Schafe des Evangeliums. In den Bildern und Geschichten der Bibel wird das Leben für sie benennbar.

Sprache kommt einmal durch Aufklärung zustande: In neuer Rationalität lernen Menschen, den Zustand ihres Lebens zu durchschauen und zu benennen. Sie kommt zum anderen zustande, wenn Menschen eine Vision haben und ihr dürftiges Leben mit weitreichenden Versprechungen vergleichen können. Das ist bei den Bauern von Solentiname der Fall. Ihre Religion – das sind nun nicht mehr nur die Blumen an der Kette und die hilflosen Seufzer der bedrängten Kreatur. Es ist die gefährliche Erinnerung, mit deren Hilfe Menschen anfangen, an ihren Ketten zu rütteln und sie abzustreifen. Deswegen werden in vielen Ländern Lateinamerikas so viele Nonnen und Priester gefoltert und getötet und Basisgemeinden zerstört.

---

[2] Das Evangelium der Bauern von Solentiname. Gespräche über das Leben Jesu in Lateinamerika, aufgezeichnet von Ernesto Cardenal, Wuppertal (Peter Hammer Vlg.) 1980, S. 420f.

Wir werden sehen, wem die Kirchen auf Dauer den Vorzug geben: der Religion als dem höheren Sonderbereich oder der Religion, die die einfachen Wünsche der Menschen nach Leben und Würde stützt.

Reinhold Schwerdt

SCHRITTE ZUR BEFREIUNG VON ARBEITSLOSIG-
KEIT UND ENTFREMDETER ARBEIT

Konsequenzen für die Wirtschaftsstrukturen

»Die Wirtschaft wächst, blüht und gedeiht, die Arbeitslosigkeit bleibt!« (Pfr. W. Belitz auf dem Evang. Kirchentag 1985).
Wir konnten im Jahr 1985 das makabre Jubiläum einer 10jährigen Massenarbeitslosigkeit »feiern«. Es wird in diesem Zusammenhang von »neuer Armut« gesprochen, die zu der »alten« Armut von Rentnern, Obdachlosen, Behinderten, Ausländern und Sozialhilfeempfängern dazukommt und in der Tat materielle und psychische Verarmung, ja bei genügend langer Dauer Verelendung zur Folge hat. Die Zahl der Arbeitslosen stieg inzwischen auf ca. 2,2 Mio. Menschen, wozu noch 1 bis 1,5 Mio. nichtregistrierte Arbeitslose hinzukommen, so daß zur Zeit zwischen 3,2 und 3,7 Mio. Menschen arbeitslos sind. Rechnet man die Angehörigen dazu, so sind nicht weniger als ca. 10 Mio. Menschen von Arbeitslosigkeit betroffen. Inzwischen ist Arbeitslosigkeit eine weltweite Geißel, vorwiegend allerdings für die mit der kapitalistischen Weltwirtschaftsordnung verflochtenen Länder.

Im folgenden nenne ich einige Zahlen aus Arbeitslosenstatistiken, in denen aber kaum das wahre Leid und Elend zum Ausdruck kommen: Die durchschnittliche Dauer der Arbeitslosigkeit stieg von 3,7 Monaten im Jahr 1980 auf 11,6 Monate 1984. Der Anteil der länger als 1 Jahr Arbeitslosen ist von 16,2 % im September 1981 auf 32,8 % im September 1984 gestiegen. Die Leistungen für die Arbeitslosen sind gesunken, der Anteil der Empfänger von Arbeitslosengeld machte 1985 rund 36 % aus. Arbeitslosengeld beträgt im Durchschnitt monatlich DM 946,—, die Arbeitslosenhilfe verminderte sich auf den Durchschnitt von DM 797,—. Der Anteil des Arbeitslosengeldes am Nettoeinkommen eines Beschäftigten betrug 1984 47 %, bei der Arbeitslosenhilfe nur noch 40,3 %. Entsprechend hat sich die Zahl der Haushalte, die wegen Arbeitslosigkeit Sozialhilfe anfordern müssen, seit 1978 verdreifacht. Die Zahl der Sozialhilfeempfänger ist zur Zeit auf 2,5 Mio. Menschen angestiegen.

Arbeitslosigkeit macht krank, vor allem depressiv, und führt oft zu psychosomatischen Störungen. Der Verlust der Arbeit ist ein Schock, dem eine relativ kurze Phase der Verdrängung und eine Nachholphase von Liegengebliebenem folgt. »Schließlich kommt es zur dritten Stufe, wenn der Arbeitslose sich seinem Schicksal ergibt, seine Bemühungen um einen Arbeitsplatz aufgibt und seine gesellschaftlichen Interessen einschränkt, um die meiste Zeit zu Hause vor dem Fernsehschirm zu verbringen« (Südd. Zeitung vom 10.04.85, »Ein Psychogramm der Arbeitslosen«). Meine eigenen jahrelangen Erfahrungen mit Arbeitslosen und Arbeitnehmern kann ich etwa so wiedergeben: Die schlimmste Wirkung hat wohl das stark verinnerlichte Dogma der kapitalistischen Konkurrenzwirtschaft, wonach jeder seines Glückes Schmied, und damit auch seines Unglückes Schmied sei! So privatisieren und individualisieren Arbeitslose ihre Situation und wenden damit ihr Geschick selbstzerstörerisch gegen sich, anstatt ihre Kräfte in die eigene Veränderung und die Veränderung der wirtschaftlichen und gesellschaftlichen Verhältnisse umzusetzen. Diese privatistische Ideologie paßt zu einem Konkurrenzkampfsystem, das persönlichen Erfolg und Durchsetzungsmacht zum Motor jeglichen Fortschritts und Lebensinhaltes gemacht hat. »Die Arbeitslosen sind eben faul, ich bin nicht faul, also werde ich auch meinen Arbeitsplatz behalten«. Solche Sätze bilden eine Art Selbstschutz, um die eigene Angst besser zu verdrängen; denn zwangsläufig wirkt sich Arbeitslosigkeit auf die Arbeitenden aus; die hinter den Fabriktoren fühlen sich von denen vor den Fabriktoren bedroht. Da die langdauernde Nachkriegskonjunktur eine Art krisenfreien Kapitalismus vorspiegelte, dachten viele, sie bräuchten sich um ökonomische und gesellschaftspolitische Zusammenhänge nicht zu kümmern und stehen nun hilflos der Krise gegenüber. Angst und Ohnmacht den einzelbetrieblichen und gesamtwirtschaftlichen Entwicklungen gegenüber breiten sich aus. Anpassung an die Machtverhältnisse, Duckmäusertum und unsolidarisches Einzelkämpfertum wachsen; denn es fehlen aus den vorgenannten Gründen hoffnungsstiftende Utopien, Alternativen und Perspektiven ebenso wie eine handsame ökonomische Theorie für die Ursachen der Massenarbeitslosigkeit und überhaupt der Krise und ihrer Opfer. Statt dessen herrscht eine Art Schicksalsglaube von großer politischer Gefährlichkeit. Vor allem die technische und ökonomische Entwicklung wird als mehr oder weniger unbeeinflußbar gesehen und damit hingenommen. Pseudoreligiöse »Glaubensaussagen« werden gemacht, wie z. B.: »Ich hoffe, daß mir nichts passiert, daß mein Arbeitsplatz erhalten bleibt«, oder »man kann ja doch nichts machen«; und »wenn ich unter die Räder komme, hilft mir keiner, darum hilf dir selbst, dann hilft dir Gott«; »es kommt ja sowieso, wie es kommen muß«. Resignation, Lähmung und Ersatzbefriedigungen vieler Art vom Konsumfetischismus über Alkohol und Tabletten zu Drogen nehmen zu. Für Entscheidungsträger in den ökonomischen Kommandozentralen (oder sind sie auch nur Getriebene ökonomischer Systemzwänge?) mögen solche Zustände die Versuchung der Machtausübung, des »Herr-im-Hause-Standpunkts« noch verlockender machen, aber die auch für sie irreversiblen katastrophenträchtigen Entwicklungen vermehren und verstärken sich. Neben der dramatisch wachsenden globalen Kriegsgefahr und der zunehmenden Zerstörung der ökologischen Lebensbedingungen ist es das Weltwirtschaftssystem selbst, das die beiden genannten Gefahren hauptsächlich verursacht bzw. fördert und das dadurch selbst in immer größere Reproduktionsschwierigkeiten gerät.

Die Zeit scheint näher zu kommen, wo der Export von Arbeitslosigkeit, Armut und Umweltzerstörung in die dritte Welt zu den Zentren, von denen er einst ausging, zurückzukehren beginnt. Die Peripherien holen Schritt für Schritt ihre Metropolen ein. Wer die Welt ausplündert, steht schließlich selbst vor einem Schutthaufen. Es gibt im Grunde keine Gewinner und Verlierer mehr. Wir in der »ersten Welt« wollen das Ticken der alle treffenden Zeitbombe nur nicht hören. Nicht einmal mehr von Nullsummenspiel kann geredet werden. Es ist ein Minussummenspiel geworden. Allein die gigantische Dollarverschuldung der dritten Welt trifft nicht nur die Schuldnerländer, sondern in den Auswirkungen immer mehr auch die Zentren. Das Asozialprodukt wächst schneller als das Sozialprodukt.

Die ursächlichen Mechanismen, die Unterentwicklung, Arbeitslosigkeit und Armut in der dritten Welt entwickelt haben, sind in den ökonomischen Zentren zu suchen. Darum kann der wirksamste Beitrag der ersten Welt zur Befreiung der dritten Welt nur ihre eigene Befreiung sein, und d. h.: Die Befreiung der armen Völker von ihrer Armut muß unsere Befreiung vom Reichtum sein; ihre Befreiung von Ohnmacht unsere Befreiung von Macht; ihre Befreiung von Ausbeutung unsere Befreiung von der Ausbeuterrolle und der falschen Solidarisierung auch bei uns Abhängiger mit ihren Herren gegen den Rest der Welt. Der Gott der Bibel will uns aus beidem befreien, aus Armut *und* Reichtum, aus Ohnmacht *und* Macht, und uns zu Menschen machen, die weder arm noch reich sind, sondern immer wieder bekommen, was sie zum Leben wirklich brauchen: Brot und das Wort Gottes, leibliche Nahrung und Hoffnung, materielle Lebenssicherung und spirituelle Gewißheit; wir sollen zu Menschen werden, die nicht mehr übereinander herrschen, sondern sich als Brüder und Schwestern begegnen können.

Was in der Bibel über Reichtum und ökonomische Ausbeutung wie über politische Machtverhältnisse zu ihrer Zeit und in ihre Zeit hinein gesagt ist, das bedeutet in unserem heutigen komplexen und komplizierten Weltwirtschaftssystem: dessen Strukturelemente und Mechanismen analysieren, um aus negativen und lebensbedrohenden Wirkungen die Menschen und die Erde befreien zu können. Eine solche Analyse kommt heute weniger denn je an Karl Marx vorbei. Marx' Analyse der kapitalistischen Ökonomie (nicht seine Philosophie) entspricht der biblisch bezeugten Einheit von Spiritualität und Materialität (Leiblichkeit); er stellt die menschlichen Ideen wieder auf die Füße, er untersucht das menschliche Bewußtsein auf seinen Zusammenhang mit ökonomischen Bedingungen und prüft das Zusammenspiel von Denk- und Systemzwängen und redet gerade so nicht der Ökonomie das Wort, sondern der Aufhebung ihres Totalanspruchs auf unser Leben. Er setzt sich kritisch mit der Ökonomie auseinander, um die Menschen wieder zu Herren über die Wirtschaft zu machen und so die Ökonomie der Ethik unterzuordnen und nicht umgekehrt. Marx wurde *ökonomischer* Materialist, um den ökonomischen Materialismus zu überwinden.

Aus seiner Analyse geht hervor, daß die tragenden Bauelemente unseres kapitalistischen Wirtschaftssystems erstens Kapital und Arbeit, zweitens die Märkte sind, wobei er dem zweiten Element eine heute zu ergänzende, geringere Bedeutung beimaß.

Zu erstens: Die kapitalistische Produktionsweise setzt voraus: ». . . . zweierlei sehr verschiedne Sorten von Warenbesitzern müssen sich gegenüber und in Kontakt treten, einerseits Eigner von Geld, Produktions- und Lebensmitteln, denen es gilt, die von ihnen geeignete Wertsumme zu verwerten durch Ankauf fremder Arbeitskraft; andrerseits freie Arbeiter, Verkäufer der eignen Arbeitskraft und daher Verkäufer von Arbeit. Freie Arbeiter in dem Doppelsinn, daß weder sie selbst unmittelbar zu den Produktionsmitteln gehören, wie Sklaven, Leibeigne usw., noch auch die Produktionsmittel ihnen gehören, wie beim selbstwirtschaftenden Bauer usw., sie davon vielmehr frei, los und ledig sind. Mit dieser Polarisation des Warenmarktes sind die Grundbedingungen der kapitalistischen Produktion gegeben. Das Kapitalverhältnis setzt die Scheidung zwischen den Arbeitern und dem Eigentum an den Verwirklichungsbedingungen der Arbeit voraus. Sobald die kapitalistische Produktion einmal auf eignen Füßen steht, erhält sie nicht nur jene Scheidung, sondern reproduziert sie auf stets wachsender Stufenleiter. Der Prozeß, der das Kapitalverhältnis schafft, kann also nichts andres sein als der Scheidungsprozeß des Arbeiters vom Eigentum an seinen Arbeitsbedingungen, ein Prozeß, der einerseits die gesellschaftlichen Lebens- und Produktionsmittel in Kapital verwandelt, andrerseits die unmittelbaren Produzenten in Lohnarbeiter« (Karl Marx, »Das Kapital«, Buch I = Karl Marx-Friedrich Engels, Werke Bd. 23, S. 742, Dietz Verlag Berlin). Mit dieser Trennung von produktionsmittellosen Produzenten und Produktionsmittelbesitzern bzw. Verfügungsberechtigten und Nichtberechtigten sind naturgemäß horrende Einkommens- und Vermögensunterschiede verbunden, die sich in unterschiedlichem Maße weltweit reproduzieren, am krassesten und systemnotwendig zwischen der ersten und der dritten Welt und in der dritten Welt selbst. Im Kampf um das prinzipiell unbegrenzte Wachstum von Absatz und Ertrag werden Überkapazitäten geschaffen, die Marktlücken füllen oder Marktanteile von Konkurrenten erobern sollen. Da dies im Prinzip alle machen, entsteht zwangsläufig Überproduktion. Treffend sagt dies BMW-Chef von Kühnheim: »Wir geben zu, daß es zu viele Pkws gibt, aber es gibt zu wenig BMWs«. Die daraus entstehenden Konjunkturkrisen führen in unregelmäßigen Abständen zu Absatzschwierigkeiten und in der Folge zu Arbeitslosigkeit.

Zu zweitens: Den größten Teil der produzierten Güter verbrauchen nicht die, die sie herstellen, sondern jeweils andere. Der Gütertausch erfolgt am Markt. Aber Märkte sind längst nicht mehr harmlose Tauschmärkte, sondern primär Kampfplätze, eine Art nationales und internationales Schlachtfeld, wo um Marktanteile schonungslos Wirtschaftskriege geführt werden. Die ökonomische Schwächung oder Vernichtung des jeweiligen Konkurrenten ist das Ziel, und die »Waffen« in diesem Kampf sind die Produktionsmittel, Rohstoffe, Technik und Menschen, letztere als Ware Arbeitskraft und Kostenfaktor Lohn und Gehalt. Was also zählt, ist nicht primär die ökonomische Versorgung der Menschen, sondern die Herstellung von möglichst potenter Technologie zur Unterwerfung des wirtschaftlichen Gegners, ist nicht ökonomische Bedürfnisbefriedigung, sondern die Herstellung von wirtschaftlichen Waffenarsenalen, das Wachstum ökonomischer Macht. Darum der ständige Warnruf, den technologischen »Fortschritt« nicht zu verpassen. Die jeweils Schwächeren werden ausgegliedert aus der Wirtschaftsgesellschaft, als eine Art Nichtpersonen betrachtet. Die in der Kolonialzeit begonnene Anbindung der nichtkapitalistischen Länder an den Weltmarkt erreicht in unserer Zeit ihren Höhepunkt durch deren möglichst totale Einbindung in Märkte, auf denen sie jedoch von vornherein die Schwächeren sind und damit verarmen müssen, und d. h., ihre Verarmung hat ihre Ursachen überwiegend in den kapitalistischen Wirtschaftszentren. Es ist genau der in den transnationalen Konzernen konzentrierte technische Vorsprung und die finanzielle Überlegenheit, die die einheimischen Betriebe an die Wand drücken, und es sind besonders die Agrokonzerne, die mit ihrer »grünen Revolution« Existenzen kaputtmachen und so Arbeitsplätze, Einkommen und Kaufkraft vernichten, und die alle zusammen die Natur und ihre Resourcen wie eine Art Munitionslieferant in den Kampf werfen. Sie scheinen dabei zu übersehen, daß sie auf diese Weise auch ihre eigene und unser aller Lebensbasis vernichten.

Der wichtigste Aspekt der technischen Überlegenheit der sog. entwickelten Länder besteht jedoch darin, daß sie die Methoden beherrschen, mit denen man Ideologien vermarktet. Die Ideologie des »totalen Marktes« und damit die Totalisierung seines inhumanen Aussonderungsprinzips, seine Hochstilisierung zum Lösungsinstrument aller wesentlichen Menschheitsprobleme richtet sich damit gegen das Erste Gebot, ist Götzendienst; denn es ist Verabsolutierung und damit Zementierung eines geschichtlich gewordenen und wieder vergehenden innerweltlichen Systems. Damit breiten sich Perspektiv- und Hoffnungslosigkeit aus und folgerichtig Menschenverachtung wie Menschenvernichtung. Die gigantische weltumspannende Aufrüstung ist Ausdruck einer ebenso totalen wie wahnhaften Sicherung des Weltwirtschaftssystems mit seiner derzeitigen Markt- und Machtverteilung. Im Neuen Testament wird solche Sicherung mit der »Sorge« um Reichtum und Machterhaltung wiedergegeben (Mt 13,22). Es ist die pathologisch absolute Sicherheitssorge, die als Sicherung von Geld und Macht eine der gefährlichsten Lebensbedrohungen der Menschheit und dieser Erde ausmacht. Millionen Verhungernder und vom Hunger geistig und körperlich Gezeichneter sind das grauenhafte Ergebnis eines am »totalen Markt« ausgerichteten Weltwirtschaftssystems.

Seit einiger Zeit beginnt sich eine Entwicklung durchzusetzen, die einen so noch nicht dagewesenen qualitativen Sprung des technischen Wandels hervorrief: die neue Technologie der Mikroprozessoren und Computer. Sie verursachen die Einsparung menschlicher Arbeit in bisher nicht gekanntem Ausmaß, sie machen nicht nur die Arbeit des einzelnen Beschäftigten produktiver, sondern überflüssig. Sie ersetzen menschliche Arbeit. Nicht Mensch und Maschine, sondern Maschine statt Mensch. Die bisher konjunkturell bedingte und damit zu- aber auch wieder abnehmende Arbeitslosigkeit wird nun zur strukturellen und damit Dauerarbeitslosigkeit – und so unabhängig vom Wachstum der Wirtschaft. »Die Automation eines bestimmten Produktions- oder Dienstleistungsbereichs verdrängt menschliche Arbeit und führt zu struktureller Arbeitslosigkeit in diesem Bereich. Der Grund dafür liegt nicht in vorübergehenden Konjunkturschwankungen, sondern bei den Automaten, die sich dauerhaft auf die Güter- und Dienstleistungsproduktion auswirken« (G. Friedrichs u. A. Schaff »Auf Gedeih und Verderb – Mikroelektronik und Gesellschaft«, Bericht an den Club of Rome, Europaverlag Wien, S. 30f). Und J. Weizenbaum formuliert die Entwicklung so: »Wir sehen, daß wieder eine Art industrielle Revolution ausgebrochen ist, indem nämlich in absehbarer Zukunft, in 20, 25 oder 50 Jahren vielleicht, nur noch ganz wenige Menschen – ein Zehntel etwa – mit der Produktion von Gütern beschäftigt sein

Schritte zur Befreiung von Arbeitslosigkeit und entfremdeter Arbeit

werden, ohne daß dabei weniger produziert würde« (J. Weizenbaum, »Kurs auf den Eisberg«, pendo-Verlag Zürich, S. 122). Und das Problem: »Wenn die Massen ihre Rollen in der wirtschaftlichen Gleichung behalten sollen, muß das Funktionieren der Maschinen von menschlicher Arbeit abhängen. Wird der Arbeit diese Rolle genommen, so bricht das Prinzip des »freien Marktes« zusammen; die Arbeiterschaft, d. h. die Masse der gewöhnlichen Leute, verliert ihren legitimen Anspruch auf einen Anteil am Bruttosozialprodukt« (ebenda, S. 123). Wir werden also weniger Arbeit, nicht aber weniger Güter haben, im Gegenteil, – doch die bisherige Verteilung der Arbeit, der Güter und Dienstleistungen muß neu geregelt werden.

Kann uns die Bibel Orientierungshilfen in der Krise und aus der Krise geben? Können alte Traditionen für qualitativ veränderte Situationen wegweisend sein? Sie können sicher nicht technisch-organisatorische Rezepte geben, aber sie können Ziele nennen, auf die hin Schritte getan werden sollen, weil die Bibel Visionen, Prophetien bewahrt, das auf uns zukommende Reich Gottes beschreibt. In diesem Reich sind bestimmte Ziele und Inhalte vorweggenommen: Da geht es um Frieden in Gesellschaft und Wirtschaft, um Verhältnisse, in denen sich die Menschen einsetzen und einbringen können und nicht durchsetzen müssen, in denen sie nicht Konkurrenten, sondern Kollegen sind, nicht Einzelkämpfer, sondern solidarische Gemeinschaften von Schwestern und Brüdern, unter denen gerecht geteilt wird Arbeit, Einkommen, Vermögen und die Verfügungsmacht über die ökonomischen Mittel. Darum suchet zuerst das Reich Gottes und seine Gerechtigkeit, nur dann könnt ihr bekommen, wessen ihr bedürft (Mt 6,33). Orientierung auf Reich-Gottes-Ziele ist die Voraussetzung dafür, daß die Wirtschaft überhaupt in die Lage kommt, die Menschen mit dem zu versorgen, was sie zum Leben wirklich brauchen, und eine wirtliche Welt wieder herzustellen und zu bewahren (Gen 2,15). In der Tat wird eine Wirtschaft, die nicht am Schalom des Reiches Gottes orientiert ist, zum Selbstläufer, der letztlich nur noch um seiner Selbstbehauptung willen produziert: Eine solche Wirtschaft wird tendenziell eine Volkswirtschaft ohne Volk und gegen das Volk und bald auch ohne Umwelt sein. Wer nicht das Reich Gottes und seine Gerechtigkeit sucht, sucht den Profit und den Tod, sammelt unbegrenzt Macht und Geld, muß wachsen und alle Grenzen des Wachstums ignorieren, um schließlich all-mächtig zu werden. Aber Gottes kommendes Reich ist nicht ein weit abgehobenes Ziel in einem fernen Jenseits aller Geschichte, vielmehr will Gott hier und heute mit uns ganz konkrete Schritte zur Befreiung auf sein Reich hin tun, so, wie er das mit unseren Vätern und Müttern auch getan hat. Gottes eigene Arbeit war und ist Befreiungsarbeit auf sein von ihm heraufzuführendes Reich hin. So geht es ihm um Befreiung von ausbeuterischer, also fremdbestimmter, abhängiger, krankmachender, die Identität und Würde des Menschen bedrohender Arbeit; es geht um tendenzielle Verringerung und schließliche Beendigung von Arbeit, die überwiegend erlitten, anstatt selbst bestimmt und gestaltet wird. Dies war das Ziel der Befreiung der Israeliten aus ägyptischer Sklaverei. Ja, Gott sagt, wer er ist, indem er sagt, daß er dieses unterdrückte Volk befreit aus abhängigen und entfremdeten Arbeitsverhältnissen.

Nun sind wir heute aufgrund der Produktivkraft der industriellen Wirtschaft und ihrer technologischen Entwicklung in der Lage, die gesellschaftlich noch notwendige Arbeit, die eben immer auch ein Stück entfremdete, heteronome Arbeit ist, in bisher nicht gekanntem Ausmaß zu verringern: »Wir können dem Hunger und der Armut der Welt ein Ende machen – und gleichzeitig die Notwendigkeit, daß Menschen arbeiten, beinahe auf das Niveau senken, das derzeit in Amerikas Landwirtschaft gilt: d. h. wir könnten sie fast zum Verschwinden bringen« (J. Weizenbaum, ebenda, S. 124). Wir könnten! – aber wir können es nur – und das wird meist verschwiegen – wenn, worauf das Reich-Gottes-Ziel schon hinweist, die Wirtschaft auf Versorgungs- und Bedarfsdeckungsziele hin verpflichtet wird; denn sonst ist sie nach wie vor dem Selbstlauf des unbegrenzten Konkurrenzkampfes, dem Wachstum von Kapital als Waffenarsenal verpflichtet, und damit sind für die notwendige Versorgung und Beschäftigung der Menschen immer zu wenig Mittel da; und nicht zuletzt gehen Umweltverbrauch und -zerstörung mit ihren immer weniger bezahlbaren und unbezahlbaren Schäden rücksichtslos weiter bis zum völligen Zusammenbruch der irdischen Fundamente für jegliches Wirtschaften und Leben auf Erden. »Wenn sich aber diese Produktivität auf die Erzeugung wirklich nützlicher Dinge kanalisieren ließe – wie Nahrung, Kleidung, Unterkunft, öffentliche Verkehrsmittel, Gesundheits- und Erziehungswesen usw. – statt auf törichten Luxus und tödliche Waffen, könnten wir uns eine ganze Welt vorstellen, die sozusagen wie eine Südseeinsel funktionierte« (J. Weizenbaum, ebenda, S. 124).

Um diese Versorgungsziele im Interesse der betroffenen Menschen zu ermitteln, sind wohl eine Art Wirtschafts-, Sozial- und Branchenräte nötig, die in unserem Land schon in der Weimarer Verfassung vorgesehen waren, und an denen Gewerkschafter, Unternehmer, Verbraucher und die öffentliche Hand zu beteiligen wären. Diese Räte erstellen bzw. veranlassen die Erstellung von wirtschaftlichen Gesamtrechnungen mit den entsprechenden Alternativen, prüfen sie und geben so Entscheidungshilfen. Sie sollen damit der Wirtschaft Grundorientierungen geben: z. B. welches Verkehrssystem, welches Energiesystem, welches Gesundheitswesen, welche Stadtstruktur, welche Landwirtschaft wir brauchen, um das Leben und das ökologische System unserer Erde erhalten und entfalten zu können. Die Parlamente wären dann der Ort, wo Entscheidungen verbindlich für die Wirtschaft zu treffen wären. Um die Wirtschaft dementsprechend in die Pflicht nehmen zu können – auch das wird meist nicht gesagt –, ist das gerechte, und das heißt paritätische Teilen der wirtschaftlichen Verfügungsmacht in den Betrieben unabdingbar. Nur so ist eine auf die vom Parlament beschlossenen Versorgungsziele ausgerichtete Investitions- und Produktpolitik zu gewährleisten.

Um die billigsten und verträglichsten ökonomischen Deckungssysteme zu finden, muß an die Stelle der jetzigen einzelwirtschaftlichen Rentabilität eine ganzheitliche Rentabilität gesetzt und verbindlich gemacht werden. Vor allem geht es um eine Rentabilität, die nicht nur an die ökonomischen Daten und Interessen von Einzelunternehmen gebunden ist. Eine ganzheitliche Rentabilität bedeutet vielmehr, die infrastrukturellen Voraussetzungen und die Folgen allen Produzierens sowie die ökologischen und sozialen Kosten in die wirtschaftlichen Entscheidungen verbindlich einzubeziehen. Um nämlich zu wissen, was ein Produkt wirklich kostet, muß man wenigstens annähernd zusammentragen, wieviel die Voraussetzungen kosten, damit überhaupt die Produktion begonnen werden kann, und ebenso, welche Kosten für und durch die Konsumierung des Produkts entstehen. Es hat keinen Sinn, noch länger die Produktsystemkosten getrennt von den einzelbetrieblichen Herstellungskosten als volkswirtschaftliche Gesamtkosten der Allgemeinheit über das jeweilige Steuersystem aufzulasten. Die Privatisierung der Erträge und die Sozialisierung der Lasten und Schäden hindert die Unternehmen, mit Rücksicht auf die Gesamtwirtschaft zu kalkulieren und gesamtgesellschaftlich nützliche Güter und Dienstleistungen zu erbringen. »Weil beispielsweise die ökologischen Verluste durch Luft- und Wasserverschmutzung (wie Artenrückgang, Verlust an genetischer Vielfalt) nicht bei denen als Kosten erscheinen und erhoben werden, die sie verursachen, werden sie nicht behoben, sondern nur erlitten. Weil die Unfallkosten des Automobils nicht beim Hersteller, sondern beim Nutzer oder der Allgemeinheit erhoben werden, hat die Unfallminderung nur relativ geringe Priorität. Würden die Waldschäden von den Waldbesitzern teilweise bei den Automobilherstellern eingeklagt, träte die Automobilindustrie sicherlich längst für ein Tempolimit ein« (U. E. Simoneis, »Für die Zukunft wirtschaften«, Ev. Kommentare Nr. 4/85, S. 109).

Dann wäre auch Arbeitszeitverkürzung nicht wie jetzt ein mühsames Wettrennen mit dem stets vorauseilenden Produktivitätsfortschritt und eine meist zu späte Reaktion auf Arbeitsplatzabbau, sondern dann würde sich Arbeitszeitverkürzung richten nach den Versorgungsaufgaben für die Menschen und die Bewahrung der Erde. Nur was für die Erfüllung dieser Aufgaben noch erforderlich ist, darf an Erwerbsarbeit geleistet werden.

Damit sind auch durch die ständig wachsende Produktivkraft der Gesamtwirtschaft die ökonomischen Mittel vorhanden, um jedem ein Mindesteinkommen zu garantieren, das er braucht, da der bisherige »Bezugsschein« für Einkommen, nämlich Arbeitsplätze und längere Arbeitszeit, nicht mehr ausreichend bestehen. Entkoppelung von Einkommen und Arbeit ist möglich und nötig. D. h. aber auch, daß Einkommen im wachsenden Maße an die gesamte Wertschöpfung, an die gesamte Produktionskraft der Wirtschaft zu binden sein wird. Einkommen kann sich nicht mehr auf die Addition individueller Arbeiten beschränken. Diese auch unter dem ungenauen Namen »Maschinensteuer« bekannte Bezugsgröße und Bemessungsgrundlage für künftige Einkommen umfaßte nach Berechnungen von Adamy/Becker (»An neuen Finanzquellen führt kein Weg vorbei«, Frankfurter Rundschau Nr. 43 vom 20.02.85) bereits 1979 eine Größenordnung von ca. 1,261 Milliarden DM. Darin sind enthalten alle Komponenten der betrieblichen Wertschöpfung wie Löhne, Gewinne, Zinsen, Abschreibungen etc. Die Bruttolohn- und Gehaltssumme hingegen umfaßte lediglich 50,4 % der Bruttowertschöpfung. Die neue Bemessungsgrundlage wäre also mehr als doppelt so groß wie die jetzige. Da wir in unseren Vorschlägen davon ausgehen, daß tendenziell alle Erwerbsfähigen auch arbeiten, eben entsprechend kürzer, empfiehlt sich für die Einkommensermittlung in Zukunft eine Kombination von Einkommen aus Erwerbsarbeit und Transfereinkommen aus der gesamten Wertschöpfung der Wirtschaft.

Auch eine Einkommensangleichung wäre unabdingbar, da sonst die Gefahr besteht, daß die Wirtschaft sich wieder an der potentesten Kaufkraft bis hin zum Luxuskonsum orientiert und die Versorgung der weniger Kaufkräftigen unterbleibt.

Wenn nun die Arbeitszeit für die gesellschaftlich notwendige Arbeit ständig zurückgeht, stellt sich natürlich die Frage, was mit der wachsenden sogenannten Freizeit geschehen kann und soll. Auch hier gilt es zu erkennen, daß Gott nicht nur *von* heteronomer Arbeit immer mehr befreien, sondern ebenso *zu* identischer, autonomer, gesellschaftlich sinnvoller und nützlicher Arbeit befreien will. Dies gilt vom Sabbat, wo Gott die gesellschaftlich notwendige Arbeit einschränkt, gewissermaßen eine erste Arbeitszeitverkürzung einführt, und dafür eine ganz andere Qualität von Arbeit will: »Am Sabbat lebt der Mensch, als hätte er nichts, als verfolge er kein Ziel, außer zu sein, daß heißt seine wesentlichen Kräfte auszuüben – beten, studieren, essen, trinken, singen, lieben. Der Sabbat ist ein Tag der Freude, weil der Mensch an diesem Tag ganz er selbst ist. Das ist der Grund, warum der Talmud den Sabbat die Vorwegnahme der Messianischen Zeit nennt und die Messianische Zeit den nie endenden Sabbat: der Tag, an dem Besitz und Geld ebenso tabu sind wie Kummer und Traurigkeit, ein Tag, an dem die Zeit besiegt ist und ausschließlich das Sein herrscht« (Erich Fromm, »Haben oder Sein«, dtv 1979, S. 57). Dies gilt in ähnlicher Weise von der Reich-Gottes-Arbeit Jesu, dessen Reden und Handeln in der Arbeit für Frieden, Gerechtigkeit und eine menschlichere Gemeinschaft bestand, und darum ist heute Arbeit in Bürgerinitiativen, in Friedensgruppen, in Produktions- und Lebensgemeinschaften, also gesellschaftspolitische Arbeit im weitesten Sinne ebenso Arbeit, wie noch eine immer kleiner werdende gesellschaftlich notwendige Arbeit zur Erstellung unserer grundlegenden Existenzmittel erforderlich ist. Und da wird deutlich: Arbeit kann so wieder ein Teil des Lebens werden. Arbeit und Leben sind nicht mehr gegeneinander gerichtet und getrennt, z. B. in Arbeit und Freizeit oder Arbeitsleben und Ruhestand, sondern Arbeit und Leben können ineinanderfließen, können miteinander versöhnt werden. Arbeit könnte wieder mehr das sein, was sie im biblischen Gesamtverständnis immer war: das Tun des Willens Gottes.

Bei all diesen Entwicklungen dürfen wir aber nicht vernachlässigen, daß es trotz der Computertechnologien immer auch noch gesellschaftlich notwendige, heteronome Arbeit geben wird, gerade auch in den traditionellen Bereichen von Produktion und Dienstleistung. Und es wäre gut und nötig, wenn möglichst jeder arbeitsfähige Bürger im Laufe seines Lebens ein bestimmtes Arbeitsquantum in diesen Bereichen zu leisten hätte, schon um den Zusammenhang mit und den Einfluß auf den gesellschaftlich noch notwendigen Produktionsprozeß nicht zu verlieren. André Gorz meint deshalb: »daß die Garantie eines von einem Arbeitsplatz unabhängigen Einkommens nur dann Freiheit bringen wird, wenn sie einhergeht mit dem Recht eines jeden Einzelnen auf Arbeit« (A. Gorz, »Wege ins Paradies«, Rotbuch 1983, S. 66). Zur Größe dieser gesellschaftlich noch notwendigen Lebensarbeitszeit meint Gorz: »Es sieht kaum so aus, als würde dieses Quantum gegen Ende des Jahrhunderts 20.000 Stunden (jetzt sind es ca. 40.000, d. V.) überschreiten; in einer egalitären Gesellschaft, die für eine weniger wettbewerbsorientierte und entspanntere Lebensweise optiert, könnte es sogar noch wesentlich geringer sein« (A. Gorz, ebd. S. 68).

Nun soll das aber nicht heißen, daß wir den Entfremdungscharakter gesellschaftlich notwendiger Arbeit unangetastet lassen dürfen. Vielmehr sind alle Lebens- und Arbeitsbereiche auf die kommende Friedensgesellschaft Gottes hin zu verändern und zu gestalten. Gott will nicht nur *von* heteronomer Arbeit *zu* autonomer Arbeit befreien, sondern auch *in* der gesellschaftlich noch notwendigen Arbeit Schritte der Befreiung mit uns tun. Und das bedeutet, daß wir den inhumanen Wirkungen der im Kapitalismus angewendeten neuen Technologien entgegentreten müssen: Die Menschen haben immer weniger mit einzelnen Maschinen zu tun, sondern immer mehr mit ganzen Maschinensystemen. Arbeitsdichte, Tempo und Inhalt der Arbeit werden von diesen Systemen bestimmt. Sie übernehmen auch immer mehr »Gehirn«, »Gedächtnis« und die Zusammenhänge der zu erfüllenden Aufgaben. Computersysteme dringen in den visuellen, intellektuellen und psychischen Bereich des Menschen vor. Durch solche Systeme nimmt die Kontrolle über Menschen ungeahnte Ausmaße an: Das mit dieser Technik ermöglichte, alles überziehende Informationsnetz führt zu einer tendenziell totalen Erfassung und Überwachung der Gesellschaft, der sie nur durch Dezentralisierung, Demokratisierung der jetzigen Machtzentralen und Stärkung ihrer Identität Widerstand leisten kann. Mit der zweiten Hälfte dieses Jahrzehnts erfolgt nach allen jetzigen Anzeichen der Durchbruch des beschäftigungswirksamsten Rationalisierungsschubs durch Zusammenschluß jetzt noch weitgehend getrennter Computerinseln. Vermutlich hat dies die weitere Dequalifizierung von immer mehr Beschäftigten bei gleichzeitiger Höchstqualifikation der Nochbeschäftigten zur Folge. Darum gilt wohl, daß »der Anteil der hochqualifizierten Konstruktions-, Erprobungs- und Kontrollpersonen steigen wird, während der Anteil der Facharbeiter auf der mittleren und vermittelnden Ebene zurückgeht« (D. Bullinger, »Die Neuen Technologien«, Beilage zur Wochenzeitung »Das Parlament« 134/85, S. 53). Gleichzeitig scheinen in dieser Entwicklung große Chancen der menschlichen Gestaltungsmöglichkeit des Produktionsprozesses zu stecken: »Ausgebaute Telekommunikations-Netzwerke erlauben es, insbesondere auch breiter Schichten an Entscheidungsfindungen teilhaben zu lassen. Die hier vorhandenen Potenzen sind allerdings bisher weder im betrieblichen noch öffentlichen Bereich ernsthaft angedacht worden. Es ist in der Bundesrepublik notwendig, über breitere Partizipation unter Nutzung der Informationstechnik öffentlich zu diskutieren. Die Arbeitsorganisation wird dadurch stärker strukturiert werden, aber auch vielfältige neue Möglichkeiten der kreativen Arbeit erlauben« (aus einem Schreiben von Prof. Dr. K. Haefner, Universität Bremen, vom 3. 8. 1983 an den Vorstand der IG Metall mit Antworten auf Fragen aus dem Themenbereich ›Neue Technologien‹, S. 4). Ob diese Chancen realisiert werden können, ist eine Frage des gerechten Teilens der betrieblichen Entscheidungskompetenzen, also eine gesellschaftliche Machtfrage. Und so scheint sich die menschliche Seite der technologischen Entwicklung auf die Frage zuzuspitzen, ob und wo der Mensch im verbleibenden Produktionsprozeß bestimmend und produktiv tätig sein kann, oder ob und wo er nur noch Handlanger der Maschinensysteme ist und wird. Zwei Professoren des Soziologischen Forschungsinstituts Göttingen kommen in ihren empirischen Untersuchungen zu folgender Sicht: »Es steht die Frage zur Entscheidung an, wo im Betrieb die produktionsnotwendige Intelligenz verankert sein wird: allein in werkstattexternen Planungs- und Dispositionsagenturen, denen eine rein ausführende Fertigung ohne jede Kompetenz und Qualifikation gegenübersteht (das wäre die Fortschreibung alter Rationalisierungslinien), oder aber auch in der Produktion selbst, deren Know-how und Erfahrung nicht als ärgerliches Residuum, sondern als unverzichtbare Produktivkraft anerkannt wird (das wären die neuen Produktionskonzepte). Kurz: Produktionsintelligenz ja oder nein? Immerhin wird in diesem Zusammenhang mit darüber befunden, ob in bestehenden Industrien ein Produktionsfacharbeiter neu zu verankern ist. »Produktionsfacharbeiter« kann in unserem Zusammenhang nur eine Arbeitskraft bedeuten, die in einem organisierten mehrjährigen Lernprozeß ausbaufähige Grundkenntnisse über die technisch-physikalisch-chemischen Funktionsprobleme moderner Produktionsprozesse erworben hat, und die durch Gebrauch dieser Fähigkeiten einen wichtigen Beitrag zum optimalen Betrieb neuer Produktionssysteme leistet« (Kern/Schumann, »Ein Stachel im Fleisch der Rationalisierungsgewinner«, Dokumentation der »Frankfurter Rundschau« Nr. 61, 12.3.1984, S. 14). Sie werden also die Gruppe sein – von Kern/Schumann als »Rationalisierungsgewinner« bezeichnet –, die das personelle Fundament der neuen Produktionskonzepte bilden. Daß sie sich aber solidarisieren mit den »Rationalisierungsverlierern«, müßte Aufgabe gegenwärtiger und künftiger Gewerkschaftspolitik sein. Bundesgenossen für diese Solidarität, gerade auch kirchliche, sind dabei gefragt und gefordert, aber auch zu finden.

Gott führt uns in seiner Heilsgeschichte immer wieder in Krisen, zur Zeit in offenbar fundamentale Krisen, um uns und unsere Verhältnisse radikal, von der Wurzel her zu verändern. Krise ist Ende von Bisherigem und gleichzeitig Anfang von Neuem. Radikale Krisen enthalten radikale Chancen. Die Mitte der Nacht ist immer auch der Anfang des neuen Tages, auch und gerade wenn es einmal der Jüngste sein sollte.

Karl-Heinz Dejung

WIDER DIE DEPRESSIVE VERSUCHUNG DER RESIGNATION[1]

»Er sagte ihnen aber dies Gleichnis: Es hatte einer einen Feigenbaum, der war in seinem Weinberg gepflanzt, und er kam und suchte Frucht darauf und fand keine. Da sprach er zu dem Weingärtner: Siehe, ich bin nun drei Jahre lang gekommen und habe Frucht gesucht an diesem Feigenbaum, und finde keine. So hau ihn ab! Was nimmt er dem Boden die Kraft? Er aber antwortete und sprach zu ihm: Herr, laß ihn noch dies Jahr, bis ich um ihn grabe und ihn dünge; vielleicht bringt er doch noch Frucht; wenn aber nicht, so hau ihn ab!«
(Luk. 13, 6–9)

Liebe Geschwister dieser Erde,
Freundinnen und Freunde des Friedens,
der aus Gerechtigkeit wächst!

Mit dem Gleichnis vom Feigenbaum haben die meisten von uns eine zwiespältige Geschichte. Wir erinnern uns: Vor drei Jahren haben wir an dieser Stelle über dieses Jesuswort gemeinsam nachgedacht.[2] Ein Jahr vor der Raketenstationierung glaubten wir, daß uns dieses eine Jahr noch gegeben ist, um das Verbrechen an der Menschheit, die Aufstellung dieser tödlichen Waffen, zu verhindern. – Haben nun die Gegner der Friedensbewegung recht behalten? Jene, die uns Christen anklagen, wir trieben mit falscher Theologie falsche Politik? Sind wir »falsche Propheten« gewesen, die mit apokalyptischer Drohgebärde ihre Angst auf die Bürger unseres Landes übertrugen, um sich selbst ein gutes Gewissen zu schaffen?

Aber auch wir können uns schwer der Suggestion dieses Gleichnisses entziehen. Die Stationierung hat begonnen und auch der letzte Widerstand, in

---

[1] Predigt am Buß- und Bettag 1985 im Bittgottesdienst für den Frieden am amerikanischen Militärlager im Ober-Olmer Wald bei Mainz.
[2] Vgl. H. Kern, Noch ein Jahr! Predigt am Raketenlager im Ober-Olmer Wald bei Mainz im Friedensgottesdienst am Buß- und Bettag 1982, JK 43 (1982), 610f.

den Niederlanden, scheint gebrochen. Stehen wir nicht in der Versuchung des Propheten Jona, Gottes Gericht an den Politikern unseres Ninive einzuklagen, die sich nach dem Motto durchgesetzt haben: »Die demonstrieren, wir regieren!« – Hoffentlich stockt uns der Atem bei so viel theologischer Konsequenz. Denn wären die tödlichen Waffen losgegangen – wir wissen dies auf jeden Fall –: Wir wären auch hier in Mainz unter den Opfern!

Ich denke, wir haben keinen Grund, uns verunsichern zu lassen angesichts des sog. Erfolges der Stationierungsgewinnler. Auch wenn unser Bundespräsident in den letzten Tagen denen meinte recht geben zu müssen, die an die Abschreckung glauben: Die Argumente der letzten Jahre sind nicht vom Tisch. Wir wissen mittlerweile aus dem Mund des amerikanischen Präsidenten, daß dieses Drohsystem unmoralisch ist. Allerdings zieht er mit SDI aus dieser Einsicht noch tödlichere Konsequenzen. Auf verführerische Weise versucht er den Teufel mit Beelzebub auszutreiben. Und wer uns weismachen will, daß nun Stabilität und Ruhe eingekehrt seien, der gehe einmal zur Großbaustelle für die Marschflugkörper in den Hunsrück.[3] Mit jeder Arbeitsstunde, die dort auf militärischen und politischen Befehl geleistet wird, wird das lautlose Sterben in der dritten Welt fortgesetzt. Vergleichbar jenem lautlosen Sterben in den Gaskammern Hitlers. Wir haben also allen Grund, dabei zu bleiben, daß der Sog, der die Menschheit in den Abgrund zieht, nicht geringer geworden ist.

Was uns aber verunsichern muß, das ist die depressive Versuchung unter uns, in die uns ein Mißverständnis des Gleichnisses reißen kann. Wer den Weingärtner als einen skrupellosen Despoten versteht, der nur Aufschub gewährt, um die Untergebenen bei versäumter Leistung dem Henker auszuliefern, der macht die geschenkte Zeit der Umkehr zur Galgenfrist. Der ist nicht nur dem Zwang zum Erfolg ausgeliefert. Der steht auch unter dem unaufschiebbaren Druck, sich für den Mißerfolg zu bestrafen. Oder aber er muß diese Strafe auf die anderen abwälzen, die sie wahrhaftig verdient haben, und wird mit in den Abgrund gezogen.

Wer aber in dem Weingärtner den Christus erkennt, der macht eine Entdeckung. Wir verstehen, daß Gott seine Geschöpfe nicht deshalb sterben lassen will, weil sie ohne Frucht bleiben! Wir sehen an diesem Christus, was es heißt, Gnade vor Recht ergehen zu lassen. Durch ihn können wir begreifen, daß es etwas kostet, harte Herzen zu erweichen. Der Christus endete am Galgen, weil Gott weiß, daß er die Lebewesen der Freiheit – die Menschen – nicht

---

[3] Vgl. S. Stange, Kriegsvorbereitung im Hunsrück. Der Einfluß der Raketenstationierung auf den Alltag der Menschen, Essen: Klartext-Verlag 1985.

zur Umkehr zwingen kann. Allein durch tollkühne und verschwenderische Liebe werden wir fähig, uns von zwanghafter Selbstzerstörung zu befreien.

Nicht Galgenfrist, sondern Gnadenfrist bringt deshalb Jesu Gleichnis in unsere Welt. Gott schenkt uns immer noch Zeit, er stundet uns immer noch die längst verwirkten Untergänge. Seine Langmut spricht aller Erfahrung, die wir machen müssen und die wir auch selbst andere machen lassen, Spott und Hohn.

Ist das nun die billige Gnade, die es Christen möglich macht, sich ohne Schmerzen auf jede neue Situation einzustellen? Weil ja auch in der Hölle Gott mit uns ist? Zunächst gilt: Ohne diese Gnade wären wir längst untergegangen. Wenn wir überhaupt noch an einen Gott glauben können, dann nur an einen wie den Vater Jesu Christi, der uns an unserem Todestrieb nicht sterben lassen will. Und billig wäre diese Gnade nur dann, wenn wir die Schmerzen der Veränderung, die auch wir spüren, verdrängen würden. Wieviel Abschreckung gibt es unter uns, wieviel muß bei uns umgepflügt werden, um die Bunkermentalität zu überwinden? Wieviel Kraft brauchen wir noch, um die Fenster unserer Verwundbarkeit weit zu öffnen und mit unseren Wunden leben zu lernen? Billig wäre die Gnadenfrist, wenn wir angesichts der Realitäten, die unsere Politiker geschaffen haben und weiter zu schaffen suchen, unsere Depressionen aussitzen. Billig ist das Wunder der geschenkten Zeit, wenn wir sie als grenzenlos mißbrauchen. Billig gehen wir mit der Liebe Gottes um, wo wir die geschenkte Zeit nicht auskaufen.

Die Zeit auskaufen, gerade weil böse Zeit ist, das ist für mich die erste Lektion aus dem Gleichnis Jesu. Und die zweite, die ich hier an dieser Stelle ausrufen möchte, erscheint mir noch wichtiger: Schaut Euch um, was sich alles bewegt an Unwillen und Widerstand gegen die Sucht nach Abschreckung, hier in dieser Stadt, in unserer Region, in unserem Land, auf der ganzen Welt!

Da gelingt es, die Gefahr der Militarisierung unserer Stadt zu erkennen. Da entsteht eine Koalition der Betroffenen, die die gewohnten Fronten zerbricht. Menschen wehren sich gegen den Mißbrauch von Land für Zementpisten. Wir wissen, die spektakulären Landforderungen der amerikanischen Militärs sind vom Tisch.[4] Aber wir werden uns auch gegen die Salamitaktik zur Wehr setzen, wenn unter der Hand versucht werden sollte, Stück für Stück des Landes zu nehmen. Uns bedrückt allenfalls, daß in unseren Kirchengemeinden nur wenige sind, die sich an diesem Protest beteiligen.

---

[4] S. dazu die Aufstellung über »Militärische Landforderungen...«, die dem in Anm. 3 genannten Buch im Anhang beigegeben ist.

Wider die depressive Versuchung der Resignation

Schauen wir zu den Menschen im Hunsrück nach Hasselbach, Wüschheim und Bell zur Großbaustelle für die 96 Marschflugkörper. Niemand hat die Bewohner dieser Dörfer vorbereitet auf eine Herausforderung, in der sie nun plötzlich im Mittelpunkt von Auseinandersetzungen stehen. Wer einmal bei den Gottesdiensten und Mahnwachen dabei war, der spürt etwas von dem Mut und der elementaren Kompetenz der kleinen Leute, die – ob sie es wissen oder nicht – in böser Zeit den »aufrechten Gang« lernen. Uns bedrängt und bedrückt dabei allenfalls die Frage, ob wir unseren gewaltlosen Protest auch dann durchhalten können, wenn diese unverwundbaren Todesmaschinen nach den Bundestagswahlen 1987 stationiert werden.

Vergessen wir nicht, was wir vor zwei Wochen sogar in unserer »Allgemeinen Zeitung« lesen konnten: In München weigern sich 1000 Mitarbeiter der Siemens AG, bei Forschungen dieses Konzerns zu SDI mitzuwirken. Wieviel Verständnis und Verantwortung für das Leben entdecken wir plötzlich bei Menschen, die wir vor einigen Jahren hochmütig noch als hörige Fachidioten beschimpft haben. Und wenn es sich als wahr erweisen sollte, daß das geplante Forschungszentrum der Firma Schott hier auf dem Lerchenberg Weltraumrüstung mitbetreibt, dann laßt uns mit diesen Menschen so reden, daß sie begreifen: Hier dürfen wir nicht mitmachen! Und wir werden auch nicht still bleiben, wenn unsere Kirche wegen SDI zur Tagesordnung übergeht. Mit den Kirchen in der DDR werden wir dagegen protestieren, daß uns der Himmel genommen wird, jenes letzte Symbol der Unverfügbarkeit, die unser Menschsein verbürgt. Der Himmel, der uns daran erinnert, daß der sich zu Tode sichert, der sich gegen alle Risiken abzusichern sucht.

Vergessen wir auch nicht jenen tollkühnen Mut der Green-Peace-Leute, die sich mit einer Nußschale den Flugzeugträgern und Unterseebooten entgegenstellten. Sie haben damit der Welt gezeigt, wie der Wahnsinn der Supermächte den Wahnsinn der Mittelmächte nach sich zieht. Daß in Frankreich über den Skandal des tödlichen Anschlags auf die »Rainbow-Warrior« Minister gefallen sind, ist mehr als wir zu erhoffen wagten.

Wir schauen auch heute nach Genf, wo das Treffen zwischen Reagan und Gorbatschow stattfindet, an das wir zwar große Erwartungen haben, das wir dennoch ohne Illusionen beobachten. Wir erflehen einen Durchbruch und beten für viele nachfolgende Genfs, so wie dies russische und amerikanische Christen in der Kapelle des Weltkirchenrates gleich neben den Verhandlungsgebäuden tun. Aber wir wissen auch: Diese hochtechnisierte Unterdrückungsrüstung im Innern wie nach außen ist Ausdruck der Macht und des Ausbeutungswillens beider Supermächte. Ihre Vasallen – mögen sie Kohl oder Honecker heißen – sind diesem Willen zur Herrschaft jeder auf seine Weise verfallen. Ihnen allein Frieden und Abrüstung zu überlassen, ist uns nicht möglich. Wir würden uns sonst verhalten wie Kinder, die ihre süchtigen Eltern durch Betteln von ihrer Abhängigkeit befreien möchten. Deshalb wissen wir: Die hoffentlich zahlreichen Genfs, die noch folgen werden, werden uns nur dann von der Herrschaft des Todes befreien, wenn wir zu Hause arbeiten und streiten. Und bei dieser harten und lohnenden Arbeit, bei der wir auch mit uns selbst kämpfen, vergessen wir nicht das Beten: um unseren Kleinglauben zu überwinden, um unsere Ohnmacht nicht in Selbsthaß münden zu lassen, um Rachegedanken nicht in Verbalradikalismus umkippen zu lassen.

Wenn wir uns von selbstzerstörerischer Depression nicht lähmen lassen, dann entdecken wir in der Zeit der Gnadenfrist mehr, als wir zu hoffen wagten: Knospen am Baum des Lebens. Vielleicht sind diese Knospen (noch) nicht schön anzuschauen. Der Baum des Lebens ist gewiß noch kein blühender Baum. Aber wir erscheinen ja auch nicht schön und liebenswert, wenn wir schreien. Mit dem Beter des Psalms 69 stehen wir dazu: »Wir haben uns müde geschrien und unsere Stimmen sind heiser geworden.« Laßt uns deshalb der Versuchung widerstehen, immer liebenswert erscheinen zu wollen. Wer den Frieden will, der aus der Gerechtigkeit wächst, der kann nicht immer attraktiv wirken. In bösen Zeiten zerbrechen Beziehungen und Allianzen. Aber in der Gemeinschaft der Nachfolger Jesu entstehen auch neue Freundschaften und Bündnisse.

Amen!

Catharina Halkes

FEMINISTISCHE THEOLOGIE ALS EINE GESTALT VON BEFREIUNGSTHEOLOGIE

In einer Anekdote wird von Golda Meir folgendes berichtet: Als im Parlament in Jerusalem überlegt wurde, den Frauen zu verbieten, sich abends – ab einer gewissen Uhrzeit – auf die Straßen zu begeben, da diese für Frauen völlig unsicher geworden waren, antwortete sie: »Das bedeutet eine Umkehrung der ganzen Sache; dieses Ausgangsverbot muß für die Männer gelten: Sie sind es doch, die Frauen belästigen, sich an ihnen vergehen und sie vergewaltigen.« Allgemeine Überraschung in der Knesseth; die Verordnung kam nicht zustande.

In dieser Geschichte ist vieles enthalten, wogegen die Frauenbewegung kämpft: Männer haben Macht über Frauen; diese Macht wird körperlich, psychisch und geistig gebraucht und mißbraucht; in einer von Männern beherrschten Kultur ist dies eine Gegebenheit, die entweder akzeptiert oder als eine unglückliche Nebensächlichkeit geduldet wird. Man ist im allgemeinen nicht zu Veränderungen bereit, geschweige denn sich für einen Bewußtwerdungsprozeß zu öffnen, der deutlich macht, wie einseitig die westliche Kultur von Männern bestimmt, geformt und in Stand gehalten wird; für einen Bewußtwerdungsprozeß, der Einsicht gewährt in die eigene Position, die eigenen Interessen und in die Unterdrückung von Frauen, d. h. in die vorgeschriebenen Einschränkungen ihrer Möglichkeiten bis hin zur Unsichtbarmachung von Frauen[1] in manchen wesentlichen Bereichen unseres Daseins. Es genügt, die Fernsehbilder zu betrachten: Wenn es um die politischen Machtblöcke und deren machtlose Begegnungen geht; wenn es sich um die ökonomische Verteilung von Geld handelt, die Bilder von der Börse, wenn der Dollar fällt oder steigt; wenn es technologische Fragen betrifft, die zur Vernichtung der Menschen, unserer Erde und des ganzen Weltraums führen können; und schließlich wenn es sich um Bilder handelt, die die offizielle Leitung der Kirche zeigen (wobei die römisch-katholische Kirche und die orthodoxen Kirchen voranstehen). Frauen kommen darin nicht vor.

---

[1] Vgl. Frauen – Unsichtbar in Theologie und Kirche, Concilium 1985/6.

Es zeugt denn auch von einem außergewöhnlich klaren und prophetischen Blick, daß bereits 1962 der bekannte niederländische Autor C. J. Dippel, Physiker und Theologe, den Zusammenhang zwischen maskuliner Kultur, Unterdrückung von Frauen und Waffengewalt formuliert hat:
»Wenn jemals von männlichem Versagen gesprochen werden kann, dann bei der Atombewaffungsdebatte: Die Bewohnbarkeit der Erde droht durch den definierenden, logisierenden, klassifizierenden, abstrahierenden, formalisierenden und generalisierenden Mann definitiv und mit konsequenter Beharrlichkeit unmöglich gemacht zu werden und – wie üblich – will er dies nicht eingestehen. Die Frau hat nicht nur von jeher für die Bewohnbarkeit des Hauses gesorgt, sondern sie war es auch, die im Haus den Mann rehabilitierte, ihn durch ihren Dienst formte und veränderte, ihm Ruhe und Frieden gewährte, ihm sein Prestige wegnahm und ihn entthronte, um ihn zu einem ganz normalen Menschen zu machen, der er selbst sein konnte, ohne Maske, und die ihn lehrte, in Gemeinsamkeit und Freiheit zu leben. Aber wenn derselbe rehabilitierte Mann hinausgeht in die Gesellschaft, in die Politik, in das Spiel von Macht und Kraft, verrät er seine Frau und die Menschlichkeit des Lebens, die Gemeinschaft und die Freiheit. Er glaubt, daß draußen dem Frieden und der Freude nicht gedient werde, es nicht möglich sei, einander menschlich und ohne Prestige zu ehren, anzuerkennen und zu erfreuen. Dann setzt er wieder seine Maske auf und glaubt, ein Ritter zu sein, der die Kunst des Zusammenlebens ohne Frau beherrscht. Er lebt wieder nach seinem Naturell, und sein männlicher Mehrwertigkeitskomplex ist so stark, daß er in der modernen Kultur, als die Frau anfing, sich zu emanzipieren, dafür gesorgt hat, daß die Frau sich draußen ans männliche Diktat anpaßt. Dadurch wurde die Emanzipation der Frau im Keim erstickt. Wenn man fragt, was die Kirche für den Frieden tun kann, dann muß man erkennen, daß unsere Debatte ein Symptom ist für den dummen, einseitig männlichen Verrat an der Bewohnbarkeit der Erde, für den Verrat an der Frau, den Verrat am gemeinsamen Menschsein von Mann und Frau. Ein solches Symptom ist unbesiegbar, wenn man nicht einsieht, daß es auf einer Unkultur in den elementarsten Verhältnissen des Lebens beruht.«[2]

Dieser Autor konnte damals noch nicht vorhersehen, daß Frauen anfangen sich zu weigern, den bestehenden Zustand noch länger zu reproduzieren; daß sie für wirtschaftliche Selbständigkeit kämpfen und daß sie sich denjenigen verweigern, die Macht über sie ausüben wollen; daß sie nicht auf der Haut ge-

---

[2] Zitiert in: Paul van Dijk, Waar zijn we in vredesnaam mee bezig? Kernbewapening, kerk en cultur bij C. J. Dippel. Den Haag 1983, 105–106.

streichelt werden wollen durch Hände, die außer Haus töten, wie Dorothee Sölle es so treffend ausgedrückt hat.

Dieser Beitrag zur feministischen Theologie als Befreiungstheologie beginnt absichtlich so konkret, weil gerade die Erfahrungen von Ohnmacht und vor allem von Unbehagen über diese Ohnmacht, von Widerstand dagegen und einer Praxis der Veränderung die Bausteine für das Entstehen feministischer Theologie geliefert haben. Jeder/jede von uns weiß doch, daß auch die offenen und progressiven Theologen, die ein Auge für die zum Himmel schreiende Ungerechtigkeit haben, die der Westen der sogenannten dritten Welt zufügt, und die deshalb wichtige Studien über Befreiungstheologie schreiben und darüber an unseren theologischen Fakultäten dozieren, oft in ihren Analysen unserer eigenen Wirklichkeit stecken bleiben und nicht alle Konsequenzen für uns Europäer/innen daraus ziehen. Sie zeigen wohl auf, daß unsere europäischen Strukturen von Organisation, Ökonomie und Technologie mitschuldig sind am Unrecht, aber sie gelangen selten an den Punkt, zuerst bei sich und ihrer eigenen Situation zu beginnen und sich selber schmerzhafte Fragen zu stellen über ihre eigenen Strukturen von Denken und Handeln, vor allem wenn es um die Mann-Frau-Beziehung geht.

Ich will deshalb hier die These aufstellen, daß eine *europäische* Befreiungstheologie nie Hände und Füße haben wird, wenn sie nicht die feministische Theologie in ihren verschiedenen Äußerungen ernst nimmt, sich für sie öffnet, sich von ihr beeinflussen, ja sogar transformieren oder – theologisch gesprochen – bekehren läßt.

Es ist eine historische Tatsache, daß in den siebziger Jahren dieses Jahrhunderts Frauen zum ersten Mal Subjekte ihres Theologisierens geworden sind. Damit meine ich nicht, daß sie in zunehmender Anzahl Theologie studierten, sondern daß wir damals anfingen, unsere Glaubenserfahrungen selber zu formulieren und selber systematisch über unsere Beziehung zu Gott, zum göttlichen Geheimnis, auf jeden Fall zum Geheimnis unseres Daseins nachzudenken.

Weibliche Mystikerinnen haben dies durch alle Jahrhunderte hindurch getan, und zwar in einer manchmal schockierenden und bildhaften Sprache. Aber daran sind wir vorbeigegangen, auch wir Frauen, so daß die mystische Theologie, weil ihr mißtraut wurde, nicht in die »offizielle« Theologie aufgenommen wurde. Die reformatorische Theologie negiert sie. Die römisch-katholische Kirche hat wohl manche Mystikerinnen nach ihrem Tode heilig gesprochen und sogar zwei von ihnen, Katharina von Siena und Theresa von Avila, am 27. 9. 1970 als Kirchenlehrerinnen ausrufen lassen. Aber für die konkreten Frauen in den Kirchen hatte dies nahezu keine Folgen, was sich in der Zukunft sicher verändern wird! Frauen zu Kirchenlehrerinnen zu machen, muß doch seine Wirkungen haben!

Bevor wir Frauen anfingen, uns selbst auszudrücken, mußten wir zuerst entdecken, wie sehr wir in jeder Hinsicht eine Befreiung von der Fremdbestimmung hin zur Selbstbestimmung durchsetzen mußten. Frauen wurden ja durch die herrschende (Männer-)Kultur auf Aufgaben und Rollen festgelegt, die sie ins Abseits der Reservate von Frauengemach, Wohnzimmer, Küche und Schlafzimmer, kurz »nach innen« trieben; ja sogar auf ihre weibliche »Natur« und ihre weibliche Körperlichkeit wurden sie festgelegt. Man glaubte nicht, daß sie imstande seien, der Außenwelt und der Natur Bedeutung zu geben. Wie der französische Philosoph Lacan es ausdrückt, halten sie deshalb einen »negativen Einzug« in die symbolische Ordnung.

Jetzt, nachdem wir uns dieser Situation bewußt geworden sind, weigern wir Frauen uns, den externen Diktaten noch länger zu gehorchen. Im gemeinsamen Austausch von Erfahrungen, im gemeinsamen Streit und Aufstand und in den gemeinsamen Aufgaben und Aufträgen, die wir vor uns sehen, entdecken wir unsere eigenen Kräfte und Möglichkeiten. Dieser Prozeß von Entdeckung und Bewußtwerdung ist an sich schon ein befreiender Prozeß, denn er bringt uns aus der Entfremdung zurück zu uns selber und macht uns zu ganzheitlicheren Personen. Nach den Erfahrungen des »Nichts-seins« (nothingness), wie Carol Christ jenen Prozeß umschreibt[3], sind wir an den Punkt gelangt, dem, was in und um uns herum geschieht, der Kultur, von neuem Namen und Bedeutung zu geben (newnaming).

Daraus entstehen Erfahrungen von Zorn und Stolz. Zorn, weil wir klein gehalten, stumm und unsichtbar gemacht worden sind; Stolz auf Grund der Entdeckung unserer Kräfte und Möglichkeiten, die in uns verborgen liegen und die wir entwickeln können.

Ent-decken und ent-wickeln haben hier eine spirituelle Bedeutung und lassen mich an das Wort von Johannes denken: »Die Wahrheit wird Euch frei machen.« (Joh 8,32) Wahrheit als a-letheia, als das, was nicht länger verborgen ist, als Kern unseres Bestehens. Zorn und Stolz wurden bisher nicht unbedingt als weibliche »Eigenschaften« gesehen, geschweige denn als Tugenden, und dennoch können sie heilende, reinigende und kreative Wirkungen haben, gerade dadurch, daß sie zum Ausdruck gebracht werden und etwas mit ihnen getan wird. Dadurch, daß derartige Erfahrungen geteilt, interpretiert und reflektiert werden können, entsteht ein fruchtbarer Ausgangspunkt für »doing

---

[3] Carol Christ, Diving deep and surfacing – Women Writers on Spiritual Quest, Boston 1980, 13ff.

theology«, und das bedeutet durchaus nicht subjektive und ausschließlich gefühlsmäßige Theologie.

Auf diese Weise wird feministische Theologie eine Art des Theologietreibens, die gemeinsame Züge mit der Befreiungstheologie aufweist: Sich bewußt gewordene, auferstandene und aufständisch gewordene Frauen streben danach, ausgehend von ihrer Erfahrung und Praxis, auf ihrem Weg von der Sprachlosigkeit zur Ausdruckskraft Gott zur Sprache zu bringen. Einige Übereinstimmungen sollen hier genannt werden: der Wert, der der Praxis und Leidenserfahrung beigemessen wird; der Glaube an die Gerechtigkeit und die Aufmerksamkeit Gottes für die nicht nur materiell Armen, sondern für alle, die – in welcher Gesellschaft auch immer – an den Rand getrieben wurden; auch feministische Theologie ist eine kontextuelle Theologie, nicht nur weil neue Subjekte das Wort haben, sondern auch weil diese Frauen nicht als Modell dienen für alle Frauen oder für »die« Frau. Jeder Versuch der Universalisierung muß dabei zurückgewiesen werden: Frauen leben in den unterschiedlichsten Kontexten von Rasse, Klasse, Hautfarbe und sexueller Unterdrückung und begegnen einander auch innerhalb dieser Unterschiede. Deshalb ist es notwendig, nicht automatisch von Schwesterlichkeit zu sprechen als von einer Wolke, die uns alle umgibt, sondern zuerst die verschiedenen Positionen und Situationen untereinander kennenzulernen. Auch Schwesterlichkeit muß erarbeitet und gelebt werden. Trotz der Gemeinsamkeiten bestehen auch Unterschiede zu den Befreiungstheologien, unter anderem deshalb, weil diese, bisher oder bis vor kurzem wiederum Frauen und die problematische Beziehung von Männern zu Frauen vergessen und nicht zur Diskussion gestellt haben, so daß sie kein Stimulans darstellten, um »from machismo to mutuality« zu gelangen.[4] Des weiteren ist feministische Theologie keineswegs eine »altruistische« Theologie, die für andere da ist, für die Schlachtopfer. In der feministischen Theologie haben die Eingeschränkten, die Frauen, die – auf welche Weise auch immer – durch eine Kultur zum Schlachtopfer gemacht wurden und sich nun von diesen Fesseln befreien wollen, das Wort. In den Befreiungstheologien haben dagegen oft Theologen das Wort, die *andern* helfen wollen, sich ihrer Unterdrückung bewußt zu werden. Man/frau könnte sagen, daß die feministische Theologin und der Befreiungstheologe sich in entgegengesetzter Richtung entwickeln: Frauen nehmen ihre eigenen Leidenserfahrungen zum Ausgangspunkt und entwirren von daher das strukturelle Leiden *aller* Unterdrückten in einer bleibenden Solidarität. Befreiungstheologen jedoch beginnen als »Außenstehende«, die sich solidarisch erklären mit den Armen und

---

[4] Eugene Bianchi and Rosemary R. Ruether, From Machismo to Mutuality, New York 1976.

dann – im Idealfall – die Notwendigkeit zur eigenen Transformation entdecken.

Feministische Theologie als Befreiungstheologie geht für mich in zwei Richtungen: Befreiung *von* und Befreiung *zu*.

Wovon wollen Frauen sich befreien?

Von den Bildern und Stereotypen, die uns daran hindern, ganz Mensch zu werden, und die die Kultur einseitig maskulin und androzentrisch gemacht haben.

Von der Übermacht der Väter über Frauen und alle, die schwach gemacht wurden, und in dem Sinne von allen patriarchalen Strukturen, sowohl im Denken als auch im Handeln unserer Gesellschaft.

Von allen Formen dualistischen Denkens und Lebens, die Polaritäten und Trennungen zwischen Fleisch und Geist, Gefühl und Verstand, Frau und Mann, Erde und Himmel, etc. produzieren und bei denen der eine »Pol« dem andern immer unterlegen sein muß. Frauen, farbige Menschen und Sklaven stellen das Materiell/Sinnliche dar, Männer und weiße Machthaber den regierenden Geist.

Von einem objektivierenden Denken, einer Rationalität, innerhalb derer Menschen und Dinge zu puren Objekten, zu Untersuchungsmaterial gemacht werden.

Von einer nur »geistlichen« Spiritualität und Liturgie, die dem ganzen Menschen in seiner Körperlichkeit und seinem Ausdrucksvermögen von Emotionen, Zärtlichkeit und gegenseitiger Nähe nicht gerecht wird.

Von dem noch immer vorherrschenden Dualismus zwischen weiblicher Sexualität und Sakralität, vor allem in der katholischen Kirche und in den orthodoxen Kirchen.

Die Verehrung des Weiblichen in den alten Religionen als Symbol von Fruchtbarkeit und Verbundenheit im Kosmos wurde durch den Monotheismus Israels und ein dualistisches Denken im Christentum ins Gegenteil verändert. Die Entgöttlichung der Natur und der Fruchtbarkeit einerseits, wie die Offenbarung des historischen Weges andererseits, den wir als verantwortliche Menschen zu gehen haben, bewirkten, daß die Divinisierung der Frau umschlug in ihre Dämonisierung. Dadurch wird die Repräsentation des Heiligen durch die Frau sowie ihre Vermittlung des Heiligen als unmöglich erlebt. Und dies hat dann seine Folgen im Verbot, Frauen zum Priesteramt »zuzulassen«, und im Gesetz des Zölibats für Priester in der Kirche Roms.

Von einem Denken und Handeln in Begriffen von oben und unten, von mehr und weniger, wobei die Macht an quantitativen Maßstäben gemessen wird.

Dies führt uns zu einem kleinen Exkurs über die Bedeutung von »Macht«. Innerhalb einer patriarchalen Denkweise hat Macht die Bedeutung von »herrschen über« erhalten. Inzwischen haben wir jedoch entdeckt, daß Macht zusammenhängt mit der Fähigkeit, etwas zu können; »power« hängt mit dem Lateinischen »posse« zusammen: »können, imstande sein zu.« So verstanden kommt Macht in die Nähe von Kraft, von eigener Stärke, die das Leben ermöglicht, aber auch Raum läßt für die Kraft anderer. »Power to empower others« könnte die Basis einer jeden Form von Befreiungstheologie sein. Dies ist eine Weise, Macht zu teilen und auszutauschen anstatt diese in einer Person zu konzentrieren.

Dies sind einige Beispiele von vielen, die genannt werden könnten und die der theologischen Bedeutung von Befreiung vorausgehen. Im folgenden will ich versuchen, einige Wege zu beschreiben, die feministische Theologinnen einschlagen, um Gottesdienst, Glaube, Kirche und Theologie von jeder Form von Sexismus (d. h. von Diskriminierung auf Grund des Geschlechtes), zu befreien, wodurch sie nicht nur in einen neuen Raum vorstoßen, sondern auch Kirche und Theologie befreien und an ihr eigentliches Ziel bringen.

Der Befreiungstheologie verdanken wir unsere Einsicht, wie abendländisch, weiß und männlich die Gottesbilder sind, die unsere Theologie beherrscht haben. Die männlichen und patriarchalen Gottesbilder wurden vor allem von der feministischen Theologie demaskiert. Die von Menschen (Männern) aufgeschriebenen Glaubenserfahrungen bilden den Inhalt der Bibel, der ersten Glaubensquelle Israels und des Christentums. Wir sind uns inzwischen des patriarchalen Charakters der Bibel bewußt geworden. Eine der fundamentalsten Fragen für kritisch gewordene Frauen ist deshalb die hermeneutische Frage: Wie können wir die Bibel so lesen, verstehen und interpretieren, daß wir weder die Frohe Botschaft noch uns selber in unserem Menschwerdungsprozeß reduzieren? Wir dürfen glauben, daß es Gott darum geht, Gerechtigkeit, Befreiung und Erlösung für alle Menschen, für die Welt und für den Kosmos zu bewirken (die Schöpfung liegt noch immer in Geburtswehen und wartet auf Erlösung, Röm 8,22). Die Bibel, aber auch die ganze Glaubenstradition muß von dieser offenbarenden Botschaft her interpretiert werden. Vor allem für Frauen scheint es eine Anzahl »texts of terror«[5] zu geben, die uns vor einschneidende Fragen und Aufgaben stellen. Darum bedarf es für das gegenwärtige Verstehen der Bibel einer »hermeneutics of suspicion«.

Indem die Autoren sich Gott als Person vorstellten, und zwar als einen männlichen Gott mit patriarchalen Zügen, zeigten sie, was sie unter Allmacht

---

[5] Phyllis Trible, Texts of Terror – Literary-Feminist Readings on Biblical narratives, Philadelphia 1984.

und Herrschen verstehen. Dem steht die Offenbarung des Bundes gegenüber sowie die Menschwerdung Gottes im Messias Jesus und die Sendung des Heiligen Geistes. Es ist die Stimme des uns nahe gekommenen Gottes, die uns auffordert, verantwortlich zu leben und einander in wahrhaftiger Gerechtigkeit und Nächstenliebe dienstbar zu sein. Sie gibt auch Frauen genügend Kraft und Inspiration, als neugeborene Menschen aus ihrem Glauben heraus zu leben, aber aus einem neu interpretierten Glauben. Im patriarchalen Denken wurden auch die Menschenbilder beschädigt und alle geistigen Kapazitäten in den Mann verlegt, zusammen mit der Macht über die Frau. Sie ist die zweite, die andere, jene, die ein abgeleitetes Dasein führt. Vor allem durch die noch immer in einigen Kirchen vorherrschende Idee, daß Mann und Frau einander ergänzen (wobei der Mann bereits im voraus weiß, was »weiblich« und was »männlich« ist), wird die Entwicklung einer adäquaten theologischen Anthropologie verhindert. Ich plädiere für ein »transformatives Modell«, mit dessen Hilfe die Beziehung zwischen Mann und Frau jeden/jede zu einem ganzheitlicheren Menschsein umformt.[6] Erst dadurch kann sich auch eine Umwandlung der Gesellschaft vollziehen. Gott ist nicht Mann, sondern Mensch geworden, und Jesus hat dies in seinem Menschsein als Mann vorgelebt. Frauen stehen nun vor der Aufgabe, diesem auf Gott gerichteten und von Gott erfüllten Dasein in unserer Zeit Gestalt zu geben. Daß Jesus Gott »Vater« nannte, sagt alles über sein Erleben von Gott als Nähe, als Herkunft und Zukunft. Jedoch wurde auch aus diesem Wort Abba wieder ein patriarchaler Vater gemacht.

Es liegt mir daran, deutlich zu machen, daß ich unter Patriarchat vor allem eine soziale Wirklichkeit verstehe, eine Ordnungsstruktur, die allen und jedem/jeder einen Platz oben und unten zuweist: eine Pyramide von Herrschafts- und Unterwerfungsverhältnissen, innerhalb derer kaum Veränderungen auftreten dürfen/können, denn dann geht die Übersichtlichkeit verloren. Ein treffendes Beispiel dafür ist die Struktur der römisch-katholischen Kirche mit ihrem hierarchischen Aufbau und Widerstand gegen jede Veränderung.

Feministische Theologie sieht in einer derartigen Struktur kein Heil und befürwortet eine Kirche als lebendige Gemeinschaft von Männern *und* Frauen, die einander in Bewegung halten, und über die die Gaben und Charismata des Heiligen Geistes gleich verteilt sind kraft der Vision Joels, welche Petrus am ersten Pfingsttag wiederholte (Apg 2,16–22).

Baute die Theologie früher auf dem Ordo-Begriff auf, so wird jetzt Befreiung zum zentralen Begriff. Um diese Befreiung konkret zu machen, will ich

---

[6] Catharina Halkes, Suchen was verloren ging, Gütersloh 1985 (Kap. 5).

hier noch »Gegenseitigkeit« hinzufügen. Dies gilt in erster Linie für die Beziehung Mann/Frau, die beide berufen sind, Bild Gottes zu sein und in diesem Sinne ihre eigene Begrenzung zu überwinden und zu transformieren. Als Folge davon sehen wir vor allem bei feministischen Theologinnen ein tiefes Durchleben der Immanenz Gottes, des Geistes Gottes, die uns in unserem Innersten zu dieser Transzendenz und neuen Kreativität antreibt.

Diese Gegenseitigkeit sehen wir auch in einer Veränderung innerhalb der Erkenntnislehre, die nicht mehr Dinge zum Gegenstand hat, derer man/frau sich bemächtigen kann, sondern der es um das Kennenlernen geht, das für den/die Forscher/in eine Bereicherung bedeutet. Ein relationales Kennen also, welches das objektivierende, rationale, kartesianische Denken transformiert zu einem relationalen Kennen.

Und schließlich gibt es die Gegenseitigkeit zwischen Gott und der Welt, den Menschen. Gott und Mensch sind keine Konkurrenten, denn der Gottesname ist die Offenbarung des Auf-die-Zukunft-gerichtet-seins des biblischen Gottes. »Ich werde sein« zieht mit uns und ermöglicht uns die Zukunft. Es gibt keine Konkurrenz zwischen der Selbstverwirklichung Gottes und der der Menschen.[7]

Diese aufeinander gerichtete Gegenseitigkeit bewirkt Ganzheitlichkeit und führt uns aus dem dualistischen Denken und Handeln heraus, wie auch aus einer zu stark anthropozentrischen Auffassung unseres Daseins, in der der Mensch der Herr (sic!) der Schöpfung ist und sich immer mehr gegen die Natur wendet.

Dank eines erneuten Nachspürens vieler feministischer Wissenschaftlerinnen ist eine größere Sensibilität für Zeiten und Kulturen entstanden, die wir matriarchal nennen, und in denen Menschen mehr zyklisch lebten, Respekt (aber auch heiligen Schauder) vor der Natur hatten und Fruchtbarkeit, Leben und Tod als in einem großen Zusammenhang stehend erlebt wurden.

Die Zerstörung dieser »Ontokratie« durch die Gottesoffenbarung Israels führte zum Entstehen einer »Theokratie«, in der die Natur entgöttlicht wird und offen liegt für den Menschen und dessen Ausbeutung und Beherrschung. Dies hat zum Wachstum der Technologie mit all den guten Folgen geführt, von denen wir täglich Gebrauch machen, aber auch zu ihrer wachsenden Verabsolutierung, einer Technokratie, die den Tod bewirken kann.[8]

---

[7] Hans-Martin Barth, Die Selbstverwirklichung Gottes und der Menschen, in: Pastoraltheologie 71 (1982), 170–182.
[8] Hans Achterhuis, De boom des levens: mythe of realiteit? in: Hans Achterhuis u. a., Over bomen gesproken, Baarn 1985, 113–145.

Wenn Befreiungstheologien Befreiung ins Zentrum stellen, dann möchte ich als Feministin die innere Verbundenheit der ganzen Schöpfung, die Gegenseitigkeit, hinzufügen und für eine nicht nur anthropologisch, sondern auch kosmologisch orientierte Theologie plädieren.[9]

Aus dem Gesagten ist hoffentlich ein Sachverhalt deutlich geworden: Feministische Theologie ist nicht gleichzustellen mit weiblicher Theologie (was auch immer ich mir dabei vorzustellen hätte), sondern ein sich fortsetzender Prozeß, der von kritischen und sich ihrer Situation bewußt gewordenen Frauen in Bewegung gesetzt wurde und in dem die bestehende traditionelle und moderne Theologie einer konstruktiven Kritik aufgrund ihrer möglicherweise androzentrischen Einseitigkeit und Rationalität unterzogen wird. Es kann auf diese Weise eine Theologie entstehen, die nicht nur für Frauen befreiend ist, sondern für alle, und zwar dadurch, daß falsche Gottesbilder und inadäquate Menschenbilder zurückgewiesen werden und Menschen, Frauen und Männer, einander Lebensraum gewähren, statt diesen einander wegzunehmen. Eine derartige Theologie geht, was mich angeht, in Richtung einer Prozeßtheologie, die pneumatisch gefärbt ist und so eine neue Inspiration für die Gemeinschaft der Glaubenden werden kann.

Will die Gemeinde wirklich eine Glaubensgemeinschaft von Frauen und Männern werden, dann gelingt ihr das nur in der Kraft des Geistes, die sie inspirieren kann »to reweave the web of life« (das Netz des Lebens neu zu weben). Diese Kraft kann man auch »Frömmigkeit« nennen, sofern wir dann zugleich dem Wort seine ursprüngliche Kraft zurückgeben. »Fromm« hat einen Aspekt von »stark« in sich, den wir am Wort »Firmung« erkennen können: eine Umsetzung von »Frommung«, das Sakrament, das stark macht und Kraft gibt.

Es handelt sich um eine Salbung des Heiligen Geistes, wie 1Joh 2,20.27 so treffend sagt, ein Geschmeidig- und Starkmachen, indem Öl in unsere Poren eindringt. Dieses kosmetische und organische Bild gefällt mir unendlich viel besser als der Ansporn des Paulus, den Waffenrock des Glaubens anzuziehen (1Thess 5,8). Frömmigkeit also als Kraft des Geistes, Einwohnung des Geistes in der Gemeinde, in jedem/jeder von uns.

Wegen dieser Einwohnung des Heiligen Geistes ist kein Platz mehr für Konkurrenz zwischen Gott und Mensch, für die Übermacht des Vaters, für Ohnmacht der Frau. Frauen machen neue Erfahrungen, sowohl die eines wachsenden Stolzes und einer Klarheit als auch die der Verbundenheit mit dem Ganzen. Feministische Theologie wächst zu einer mystischen Theologie

---

[9] Vgl. M. Wildiers, Nieuwe wegen in de theologie, Antwerpen/Kampen 1985.

(einer Reise nach innen), um dadurch eine dynamische, befreiende Theologie sein zu können.[10]

[Aus dem Holländischen übersetzt von Elisabeth Fricker.]

Literaturhinweise:

In meiner letzten Veröffentlichung: Suchen was verloren ging, Gütersloher Verlagshaus Gerd Mohn 1985 (GTB 487) findet man ausführliche Literaturhinweise zur feministischen Theologie.
Zur Verbindung zwischen feministischer Theologie und Befreiungstheologie können folgende Titel genannt werden:
Mary Hunt, Feminist Liberation Theology: the Development of Method in Construction, Berkeley 1980, Dissertation.
Brian Mahan and L. Dale Richesin (eds.), The Challenge of Liberation Theology – a First World Response, New York 1981 (Orbis Books), mit Beiträgen von D. Sölle und Elisabeth Schüssler Fiorenza.
Virginia Fabella and Sergio Torres (eds.), Doing Theology in a Divided World, papers from the VIth International Conference of the Oecumenical Association of Third World Theologians, January, 5–13, 1983, Geneva, Switzerland, Maryknoll, New York (Orbis Books) 1985. Mit Beiträgen von Letty Russell, Rosemary R. Ruether u. a.
Christine Schaumberger / Monika Maaßen, »Wenn wir uns erheben ...« Über die Rückkehr der vergessenen Frauen in Feministischer Theologie, in: Siegfried Dunde (Hg.), Katholisch und rebellisch, Reinbek 1984.

---

[10] Vgl. Catharina Halkes, Feministische Theologie als Beitrag zu einer europäischen Befreiungstheologie, in: Solidarisch Leben, Zeitschrift für Theologie, Politik usw., Salzburg 1 (1985), 9–17.

Bärbel von Wartenberg-Potter

DIE GESCHICHTE VOM STEINIGEN KÖNIGREICH

Es war einmal ein Mädchen, das lebte mit seinen vier Schwestern im letzten Winkel der Welt, dort, wo sich Fuchs und Hase gute Nacht sagen. Sein Vater war ein Schuhmacher, und er machte so gute Schuhe, daß sie ein Leben lang hielten. Deshalb blieb er arm, denn die Leute brauchten ja nur einmal im Leben Schuhe zu kaufen.

Manchmal erzählte die Mutter den Kindern von der großen weiten Welt, die jenseits des Winkels lag, in dem sie wohnten, und wenn die Kinder böse waren, drohte die Mutter, in die weite Welt zu gehen.

Als das Mädchen herangewachsen war, beschloß es, selbst in die weite Welt zu gehen, um das wahre Glück oder das Heil oder den Sinn des Lebens oder Gott oder das wahre Königreich – oder wie das sonst noch heißt – zu suchen.

Eigentlich ist es in solchen Geschichten nicht vorgesehen, daß Mädchen selbständig in die weite Welt gehen – außer auf der Suche nach einem Prinzen –, aber in einer modernen Geschichte wie dieser ist es möglich.

So machte sich das Mädchen auf und ging in den Wald, der gleich hinter dem Haus der Eltern begann. Es ging immer geradeaus, denn man hatte ihm erklärt, daß der Weg zum Heil immer geradeaus ginge. Doch bald versperrten Dickicht und Gestrüpp ihm den geraden Weg und so verlor es die Orientierung. Das Mächen bekam große Angst. Es mußte viele Umwege machen, sich bücken und manchmal durch finstere Sträucher kriechen; dabei verletzte es sich immer wieder und fühlte brennende Schmerzen.

Die Menschen, die es unterwegs nach dem Weg fragte, wußten auch nicht recht, in welcher Richtung das Königreich zu finden war. So sagten sie bald dieses, bald jenes, und das Mädchen ging auf und ab, über Stock und Stein, kreuz und quer.

Eines Tages kam es in ein Land, in dem viele weise Männer regierten, und sie nannten ihr Land: »Die deutsche Gelehrtenrepublik, theologisch-kirchliche Abteilung«. Dort gefiel es dem Mädchen, und es ging umher auf dem Marktplatz und hörte den weisen Männern zu, die dort ihre Rednerpulte aufgeschlagen hatten und Gedanken vom Glück, vom Heil, vom Sinn des Lebens, von Gott und dem wahren Königreich und viele andere Dinge feilboten.

»Die Hauptsache ist«, sagten die weisen Männer, »daß alle Dinge richtig durchdacht sind; dann kann man sich das Glück, Heil, den Sinn des Lebens, Gott, das wahre Königreich richtig gut vorstellen. Im Leben hier gibt es leider immer zu viele Unebenheiten. Nur wer sich dem Reich des Begriffes anvertraut, wird von diesen lästigen Unebenheiten erlöst. Ja, die größte Gefahr für all unser Bemühen liegt gerade darin, daß Menschen diese schönen Gedanken auf den schnöden Alltag anwenden wollen. Das ist nämlich utopisch und schwärmerisch, denn der Mensch ist und bleibt ein Sünder!

Wir müssen vor allem denken! Das Handeln lenkt nur vom Eigentlichen ab und ist zweideutig. Wenn wir unser ganzes Denken gehorsam einer höheren Instanz anvertrauen, werden wir uns nicht im Getriebe der Welt verlieren.«

Eine Weile hörte das Mädchen all den weisen Männern fasziniert zu, zum Teil, weil es nicht verstand, was sie sagten, wobei es meinte, das läge an ihm –, zum Teil, weil es dachte, daß nur solche männlichen Denker den Weg zum Heil weisen könnten und daß sie alle auf diesem Marktplatz vereint seien. So sammelte es sich ein riesiges Kopfgepäck, das es von nun an mit sich herumschleppte.

Nach einer Weile wurde es dem Mädchen jedoch langweilig, denn die Denker gingen immer im Kreis herum, blieben unter sich und verrannten sich immer mehr in ihre Ewigkeits-Besserwissereien. Obwohl es angestrengt versuchte, sich Glück, Heil, Sinn, Gott, das wahre Königreich tüchtig auszudenken, gelang es ihm nicht.

Deshalb ging das Mädchen – ausgerüstet mit seinem neuen Kopfgepäck – weiter in die Welt über Stock und Stein. Eines Tages traf es im Wald eine Menschin, die grub schwitzend am Weg. »Was machst du da?« fragte das Mädchen. »Ich bin eine Wegweiserin. Ich begradige den Weg«, sagte die Menschin, »damit die Leute besser die Richtung finden und es leichter haben auf dem Weg.« »Aber das ist schwere Arbeit«, sagte das Mädchen. »Du bist ja ganz rot davon!« »Natürlich, das gehört dazu, denn der Weg ist das Ziel«, lachte die Menschin, indem sie vielsagend an ihrem Weg herumhackte.

Das verstand das Mädchen nun gar nicht, und so setzte es seinen Weg fort, mußte aber immer an die schwitzende Menschin und deren Worte denken.

Da kam sie eines Tages in ein Königreich, an dessen Eingang ein Schild stand, auf dem zu lesen war: »Arbeiterinnen und Arbeiter zu jeder Stunde willkommen bei gleichem Lohn.« Es war ein höchst sonderbares Königreich, denn die Bewohner behielten den monarchistischen Namen nur aus Rücksicht auf die ankommenden Sucher bei, um sie nicht zu verwirren. In Wirklichkeit aber war es eine Basisdemokratie. Dieses sonderbare Königreich bestand aus einem großen steinigen Acker, auf dem viele Menschen in Gruppen oder einzeln arbeiteten, die Steine wegschafften, gruben, pflanzten, Unkraut bekämpften, schmiedeten, Güter verteilten, Brücken bauten, und vieles mehr. Man sah, daß es viel zu tun gab. Einige ruhten sich am Ackerrand aus, indem sie sich mit einem Stückchen Brot und einem Schlückchen Wein kräftigten.

»Was tut ihr hier?«, fragte das Mächen. »Wir arbeiten für das wahre Glück, das Heil, den Sinn des Lebens, für Gott, für das wahre Königreich.« »Aber habt ihr euch das denn überhaupt genügend durchgedacht, so richtig theologisch? Dieses Bauvorhaben ist doch Gott vorbehalten, ihr könnt doch nicht einfach so dilettantisch drauflosbauen, ohne Konzept, alle durcheinander. Handeln ist zweideutig, der Mensch ist ein Sünder, müßt ihr wissen. Und wieso habt ihr so viele Frauen dabei, die gehören in die Küche und ins Wochenbett, und die Kinder stören doch bei der Arbeit. Ihr macht euch ja nur die Hände schmutzig, anstatt diese Arbeit einer höheren Instanz zu überlassen, einer richtigen Obrigkeit«, hörte sich das Mädchen sagen.

Da lachten die Leute und brachten das Mädchen zum König dieses steinigen Ackers, den sie allerdings Vorarbeiter nannten. Der hörte das Mädchen an und sagte: »Du kannst gerne hierbleiben, wenn du Lust hast und keine Angst, dir die Hände schmutzig zu machen, und wenn du Mut und Geduld mitbringst. Hinterher kannst du beurteilen, ob alles richtig durchdacht war. Such dir eine Stelle, die dir gefällt, und fang gleich an.« Das Mädchen fand es zwar ganz unlogisch, erst hinterher nachzudenken, aber sie legte trotzdem ihr Kopfgebäck am Wegrand ab. Um ehrlich zu sein, war sie ganz froh, es endlich los zu sein. Dann begann sie mit den anderen auf dem steinigen Acker zu arbeiten. Und siehe da, sie schwitzten und schufteten, aber sobald sie irgendeinen dicken Brocken umgewälzt hatten, sah der fast wie das reinste Gold aus, oder sie fanden andere ungeahnte Schätze im Acker. Dann freuten sich die Leute, daß sie wieder einen Schatz gehoben hatten und legten ihn miteinander so hin, wie er nach ihrer Meinung am besten in das Königreich paßte. Der Schweiß lief in Strömen. Sie machten auch viele Fehler und mußten dann von vorne anfangen.

Das Mädchen fand, wenn es in die Gesichter der Leute schaute, viele interessante Menschen: Frauen, Männer, Kinder. Die sahen oft nicht besonders aus, hatten keine prächtigen Gewänder, aber es erging dem Mädchen mit ihnen wie mit den Steinen auf dem Acker: Wenn man sie genau besah, konnte man das Gold in ihren Herzen glänzen sehen. Da merkte das Mädchen, daß die Leute von allen Ecken der weiten Welt zusammengekommen waren (sogar aus der Gelehrtenrepublik), und alle arbeiteten sie und schwitzten und lachten und schienen einen geheimen Bauplan oder Kompaß im Kopf oder vielmehr im Herzen zu haben, nach dem sie vorgingen. Manchmal rissen sie sich die Hände und Gesichter blutig, aber sie gaben nicht auf.

Eines Tages rief der König, den sie Vorarbeiter nennen, alle Arbeiterinnen und Arbeiter auf dem Acker zusammen und sagte: »Ich habe euch die freudige Mitteilung zu machen, daß wir eine neue Arbeiterin gefunden haben. Sie hat endlich verstanden, daß dies kein steiniger Acker ist, sondern daß hier das wahre Königreich im Entstehen ist. Wir haben sie von ihrem schweren Kopfgepäck insofern befreit, als sie es nicht mehr ständig mit sich herumschleppt und uns alle damit schulmeistert, sondern nur ab und zu einmal. Endlich hat sie verstanden, daß dieses Königreich viele verschiedene Gaben braucht.«

Da klatschten alle vor Freude und wischten sich die Stirne und setzten sich zur Feier des Tages in die Mitte des Ackers. Die Frauen teilten wie üblich das Essen aus, Brot und Wein und Milch und Honig und alle aßen tüchtig, auch die Kinder, denn dies war ein Befreiungsfest.

Damit ist die Geschichte aber noch nicht zu Ende. Denn an einem schönen Tag heirateten der Vorarbeiter und das Mädchen, und in dieser Hinsicht ist die Geschichte wieder ganz altmodisch. Dann sagten sie: »Wir müssen jetzt wieder woandershin. Steinige Äcker gibt es überall auf der Welt – und wo zwei oder drei zusammen sind, können wir anfangen zu arbeiten. Wir müssen nur klug wie die Schlangen und ohne Falsch wie die Tauben sein.« So haben sie es gemacht.

Das ist die Geschichte von dem steinigen Königreich und allen, die darin arbeiten – und selbst wenn sie gestorben sind, so leben sie doch immer weiter.

2. Handeln in Solidarität mit der »dritten« Welt

Georges Casalis

ELEMENTE ANTIIMPERIALISTISCHEN DENKENS IN EINEM SUBIMPERIALISTISCHEN KONTEXT

1. Ausgangspunkt dieser Überlegungen

Ich fühle mich mit der nicaraguanischen Revolution und mit den Kämpfen des nicaraguanischen Volkes voll solidarisch. Dennoch kann ich in meinem Beitrag zu diesem ersten Kongreß über das imperialistische Denken[1] nicht von der Situation hier in Nicaragua ausgehen. Ich kann nicht im Namen derjenigen sprechen, die ihre Wurzeln in diesem Land haben, hier ihre Erfahrungen sammelten und sammeln und sich revolutionär engagieren. Ich kann nicht an ihrer Stelle das Wort ergreifen. Natürlich bin ich, wie immer, für die Einladung sehr dankbar. Aber ich bin nicht von hier: Ich gehöre zur *ersten* Welt. Und dort, in der ersten Welt, liegt meine Hauptverantwortung. Dort muß ich meine existentielle Aufgabe erfüllen. Von der dortigen Situation ausgehend, muß ich ein antiimperialistisches Denken erarbeiten. Ich kann und darf an dieser Stelle also keine Worte und Losungen wiederholen, die hier seit dem Sieg der Helden und Märtyrer dieses Volkes über den Imperialismus formuliert worden sind. Ich bin hier, um zuzuhören und so etwas darüber zu lernen, wie wir in der ersten Welt in einer ganz anderen Situation als der Lateinamerikas – und vor allem als der hier in Nicaragua – antiimperialistisch sein können. Ich bin ja sicher, daß man hier auf die Vorhut der Völker in ihrem Kampf für eine Welt der Gerechtigkeit und des Friedens, dort auf ihre Nachhut stößt. Wir sollten daher hier vom »Zentrum« und dort von der »Peripherie« reden.

2. Merkmale des subimperialistischen *Westeuropa*

Bei dem subimperialistischen Europa handelt es sich um die *westliche* Hälfte des europäischen Kontinents: etwa zwanzig, mehr oder weniger reiche Länder, die zur gleichen Zeit Opfer und Komplizen des nordamerikanischen Im-

---

[1] Der vorliegende Beitrag wurde zuerst auf dem »Primer Congreso del Pensamiento Antimperialista« vorgetragen, der vom 18. bis 20.2.1985 in Managua stattgefunden hat.

perialismus, zugleich Ausgebeutete und Ausbeuter, imperialistischen Pressionen Ausgesetzte und Unterdrückte sind, und die noch immer die dritte Welt kolonialisieren. Das alles führt zu tiefen Widersprüchen in der Innen- und Außenpolitik dieser Länder. Um nur ein Beispiel zu nennen: Einige dieser Länder, unter ihnen mein Land, Frankreich, gehören zum sogenannten »Klub der zehn reichsten Länder der Welt«, aber das verhindert nicht, daß ihre Wirtschaft zutiefst von der Vorherrschaft des Dollars bedroht ist und dauernd am Rande des Zusammenbruchs steht. Zur Zeit wird in Reaktion darauf versucht, die jeweilige eigene Wirtschaft durch restriktive Sparmaßnahmen zu verteidigen, was zu einer Zunahme der Arbeitslosigkeit und der damit zusammenhängenden psychologischen, gesellschaftlichen und politischen Krisen führt. Die Suche nach einem Gleichgewicht in den internationalen Handelsbeziehungen, die Beschränkung der Auslandsverschuldung und der Kampf gegen die Inflation lassen sich nicht ohne hohe menschliche Kosten verwirklichen: so führt die Krise des Kapitalismus, das Scheitern seiner Verheißungen eines materiellen Wohlstandes, zu einer sehr tiefen Seinskrise, zum Zweifel am Sinn des Lebens, zu einem erschreckenden Verlust der Identität. Sie alle kennen jene Äußerungen, die aus der in Westeuropa vorherrschenden – gelegentlich selbstmörderischen – Mentalität der Verzweiflung hervorgehen und dort in besonders ausgeprägtem Maße vor allem bei der Jugend zu hören sind: »Is there life after birth?«, »Nicht nach dem Tod, sondern vorher!« und: »No future«. Wenn man von einigen ganz wenigen politischen Führern und Gruppen von Intellektuellen absieht, muß man sagen: Westeuropa treibt in dieser Zeit des Endes des Jahrhunderts ganz orientierungslos dahin.

Hierfür gibt es wenigstens zwei Gründe:

Erstens zwingt der nordamerikanische Imperialismus Europa zur Teilnahme am Rüstungswettlauf. Dieser ist heute der größte Wahnsinn, den man sich vorstellen kann: Niemals sollten wir auch nur für einen Augenblick das Verbrechen der enormen Kosten dieses Wettlaufes vergessen: In unserer heutigen Welt werden jedes Jahr 800.000 Milliarden Dollar für die Produktion, die Anschaffung und den Einsatz von Waffen ausgegeben: das sind über zwei Milliarden pro Tag, neunzig Millionen jede Stunde, anderthalb Millionen jede Minute! An diesem kollektiven Wahnwitz haben, ob sie es nun wollen oder nicht, alle subimperialistischen Länder teil. Es gab keine spektakulären Proteste, höchstens sehr beschränkte, von den militärischen und politischen Instanzen souverän übergangene Reaktionen, als in verschiedenen Ländern die Stationierung amerikanischer Raketen durchgesetzt werden sollte. An diesem verbrecherischen Rüstungswettlauf haben auch die »sozialistischen Länder« teil. Dabei liefert gerade das gegenseitige Mißtrauen, die Überzeugung, vom jeweils anderen Lager bedroht zu sein, die Rechtfertigung für diese ins Unendliche gehende Anhäufung von Waffen, die heute das gesamte Leben der Menschheit auf der Welt bestimmt. Denn auch die Länder der dritten Welt haben schon seit langem an dieser Dynamik des Todes, an dieser Logik des Wahnsinns teil.

Genug davon! Mein Land steht hinsichtlich der Waffenverkäufe an dritter Stelle in der Welt. Es wiegt sich in der Sicherheit seiner eigenen Atomwaffen, seiner nuklearen »force de frappe«. Und die sich von der Arbeitslosigkeit bedroht fühlenden Arbeiter verteidigen ihren Arbeitsplatz in der Waffenproduktion und in den Waffenarsenalen!

Zweitens wird diese tragische, anscheinend ausweglose Situation zu einer falschen und betrügerischen Gleichung in Beziehung gesetzt (die schon vor fünfzig Jahren vom Märtyrer des deutschen Widerstands gegen Hitlers Diktatur, von dem am 9. April 1945 umgebrachten Theologen Dietrich Bonhoeffer angeklagt wurde): Friede = Sicherheit, d. h. der Friede liege an erster Stelle in der Verteidigung des Eigenen, er beschränke sich also auf die Sicherung des eigenen Territoriums und die Wahrung des nationalen Besitzstandes. Dagegen sagt Bonhoeffer, daß der Friede gewagt werden muß, daß er niemals garantiert sein kann. Der Friede stehe gerade im Gegensatz zu einer Sicherheit, die zuerst das Mißtrauen voraussetze, das immer zum Krieg führe[2].

Der Götze des Imperialismus und des Subimperialismus ist eine Sicherheit, die in einem grenzenlosen, nie aufhörenden militärischen und industriellen Wachstum gesucht wird, das zu der absoluten Überlegenheit auf dem Gebiet der Bewaffnung, der industriellen Produktion und der ideologischen Aufrüstung führen sollte. Von diesem Mythos der Notwendigkeit der eigenen Überlegenheit geht eine dauernde Drohung für alle Völker aus, die aber vor allem die kleinen und armen trifft. Hier liegt der Grund für die heutige Krise in Zentralamerika, die sich besonders in Nicaragua zuspitzt. Den Frieden zu wagen, bedeutet dann in dieser Region, bereit zu sein, notfalls mit dem eigenen Leben und mit dem festen Willen, auch zu diplomatischen Übereinkünften zu gelangen, die nationale Souveränität und die nationale Revolution zu verteidigen. Das Wagnis des Friedens bedeutet hier, daß die eigene nationale Existenz auf dem Spiel steht. Denn es gibt keinen Frieden, wo Freiheit und Menschenwürde mit Füßen getreten werden. Das heißt also, daß man hier, um den Frieden wagen zu können, durch den Krieg hindurch muß.

---

[2] S. »Kirche und Völkerwelt« (28. 8. 1934) in: D. Bonhoeffer, Ges.Schr. Bd. 1,216ff. Bonhoeffer ist einer der meistgelesenen europäischen Theologen in Lateinamerika.

Der Götze der Sicherheit ruft bei seinen Verehrern den Willen hervor, die erste Nation, der Herr, der Polizist der Welt zu sein. Es ist aber offensichtlich, daß eine solche Vorherrschaft nur durch den Tod des anderen, des Feindes erreicht werden kann. Dieser Weg führt aber nicht zu einer endgültigen Sicherheit, und daher leben alle subimperialistischen Länder durch ihr Jagen nach einer Sicherheit, die es so nicht geben kann, in einem dauernden Ungleichgewicht. Dies führt dazu, daß diese Länder sich auf sich selbst zurückziehen und gegenüber der Welt draußen ihre Augen, Fenster, Herzen und ihren Geist verschließen. Die Welt draußen besteht für sie offensichtlich aus zwei Teilen: aus dem Reich des absolut Bösen (obwohl Reagan versprochen hat, sich nicht mehr dieses von ihm in die Welt gesetzten Ausdrucks für die UdSSR zu bedienen) und aus der dritten Welt des Hungers, der »unerklärlichen« Konflikte, der »noch primitiven« Völker.

Es ist unter diesen Umständen nicht verwunderlich, wenn wir es heute in diesen Ländern, besonders in Frankreich, mit einer Welle eines eifernden und aggressiven Nationalismus zu tun haben, der neue und ganz alte Züge des Rassismus und der Fremdenfeindlichkeit aufweist, wenn echte Solidarität mit der dritten Welt als Verrat am Westen angegriffen wird, wenn man sich all dem gegenüber offensichtlich gleichgültig zeigt, was nicht unmittelbar mit der Wahrung der nationalen Interessen in einem eng verstandenen Sinn zu tun hat.

Auch wenn wir diesen gesamten Themenkomplex hier nur anreißen können und er tiefer analysiert werden müßte, wird dennoch deutlich, daß die subimperialistischen Länder in einer höchst widersprüchlichen Situation leben: Sie sind reich und werden zugleich von der wirtschaftlichen Macht Nordamerikas ständig bedroht und angegriffen; sie haben sich in die westliche Front gegen die Sowjetunion einreihen lassen und suchen zur gleichen Zeit, sei es auch sehr behutsam, normalere Beziehungen mit den »sozialistischen Ländern«. Das führt dazu, daß sie immer wieder mit dem nordamerikanischen Imperialismus in Konflikt geraten, zum Beispiel auf wirtschaftlicher Ebene, wenn es darum geht, sich an das Verbot der USA zu halten, strategisch wichtige Grundstoffe und Waren an die UdSSR zu verkaufen, oder wenn mit der UdSSR Verträge über mehrjährige Gaslieferungen abgeschlossen werden sollen usw.

Da es sich aber bei den subimperialistischen Ländern Europas nur um die Hälfte des Kontinents handelt und sie eine lange gemeinsame Grenze mit den »sozialistischen Ländern« haben, sind sie in Wirklichkeit darauf angewiesen, Entspannung, gegenseitige Verständigung und einen friedlichen Austausch mit eben diesen Ländern anzustreben und dies trotz aller Spannungen und aller Schwierigkeiten und Hindernisse, die auf verschiedene Aspekte der sowjetischen Politik auf wirtschaftlicher, innenpolitischer und außenpolitischer sowie auf ideologischer Ebene zurückgehen (ich beziehe mich hier auf alle Probleme und Zweideutigkeiten, die mit dem Begriff und der Wirklichkeit des »realen Sozialismus« zusammenhängen, und auf die Krise des Marxismus, dessen innere Zerstrittenheit das Leben der kommunistischen und sozialistischen Parteien Westeuropas entscheidend prägt).

Die subimperialistischen Länder lassen sich zudem von der imperialistischen Politik in Dienst nehmen, um selbst deren Ziele in der gesamten Welt zu vertreten. Vor allem Frankreich tut dies in Afrika. Zugleich wenden sie sich gegen diese Politik, wie auf der Zusammenkunft im September 1984 in San José de Costa Rica deutlich wurde, an der die Außenminister der Contadora-Gruppe, der Länder Zentralamerikas und der Länder der EG sowie Spaniens und Portugals teilnahmen. Ein anderes Beispiel ist die Außenpolitik Frankreichs, die – wenn auch auf vorsichtige und zögernde Weise – sich ehrlich mit Nicaragua solidarisch erklärt und auch Solidarität praktiziert, während sie vielleicht zugleich am Vorabend eines neuen Kolonialkrieges in Neukaledonien steht.

Wie dem auch immer sei, es gibt hier keine umfassende und realistische politische Alternative. Und die mexikanische, von dem CIDE publizierte Zeitschrift *Estados Unidos, Perspectiva Latinoamericana* schreibt in ihrem Dezemberheft des Jahres 1984: »Man kann nicht daran zweifeln, daß die USA auf der Ebene der Weltwirtschaft heute besser dastehen als noch vor vier Jahren und daß die meisten Volkswirtschaften der kapitalistischen Welt trotz all ihrer Klagen bereit sind, die Wirtschaftsrezepte der USA zu übernehmen oder wenigstens ihre Anwendung zu dulden.« Ich möchte hier hinzufügen, daß das gleiche für die von der manichäistischen Ideologie einer schlechten Welt im Osten und einer guten im Westen getragene antisowjetische Politik der USA gilt.

Damit kommen wir zu dem Punkt der Entstehung des antiimperialistischen Denkens im Kontext des Subimperialismus.

3. Das antiimperialistische Engagement in einer subimperialistischen Welt

Dieses Engagement beginnt mit der Weigerung, die Auseinandersetzung zwischen Ost und West, d. h. die Beziehung zwischen dem kapitalistischen und dem »sozialistischen« Norden für das erste und wesentlichste Problem dieser Welt zu betrachten. Auch wenn in dieser privilegierten Hälfte unseres Planeten wirkliche Fortschritte in der Entspannung und der Rüstungsbegrenzung erreicht würden, änderte dies *nichts* an der Situation in der übrigen Welt, d. h. in der sogenannten *dritten* Welt – es handelt sich in Wirklichkeit um zwei Drittel, oder besser um drei Viertel, und gegen Ende des Jahrhunderts um vier Fünftel der Welt. Eine friedliche Regelung zwischen den reichen Ländern braucht noch gar nicht an die Strukturen zu rühren, die auf der südlichen Hälfte des Planeten das Elend und den Tod brachten und noch täglich hervorbringen.

Wir stehen hier vor einem allgemeinen Prinzip: Die Wirklichkeit kann nicht als das erkannt werden, was sie ist, wenn sie mit den Augen der Herrschenden gesehen wird. Man entdeckt sie *nur* mit den Augen und gestützt auf die Erfahrungen und konkreten Erkenntnisse der Unterdrückten. *Nur* eine solche radikale Veränderung des Standpunktes, eine solche Verlagerung des Schwerpunktes unserer synchronen und diachronen Betrachtung der Geschichte kann positiv die Zukunft der Menschheit entscheiden. Das Leben im Norden kann *nur* durch die »Tötung des Todes« im Süden gerettet werden. Die Beziehungen zwischen Nord und Süd sind also wichtiger als die zwischen Ost und West. Und schwerwiegender als die nukleare Drohung im Norden ist der andauernde Völkermord durch den Hunger im Süden.

Die internationalen Organisationen legen uns heute erschreckende Zahlen vor, die von der anderen Seite der Medaille reden, deren erste Seite die Wahnsinnsstatistiken des Rüstungswettlaufes darstellen: Über 500 Millionen Menschen, die fast alle in der dritten Welt leben, leiden Hunger. Jedes Jahr sterben fünfzig Millionen Menschen, von denen die Hälfte Kinder sind, an Hunger und Unterernährung. Man schätzt, daß es im Jahr 2000 1,300 Millionen Hungernde in der Welt geben wird.

Zitieren wir hier Pablo Richard: »Wenn auch der von der kapitalistischen Entwicklung in der ersten Welt verursachte Tod in der dritten Welt eine ernste und schreckliche Sache ist, gibt es dennoch noch etwas Grausameres: *All diese Toten in der dritten Welt stören auf keinerlei Weise die Weiterentwicklung des heutigen kapitalistischen Systems. Der Tod des Armen läßt das Leben des Reichen unberührt und gefährdet die Entwicklung der reichen Welt nicht.* Früher hatten die Armen wenigstens einen Wert als Arbeitskräfte, die man brauchte. Auch wenn es Arbeitslosigkeit gab, wurden wenigstens diejenigen, die arbeiten konnten, am Leben gehalten, denn sie zählten als Reservearmee des kapitalistischen Produktionsapparates oder als potentielle Konsumenten. Heute hat die technologische Entwicklung aber dahin geführt, daß *die Armen nichts mehr zählen und ihr Tod das Funktionieren des Systems in keinerlei Hinsicht mehr stört.* Für die Kalkulation und in der Rationalität des kapitalistischen Systems ist der Tod des Armen ohne irgendeine Bedeutung« (P. Richard, Las Iglesias en el conflicto Sur-Norte, Barcelona 1984).

Ich möchte hier präzisieren: Die Rationalität des kapitalistischen Systems ist verbrecherisch, und seine Kalkulation völkermörderisch, oder – wie Franz Hinkelammert sagt –: Dieses System ist in seinem Wesen nekrophil. Denn es hat sich in seiner Unmenschlichkeit endgültig dafür entschieden, *daß wenige alles besitzen*. Dadurch hat es den Tod unendlich vieler anstelle des *Seins* für alle gewählt.

Das antiimperialistische Denken lehnt die Rationalität und Kalkulation des Kapitalismus in seinem letzten Stadium, dem Imperialismus, radikal ab. Die am 13.3.1983 im Kampf des salvadorianischen Volkes für seine Befreiung gestorbene Märtyrerin Marianela García Villas schreibt in einem ihrer letzten Briefe: »Es ist besser mehr zu sein als mehr zu haben. Und für mich kann man nur dadurch mehr sein, daß man sein Leben hingibt, daß man arbeitet für die anderen, die Ausgebeuteten und Unterdrückten, die uns die Möglichkeit geben, authentische Menschen zu werden, statt uns als Hampelmänner der Zirkusbesitzer des Todes und der großen multinationalen Maschinerie, die die letzten Winkel unserer Existenz kontrollieren wollen, weiter ausnützen zu lassen. Wenn wir bereit sind, alle Lebensumstände, besonders die ungünstigen, derjenigen zu teilen, die am meisten Opfer des Systems sind, wird uns die Fülle des ›mehr Seins‹ zuteil werden. Wenn sie leiden, leiden auch wir mit ihnen. Wenn sie sich freuen, haben auch wir an ihrer Freude teil. Wenn sie sterben, sterben auch wir mit ihnen, und wenn sie leben, arbeiten wir mit ihnen, damit sie authentisch als menschliche Wesen leben können. Unser Volk liebt das Leben und will leben, und deshalb kämpft es, stirbt es, geht es in den Krieg.« Auch hier heißt es einmal mehr: durch das Wagnis des Krieges und des Todes bewähren sich Hoffnung und Willen zum Frieden und zum Leben!

Das antiimperialistische Engagement entsteht in seinen Anfängen als Bekehrung des Herzens und des Geistes zur konkreten Wirklichkeit der Armen, die hungern, dem Tod nahe sind und in all dem die Hoffnung nicht aufgeben. Es besteht nicht nur in einer Veränderung des Denkens, sondern in einem definitiven Sicheinlassen auf ein existentielles Engagement, das das gesamte Leben umfaßt. Oder in den Worten Mao Tse Tungs: »Die guten Gedanken fallen nicht vom Himmel, sind auch nicht angeboren, sondern können nur aus der gesellschaftlichen Praxis hervorgehen.« Diese gesellschaftliche Praxis, aus der das antiimperialistische Denken hervorgeht, das dann auch wieder selbst die Praxis korrigiert, trägt den Namen: *Solidarität*. Was bedeutet das? Die Herrschaft des Imperialismus zwingt zur Mittäterschaft am Tode der Armen. Dagegen öffnet der Bruch mit dem Imperialismus, den das antiimperialistische Engagement darstellt, die Tür der *Solidarität,* d. h. es ermöglicht eine feste Beziehung, durch die das, was den einen angeht, auch definitiv den anderen angeht: Die Sache des anderen wird meine Sache. Wir haben am gleichen Kampf teil. Ich werde nur frei, wenn auch er befreit wird. Ich besitze nur dann das Leben, wenn er gegen die Mächte des Todes siegt. Für viele, die sich in der subimperialistischen Welt gegen den Imperialismus engagieren, ist die Sache Nicaraguas nicht irgendeine Angelegenheit, die man sich im Kampf gegen ein unterdrückerisches System unter anderen willkürlich auswählt, sondern es handelt sich um das Engagement ihres Lebens: Geschlossen stehen wir zusammen im Dienst des Lebens, auch wenn dies von uns den Preis des Lebens fordern kann. Die Texte von Sandino bringen diese Wirklichkeit zum Ausdruck: Er hatte sich entschieden, voll solidarisch zu sein, und aus dieser Entscheidung erwuchs bei ihm ein lebendiges, den letzten Winkel der Persönlichkeit durchdringendes Denken. Indem er das Leben suchte, d. h. die Befreiung und die Würde seines an den Imperialismus verkauften Landes, wurde er selbst lebendig mit einer Lebenskraft bis zum Tod, in den er hineinging als »einer der Toten, die niemals sterben«.

In dieser Solidarität lag auch die unverwüstliche Kraft der schon genannten Marianela García Villas, die schrieb: »Für mich haben die unterdrückten Völker, die Erniedrigten, Ausgebeuteten, Ermordeten, Entführten und Verschwundenen keine Farbe noch Nationalität. Denn, wo sie auch gelebt haben und leben, sie gehören derselben sozialen Klasse an. Sie leiden unter dem gleichen Hauptfeind und unter verschiedenen, aber sich doch sehr ähnlichen anderen Feinden. All diese Menschen, Männer und Frauen, haben dasselbe Ideal und bedienen sich derselben oder gleichartiger Methoden, um ein für allemal frei zu werden. Sie kämpfen für ein und dieselbe Sache, und der Schmerz eines Bolivianers unterscheidet sich nicht von dem eines Argentiniers, eines Peruaners, eines Koreaners, eines Afrikaners, eines Guatemalteken und eines Salvadorianers. Sie alle sind Menschen, die Solidarität, Verständnis, Opfer und Zusammenarbeit brauchen. Und unter ihnen haben sie, die Bauern, die Arbeiter in der Industrie, wie auch alle anderen Arbeiter, ein größeres Verlangen nach Zusammenarbeit und Solidarität.« Und, so möchte ich hinzufügen, genau das ist der wahre Ökumenismus, d. h. die Vision und der Wille, daß die gesamte Erde Ort der neuen Schöpfung wird, Ort der Neuerschaffung einer durch die Befreiung von der Herrschaft des Todes neuen Welt und Menschheit.

Auch wenn dieses antiimperialistische Engagement in der subimperialistischen Welt allumfassend ist und die ganze Person des Menschen verändert, indem es ihm eine neue Identität und einen neuen Lebenssinn gibt, kann es sich dennoch nur bruchstückhaft zeigen. Denn der antiimperialistische Bruch mit dem Imperialismus in unserem Kontext und die revolutionäre Solidarität vernichten das System noch nicht, sondern stellen es nur radikal in Frage. So nimmt unser Gesamtengagement reformistische Züge an, schlägt hier und dort eine Bresche, erreicht gelegentliche, wenn auch beschränkte Entscheidungen und Maßnahmen zur Unterstützung der unterdrückten Völker. Es liegt hier ein langer und schwieriger Weg vor uns. Und in unserem mit Nicaragua und anderen Völkern in ihrem Kampf für die Verteidigung oder Eroberung ihrer Freiheit solidarischen Engagement wissen wir, daß wir selbst noch nicht frei sind und daß wir vielleicht erst als letzte durch den Kampf der Armen der gesamten Welt Befreiung erlangen werden. Die Solidarität ist die Voraussetzung unserer eigenen Befreiung, aber es ist sehr gut möglich, daß sie ihr Ziel zuerst in anderen Teilen der Welt, und dann erst in unseren, von der Macht des Imperialismus so kontrollierten Ländern erreicht. Wiewohl wir auch für uns selbst kämpfen, hoffen wir dennoch nicht, durch diesen Kampf an erster Stelle für uns selbst Vorteile zu erringen. Der wahre Revolutionär weiß, daß sein Engagement niemals egoistisch sein kann und darf... Und er weiß auch, daß auf dem Weg zur Erlangung der vollen Freiheit der Kampf um die vielen Befreiungen nie aufhört.

Das antiimperialistische Denken wird sich vor allem mit der kaum überschätzbaren Macht der herrschenden Ideologie auseinanderzusetzen haben. In dieser Auseinandersetzung wird die Entscheidung fallen, denn jene Ideologie ist immer sowohl eine betrügerische Illusion als auch eine »Uniformierung« oder noch besser eine »Militarisierung« des Geistes, wie es mein Landsmann und Freund Jean-Paul Sartre 1962 in Moskau auf dem großen Kongreß für Abrüstung und Frieden formulierte. Die Ideologie des imperialistischen Kapitalismus macht das Gewissen blind. Dadurch wird sie zur wichtigsten Waffe des Kapitalismus in dieser Zeit des bewaffneten Friedens (der in Wirklichkeit schon ein Zustand eines alles umfassenden Krieges ist). Sie täuscht über die Wirklichkeit, wie sie auf der Welt gegeben ist, über die Wirklichkeit am Ort und über die Wirklichkeit jedes einzelnen. Sie schafft eine kollektive Zustimmung zum Unmenschlichen, zur Logik des Todes, zu einer verbrecherischen Rationalität, bzw. sie will diese Zustimmung schaffen.

Die antiimperialistische Bekehrung richtet sich gegen diesen gesamten, als natürlich und selbstverständlich dargestellten ideologichen Komplex. Sie klagt diese Ideologie an als eine kulturelle Nekrophilie – um noch einmal auf diesen Begriff zurückzukommen –, die nur den Reichen dient. Die ideologische Macht des Imperialismus ist aber so groß, daß diejenigen, die vom System am meisten ausgebeutet werden, nicht anerkennen können und auch nicht wollen, wie sehr dieses System Leben zerstört. Im Gegenteil: Sie akzeptieren das System als ihr Schicksal und manchmal sogar als Ausdruck von Gottes Willen. Daher gehört die Bewußtmachung, die »Concientizacion«, dieser Ausgebeuteten wesentlich zum antiimperialistischen Engagement.

Diese Aufgabe ist gewaltig: Dauernd muß durch eine unaufhörliche Gegeninformation gegen die systematische und »systemische« – wesentlich im System verankerte – Desinformation angekämpft werden, d. h. die historische, politische, ökonomische und kulturelle Wahrheit muß dauernd neu entdeckt und dargestellt werden. In der subimperialistischen Welt sind alle Massenmedien kolonialisiert: Die Lüge hat sich fest eingenistet in Zeitungen und Zeitschriften, in der Werbung, im Fernsehen, unter den Streitkräften und vielfach auch in Kirchen, in Schulen, in Universitäten... Und so ist Nicaragua plötzlich eine »marxistisch-leninistische Diktatur« geworden, eine »Basis«, von der aus der »sowjetische Imperialismus« seine »Endoffensive« gegen »die freie Welt« führt. Dann erscheint es als selbstverständlich, daß das Regime der »Kommandanten-Hampelmänner des Weltkommunismus« zu stürzen und das »verratene nicaraguanische Volk« zu befreien seien.

Das antiimperialistische Engagement fordert von uns eine unvorstellbare Anstrengung und Energie: Aufsätze müssen geschrieben, Dokumentationen, Zeitschriften, Bücher veröffentlicht, Interviews, wenn möglich im Fernsehen, gegeben werden. Man muß in der Öffentlichkeit Stellung nehmen und Vorträge halten, an Zusammenkünften teilnehmen und in den Diskussionen auf Regierungsebene mitzusprechen versuchen. Es wird eine konkrete Solidarität mit bedrohten Publikationsorganen gefordert, wie es neulich mit der Zeitung »Le Monde« der Fall war, die deshalb einer Offensive der wirtschaftlichen Kräfte des Imperialismus ausgesetzt war, weil sie nicht genügend dem Establishment und seiner Ideologie angepaßt war und sich nicht genügend hatte einreihen und uniformieren lassen. Zudem geht ein solches Engagement der Kämpfer der Solidarität immer auf Kosten ihres guten Rufes und manchmal auch auf Kosten ihres beruflichen Fortkommens.

In ihren verschiedenen Veröffentlichungen hat Ana María Ezcurra klar die engen Beziehungen zwischen der imperialistischen Ideologie und den großen religiösen Organisationen und Institutionen, vor allem den katholischen, aufgezeigt. In ihrem letzten Buch, »El Vaticano y Reagan«, zeigt sie die Reagan und den Vatikan einigende strategische Allianz gegen die Kräfte der Befreiung in allen Teilen der Welt. Nicht nur das Dokument von Santa Fe (1980), sondern auch der berüchtigte Bericht von David Rockefeller an Nixon (der schon 1969 im Kampf gegen die Subversion in Lateinamerika folgende vier Waffen empfahl: Musik, Drogen, Sex und Religion) bewahrt bis heute seine Gültigkeit. Die dortigen Überlegungen reichen zur Rechtfertigung einer auf allen Ebenen durchgeführten Offensive gegen die »Theologie der Befreiung« und ihre Vertreter. Diese wird als marxistisch und protestantisch gescholten (so die entsprechenden Dokumente des Kardinals Joseph Ratzinger). Dadurch soll vergessen werden, daß die Theologie der Befreiung an erster Stelle *antiimperialistisch* und ein entschiedener, aus den Kämpfen der Armen und in der Solidarität mit ihnen hervorgegangener Ausdruck einer evangelischen Bekehrung zum Volke ist.

Der in einem imperialistischen Kontext (Rom, BRD) formulierte Angriff gegen die Theologie der Befreiung verfolgt nicht nur das klare Ziel, allen Regierungen und repressiven Kräften der dritten Welt deutlich zu machen, daß die Theologen der Befreiung die »wahren Feinde der Freiheit«, die »kommunistischen Unterwanderer«, die »Verantwortlichen für den Terrorismus« seien, sondern er will auch die Theologen der ersten Welt beeinflussen, ihnen Angst einjagen und sie dazu bringen, daß sie ihr solidarisches Engagement für die armen Völker aufgeben. Die Offensive der »Vatikanischen Kommission für die Verteidigung des Glaubens« will also offensichtlich die antiimperialistische ökumenische Front aufbrechen. Das gleiche gilt für die Anschuldigung, die der nicaraguanischen Regierung als Minister angehörenden Priester würden sich undiszipliniert verhalten: Es handelt sich ja um Mitglieder einer revolutionären Regierung![3]

[3] Seitdem dieser Text in Nicaragua auf spanisch vorgetragen und gedruckt wurde, hat der Vatikan – wohl unter dem Einfluß der sehr energischen brasilianischen Bischöfe – seine Haltung wesentlich gemildert: der Text vom 5. 4. 1986 »Anweisung über christliche Freiheit und Befreiung« sowie die Enzyklika »Dominum et Vivificantem« vom 30. 5. haben einen ganz anderen Ton als die »Anweisung über einige Aspekte der Befreiungstheologie« vom 3. 9. 1984. Dies ändert aber an der Tatsache nichts, daß die Methode der Befreiungstheologie als eines *»zweiten* Aktes evangelischer Interpretation einer Befreiungspraxis« (G. Gutiérrez) in keiner Weise anerkannt wird. Man hat es trotz allem erklärten Verständnis für die Befreiungstheologen mit einer europäisch-idealistisch-deduktiven Theologie zu tun, und das Schwergewicht dieser Texte geht dahin zu behaupten, daß die wahre Befreiungstheologie immer innerhalb der »sozialen Lehre« der katholischen Kirche zu suchen und zu finden war. Und in der Enzyklika kommt deutlich zum Vorschein, daß der Heilige Geist der Geist des Antimaterialismus ist – wohlverstanden: des Antikommunismus. Das Ideal der kath. Kirche ist der »dritte Weg« zwischen Liberalismus und Kollektivismus. Dieser ist aber zugleich der, auf dem die Kreuzritter der modernen Zeit gegen die Heiden des Reichs des Bösen zusammengerufen und mobilisiert werden.

Es ist also klar, daß die Verteidigung der Theologie und der Theologen der Befreiung wesentlich zum antiimperialistischen Engagement gehört. Man kann die Gründe dafür verstehen, weshalb sie selbst es in Lateinamerika nicht wagen, offen eine Gegenoffensive zu entfesseln, und weshalb sie gelegentlich in eine Rückzugsmentalität verfallen, die traurig stimmt. Wäre es nicht Aufgabe der Theologen, aber nicht *nur* der Theologen, sondern aller, die sich *in dem Kontext des Subimperialismus* solidarisch engagieren, die Gültigkeit, die Legitimität und gar die Notwendigkeit der Methoden und Leistungen der Theologie der Befreiung darzustellen und zu verteidigen? Und dies sollten sie sowohl um des Glaubens als auch um des antiimperialistischen Engagements willen, wobei das eine vom anderen nicht getrennt werden darf.

4. Eine letzte Bemerkung

Wir haben von einer »Militarisierung des Geistes« als Merkmal des auf der verbrecherischen Rationalität des Systems beruhenden imperialistischen Denkens geredet. Die gleiche Gefahr und Verzerrung bedroht aber auch das antiimperialistische Denken. Wenn man einen Feind bekämpft, wird man ihm sehr leicht ähnlich, wie man weiß: Wenn man sich im Kampf derselben Waffen wie sein Feind bedient, wird man nach und nach, seitenverkehrt, sein Spiegelbild.

Man muß sich also vor der Möglichkeit einer solchen Entwicklung in acht nehmen und auf der Hut bleiben. Das antiimperialistische Denken kann und darf nicht dogmatisch und verschlossen sein, an einer Orthodoxie festhalten, autoritär werden. Im Gegenteil: In diesem Denken wird über die Demokratisierung, die Zivilisierung, die Popularisierung und die Befreiung des Geistes entschieden. So enthält dieses Denken die Herausforderung zu einem Sichöffnen in Festigkeit, zu einer Großzügigkeit ohne Schwäche, zu einer Fähigkeit zu hören und Gutes zu übernehmen, ohne die Identität zu verlieren, zu der Fähigkeit innerhalb präziser Grenzen einen Pluralismus der verschiedenen Formen des Engagements aufrechtzuerhalten. Es ist die Antwort auf diese Herausforderung, die das praktische Engagement und den Kampf eines jeden Tages bestimmt.

[Aus dem Spanischen übersetzt von Karel Hermans.]

Bernd Päschke

SOLIDARITÄT MIT DEN VERGESSENEN

1. Theologie der Befreiung in Europa kann verstanden werden als Ergebnis einer umgekehrten Mission. Sie verdankt sich den Erfahrungen und Reflexionen von Christen in der dritten Welt, die eine in Jahrhunderten kolonialer und nachkolonialer Abhängigkeit aufgebaute religiöse Entfremdung durchbrechen mußten, um eines der ideologischen und sozialpsychologischen Hindernisse im Prozeß ihrer politischen und kulturellen Selbstbefreiung zu überwinden und die eigene authentische religiöse Erfahrungsdimension dieses Befreiungsprozesses zu entdecken. Für europäische Christen kann es darum nicht um die Rezeption bestimmter theologischer Inhalte einerseits und um die Anwendung bzw. Übertragung bestimmter Methoden und kirchlicher Organisationsformen auf einen anderen gesellschaftlichen Kontext andererseits gehen. Weil Theologie der Befreiung in der dritten Welt Element von Widerstands- und Befreiungspraxis ist, wird sie mißbraucht bzw. mißverstanden, wenn man meint, sie aus diesem Praxiskontext herauslösen zu können. Die warnende Bitte aus Lateinamerika, Theologie der Befreiung nicht zu einem theologischen Konsumartikel verkommen zu lassen, war notwendig angesichts eines rein literarischen Interesses, das ihre Veröffentlichungen in Europa auslösten. Während Begegnungen von Theologen der ersten und dritten Welt auf akademischer Ebene charakterisiert waren durch eurozentrische Vorurteile und Marxismusverdacht, entstand – von der Universitätstheologie unbeachtet bzw. beargwöhnt – der historisch neue Handlungszusammenhang einer praktischen Solidarität zwischen Christen der ersten und dritten Welt.

Südafrika und Chile seien als exemplarische Situationen genannt, in denen sich gerade auch eine politische Solidarität von europäischen Christen herauskristallisierte. Aber es bedurfte erst der zentralamerikanischen Herausforderung nordamerikanischer und europäischer kirchlicher Gruppen, daß dieser durch Solidarität vermittelte Handlungszusammenhang auch in seiner theologischen Relevanz begriffen wurde.[1] Die Frage der unterschiedlichen »Kon-

---

[1] Vgl. J.H.Pico/J. Sobrino, Teologia de la Solidaridad cristiana (Colección Dios habla en Centroamerica Nr.3), Managua 1983.

texte« entlarvte sich jetzt gewisserweise von selbst als das Problem eines unterschiedlichen sozialen apriori einerseits, einer spezifisch bürgerlichen Arbeitsteilung zwischen akademischer Theologie und einer theologischen Praxis des Beteiligtseins andererseits – und zwar sowohl in der ersten als auch in der dritten Welt. An der Basis der Befreiungskämpfe selbst schließlich artikulierte sich eine neue authentische christliche Spiritualität und Reflexion, – Herausforderung, aber auch Chance für das in dieser Hinsicht verarmte europäische Christentum.

Das befreiungstheologische Axiom, daß das Subjekt der Theologie der Befreiung die Armen selbst seien, blieb in der ersten Welt, wo Theologie schon von ihrer Geschichte her nur als akademische Theologie vorstellbar ist, lange Zeit unverständlich. Es konnte erst begriffen werden, als Realität und Reflexion der Basisgemeinden der Armen selbst auch hier bekannt wurden. Und es bedurfte einer vorurteilsfreien Kenntnisnahme des tiefen christlichen Engagements, in den hier als »marxistisch-leninistisch« abgestempelten Befreiungsorganisationen, der Teilnahme von Christen, Katechetinnen und Katecheten, Ordensfrauen und Priestern an den Befreiungskämpfen der Armen, um die qualitative Veränderung des sozialen apriori theologischer Produktion zu bemerken.

2. Europäische Christen sind zwar nicht arm – trotz produzierter neuer Armut und Verelendung – im Sinne der extremen Armut in der dritten Welt, aber an sie richtet sich der Schrei der Armen um Solidarität, die nicht paternalistische Hilfe meint, sondern Beteiligung an ihren Kämpfen und Leiden, nicht das Mitleid von oben herab, sondern wirkliches Mitfühlen mit ihrem Schmerz. Daran, ob wir diesen Schrei hören und ihm gerecht werden oder ob wir ihm ausweichen – möglicherweise mit dem Hinweis auf eigene Prioritäten –, entscheidet sich auch die Glaubwürdigkeit europäischer Theologie.

Der Gott Jesu Christi ist historisch definiert als der Gott, der den Schrei eines gequälten und ausgebeuteten Volkes hört. Es ist der Gott, an den der Schrei des einzelnen aus der Not der Tiefe dringt – von den Betern alttestamentlicher Psalmen bis hin zu den Gefangenen in den Kerkern und Folterkammern unseres Jahrhunderts. Reale Gottverlassenheit wird erfahren als Verlust von Solidarität, die Bitte um das Erbarmen, die Zuwendung Gottes wird nicht zufällig im Kyrie der salvadorianischen Messe des Volkes wie der Messe der nicaraguanischen Campesinos als Bitte um die Solidarität Gottes mit den Unterdrückten gesungen:[2]

---

[2] Zum Handlungskontext vgl. B. Päschke, Salvadorianische Passion. Semana Santa in El Salvador (Reihe Theologie und Kirche im Prozeß der Befreiung Bd. 4) Münster 1985, 105–108.

»Der Herr hört den Schrei des Blutes Abels,
das Klagen des Volkes erwacht in Mose.
Den Schrei, der in unserem Inneren entsteht,
wollen sie mit Tausenden von Betrugsversuchen
zum Schweigen bringen...
Erbarme Dich, Herr,
hab Erbarmen mit Deinem Volk.«
»Herr, solidarisiere Dich mit uns
und nicht mit denen, die uns unterdrücken.«

Das im »Knecht Gottes« komprimierte und so in der Gestalt eines einzelnen fühlbar und begreifbar gemachte Elend und Ausgestoßensein eines ganzen Volkes erreicht seinen tiefsten Punkt in der Erfahrung des völligen Solidaritätsverlusts, der dem Opfer den Mund verschließt, den Schrei um Solidarität erstickt (Jes 53).

3. Der Schrei der Armen Asiens, Afrikas und Lateinamerikas dringt mehr oder weniger klar an mehr oder weniger hörbereite oder taube europäische Ohren. Er wird regierungsamtlich bzw. in den öffentlichen Medien immer wieder im Interesse des ideologischen Ost-West-Konfliktes instrumentalisiert, verleugnet oder verschwiegen und so aus der Welt geschafft, für nichtexistent erklärt (siehe den »Fall« Ost-Timor oder Guatemala und inzwischen auch El-Salvador). Der Schrei der Armen fordert europäische Solidarität dazu heraus, die nicht zufällige, sondern organisierte internationale Vergeßlichkeit zu durchbrechen, jene Nebelwand von gezielter Desinformation, Verschleierung, Irreführung, Verschweigen, aber auch von mangelnder Kompetenz des Herzens, den Schmerz der anderen zu teilen.

Hier liegen Aufgaben befreiungstheologischer Praxis, die nicht einfach an Menschenrechts- und Solidaritätskommitees delegiert werden können. Zwar bedarf Solidarität keiner theologischen Legitimation, aber eine Theologie, die die hier gemeinte Solidarität als etwas eigentlich Nicht-Theologisches anderen überließe, verlöre ihre biblische Legitimation. Mit dem Gott, der den Schrei der Armen und Unterdrückten hört, hätte sie jedenfalls nichts mehr zu tun.

Wir sind Zeitzeugen des Kampfes der zentralamerikanischen Völker und der Schwarzen Bevölkerungsmehrheit Südafrikas um ihr Recht auf Menschsein, auf Leben und Selbstbestimmung, aber auch vergessener Befreiungskämpfe – Eritrea, Kurdistan, Ost-Timor, um nur diese zu nennen. Wir sind Zeugen der militärischen und ökologischen, rassistischen und kulturellen Projekte des Todes, mit denen die kapitalistische und die »sozialistische« Weltmacht Nr. 1 in Zentralamerika und Afghanistan ihre jeweiligen »Hinterhöfe« überziehen; Hand in Hand mit den auf sie angewiesenen Oligarchien und/oder Militärdiktaturen; die Reagan-Administration unterstützt von ihrem treuesten NATO-Vasallen, unserer eigenen Regierung. Den von den USA am Leben gehaltenen, militärisch-finanziell direkt unterstützten und schließlich durch Wahlen legalisierten Regierungen El-Salvadors und Guatemalas ist es bisher nicht gelungen, den Überlebens- und Befreiungswillen ihrer Völker zu brechen. Sie sind deshalb – auf Drängen und mit Hilfe der USA – zunehmend zu den von diesen in Vietnam erprobten Methoden der Aufstandsbekämpfung übergegangen, verbunden mit den von chilenischen, argentinischen, israelischen und südafrikanischen Militärs angewendeten staatsterroristischen Pazifizierungsmethoden. Das quantitative Ausmaß des geplant durchgeführten Hinschlachtens ganzer Bevölkerungsgruppen hat in den letzten Jahren immer neue, bisher für unvorstellbar gehaltene Dimensionen erreicht: von den Luftangriffen und den Massakern, die salvadorianische Elitebataillone unter der Zivilbevölkerung in den Konfliktgebieten anrichten, dem an der guatemaltekischen Indiobevölkerung militärisch durchgeführten Völkermord bis hin zu den Planspielen des Pentagon für direkte militärische Invasionen in Mittelamerika. Bei einem mit Hilfe modernster Luftwaffentechnologie durchzuführenden Großangriff auf die von der Befreiungsbewegung kontrollierten Gebiete El Salvadors wird von 300 000 Opfern unter der Zivilbevölkerung ausgegangen.[3] Ein entsprechender, 1984 bekannt gewordener Invasionsplan für Nicaragua rechnet mit 500 000 Toten innerhalb der ersten Stunden eines koordinierten massiven Angriffs zu Wasser, zu Lande und aus der Luft.

Der Schrei der von diesen Projekten des Todes Getroffenen wird trotz aller Versuche von Solidaritätsgruppen und Menschenrechtsorganisationen, trotz aller Proteste vor der UNO, trotz aller »Tribunale der Völker« öffentlich jedenfalls immer mehr zum Schweigen gebracht.

Was heute in Zentralamerika geschieht, bedeutet für europäische Christen Infragestellung und Herausforderung, nicht nur weil es hier um Folgen europäischer Christentums- und Kolonialgeschichte geht, sondern weil mit unserer Haltung und unserer Praxis diesem Skandal gegenüber die Glaubwürdigkeit unseres Glaubens und unserer Theologie auf dem Spiele steht.

Wer ist unser Gott? Ist es der Gott, der Leben und Befreiung, Gerechtigkeit und Frieden für die arm und rechtlos Gemachten will? Oder sind es die staatstragenden Götzen des Todes und der Unterdrückung, des Geldes und der Waffen – auch im christdemokratischen Gewand –, wenn es darum geht, die

---

[3] Vgl. epd – Entwicklungspolitik August 1984.

durch U.S.-Technologie, Berater- und Dollarhilfe ermöglichten Bombardierungen einer schutzlosen Bevölkerung zu rechtfertigen?

4. Die Leidens- und Befreiungsgeschichte der zentralamerikanischen wie aller anderen unterdrückten und vergessenen Völker dieser Erde konfrontiert Theologie heute mit ihrer historischen Basis, der Leidens- und Befreiungsgeschichte des Gottesknechtes. Im eindeutigen und praktischen Solidarisch-Sein mit der Sache der um ihr Recht und um das Überleben Kämpfenden, in der Auseinandersetzung mit den ideologisch und religiös verbrämten Strategien militärisch und wirtschaftlich durchgeführten Völkermords begegnet uns die Herausforderung Jesu, für die Geringsten seiner Brüder einzutreten, in der Gestalt der Verdammten, weil Vergessenen dieser Erde. Zwei guatemaltekische Katechetinnen haben ihren Erfahrungen – stellvertretend für unzählige andere ihrer Leidensgenossinen und -genossen im »*Kreuzweg des guatemaltekischen Volkes*«[4] die Gestalt einer authentischen Glaubensreflexion gegeben. »Sie legen Zeugnis ab von dem, was sie gesehen, gehört und am eigenen Leibe erfahren haben. Ihr Kreuzweg und der ihrer Angehörigen ist die getreueste Darstellung der Realität unseres Volkes: eines Volkes, das voranschreitet zwischen täglicher Verurteilung zum Tode, zwischen Hinfallen, Niederlagen und Wiederaufstehen, zwischen Ausgeplündertwerden, Gewalttätigkeiten und Tod« (aus der Einleitung des Comité pro Justicia y Paz). Die Leidensstationen des verurteilten, gequälten und ermordeten Jesus von Nazareth *und* dieses Volkes werden mit äußerster Dichte und menschlicher Einfachheit aufeinander bezogen. Und zugleich sind es die eigenen Erfahrungen des Wiederaufstehens, des Widerstandes eines seit Jahrhunderten zu Boden geworfenen Volkes, von denen her mit einer gespannten Sensibilität allen Stationen des Kreuzweges Jesu Momente der Auferstehung, des Kämpfens, der praktizierten Solidarität, der Befreiung abgerungen werden. Dem entspricht die meditative Form dieses Kreuzweges, in der sich die vier Ebenen von biblischem Text, eigener Erfahrung, Reflexion und auf Handeln zielendem Gebet gegenseitig durchdringen.

Der gekreuzigte Jesus wird zum Bild, in dem sich dieses Volk wiedererkennen kann, zum Reflexionshorizont des Glaubens angesichts der eigenen selbsterlebten Realität eines ganzen Volkes, das jeder Freiheit, sich zu bewegen, zu organisieren, zu kommunizieren und sich gemeinsam seiner Identität und seines Glaubens zu versichern, beraubt ist: »Dem ans Kreuz genagelten

---

[4] Viacrucis del pueblo guatemalteco, hg. vom Cimité Justicia y Paz de Guatemala (Apartado Postal 17–650, 11260 México, D.F.; Zwedenstraat 41, B-1060 Bruxelles) 1984. – Die im folgenden übersetzten Zitate finden sich hier auf S. 3.14.18f und 4f.

Jesus war jede Freiheit genommen, die Feinde schienen gesiegt zu haben ... so geschieht es heute mit unserem Volk.«

Der heute in Guatemala gekreuzigte Christus, das sind Hunderttausende von Indios, genagelt an das Kreuz einer physischen und ethnischen Vernichtungsstrategie, um des nackten Überlebens willen in die Sklaverei der strategischen Dörfer und in die Zivilpatrouillen des Militärs gepreßt – Modell eines Mittelamerika von Reagans und des Pentagons Gnaden.

»*XI. Station: Jesus wird gekreuzigt.*
Wir fühlen uns in den Herausforderungen (pruebas) ermutigt, denn wir wissen, daß aus der Bewährung Geduld kommt, aus der Geduld der feste Glaube und aus dem festen Glauben die Hoffnung, die uns nicht betrügt ... (Röm 5,3–5).
Zeugnis: Die Modelldörfer sind Gefängnisse unter der Kontrolle der Soldaten. Die Menschen sind gezwungen, Tag und Nacht an den Wegen bereitzustehen und Wache zu halten, ohne für ihr Überleben arbeiten zu können, hungrig und krank. Wer sich beklagt, den bringen sie um, denn sie sagen, er sei ein Feind der Regierung. Um sie nicht vor den anderen zu töten, müssen sie eine tiefe Grube ausheben, in die sie hineingeworfen werden, und dort sterben sie vor Hunger. Es dauert dann dreißig Tage oder mehr, bis sie tot sind. Dies geschieht, um den Willen derer zu brechen, die entschlossen sind, sich zu organisieren und zu kämpfen.
Reflexion: Der ans Kreuz genagelte Jesus war jeder Freiheit beraubt. Die Feinde schienen gesiegt zu haben und es gab keine Hoffnung mehr. So geschieht es heute mit unserem Volk. Sie haben ihm die Freiheit genommen, sich zu bewegen, sich zu organisieren, miteinander zu sprechen und sie zwingen es, das zu tun, was es nicht will, bis dahin, die eigenen Brüder zu töten. Diejenigen, die davon wissen, dürfen sich damit nicht zufrieden geben. Das Volk möchte einen Sprung der Befreiung tun, aber dazu braucht es die Hilfe vieler.
Gebet: Herr, gib den Brüdern, die uns hören, Ideen, damit sie uns helfen, uns von diesem Kreuz der Modelldörfer zu befreien. Daß sie ihren Protest so an die Unterdrücker zu richten wissen, daß wir aus der Unterdrückung in die Freiheit gelangen.
Komm, Herr, bleibe bei uns!«

Aus der Situation dieses heute gekreuzigten Volkes heraus entsteht das Gebet, Ausdruck der Hoffnung auf Solidarität. Damit ihm der befreiende Sprung gelingt, »braucht es die Hilfe vieler«, die sich durch dieses Gebet herausfordern lassen.

Am Ende des guatemaltekischen Kreuzweges stehen von seiner inneren Logik her nicht Todes- und Ohnmachtserfahrung, für die Leben erst im Jenseits vorstellbar wird, sondern Praxis, die Leben möglich macht.

»XV. Station: Jesus steht auf von den Toten.
Was sucht ihr den Lebenden bei den Toten? Er ist nicht hier, sondern er ist auferstanden (Lk 24,5–6).
Zeugnis: Mein Freund Franzisco Chen aus der Region Verapaz war Gemeindeleiter. Er arbeitete mit den Menschen, ohne auf die Zeit zu achten. Er kümmerte sich um die Situation der anderen und half ihnen sich zu organisieren. Das Militär entführte und tötete immer mehr Menschen. Mein Freund Chen sagte: »Was sollen wir tun? Sollen wir uns das tatenlos ansehen, oder sollen wir etwas dagegen machen?«

Er entschied sich dafür zu handeln und das, was in unserem Bezirk passierte, in die Öffentlichkeit zu bringen. Darum schloß er sich mit den Leuten zusammen, die 1980 die spanische Botschaft besetzten, um auf unsere Situation aufmerksam zu machen. Die Regierung hörte nicht auf seine Stimme und auf seine Gefühle und ließ alle bei lebendigem Leibe verbrennen.

Nach neun Tagen wurde eine Totenmesse für die Opfer abgehalten. Es kamen aber nur wenige Menschen aus Angst vor dem Militär.
Reflexion: So wie Jesus auferstanden ist, geschah es auch bei Franzisco Chen. Nach wenigen Tagen schon begannen drei andere seine Arbeit weiterzuführen. Sein Leben, seine Art zu handeln übertrug sich auf die anderen. Beim Gottesdienst zum Jahresende war das Haus voll von Menschen. Das war erstaunlich, wenn ich an jene Totenmesse nach dem Massaker in der Botschaft dachte. Es war so, als ob der Geist von Franzisco in so vielen anderen Menschen auferstanden sei.
Gebet: Jesus, wir glauben, daß Du lebst. Die Schritte, die Du damals getan hast, die machen wir jetzt. *Deine Auferstehung erleben wir in jedem Bruder, der sich erhebt.* Hilf uns, daß unser Volk aufersteht in einem Guatemala, wo Gerechtigkeit, Frieden und Gleichheit herrschen, und wo niemand mehr Hunger erleidet. Amen.«

Kämpfen, Leiden und Sterben, um anderen Leben zu ermöglichen, das ist die Erfahrung von Auferstehung, die diese Menschen machen. Und diese Erfahrung läßt die Passion Jesu von ihrer ersten Station an zur Befreiungspraxis werden, die heute weitergeht:

»Vergebung, Herr, und Dank, weil Du Dich hast verurteilen lassen, um uns ein Beispiel zu geben: daß wir kämpfen müssen, um dieses ungerechte Todesurteil umzukehren. So wie sie Dich töteten, und so wie Du auferstandest, um Leben zu geben, so wollen wir Leben geben. Diejenigen, die kämpfen, sind es, die Leben geben, denn Leben entsteht durch Liebe zu den anderen... Wir wollen, daß es in unserem Land und in ganz Zentralamerika eine Auferstehung der Veränderung und der Befreiung gibt, eine Unabhängigkeit – insbesondere vom Imperialismus der USA. Amen.«
(Aus den Gebeten der 1. und 2. Station).

5. »Dies ist die Geschichte der Christen der Basisgemeinden und wie sie umgebracht wurden.« Mit diesem lapidaren Satz endet einer der erschütternden

Solidarität mit den Vergessenen

Zeugenberichte der indianischen Laienpredigerin und Katechetin Carmelita Santos auf dem Tribunal der Völker im Januar 1983 in Madrid. Er könnte auch als Überschrift über dem »Kreuzweg des Guatemaltekischen Volkes« stehen. Denn solche Testimonios von Betroffenen bewahren heute die Geschichte der Armen Mittelamerikas vor dem Vergessenwerden. Sie sind ein Stück Geschichtsschreibung von unten, von den Opfern und für die Opfer der Geschichte geschrieben, Ausdruck der Solidarität mit den Toten auch, die sie der Vergangenheit und dem Vergessen entreißt. Erzählen als Solidarität mit den Toten, – auch so beginnt Auferstehung inmitten der massiven Erfahrung von Sterben und Leiden.

Die Armen Zentralamerikas leben in ihrer eigenen Existenz das Teilen des Brotes, den Glauben an die Menschwerdung Gottes unter den arm und rechtlos Gemachten, den Glauben an den in ihren Völkern gekreuzigten und auferstandenen Christus, die Hoffnung auf Befreiung ihres Volkes, von der viele wissen, daß sie selbst sie nicht mehr erleben werden. Ihre Erfahrung nicht aufzugeben, sondern weiterzukämpfen, hat für sie nach einem halben Jahrtausend Unterdrückungserfahrung Auferstehungsglauben möglich gemacht. Nicht nur was fehlt an den Leiden Christi (Kol 1,24), sondern auch was fehlt an seiner Auferstehung, wird von ihnen »erfüllt«: Die Praxis Jesu, die heute weitergeht.

Können wir uns zu dem gekreuzigten und auferstandenen Christus bekennen, ohne mit den heute gekreuzigten Völkern in der dritten Welt solidarisch zu sein? Können wir das Vaterunser beten, ohne das Schicksal derjenigen vor Augen zu haben, deren Erfahrung nicht das tägliche Brot, sondern das täglich erfahrene Böse ist? Wenn wir es nicht hinnehmen wollen, daß diese Völker wegen ihres Versuchs sich zu befreien heute noch einmal gekreuzigt werden, dann müßte unserer durch die Praxis lateinamerikanischer Christen induzierten theologischen Reflexion eine theologische und politische Praxis der Solidarität entsprechen.
Eine Praxis des Widerspruchs und Widerstands
   gegen die Kriegspolitik der USA, die die militärische Vernichtung der Befreiungsbewegungen Zentralamerikas und darüber hinaus in der dritten Welt zum Ziel hat,
   gegen die ideologische und praktische Unterstützung dieser Politik durch unsere eigene Regierung,
   gegen die Inanspruchnahme des Christentums und der Bibel für die Rechtfertigung einer Politik des Todes,
   gegen die heutigen Großinquisitoren, die den Schrei der Armen nach Solidarität ersticken wollen, indem sie jene Christen, Gemeinden und Theologen,

die sich an den Revolutionen ihrer Völker, den Kämpfen der Armen für Gerechtigkeit und Frieden beteiligen, aus ihren Kirchen exkommunizieren.
Wir sind herausgefordert,
   den Schrei der Armen zu hören und ihm Gehör zu verschaffen,
   ihre Hoffnung auf Befreiung zu teilen,
   sie in ihrem Leiden und Kämpfen nicht allein zu lassen,
   sie nicht im Grab des organisierten Vergessens sterben zu lassen.
Das ist die Solidarität, die sie von uns erwarten.
Im Handlungs- und Kommunikationszusammenhang solcher Solidarität erfahren europäische Christen durch die »Verdammten dieser Erde« die Chance,
   an einer neu entstehenden »Ökumene von unten« teilzunehmen,
   als Zeitzeugen und Beteiligte Situationen der Unterdrückung und Befreiung als Impuls und Thema theologischer Reflexion und Praxis zu erfahren,
   den in einer authentischen christlichen Reflexion hergestellten Zusammenhang gegenwärtigen Befreiungshandelns und -leidens unterdrückter Völker mit biblisch vermittelten Situationen und Traditionen von Befreiung und Unterdrückung von den Betroffenen selbst zu lernen,
   im Erleben gegenseitiger Solidarität die eigene, in einer bürgerlich-eurozentrischen Theologie undeutlich gewordene und verlorene christliche Identität wiederzugewinnen.
Theologie der Befreiung in Europa wäre nicht mehr Theologie der Befreiung, wenn der durch solidarische Praxis hergestellte und immer wieder neu herzustellende Zusammenhang mit den Armen und Vergessenen dieser Erde nicht konstitutives, mobilisierendes und kritisches Element ihrer theologischen Reflexion und Praxis bliebe.

Hanna Habermann

ERFAHRUNGEN MIT DER SÜDAFRIKA-AKTION DER EVANGELISCHEN FRAUENARBEIT

1. Der Aufruf

Als am 19. Oktober 1977 fast die gesamte Opposition in Südafrika ausgeschaltet wurde, als alle wichtigen Organisationen, Institutionen, Einzelpersonen verboten, »gebannt« wurden, war auch die Black Women's Federation, eine Schwesterorganisation der Evangelischen Frauenarbeit in Deutschland (EFD), davon betroffen.
Die EFD reagierte mit einem Boykottaufruf.[1]

»Die evangelische Frauenarbeit in Deutschland ruft zum Boykott von Nahrungsmitteln aus Südafrika auf.

WARUM?

Schwarze Menschen in Südafrika kämpfen um ein menschenwürdiges Leben und eine gute Zukunft für ihre Kinder. Sie sind unsere Schwestern und Brüder, die mit unseren Gebeten rechnen und unsere moralische Unterstützung erwarten. Der Kampf in Südafrika spitzt sich zu.

WAS KÖNNEN WIR TUN?

Wir dürfen nicht aufhören zu beten und müssen mit Aktionen beginnen. Eine Boykottaktion bei uns soll mehr Information über die wirkliche Lage in Südafrika verbreiten.

Sie soll die stumpfen Gewissen wecken und den Kampf um Menschenwürde mit tätiger Solidarität unterstützen. Wir brauchen nur ein bißchen Mut, um Gleichgültigkeit und Unwissenheit bei uns und anderen zu überwinden; vielleicht können wir damit verhindern helfen, daß unseren Schwestern und Brüdern in Südafrika nur noch der Mut der Verzweiflung bleibt.

---

[1] Edda Stelck, Politik mit dem Einkaufskorb. Die Boykottaktion der evangelischen Frauen gegen Apartheid, Jugenddienst-Verlag Wuppertal, S. 18f.

Hanna Habermann

KAUFT KEINE FRÜCHTE AUS SÜDAFRIKA!

Evang. Frauenarbeit in Deutschland e.V., Unterlindau 80, 6 Frankfurt 1

Erfahrungen mit der Südafrika-Aktion der Evangelischen Frauenarbeit 253

Informieren Sie sich – handeln Sie!
Wir werden schuldig, wenn wir nicht alles tun, was in unserer Macht steht.«

Ein solcher Boykottaufruf ist ungewöhnlich. Üblich wäre ein Solidaritätstelegramm und Versicherung der Fürbitte gewesen, vielleicht noch das Sammeln von Spenden und der Versuch, so des Landes Verwiesene oder Untergetauchte zu unterstützten.

Ein Beispiel üblicher kirchlicher Reaktion ist das Telegramm, das der Rat der EKD am 30.7.85 an den Südafrikanischen Kirchenrat sandte, als nach blutigem Polizeieinsatz und heftigen Unruhen die südafrikanische Regierung in 36 Bezirken den Ausnahmezustand erklärte. Es wird verstärkte Fürbitte und Anteilnahme versichert und Hoffnung »wider allen Augenschein« ausgesprochen. – Kein Wort davon, daß die Bitte um wirtschaftlichen Druck, die der SACC auf seiner Jahreskonferenz im Juni 85 zum ersten Mal ausdrücklich und öffentlich geäußert hatte – und so etwas gilt in Südafrika als Landesverrat! – aufgenommen und befolgt werden soll.[2]

Der Aufruf ist begründet in der Einheit der Kirche. Die um ihre Würde und Existenz kämpfenden schwarzen Menschen in Südafrika werden unsere Schwestern und Brüder genannt, die mit unserm Beten und Tun rechnen können. Dieses mit dem Beten eng verknüpfte Tun soll der Boykott südafrikanischer Nahrungsmittel sein. Der frühere Ministerpräsident Vorster wird zitiert: »Jeder Kauf eines südafrikanischen Produktes ist ein neuer Baustein für die Mauer unseres Fortbestehens.« Ein Boykott südafrikanischer Nahrungsmittel ist ein *Protest* gegen die Apartheid und eine *Weigerung*, sie zu unterstützen.

Ausgerechnet Frauen rufen zu einem Boykott als christlichem Handeln auf und gerade Frauen hören auf diesen Ruf und schließen sich an vielen Orten in Gruppen zusammen. Der Aufruf der EFD ist kein Appell an Kirchenleitungen und andere Mächtige. Er wendet sich an Geschwister, das für bedrängte Geschwister Selbstverständliche zu tun, sie nicht zu vergessen in ihrem Beten und Handeln.

Wenn der Aufruf feststellt: »Wir dürfen nicht aufhören zu beten und müssen mit Aktionen beginnen,« wenn er fordert: »Informieren Sie sich – handeln Sie!«, dann ist damit die selbstverständliche Einheit von Information – Gebet – Aktion ausgedrückt; eins wird konkret im andern und läßt sich nicht auseinanderhalten. Die Aktionen sind also nicht etwas ganz anderes, fremdes, was nun zum Beten dazu kommen muß, sondern gelebte Fürbitte.

[2] ev. information epd 32/85.

Der Aufruf hat große Beachtung gefunden, auch Skepsis und Ablehnung. Was aber bewirkte er bei denen, die sich darauf einließen?

2. Meine Erfahrung

Eigentlich habe ich immer gewußt, daß sich mein Christsein im Alltag bewähren muß. Aber erst seit ich den Aufruf der EFD »Kauft keine Früchte aus Südafrika! – Baut nicht mit an der Mauer der Apartheid!« hörte und in der Frankfurter Frauenaktion Südafrika mit andern gemeinsam befolgte, wurde mir klar, daß das wohl mehr eine theoretische Einsicht gewesen sein muß. Ich erkannte, daß es in meinem Leben bisher zwei Bereiche nebeneinander gegeben hatte, ohne daß mir das aufgefallen wäre. Einen, in dem ich mein Tun und Denken an der Botschaft Jesu orientieren wollte, und einen so banalen alltäglichen, den ich gar nicht wahrnahm, nebenbei erledigte, obwohl er einen nicht geringen Teil meiner Zeit beanspruchte.

Einkaufen, Waren auswählen, Geld ausgeben, Essen zubereiten, kochen – hat das etwas mit meinem Glauben zu tun? Diese Frage kam mir nicht in den Sinn, und wenn sie mir jemand gestellt hätte, wäre mir vielleicht eingefallen: Mein Glaube zeigt sich darin, daß ich diese Dinge sorgfältig tue.

Nun aber zeigte sich, daß meine bisherigen Einkaufskriterien: Was ist gut, gesund, preisgünstig? nicht ausreichen. Ein neues mußte hinzugefügt werden, das die andern drei zugleich relativierte: Was schadet meinem Nächsten nicht? Was schadet den Unterdrückten in Südafrika nicht?

Wenn ich mich der hiesigen wirtschaftlichen Unterstützung der Apartheid verweigern will, vermeide ich, Produkte aus Südafrika zu kaufen. Zum ersten Mal nicht nur auf Qualität und Preis der Waren achtend, sondern nach dem Herkunftsland und der Hersteller- und Vertriebsfirma forschend, entdecke ich, wie sehr ich eingebunden bin in unser Wirtschaftssystem mit seinen weltweiten mächtigen Konzernen. Habe ich überhaupt eine »Wahl«? Südafrikanische Waren meidend, kann ich ja wohl keine chilenischen kaufen? Und was ist mit Del-Monte-Produkten aus den Philippinen? Was mit den so guten und oft so preiswerten Chiquita-Bananen der American Fruit Company? Wen unterstütze ich, wenn ich Kaffee der gängigen Marken kaufe? Plötzlich fällt mir auf, wie viele Lebensmittel aus Polen bei uns angeboten werden. Während ich sie günstig erwerbe, stehen vielleicht in Warschau Menschen vergeblich danach Schlange?

Ich ernähre mich also von den Gütern der ganzen Welt. Lebe ich auf Kosten der anderen? Zahle ich ihnen den gerechten Preis? In wie vielen Fällen trägt mein Einkauf zu ihrer Ausbeutung und Unterdrückung bei? Soll ich also versuchen, nur Waren »aus deutschen Landen frisch auf den Tisch« zu bringen, wie der Werbeslogan es mir suggerieren will? Das wäre mir zu nationalistisch, Handelsbeziehungen zu vielen Ländern der Welt einschließlich des Ostblocks sind notwendig.

Ist also der ganze Warenboykott gegen Südafrika eine törichte, naive Sache, viel zu kompliziert ihn durchzuführen, viel zu harmlos, um das Apartheidregime zu beeindrucken? Wenn er aber wirkungsvoll wäre, nur die falschen, eben die Ärmsten der Armen treffend? Also etwas, von dem gerade Christen die Finger lassen sollten?

Indem ich den Aufruf der EFD ernst nehme, entdecke ich einen Raum in meinem Leben, in unserer Welt, wo ferne Geschwister Gerechtigkeit verlangen und wo es mir schier unmöglich ist, sie zu üben. Was ich immer »gewußt« habe, wird mir nun konkret bewußt: Ich lebe in ungerechten Strukturen, die ich nicht einfach ändern kann, für die ich aber doch verantwortlich bin. Ich erfahre mich als Sünderin.

3. Apartheid ist Sünde – Apartheid ist Häresie

So lautet wohl einstimmig das Bekenntnis der Christen.[3] Aber dieses Bekenntnis darf nicht nur eine geistliche oder moralische Verurteilung der Apartheid sein, sondern es verlangt, den handfesten Interessen nachzuspüren, die dieses System produzierten und aufrechterhalten. Es verlangt, die Sünde der Apartheid beim Namen zu nennen von Firmen, Banken, Kirchen, Regierungen.[4]

Apartheid ist nicht nur auf Angst, Abwehr, Überheblichkeit beruhender Rassismus, sondern eine in Gesetzen genau geregelte politische Praxis. Ja, mehr noch, Apartheid ist durch die Verfassung von 1984 legale Ordnung eines parlamentarisch verwalteten Staates, von dem allerdings die Mehrheit der Bevölkerung – 23 Millionen[5] – durch eben diese Verfassung von allen Bürgerrechten ausgeschlossen ist. Die Wurzeln dieser durch Verfassung und Gesetze festgelegten Strukturen gehen bis ins vorige Jahrhundert und weiter zurück.

---

[3] Vgl. u. a. Erklärung des Lutherischen Weltbundes von Daressalam 1977 und Budapest 1984; des Reformierten Weltbundes von Ottawa 1982; des Ökumenischen Rates der Kirchen (ÖRK) wiederholt bis Vancouver 1983.
[4] Wegweisend dazu das »Programm zur Bekämpfung des Rassismus« des ÖRK von 1969 und der Bankenbeschluß des ÖRK von 1981.
[5] Die Angaben schwanken, während der Spiegel am 19.8.85 von 23 Mio. spricht, erwähnt die FAZ am 9.9.85 24 Mio.

Vor allem die Entdeckung des Goldes, der Bedarf an Arbeitskräften in den gefährlichen Minen, die für die Minenbesitzer erwünschte Kontrolle, ließen die später immer weiter ausgefeilten Apartheidgesetze entstehen.[6]

So wurde der Landbesitz für Schwarze sukzessiv eingeschränkt, um ehemals bäuerliche Menschen zur Minenarbeit zu zwingen, bis das Landgesetz von 1913 diesen Prozeß formal abschloß: Weniger als ein Zehntel des Landes wurde den Schwarzen reserviert.

Ebenso war das Gesetz zur Regelung der Eingeborenenarbeit von 1911 nur der Abschluß der Bildung des Kontraktarbeitersystems, das bis heute geübt wird; d. h. schwarze Arbeiter werden nur für beschränkte Zeit – 12 bis 18 Monate – per Kontrakt eingestellt, dann entlassen und bei Bedarf und Wohlverhalten durch einen neuen Vertrag weiterbeschäftigt. In dieser Zeit mußten und müssen sie von ihren Familien getrennt in Compounds, also Arbeiterghettos, leben.

Um bessere Kontrolle über die Massen ungelernter Arbeiter zu haben, die in ihrer Not in die Minengebiete drängten, wurde das schon seit dem 18. Jahrhundert bekannte Paßsystem 1896 per Gesetz festgelegt. Seit 1956 muß jeder Schwarze über 16 Jahre ständig seinen Paß bei sich haben, Verstöße werden unnachgiebig bestraft.

Durch diese und eine Reihe weiterer Vorschriften war überhaupt erst eine rentable Ausbeute der Minen möglich. Allein aus diesem Grund entstand innerhalb eines verhältnismäßig kurzen Zeitraums durch immer restriktiver gefaßte Gesetze die Apartheid, die 1948 mit der Übernahme der Regierung durch die Buren und ihre Nationale Partei die eigentliche Staatsdoktrin wurde.

In der Nederduits Gereformeerde Kerk (NGK), der größten der drei weißen reformierten Kirchen, wurde die theologische Begründung der Apartheid entwickelt. Besonders Gen 11 diente der Politik der »getrennten Entwicklung« als biblische Grundlage. Die Söhne Noahs Sem, Ham und Japheth galten als Stammväter der weißen, schwarzen und gelben Menschen. Die Schwarzen wurden durch Noahs Fluch über Hams Sohn Kanaan für alle Zeiten zu Knechten der übrigen Völker bestimmt (Gen 9,18–27). 1974 stellte die NGK zwar fest, daß dies so biblisch nicht haltbar sei, aber die längst verinnerlichte »Wahrheit« bestimmt noch heute das Denken und Handeln vieler Buren.[7]

---

[6] Luli Callinicos, Gold in Südafrika. Schwarze Arbeit – Weißer Reichtum, edition südl. afrika 10.

[7] Reinhard Brückner, »Theologische« Begründung der Apartheid, Boykott-Rundbrief der EFD Nr. 6.

Erfahrungen mit der Südafrika-Aktion der Evangelischen Frauenarbeit 257

Gehörten zunächst fast 200 Jahre lang auch die missionierten Schwarzen und Coloureds, Nachkommen der KhoiKhoi, asiatischer Sklaven und der ersten weißen Siedler[8] zur NGK, so änderte sich das im Laufe des vorigen Jahrhunderts. Unterschiedliche Bildung, Sprache, Kultur und Hygiene werden als Gründe für die Verweigerung des Gemeinschaftskelches beim Abendmahl angegeben.[9] Seit 1857 wurden wegen solcher »Schwachheit« auch separate Gottesdienstgebäude erlaubt und schließlich 1881 die eigene Missionskirche für Farbige (NGSK), 1910 eine besondere für Schwarze (NGKA) und außerdem 1968 noch eine eigenständige indische reformierte Kirche (RCA) gegründet.

Es gibt heute in diesen Kirchen wichtige theologische und politische Bestrebungen, sich aus der paternalistischen Apartheidspraxis der NGK zu befreien, vor allem der Belydendekring (früher Broederkring). Aber die meisten Christen dieser Kirchen tun sich wegen der finanziellen und sonstigen Abhängigkeit von der Mutterkirche schwer, ihre Vormundschaft loszuwerden.

Apartheid ist also ökonomisch bedingt und wird theologisch gerechtfertigt. Die schwarze Bewußtseinsbewegung und schwarze Theologie haben gezeigt, wie sehr diese Ideologie beide verkrüppelt hat – Weiße und Schwarze, Unterdrücker und Unterdrückte gleichermaßen. Beide sind tief geprägt von Überlegenheit und Minderwertigkeit. Beides ist so verinnerlicht, daß es als »natürlich«, »gottgewollt« erscheint. Apartheid geschieht nicht unbedingt aus subjektiver Bosheit, sondern aus einer objektiven strukturellen Bosheit, die durchaus mit subjektiv moralischer Integrität gekoppelt sein kann. Wir kennen aus unserer Geschichte das extreme Beispiel des berüchtigten KZ-Kommandanten, der ein zärtlicher Familienvater gewesen sein soll, und wir wundern uns, daß solche Extreme in einer Person vereinigt sind. Wir wundern uns auch, daß so fromme, liebenswerte, bescheidene Buren in Südafrika Anhänger der Apartheidpolitik sind und offensichtlich nicht einzusehen vermögen, was sie damit tun.

Viel schwieriger ist es, bei uns selbst diesen Zustand wahrzunehmen. Und leider bekommen wir da wenig Hilfe von den üblichen Predigten. Wenn wir bekennen: Apartheid ist Sünde, Apartheid ist Häresie, dann heißt das auch: Wir selber sind mitbeteiligt an dieser Sünde, an dieser Häresie, ob wir das subjektiv wollen oder nicht. Unsere Wirtschaft ist eng verflochten mit der südafrikanischen, bundesdeutsche Firmen profitieren durch ihre Niederlassungen in Südafrika von den niedrigen Löhnen dort, westdeutsche Exporte sind

---

[8] Südafrika-Handbuch, Jugenddienst-Verlag Wuppertal, S. 46.
[9] Pfr. Dr. Hattingh, Stellenbosch, in: Reformiertes Kirchenblatt Frankfurt 1/80.

durch staatliche Hermes-Bürgschaften abgesichert, bundesdeutsche Banken gehören zu den für Südafrika wichtigsten Kreditgebern, die NATO ist aus strategischen Gründen an Südafrika interessiert, der geradezu hysterische Antikommunismus der Buren, ihre Bollwerkmentalität wird bei uns nicht nur von Franz Josef Strauß begrüßt. Wie sehr dies alles unser politisches, wirtschaftliches und auch kirchliches Denken prägt, wurde deutlich an den Reaktionen auf den von Botha ausgerufenen Ausnahmezustand in 36 Distrikten im Juli 1985. Von der FAZ bis zum Deutschen Allgemeinen Sonntagsblatt (DS) distanzierte man sich einmütig von der – häufig eher skurril[10] als gefährlich geschilderten – Politik Pretorias und lehnte ebenso einmütig Sanktionsforderungen der UNO als ungeeignete »hohle Zauberformel« ab.[11]

Auch wenn ich keine Waren aus Südafrika kaufe, nicht bei einer Firma arbeite, die Tochtergesellschaften in Südafrika hat, mein Geld nicht zu einer Bank bringe, die sich führend an Krediten nach Südafrika beteiligt, auch wenn ich enttäuscht und zornig bin über so manche politische und kirchliche Reaktion auf die blutigen Ausschreitungen von Polizei und Militär in den schwarzen Townships: als Bürgerin der Bundesrepublik habe ich teil an den Profiten, die unserm Land auf diese Weise zugute kommen. Wenn ich an der Boykottaktion der EFD teilnehme, tue ich das nicht in dem Bewußtsein moralischer Überlegenheit oder Besserwisserei, wie uns das gelegentlich vorgeworfen wird, sondern weil ich um meine Verstricktheit und Verantwortung weiß, aus der ich durch keine Aktion herauskommen kann, die mir im Gegenteil dadurch nur bewußter und konkreter wird.

4. Warenboykott und Bankenaktion

Wenn in unsern Gemeinden Sünde wesentlich als moralische Verfehlung einzelner verstanden, Heil vor allem als private Lebenshilfe erwartet, Ökumene eher als etwas darüber hinaus uns auch noch Angehendes begriffen, Politik, Wirtschaft, Geld als nicht direkt unsern Glauben tangierend erlebt werden, muß unsere Aktion und unsere Erfahrung damit in Kirche und Gemeinden auf Befremden und Widerspruch stoßen. Man hat Angst, daß wir Glauben und Politik vermischen. Unsere Boykottforderung wird als aggressiv und unchristlich bezeichnet. Bis auf wenige Ausnahmen ist es in den Gemeinden gewöhnlich einfach, Verständnis und Mitgefühl etwa für die Situation Zwangsumgesiedelter zu wecken und eine gute Kollekte für sie zu sammeln. Das wird

---

[10] So laufend in der FAZ der Südafrika-Korrespondent Andreas Razumovsky.
[11] Holger Dohmen, DS 21.7.85.

als etwas »Positives« angesehen, während die Boykottforderung, die nicht nur eine Antwort auf das Elend der Betroffenen, sondern auch auf deren Ursache sein will, als »negativ« gilt. So urteilte bereits der Rat der EKD, als er 1978 die Boykottaktion ablehnte, die EFD bat, davon Abstand zu nehmen und ihr seither finanzielle Mittel für diesen Zweck versagte.[12]

Wieviel einfacher es ist, Geld zu geben als sich unserem System zu verweigern, zeigt folgendes Beispiel: 1984 bat uns die Bonner Vertretung des Afrikanischen Nationalen Kongresses (ANC) unserm Spruch: »Keine Früchte aus Südafrika« die Forderung hinzuzufügen: »Aber Obstbäume für Dakawa«. Obwohl der ANC in kirchlichen Kreisen eher auf Zurückhaltung und Mißtrauen stößt, häufig sogar in die terroristische oder mindestens kommunistische Ecke gedrängt wird, statt als legitimer Sprecher der schwarzen Südafrikaner angesehen zu werden, wurde diese Aktion ein großer Erfolg. Schon nach gut einem Jahr konnten wir für die geplante Obstplantage des Flüchtlingsprojektes des ANC in Tanzania 45000 DM überweisen. Aber eine kirchliche Einrichtung zu überzeugen, in ihren Großküchen keine südafrikanischen Waren zu verwenden, das ist harte und oft vergebliche Mühe, wenn es auch einige beeindruckende Erfolge gibt.[13] Meistens hören wir Meinungen, wie sie ein Würzburger Großkaufmann und profilierter Christ kürzlich äußerte, der auf die Frage, warum er als Apartheidgegner den Boykott südafrikanischer Waren ablehne, sagte, es sei Aufgabe der Politiker, auf die Einhaltung der Menschenrechte zu drängen, »was Christen tun können, ist anhaltend der Verfolgten in Ost und West in der Fürbitte zu gedenken und die Politiker immer wieder mahnend auf ihre Verpflichtung hinzuweisen, sich gegenüber allen Ländern für die Einhaltung der Menschenrechte einzusetzen.«[14]

Wenn der Warenboykott noch als »harmlose symbolische« Handlung von vielen akzeptiert werden konnte oder wegen seines pädagogischen Wertes nach mehrjähriger Dauer anerkannt wurde, bereitete die Bankenaktion noch mehr Schwierigkeiten. Im Februar 1981 begannen wir mit dem Krügerrandboykott und im Herbst des gleichen Jahres übernahmen wir die Bankenkriterien des ÖRK.[15] Nein zu sagen zur Geschäftspolitik seriöser Banken, deren leitende Angestellte vielleicht sogar im Presbyterium sind, das galt und gilt vielen als ganz unmöglich. Auch die meisten von uns gingen nur zögernd an diese Sache heran in dem Bewußtsein, nichts von Geldgeschäften zu verstehen

---

[12] Stelck a.a.O., S. 88ff.
[13] Boykott-Rundbrief Nr. 28.
[14] ev. information epd 30/85.
[15] Banken und Apartheid, AAB Blücherstr. 14, 5300 Bonn, S. 22.

und so komplizierte Dinge auch nie durchschauen zu lernen, zumal viele von uns Hausfrauen sind und nicht über eigenes Geld verfügen. Aber inzwischen haben wir einiges gelernt. Die Bankenkampagne hat uns und andern deutlicher gemacht, was auch schon mit dem Warenboykott beabsichtigt war, hier aber noch unmittelbarer einleuchtete: Ein 100 Millionen-Kredit an den Apartheidstaat ist eine nicht zu übersehende Unterstützung seiner Machtposition!

Der entscheidende Schritt war der Entschluß, diese Aktion zu beginnen, den gleichsam religiösen Anspruch der Banken auf das Vertrauen ihrer Kunden nicht länger hinzunehmen, selber nachzudenken und Verantwortung gegenüber dem Geld zu üben. Wenn ich recht sehe, ist das gut verstanden worden. Eine ganze Reihe kirchlicher Gruppen, Gemeinden, einzelner haben angefangen, sich um ihr Geld und ihre Bank zu kümmern. Sie haben Briefe geschrieben, Konten gekündigt, eine weniger am Südafrikageschäft beteiligte Bank gewählt. Andererseits wurde zugleich deutlich, wie schwierig es für kirchliche Einrichtungen sein kann, sich mit diesen Institutionen anzulegen, die sie oft durch großzügige Spenden unterstützt haben oder deren einflußreiche Manager gern auch für kirchliche Aufgaben in Anspruch genommen werden.

Kirche und Geld, das ist ein Feld, auf dem wir noch viel zu lernen haben. Ich vermute, was das Spenden angeht, gehören wir in der Bundesrepublik durchaus zu den großzügigen Kirchen, aber um gerechtere Strukturen vorzubereiten, die Teilen ermöglichen und Spenden unnötig machen, fehlt uns Mut und Phantasie. Vor allem fehlt uns die Einsicht in die Notwendigkeit dieser Herausforderung. Als kürzlich unser Pfarrer im Gottesdienst erwähnte, er bereite eine Predigtreihe zum Thema Glaube und Geld vor, reagierte die Gemeinde mit belustigtem Gelächter. So absurd empfand sie offenbar diese Zuordnung!

5. Mahnwache und Fürbitte

Uns ist dagegen gerade durch die Boykottaktion bewußt geworden, daß eine Trennung von geistlichem und weltlichem Tun, von Privatem und Öffentlichem, Ortsgemeinde und Ökumene nicht richtig ist, wenn wir bei dem paulinischem Bild von der Kirche als dem Leib Christi bleiben wollen. Unsere schwarzen Schwestern und Brüder, die um ein menschenwürdiges Leben kämpfen, beanspruchen einen Platz in unserm Beten, Denken und Handeln. Es gilt nun, nicht nur mit meinen, sondern auch mit ihren Augen die Zeitungen zu lesen, mit ihren und meinen Ohren die Reden der Politiker zu hören, mit ihrer und meiner Vernunft das Warenangebot des Handels zu prüfen, mit

Erfahrungen mit der Südafrika-Aktion der Evangelischen Frauenarbeit

ihren und meinen Gefühlen Rassismus und Unterdrückung – auch bei uns – aufzuspüren, mit ihren und meinen Hoffnungen die Bibel zu lesen. Ihre und meine Erfahrungen ergänzen sich, verändern mich und bewegen mich zu neuen Schritten. Meine Entscheidungen bleiben meine Verantwortung, ich führe nicht einfach einen fremden Auftrag aus. Meinem Nächsten einen Platz in meinem Leben zu geben, heißt ja nicht, distanz- und kritiklos mit ihm zu verschmelzen, sondern seine Interessen, seine Sorgen und Hoffnungen neben und mit meinen gelten zu lassen und wie meine nicht zu behindern.

Das drücken auch die donnerstäglichen Mahnwachen aus, die an vielen Orten vor südafrikanischen Einrichtungen, Konsulaten, Reisebüros durchgeführt werden. Die Frauen – meistens sind es Frauen, aber oft sind auch einige Männer dabei – tragen Poster, auf denen zu lesen ist:»Unterdrückung in Südafrika – Wie lange noch? Ich stehe hier für (z. B.) Albertina Sisulu...« Dieses buchstäbliche Da-stehen, Ein-stehen für einen Menschen bringt eine seltsame Nähe und Verbindung, auch wenn wir manchmal nicht viel mehr als den Namen und die Tatsache der Verhaftung oder Verurteilung wissen. Die Passanten nehmen diese Einheit wahr, wenn sie nachfragen, ihre Sympathie äußern oder ihren Rassismus, Fremdenhaß und Frauenverachtung an uns auslassen. Wir spüren dann für einen Augenblick hautnah, welchen Demütigungen die ausgesetzt sind, für die wir eintreten.

Wichtig sind uns die Fürbittgottesdienste, die wir entweder für uns selbst, die Gruppe, oder mit einer Gemeinde zusammen an den besonderen Gedenktagen oder ohne einen bestimmten Anlaß halten. Als liturgische Elemente wählen wir möglichst»schwarze« Lieder und Psalmübertragungen neben uns vertrauten Texten aus. Jede/r nimmt aus einem Korb einen oder mehrere Zettel mit den Namen und uns bekannten Daten von Inhaftierten, Bedrohten, Gebannten, um möglichst konkret im frei formulierten Gebet zu benennen, worin die jeweils besondere Schwierigkeit unserer Geschwister besteht. Es ist uns wichtig geworden, viele bei uns Namenlose zu zitieren in der Fürbitte, eine Kerze für sie anzuzünden und etwas sichtbar zu machen von unserer und ihrer Zusammengehörigkeit vor Gott, in unserer Welt.

Fürbitte und Boykottaktion mit all den dazugehörigen Aktivitäten sind nicht etwas, was wir *für* die unterdrückten Menschen in Südafrika tun, sondern *mit* ihnen. Ob für sie etwas Greifbares dabei herauskommt, läßt sich weniger abschätzen, als was wir dabei gewinnen: Erfahrung der Ökumene, der *einen* Kirche in unserm Alltag, Erfahrung der Einheit von Glauben, Beten, Informieren, Handeln, von privatem und öffentlichem, politischem Leben, Erfahrung von Solidarität, von Füreinandereinstehen und Sichergänzen in der gemeinsamen Arbeit.

6. Die Boykottaktion – eine *Frauen*aktion

Was bedeutet es, daß wir gerade als Frauen diese Arbeit tun? Frauen meines Alters teilen wohl die Erfahrung, daß wir in unserer Kindheit und Jugend zugleich die Überlegenheit der arischen Rasse und die Minderwertigkeit unseres Geschlechtes »lernten«. Auch heute noch machen wir ähnliche Erfahrungen, allerdings aufgrund versteckterer Botschaften als in der Zeit des Nationalsozialismus. Als Weiße, Europäerin, Bürgerin der Bundesrepublik bin ich mächtig und reich, als Frau immer noch zweitrangig. Während es damals wie heute in der Kirche Hilfe gibt, die Überheblichkeitsideologie zu relativieren, wird der zweite Erfahrungsbereich kirchlich mitverursacht und gestützt. Gewiß, auch Kirchenmänner akzeptieren heute den Anspruch der Frauen auf Gleichberechtigung, einige haben sogar ein gewisses Verständnis für feministische Theologie, falls sie sich in einem männlich akzeptablen Rahmen bewegt.[16]

Aber in uns selbst ist dieser Widerspruch immer noch da, zugleich zu den Großen und den Kleinen zu gehören. So entdecken wir uns wieder in der schwarzen Theologie, verstehen unmittelbar, was es heißt, im Denken und Fühlen kolonialisiert zu sein. Wir leiden an der Sünde, auf Kosten anderer zu leben, und wir leiden an der Sünde, uns klein zu fühlen und an uns selbst zu zweifeln.

Wenn wir nun tagein tagaus für viele Jahre schon diese Arbeit tun, diese unspektakulären kleinen Dinge wie: Gespräche führen beim Einkaufen und auf der Straße, Mahnwache stehen, Briefe schreiben und neue Informationen lesen, dann leben wir diesen Widerspruch und überwinden ihn gleichzeitig, indem wir uns mit unsern Geschwistern ein Stück der Freiheit nehmen, die Gott seinen Geschöpfen geschenkt hat. Wir werden uns unser selbst bewußt, akzeptieren, daß wir nicht alles wissen und können. Wir erfahren zu unserer Verwunderung, daß unsere »Schwäche« vielleicht sogar die »Stärke« unserer Aktion ist. Sind es nicht gerade unsere gering bewerteten Hausfrauentugenden, die uns den langen Atem geben? Sind wir nicht gewöhnt, daß die Früchte unserer Mühen schnell verzehrt oder von neuem Staub bedeckt sind? Haben wir nicht gelernt, trotzdem selbstverständlich heute ebenso wie gestern und vermutlich morgen unsere notwendige, doch schnell vergängliche Arbeit zu tun?

So kommt auch die Frage, ob unsere Aktion etwas bewirkt hat, häufiger von außen als von uns selbst. Wir spüren, daß wir uns verändert haben und

---

[16] Z. B. Hartmut Löwe, DS Nr. 12 u. 13/1985.

daß unser Mut, uns nicht mehr ungefragt den »Sachzwängen« zu beugen, auch unsere Geschwister in ihrem so viel härteren Widerstand ermutigt. Wir erfahren auch, daß sich die Mächtigen in Politik und Wirtschaft belästigt fühlen. Südafrika verweigert Boykottfrauen das Einreisevisum, die Dresdner Bank muß auf ihren Aktionärsversammlungen auf die Fragen der kritischen Aktionäre/innen eingehen. Das wiederum stärkt uns, befreit unsere Hoffnungen und Kräfte. Wir dürfen in unserm Leben die alte Wahrheit von Hanna und Maria erfahren: Gott ist nicht bei den Starken und Satten und Reichen. Er stürzt die Mächtigen vom Thron und erhöht die Niedrigen.[17] Natürlich sitzen im Augenblick die Mächtigen noch in ihren Positionen, aber nur, weil sie das Geld und die Waffen haben. In unsern Herzen und Köpfen haben sie bereits verloren.

7. Wie soll es weitergehen?

Im September 1985 hat sich in Südafrika die Gewalt der Weißen und auch die Gegengewalt der Schwarzen bürgerkriegsähnlich verstärkt. Täglich gibt es Tote und Verhaftete, darunter zahlreiche Kinder und viele Jugendliche. Fast alle wichtigen Führer der United Democratic Front (UDF), Männer und Frauen, sind im Gefängnis.

Schwarze wehren sich. Sie werfen Steine und zünden Autos an. Sie töten schwarze Polizisten und andere Personen, die mit der Regierung zusammenarbeiten. Sie boykottieren weiße Geschäfte. Minenarbeiter streiken. Bischof Tutu und andere Kirchenführer riefen zu einem eintägigen Generalstreik auf.

Ministerpräsident Botha macht »Zugeständnisse«, er kündigt Reformen an. Die Paßgesetze sollen aufgehoben und die Zwangsumsiedlungen in Homelands gestoppt werden. Er will die Apartheid mildern, aber nicht abschaffen, denn die Forderung »eine Person – eine Stimme« könne nur zu einer sozialistischen Diktatur führen.[18] In Angola sind wieder südafrikanische Truppen einmarschiert und in Mozambik wird vertragsbrüchig die rechtsgerichtete Untergrundbewegung mit Waffen und sonstigem Material unterstützt.

Nur die Wirtschaft beginnt sich zu sorgen. Weiße Geschäftsleute trafen sich in Sambia mit dem ANC. Fünf Wirtschaftsverbände sprachen sich bei den Vereinten Nationen für die Einführung eines (eingeschränkten?) Wahlrechts auch für Schwarze aus, um den »Raum für ein marktorientiertes Wirtschafts-

---

[17] 1 Sam 2, 1ff; Lk 1, 47ff.
[18] FR 21.9.85.

system zu retten.«[19] Ausländische Investoren bekommen kalte Füße. VW schließt seinen Betrieb in Uitenhage. Der Export nach Südafrika schrumpft. Selbst deutsche Banken werden vorsichtig. Pretoria versucht – erfolglos bisher – eine Umschuldung für 22 Milliarden Dollar Außenschulden.[20]

US-Präsident Reagan verhängt begrenzte Sanktionen gegen den Apartheid-Staat, auch die EG beschließt restriktive Maßnahmen. Bonn setzt das Kulturabkommen mit Südafrika aus.

Jetzt endlich fordert auch die EKD Bundesregierung, Handel, Banken und Industrie »zu Zurückhaltung bei wirtschaftlichem Engagement« auf, weil sich »unsere kirchlichen Partner in Südafrika und Namibia erneut an uns gewandt und uns um ein öffentliches Zeugnis und Zeichen des Beistandes gebeten haben.«[21]

Die Medien verbreiten heute Wertungen und Vorgänge in Südafrika und Forderungen an Wirtschaft und Regierung, die vor einem halben Jahr noch belacht worden wären. Die Banken verhalten sich so, wie es vor wenigen Monaten nicht vorstellbar war.

Welchen Sinn hat in dieser Situation noch unsere Aktion? Trotz der veränderten Aufmerksamkeit, die jetzt Südafrika gewidmet wird, trotz halber Versprechen der Buren und lahmer Restriktionen der amerikanischen und europäischen Regierungen, haben sich keine Strukturen im Sinne von mehr Gerechtigkeit verändert. Im Gegenteil, alle Maßnahmen dort wie hier haben nur das Ziel, die bestehenden Verhältnisse so zu transformieren, daß sie erhalten bleiben. Apartheid soll nicht abgeschafft, sondern erträglicher gemacht werden.

So können wir uns im Augenblick noch nicht aus der im Spätherbst 1977 übernommenen Aufgabe entlassen. Im Gegenteil, die Freunde in Südafrika wie in den Befreiungsbewegungen erwarten unsern Einsatz mehr denn je. Und die erwähnte Erklärung des Rates der EKD entbindet uns nicht von der Verantwortung, die ökonomische, soziale und politische Konsequenz unseres Bekenntnisses zu Jesus Christus im Fall Apartheid deutlich und verständlich zu machen.

Der Rat wendet sich an »alle Verantwortlichen in unserm Land und der europäischen Gemeinschaft«, er gibt Hinweise an die »Verantwortlichen in Politik, Wirtschaft und Gewerkschaften«. Er spricht von »gemeinsamen Versäumnissen mit den weißen Christen im südlichen Afrika«.

[19] FR 20.9.85.
[20] FR 10.9.85.
[21] epd-Dokumentation 41/85.

So sehr diese Erklärung ein Fortschritt gegenüber früheren Verlautbarungen sein mag, so enttäuschend ist, daß sie in Stil und Inhalt einem Leitungsgremium entspricht. Ich hätte mir gewünscht, der Rat hätte schlicht so geschrieben: »In Erinnerung an unsere Schuld und unser Versagen im 3. Reich wollen wir jetzt endlich aufstehen und nicht länger dulden, daß in Südafrika mit Unterstützung auch deutscher Firmen und Banken unsere schwarzen Mitchristen ausgebeutet, zwangsumgesiedelt, verfolgt, inhaftiert, gefoltert und getötet werden. Wir bitten alle Menschen in unserm Land, mit uns unsere besondere Verantwortung gegen Rassismus wahrzunehmen und nichts zu tun, was das Ansehen und die Macht der Apartheidregierung stärkt und den Kampf unserer Schwestern und Brüder für ein gerechtes und freies Leben behindert. Laßt uns keine Waren aus Südafrika mehr kaufen und unsere Konten bei allen Banken, die Kredite nach Südafrika geben, kündigen!«

Bischof Tutu schrieb im Januar 1985 an die Münchner Gruppe: »Ich hoffe, Ihr laßt Euch bewegen, etwas zu tun, damit dem System der Apartheid, einem Schandfleck der Menschheit, ein Ende bereitet wird.

Was Ihr als einzelne tut, kann etwas bewirken. Wir verlassen uns auf Euch, denn wir gehören zusammen... und nichts wird uns trennen.«[22]

---

[22] Boykott-Rundbrief 25/85.

BIBELSTELLENREGISTER

(zusammengestellt von Willy Schottroff)

I. Altes Testament

Genesis

1,26f	31
2,15	201
9,18–27; 11	256

Exodus

1–2	174–176
18,20	166
19,6	127
20,17	115.149
21,1–23,19	112
22,22	115
23,3.6.8	116

Leviticus

17,1–26,46	126
18	147
19,15	116
25,8–55	126
25,10	126
25,23	115
27,29	112

Deuteronomium

1,17	116
5,21	149
15,1–18	126
16,19	116
20,16f	112
28,13a	127
28,29b–33	127
28,43f	127

Josua

6,16f	112

Richter

4–5	176f
11,2	115
11,7	115

1Samuel

2,1ff	263 m.A.17
12,33	166
22,7	114

2Samuel

24	116

1Könige

16	112
16,26.33	112
17	177–179
20,34	112f
20,35–43	112

2Könige

9–10	113
25,1	134
25,8f	134
25,25	134

Nehemia

5,1ff	135
5,5.8	126

Psalmen

25,4f	166
27,11	166
32,8	166
51,15	166

69	212	58,11–14	125
86,11	166	60	133
119,27.32f.35	166	61,1–11	122–136
		61,1–3	122.129.130.132.133
Prediger		61,1f	126.128.133
5,9	142	61,1	125.126.128.130.131.133. 134.135
		61,2–9	134
Jesaja		61,2	126.131
1–39	122	61,3	133.134
1,31	117	61,4–11	123.132.133
3,11	117	61,4–9	133
5,1–10	117	61,4–6	132
5,8ff	115	61,4	127
9,4	117	61,5f	132
10,1f	116	61,6	127
10,2b	115	61,7	127
10,27	117	61,8	127
23	116	61,9	133
30,1ff	116.119	61,10f	128.133.134
30,9–11	117	61,10	133
30,10	119	61,10 (Targum)	134
40–66	105.135	66,13	131
40–55	103–107.122		
40–48	106	*Jeremia*	
40,8b	131	22,7	142
40,9	131	31,31–34	128
41,27	131	34,8.15.17	126
42,1	130	39,2	134
42,3	131	41,2	134
42,7	130		
46,13	126		
49,8.13	131	*Ezechiel*	
49,18	134	22,12f.27	142
52,1–12	126	46,17	126
52,7	131		
52,9	131	*Daniel*	
53	105.244	1–6	105
55,3b	127		
56–66	122.133.136	*Hosea*	
58	124.133.135	4,4ff	110
58,1f	125	9,7	118
58,3–7	124f	12,7ff	111
58,3b–4	125		
58,5	125	*Joel*	
58,6f	125	3,1–5	220
58,8b	125		
58,9f	125		

Amos

2,12b	119
7,10–13	113
7,13	119
7,14f	114
7,14	120
8,2	110
8,4–6	111f
9,8	118

Jona

3,5–8	125.134

Micha

2,1	115
2,2	115.116.117
2,3	117
2,6f	118
2,6	117
2,8	116
2,9	115.117
2,10	117
2,11	119
3,4	117
3,5	119
3,8	120
3,9	116
3,11	110.115.117.119
3,12	117
6,10–12	112
6,16	111f

Haggai

1,6	135
2,6–9	133
2,20–23	133

Sacharja

7,1.5	134
8,9f	135
8,10	135
8,19	134

II. Außerkanonische jüdische Literatur

Apokryphen

Weisheit Salomos

14,21	148
14,22–24	148

Pseudepigraphen

XII Test. Juda

17,4	143 A.12
18,1.6	143

Qumran-Schriften

Damaskusschrift (CD)

IV,15ff	148.149
IV,17f	143 A.12

Philon von Alexandria

De specialibus legibus

I,23	143
I,24	144

Legatio ad Gaium

302	161 m.A.46

Flavius Josephus

Bellum Iudaicum

2,117f	159 m.A.30
2,405–407	161 A.47a
2,422–428	160 A.41
2,639	162 A.52

Antiquitates

17,146.190	160 A.43
17,319	157 m.A.18
17,320	160 A.42
18,1f	158 m.A.28
18,4.6	159 m.A.31
18,9	159 m.A.34
20,8.194	161 A.51

Vita

69 u. 296	162 A.52

Die Mischna

M Berakhot IX,5	172 A.121

Bibelstellenregister

Die Tosefta
T Aboda Zara
5,1   168 m.A.94

Der Talmud
j Aboda Zara 3,1   167 A.92
b Berakhot 47b   162
b Gittin 37a   161 m.A.49
b Nidda 69b ff   166
b Pesachim 104a   167 A.92

III. Neues Testament

Matthäus
6,19–24   139.140.144
6,24 (par.)   144
6,25–34   144
6,33   201
8,33   171 A.114
10,8–10   151
13,22   150.200
21,21   171 A.114
21,45   164
22,15   164
22,17   167
22,19   162

Markus
2,9   22
3,6   164
4,19   150
7,6f   146
7,6.18   146
7,22   137 A.1.145f.149 A.26
8,33 par.   171 m.A.114
9,2–16   165 A.72
11,15–19 par.   172
11,27–12,12   164
11,27   164
12,13–17 par.   153–172
12,14(b)   166

12,15   140 A.7.167
12,17(a.b)   168.169

Lukas
1   179–181
1,47ff   263 m.A.17
2,1ff   158 m.A.27
2,49   172
6,25   144 A.14
8,14   150
12,13–21   139.140
12,15   137 A.1.140 A.7
12,16–21   144 A.14
12,20   144 A.14
12,22   144
13,6–9   208–212
15,7   144 A.14
16,14   137 A.1
20,19a   164
20,20   164.165
20,22   166
23,2   165
24   181–183
24,5f   248

Johannes
8,32   216
10,11–12   192

Apostelgeschichte
2,16–22   220
20,18–36   144 A.13
20,33f   144 A.13
20,33   149

Römer
1,18ff   145.146
1,20   146 A.17
1,24   149 A.26
1,29   137(f) A.1.145 m.A.16
2,14f   29.171 A.114
5,3–5   247
6,12   149 A.26
7,7   149 A.26

8,5	171 A.114
8,22	219
12,2	149
13	168
13,14	149 A.26
14,19	171 A.114

1Korinther

2,11.14.32–34	171 A.114
5,9–13	150
5,10	137 A.1.146.148 A.24
5,11	150
6,1–11	150
6,4.8	150
6,9f	148 A.24
6,9	146.147.150
6,10	137 A.1
6,11	150.152
7,32–34	171
13,5.11	171 A.114

2Korinther

7,2	151
7,5	151
9,5	150
9,5.8	144
11,30	171 A.114
12,14	151.171 A.114
12,17f	151

Galater

5,19	147

Epheser

4,17	145
4,18(f)	146
4,19	137 A.1f.145.148
4,20	151
4,22	149 A.26.150
4,24	151
5,3	137 A.1.147
5,5	137 A.1.143.144.148 m.A.24
5,6	144 A.14.146.150

Philipper

2,4.21	171 A.114

Kolosser

1,24	249
3,5–7	145
3,5	137 A.2.143.144.146.147. 148 A.24.149 A.25 u. 26.150

1Thessalonicher

2,5	151
4,3–8	148 A.24
4,3	146.147
4,5	145.149 A.26
4,6	151
4,8	146
4,19	145
5,8	222

1Timotheus

3,7	143 A.12
6,5	150
6,6.8f	144
6,9	143 A.12.149 A.26
6,10	141 A.9.150
6,11f	151

2Petrus

2,3.14	151
2,22	171 A.114

1Johannes

2,20.27	222

Offenbarung

21,4	71

IV. Antike und frühchristliche Literatur

Appian

Syriaca 50	160 m.A.38

Aristoteles

Ethika Nikomacheia 140
IV,1ff.1121b 137 A.1.142
V,2.1129b 140 A.7
Politika 140
I,9–11.1257–1258 142

Ps.-Aristoteles

Oikonomikos
II,5.1347a 157 A.23

Didache

11 150

Dio Cassius

Historia
54,34,36 158 A.25
56,18,13 158 A.25

Dion Chrysostomos

Orationes 137(f) A.1.148
17,5 143
17,6 137 A.1.140 A.7.141 A.9
17,9 143 A.11
17,11f 141
17,17 140(f) A.7
17,20(f) 137 A.1.140 A.7.142

Euripides

Die Phoinikerinnen
532 143 A.11

Hermas

mandata 11 150

Hippolyt von Rom

Refutatio omnium haeresium
9,26 167 m.A.93

Horaz

Satiren 140
I,1,40 140 A.7.142

I,1.63ff 137 A.1.142
II,3,110 137 A.1.142f
II,3,158 142

Inschriften

Corpus inscriptionum Latinarum
Vol. X Nr. 608 158 A.25
Zolltarif von Palmyra (W. Dittenberger,
Orientis Graeci Inscriptiones selectae Nr.
629) Z. 153–156 162f m.A.59

Justin der Märtyrer

Apologie
1,17 168 m.A.101

Lactantius

De morte persecutorum
23,1ff 158f m.A.29

Märtyrerakten

Passio martyrum
Scilitanorum 168(f) m.A.102

Ps.-Phocylides

42–47 137(f) A.1.141 A.9
46f 141

Platon

Leges
741A–742E 143
Res publica
416D–419A 143

Plinius d. Ä.

Naturalis historia 140.148
33,2 141
33,6 141.142
33,8.42.48 141
33,49 143
33,134 140(f) A.7.142.143

Plutarch
Moralia („Über d. Liebe z. Reichtum")
523E 142
524F 137 A.1
525B 144

Quintilian
Fr. 1,1,34 156 m.A.15

Sueton
De vita Caesarum
Tib. 58 163 m.A.63

Tacitus
De vita Iulii Agricolae
30,5f 156 m.A.17
Annalen
2,42 160 m.A.37

6,27 161 m.A.47
6,41 158 A.25

Tertullian
Apologeticum
13,6 159 m.A.33

Ulpian
Digesten
5,4,1,1 161 A.48
50,4,18,26 161 A.48

Vergil
Aeneis III,57 140.141.142

Xenophon
Liber de vectigalibus
4,7 137 A.1.140